# 族群边缘："畲"汉边界形成、发展与变迁的历史考察

## On Borderlands of Ethnic Groups: The Formation Development and Change of "She" and Han Ethnic Boundaries in a Historical Perspective

李积庆　著

海洋出版社

2018年·北京

**图书在版编目（CIP）数据**

族群边缘："畲"汉边界形成、发展与变迁的历史考察/李积庆著. —北京：海洋出版社，2018.3

ISBN 978-7-5210-0049-8

Ⅰ.①族…　Ⅱ.①李…　Ⅲ.①畲族-民族历史-研究-中国　Ⅳ.①K288.3

中国版本图书馆 CIP 数据核字（2018）第 046610 号

责任编辑：张　荣
责任印制：赵麟苏
海洋出版社　**出版发行**
http://www.oceanpress.com.cn
北京市海淀区大慧寺路 8 号　邮编：100081
北京朝阳印刷厂有限责任公司印刷　　新华书店经销
2018 年 12 月第 1 版　2018 年 12 月第 1 次印刷
开本：787mm×1092mm　1/16　印张：18.5
字数：330 千字　定价：90.00 元
发行部：62132549　邮购部：68038093　总编室：62114335

# 序

夜深了，伏案品读李积庆博士的书稿《族群边缘："畲"汉边界形成、发展与变迁的历史考察》，我的嘴角渐渐漾出笑意，十几年来师生交往的许多往事，也联翩涌现在脑海里。

积庆君是我到福建师范大学后招收的第一位硕士生，也是我所带的最后一位博士生，既是开门弟子，又是关门弟子。还记得2004年，他到我寓所来，要求做我的学生的情景。门一开，进来的是一位身材颀长的年轻学子。他向我深深一鞠躬，然后站着陈述想做我学生的理由，条理清晰，语言质朴，给我的印象是忠厚、机灵、好学而略带一点紧张和腼腆。我立即喜欢上这位小伙子，从此结下了深厚的师生缘。

在我的建议下，积庆选择闽南伊斯兰族群文化作为硕士阶段的研究方向。他认真钻研有关的人类学理论，系统学习东南回族与伊斯兰的历史知识，多次深入到惠安、晋江回族乡镇进行细致的田野调查，写出了相当厚重扎实的论文。答辩时受到众位老师的一致好评。答辩主席刘学沛老师大加称赞，说稍微充实提高一下，可以当博士论文来答辩。此话虽然可能是过誉，但也由此看出积庆治学认真，已经具备一定的独立科研能力。

硕士毕业后，积庆留校工作，好一段时间里，因为工作忙，无暇进行学术研究。直到2010年，他才下定决心，挤出时间考博。考博成功，又成为我的博士生。我为他选择的研究方向是畲族研究，希望他能写出一部有质量的福建畲族史专著。这回积庆没有完全听我的，他同意以畲族为研究方向，但对于写福建畲族史，却别有想法。他认为，过去历史学者和民族学者从客观文化特征的角度，来构建畲族的族源与演变，有其合理性，但也有不足。从人类学的角度，族群的自我认同也很重要。但一些人类学者纯粹从族群认同的角度来论述畲族形成与变迁，也有不足，因为畲族具有某种客观的文化特征是无法否认的。因此，他不想完全按照历史学者和民族史家的路数，写一部福建畲族史，他有更大的理想。

我指导学生，一向尊重学生的意愿，不强求一定按我的思路走，加之我相信积庆的钻研精神和能力，所以听其独立思考，自主地研究和完成博士论文写作，只是时不时关心过问一下，提出一些参考意见而已。

直到积庆博士论文完成，我才发现，他把历史学、民族学与人类学的研究路径结合得很好，充分发挥了几个学科的优势，交叉运用，熔为一炉，取得了显著的成绩。这次经过加工修订的书稿，又在博士论文的基础上更上层楼，读来使人耳目一新。

大体说来，积庆著作在以下几方面是比较突出的：

第一，对于相关理论的娴熟掌握和运用。举凡族群边界、族群认同理论，"知识考古学"理论，历史学关于南方民族和族群的王化与儒化理论，他都认真学习，得其精髓，灵活自如地运用。因此，本书给人的第一印象是理论性较强。

第二，运用族群边界和"知识考古学"等相关理论，对各种与畲民有关的文献或民间传说进行全面梳理并重新解读，注重"文本"之后的社会情境与历史心性，注重文本所体现的作者立场、态度及情感。因此，人们熟知的旧材料，在他笔下都有了鲜活的新意，有了新的生命。

第三，以族群边界为主线，通过考察自隋唐至明清畲汉间的冲突，族群边界的形成、流动，族群格局的变迁，以及畲民对本族群历史的建构，勾勒出一部新颖的畲族形成发展史。这一以历史学视野与人类学视野相结合建构的畲族形成发展史，迥异于以前任何一部畲族史，创新的色彩浓厚，给人的启迪良多。

此外，本书把畲族的形成发展与区域的开发史相结合，对于相关地区的耕作生态、文化生态、经济结构、社会动乱、征伐与治理策略、观念变迁等因素都有相当的注意与论述，殊有可观。积庆异军突起，别开生面，一定会给畲族研究领域带来新的气象，新的推动力。

当然，学术上的创新，总会伴随某些不足和不够成熟。我想，本书也不例外。从不够成熟到成熟，是任何一个学者成长的轨迹。积庆君的这部专著，是他对畲族研究学界的献礼，是他成长轨迹中的一个重要节点。希望学界关注之余，给予批评指正，帮助他更快地成长。

读完书稿，掩卷沉思，觉得对于积庆这部专著，可以作这样的总评：十年磨一剑，厚积而薄发。作为指导老师，我的欣喜、感奋和期待之情难以自已，特为之序，并寄情于诗：

十年磨一剑，隐隐露寒光。鼓铸众山铁，涵凝百卉香。

学林新秀苗，史海异军藏。他日化龙去，长天任远翔。

谢重光

2018.12.24 于兰韵斋

# 前　言

畲族是中国东南地区一个具有特殊文化特征的族群。本书认为，畲族的形成不仅是该族群客观历史发展的结果，还与汉文化语境下“他者”对“畲”族群的建构以及本族群的主观认同有关。

畲族尚未形成或尚未被确定前，畲（畬）作为一种经济方式早已存在。在唐代以前，“畲”一般写作“畬”，指开垦出来的两年或三年田地，到南宋时期，“畲”作为一种族群称谓开始在漳州、潮州等地出现，“畲”作为族群出现在历史的舞台，既是以华夏为中心的民族观下对南方非汉族群社会定义的结果，同时也是南方非汉族群自我文化认同的产物。因此，我们在探讨畲族形成及发展历史的时候，不能先验地认为畲族一开始就存在。一直到21世纪50年代，“畲”作为一个具有政治意义的族群名称，才被官方最终确定。由于汉字书写与印刷方式，“畲”“畬”常是通用的，在一些族谱、方志中，“畲”字还有其他写法。需要说明的是，正是因为“畲”有着较为特殊的内涵和外延，本书在探讨早期与畲族有关的历史时，常将畲字加引号以示区分。

本书引入族群边界的概念，拟对畲族的形成、发展历史再作审视。族群边界的划定，受到自然生态、经济、政治、文化等多种因素的影响，而族群边界的界线也常因生态、经济、政治等因素发生漂移。历史上既有畲民通过获得版籍成为编户齐民的情况，也有汉人通过“入山洞”，脱离版籍成为“畲”民的情况，文化认同在族群边界的流动起了重要的作用。在明中叶以后，随着王阳明成功平定闽粤赣地区“畲乱”，越来越多的畲民在华夏化浪潮中不断被“王化”或“儒化”，表现为闽粤赣地区畲民的逐渐减少。这种族群格局的变化，并非全部由畲族人口实质性外迁引起，部分是由于“畲”汉边界移动的结果。

明清以来，随着闽浙赣地区山区的开发加快，闽东、浙南等地区成为吸引"畲客"移民的重要地区，明清之际的倭乱与迁界为闽浙赣地区畲民社会的形成提供了良好的历史契机。资源的竞争使得闽浙赣地区的土"客"矛盾日益突出，为了族群的生存与发展，部分畲民通过建构族群历史来维持或淡化族群边界。

而到了近代，国家权力成为影响族群边界的重要因素，新中国成立以后的民族识别政策是划分族群边界的一个重要表现。即使在全球一体化和文化多元化的今天，族群边界仍是观察和理解族群关系最好的窗口。

作者

2018年

# 目　录

# 绪 论

美是客观存在，还是主观感受？其作为一个哲学命题，成为千百年来人们争论不休的对象。越来越多的人倾向于认为：美既是客观存在的事物，同时也人们对客观事物做了一番主观的选择。关于“族群”（ethnic group）的定义，至今仍有很多争议，其中也涉及类似上述的争辩：族群是客观存在的，还是主观认同的结果？

由于学科不同以及研究方法的不同，学者对族群的认识也是不同的：一般来讲，考古学、历史学以及传统民族学研究更倾向于将族群视为人类历史发展到一定阶段的产物，而不同族群具有不同的客观文化特征，其表现为体质、语言、习俗等文化的不同；而人类学以及后现代主义思潮的研究开始更多转向族群主观认同的研究。

事实上，关于族群是客观存在还是主观认同的结果，二者并不是截然对立的。有学者把族群定义为：“族群是人们在交往互动和参照对比过程中自认为和被认为具有共同的起源或世系，从而具有某些共同文化特征的人群范畴。”[①] 这种观点既承认族群事实存在的共同文化特征，同时也不否认主观认同在族群存在中扮演的角色，该观点得到越来越多学者的认同。

“畲”[②] 民作为中国东南地区族群特征比较明显的族群，常见诸历代文献中，作为一种族群称谓，“畲”最早出现于南宋末期[③]。学者一般认定该时期的“畲”

---

① 潘蛟：《勃罗姆列伊的民族分类及其关联的问题》，《民族研究》，1995 年第 4 期，第 17-18 页；又见庄孔韶主编：《人类学通论》，太原：山西教育出版社，2002 年，第 339 页。

② 本书所论的“畲”不完全等同于现代民族概念的畲族。笔者认为，“畲”是一个不断变化的、不断丰富的族群，历史上的“畲”与现代的畲族在外延与内涵上均有不同，另外本书论述的“畲”溯及畲族的可能族源，而不是真正的畲民，为了不引起歧义及行文方便，特加上引号。

③ 学界一般将刘克庄的《漳州谕畲》一文的问世［该文成于南宋理宗景定三年（1262 年）］，作为“畲”民在文献上出现的最早时间。谢重光先生则认为，南宋《舆地纪胜》中记载的“山客輋”，是一种广东梅州地区特定族群的称谓，该志书是“輋”（“畲”）文献上的最早记载，其成书于理宗宝庆三年（1227 年），比刘克庄《漳州谕畲》一文早问世 35 年。另外，最迟不晚于端平元年（1234 年），在潮州地区出现“山斜（畲）”的称谓（《宋史》卷四一九《许应龙传》），也比刘克庄《漳州谕畲》早了 30 年左右。参见谢重光：《客家文化述论》，北京：中国社会科学出版社，2008 年，第 77 页。

就是当代畲族的前身，而在南宋之前及之后，"畲"不会凭空出现，也不会突然消失，作为一个与周围民族有着清晰界线的民族，畲族具有相对独立的发展脉络。

自20世纪初起，学者开始对畲族进行研究，在畲族源流、族群迁徙、畲族客观文化、畲汉族群互动、畲族社会历史调查等领域已经取得了重大成果，并在百年的探索中，形成了畲族研究比较固定的范式。以畲族源流研究为例，在2004年出版的《福州畲族志》一书中写道：

> 早在公元7世纪初，对居住在闽粤赣三省交界地区（包括畲族先民在内）的少数民族泛称"蛮""蛮獠""峒蛮"或"峒獠"。直至公元13世纪中叶的南宋末年，汉文史书上出现"畲民"和"輋民"两词并用的族称。前者指的闽西南汀漳地区的畲族，后者指的是广东潮州地区的畲族，二者字异音同，指的都是同一个民族……宋末元初，畲族人民纷纷加入抗元武装……当时对畲族人民所组织的抗元武装队伍，史书都称"畲军"……到了元代，"畲"字被普遍使用。明代，对"畲民""輋民""輋瑶"等称呼都有使用。在清代的一些地方志中，往往把畲族称为"畲民""苗瑶"，或合称为"畲瑶""畲蛮"。不过，"畲民"一词比较多见。民国时期，有的把畲族统称为"苗夷"或"苗族"，直到50年代，一批南下干部仍把畲族称为"苗族"，甚至畲族干部和群众也自认为是"苗族"，至今福州郊区和城区约有1 000人还自报"苗族"。①

需要说明的是，这种学术思想的形成，既与我国古代民族史记载的传统有关，也与中国学术史思潮有关。特别是在新中国成立以后，斯大林的民族学理论一度成为我国民族学的指导思想。根据斯大林关于民族的定义，即所谓的"四个共同"的标准②，学者认定畲族及其先民共享有相同的、具有显著特征的族群文化。因此，学者更多地将畲族研究的重点放在畲族客观文化特征的发现与对比研究上。通过分析畲族文化的构成要素，概括畲族的核心文化特征，继而按照文化特征的同异分辨各类族群。这使得历史上或现实中的有共同文化特征的族群产生联系，以此建立起畲族历史的系谱。唐代的"蛮""獠"—宋代的"畲"

① 福州市畲族志编委会：《福州畲族志》，福州：海潮摄影艺术出版社，2004年，第29页。

② 斯大林将民族定义为："民族是人们在历史上形成的一个有共同语言、共同地域、共同经济生活以及表现与共同心理素质的稳定的共同体。"参见［苏联］斯大林：《斯大林全集》第二卷，北京：人民出版社，1953年，第294页。

“輋”—明清以后的“畲瑶”“畲蛮”—当代的畲族就是传统民族史研究中畲族系谱的主要脉络。

传统民族学研究对于厘清历史上纷繁复杂的族群以及界定当代民族成分，都具有极其重要的作用。新中国成立初期，正是由于传统民族学研究提供了的理论基础，使得畲族的认定工作得以顺利推进。及至当代，是否具有显著的民族特征甚至成为某一人群能否被识别①或被恢复为畲族的主要依据之一。

尽管“客观特征论”在族群研究中具有重要地位，但是学术界也发现：“客观特征论”具有理论局限性，仅仅以此理论是无法解释复杂多变的族群现象。如，在20世纪80年代民族识别恢复阶段，福建省云霄县下河乡坡兜、圳头、安后、安前村钟姓，永春县下洋镇长溪村雷姓，永春县逢壶乡西昌村、八乡村等章姓，在申请恢复（畲族）民族身份时，尽管他们努力证明本族与已经被认定为畲族民族身份的同族姓有密切的血缘关系，政府仍以其“民族的明显特点消失”等原因，不予变更民族身份。② 与其相反的一个的例子是，贵州省麻江县东家人被认定为畲族，而这些畲族在族群文化特征上，显然与东南一带传统意义上的畲族大异其趣。③ 随着交叉学科的发展以及新理论、新方法的引入，学界也开始对“客观文化特征论”的研究范式进行反思，并指出其理论局限性的两方面原因：

一方面，“客观特征论”的理论前提是先验地假定“文化变异是不连续的”。也就是说，我们将一个社会中人群分为“分享着共同文化”和“具有独立文化”两类集合体。之所以说是“先验地假定”，是因为任何一种族群和文化都不是静态的，而是变迁的。正如有学者将族群的发展比作“组织化的动脉”，就像血液流经人体动脉的各个位置，族群在不同社会文化体系中，被赋予内涵的数量和形式也均有不同。④ 清人吴震方在《岭南杂记》对南方非汉族群称呼变化不定曾做过一番论述，他说：

> 獠即蛮之种，出自梁益之间，其在岭南，则隋唐时为患，然是时不

① 黄光学，施联朱：《中国的民族识别》，北京：民族出版社，1995年，第175页。

② 参见《云霄县民政局关于坡兜、圳头、安后、安前村钟姓要求恢复畲族问题的调查报告及漳州市民政局的答复》《永春县人民政府关于申请恢复少数民族成分的报告及泉州市民政局的批复》，载福建省档案馆、福建省民族与宗教事务厅编：《福建畲族档案资料选编（1937—1990）》，福州：海峡文艺出版社，2003年，第192-194页，第201-202页。

③ 董波：《从东家人到畲族——贵州麻江县六堡村畲族的人类学考察东家》，厦门：厦门大学硕士学位论文，2008年。

④ ［挪威］费雷德里克·巴斯著；高崇译，周大鸣校，李远龙复校：《族群与边界》，《广西民族学院学报》（哲学社会科学版），1999年第1期，第16页，第18页。

言有猺，宋以后又不言獠，意其类合分无定，故随代异名。明通志凡山寇皆谓之獠，盖山寇亡命乌合，未必种传，无从究考。①

按照吴震方对"獠"的源流考证，各个时代分合不定的族称，不仅形式（称呼）不同，而且内涵（族群成分）也变化很大：如明代文献直接将族群成分来源不一的"山寇"统统都称为"獠"。因此，若以某一些静态的文化特征作为区分或追溯某一族群的标准，常常会出现"以今溯古""刻舟求剑"的民族学研究困境，从而陷入"表述危机"（crisis of representation）②。

另一方面，"客观特征论"以文化之间的同异来区分不同的族群，注重族群"本质的""核心的""典型的"文化特征。但是，在历史上或现实中常常出现一些不同族群享有相同的文化特征，而所谓的相同的"族群""民族"在许多文化特征中存在着巨大的差异。正如学者指出："在以文化作为族群区分标志时，人们只是挑选那些能够反映其世系或族源的文化特征来作为族群区分标志，对于那些不能反映其族源共同文化的特征往往视而不见。而且，为了标明族界，人们常常是在复活或发明据信是自己祖先曾有的传统文化。"③ 也就是说，为了证明某族群是同一族群时，人们强调族群整体的同一性、延续性，不能看到或有意忽略了族群内部的差异性与复杂性；而当想证明某两族群为不同族群时，人们又往往忽略族群间共有的文化，转而强调不同族群间的文化差异，在此过程中，可能有一些文化还存在刻意被"制造"（被建构）的情况。

自挪威人类学家弗里德里克·巴斯在《族群与边界》一书中提出族群边界理论④后，一些学者就将这个理论运用到中国族群的研究中，其中以台湾学者王明珂的华夏边缘研究为代表⑤。这些持族群边界理论的学者对传统民族研究进行反思，他们不认同"族群是一个有共同的客观体质、文化特征的人群"的观点，

---

① ［清］吴震方：《岭南杂记》，丛书集成初编，上海：上海商务印书馆，1936年（复印本），第28页。

② ［美］马尔库斯（George E. Marcus），费彻尔（Michael M. J. Fischer）著，王铭铭，蓝达居译：《作为文化批评的人类学：一个人文学科的实验时代》，北京：三联书店，1998年，第23-36页。

③ 庄孔韶主编：《人类学通论》，太原：山西教育出版社，2002年，第339页。

④ 族群边界理论参见［挪威］弗里德里克·巴斯主编：《族群与边界·文化差异下的社会组织》，北京：商务印书馆，2014年。［挪威］费雷德里克·巴斯著；高崇译，周大鸣校，李远龙复校：《族群与边界》，《广西民族学院学报》（哲学社会科学版），1999年第1期，第16-27页；［挪威］费雷德里克·巴斯著，李丽琴译：《族群与边界》（汉译人类学名著丛书），北京：商务印书馆，2014年。

⑤ 王明珂：《华夏边缘——历史记忆与族群认同》，北京：社会科学文献出版社，2006年；王明珂：《英雄祖先与弟兄民族——根基历史的文本与情境》，北京：中华书局，2009年；王明珂：《羌在汉藏之间》，北京：中华书局，2008年。

而是认为族群由族群边界维持，“造成族群边界的是一群人主观上对外的异己感（the sense of otherness），以及对内的基本情感联系（primordial attachment）。”①族群边界地区的主观异己感之所以比族群核心地区更为强烈，按王明珂的解释是：“在族群关系中，一旦以某种主观范准界定了族群边缘，族群内部的人不用经常强调自己的文化内涵，反而是在族群边缘，族群特征被强调出来”，而“需要强调族群文化特征的人，常是有族群认同危机的人”。王明珂因此认为：“族群边缘是观察、理解族群现象的最佳位置。”② 这也解释了历史和现实中时常出现的族群现象：族群认同越强烈、族群文化特征越是被强调的地区有可能不是族群的核心地区，反而是在族群的边界地区。

关于这种认识，我们还可以从日本学者濑川昌久的研究得到启示。濑川先生在研究中国南方少数民族族谱时，发现宁化石壁传说③和南雄珠玑巷传说具有大量的相似性，他将二者比较分析后推测：“不管哪一个传说之所以都选择这类场所作为故事发生的舞台，也许是因为曾经有过一个时期，那里是从江西一侧的汉族‘华’界，进入福建、广东一侧‘夷’界的最前线，因此，这类场所就以明确的形式体现出了汉族与原住民之间的族群分界。”④

学界一般认为，“石壁”作为祖先移居传说的移居地，更多的应该被视为一个建构的文化符号。⑤ 华南的各个族群通过“石壁”传说等历史记忆的建构来强调文化认同，从而达到维持族群边界的目的。就此而言，与其将“石壁”看成某一历史时期某个族群祖先移居地（或集居地）中心，不如将其视作该历史时期的族群边界（或文化边界）的象征符号。也就是说，原来认为所谓的祖源地或族群的中心地带，有可能只是族群边缘地带。如果这种推论成立的话，那么有

① 王明珂：《华夏边缘——历史记忆与族群认同》，北京：社会科学文献出版社，2006年，第4页。

② 同①，第17页，第45页。

③ 濑川昌久根据《畲族历史社会调查》发现，在福建宁德县丹头、福安县甘棠乡山头庄，江西省铅山县、贵溪县，广东省潮州凤凰山区李公坑、碗窑，丰顺县凤坪等地的畲族中流传着与宁化石壁相关联的祖先移居传说，进而论证了牧野巽关于“汉族祖先移居传说是伴随着少数民族汉化同步传播的结果”推测的正确性。参见［日］濑川昌久著，钱杭译：《族谱：华南汉族的宗族·风水·移居》，上海：上海书店出版社，1999年，第221-222页、第226页。

④ 同③，第228页。

⑤ 持有类似观点的文章如谢重光：《客家普遍溯源于宁化石壁的文化意蕴》，《汕头大学学报》（人文科学版），1999年第1期；谢重光：《南方少数民族汉化的典型模式——“石壁现象”和“固始现象”透视》，《中共福建省委党校学报》，2000年第9期；余达忠，曾念强：《一个文化符号的形成与演变——基于宁化石壁的个案研究》，《中共福建省委党校学报》，2010年第6期。

关畲族历史记忆中的移居地传说，如"凤凰山传说""河南传说""南京传说"①等，可能可以对其进行重新解读，这对畲族的族群形成发展史研究显然具有重大意义。

基于对传统民族学研究范式的反思，本书拟从族群边界的角度，重新审视畲族族群形成与发展的历史，希望在新理论、新方法的观照下，对畲族史研究作一番有益的探索。

## 一

本书从族群边界的理论角度，重新审视畲族形成、发展、变迁的历史过程。在承认族群客观历史文化的同时，重点研究历史上"他者"（主要是汉族）对"畲"的社会定义以及"自者"（主要为南方非汉族群）自我族群认同的过程。研究具有一定的创新性和现实意义。

第一，本研究在研究视角上与传统民族史具有一定的区别。传统民族史研究认为历史上的畲族具有"一以贯之"的文化与传统，尽管在不同时代，畲族及其先民的族群称呼有所不同，但在客观特征上是"一脉相承"的。传统的畲族研究侧重对畲族的族源、客观文化进行研究，本书从族群边界的角度，重新审视畲族发展中的生态、文化语境，特别是重视作为"他者"存在的"畲"族群如何被建构，以及畲民族群如何对本族群的历史进行建构，以此探讨畲族文化认同转变的情况。本书除了承认族群客观文化存在的同时，同时也指出：历史上的"畲"，其文化具有不连续性，这种不连续性体现在客观文化特征的差异。比如唐宋的"蛮""獠"、宋元的"畲军"与明清的畲民，乃至当代的畲族在文化内涵上有着较大的差异。之所以能将这些族群联系起来，在于"畲"、汉族群在一定的文化语境中进行了族群历史的建构，并形成了一定的族群的文化认同。本书在叙述与畲族有关的历史事件时，不仅关注历史事件本身，更注重历史事件背后的语境的分析，特别是一定区域内生态语境、文化语境对族群塑造的影响。历史上的"畲"族群，其自身存在一个自我发展、演变的过程，同时也受到社会经济、政治、文化等因素的影响，尤其是在汉文化语境中，"畲"族群存在被建构

① "河南传说""凤凰山传说""南京传说"为畲族的祖源或迁居地的传说，具体内容详见蓝炯熹：《畲民家族文化》，福州：福建人民出版社，2002年，第17-55页。

和自我文化建构的过程。从外因角度分析，在帝国的“华夏化”进程中，作为中国的非汉民族，“畲”不断被标签化，而成为众多非汉族群名称中的一种；从内因角度分析，一些族群通过祖源传说等历史记忆将本族与历史上的相关族群联系起来，形成特定的族群认同，建构起族群发展的历史脉络。

第二，本研究借鉴新的研究理论和方法将族群历史与地域社会发展结合研究。本文将畲族历史置于区域社会发展史特定的“语境”和历史脉络之中分析，这对于研究畲族的族群迁徙、族际交往以及自身经济社会发展以及文化变迁更具说服力。一定的生态环境（包括自然生态和文化生态）都深刻影响着族群的发展。这种生态环境对“畲”的影响体现在多方面，如在自然生态方面，历史上曾发生畲田农业与精耕细作农业的生态冲突；在社会经济发面，唐宋政治经济中心南移，明代中期社会转型均带来区域族群格局的变迁；在政治文化方面，唐宋以后对南方地区的开发，越来越多的非汉民族卷入“王化”和“儒化”的社会进程中，特定时期政府的民族政策对族群的认同也产生了重要影响。在不同时代，不同地域下的“畲”族群，其族群的文化内涵及特征可能因时因地产生变化，即各地的畲族既有历史文化的某种共性，同时也不可避免地加入不同地域的文化因子，形成了各自地区的族群特征。可以说，各地的畲族文化的发展各有自身的特点。区域畲族史研究的目的，一方面，将区域畲族的发展置于大的历史背景下，注重畲族形成的整体性与延续性；另一方面，兼顾不同地区畲族的共性与个性的比较。在特定生态社会背景下对该族群一些典型案例进行分析，从中找寻畲族发展的历史遗迹和其他信息，以此达到“一叶知秋”的效果。

通过整合畲族经济史、社会史、文化史等学科的学术资源，就畲族族源、族际互动、文化习俗等若干专题进行专门讨论。在区域社会发展史的视野下，将不同省区，如将闽粤赣地区和闽浙赣地区的畲族进行比较研究，在梳理畲族社会发展脉络的同时，把握各个地区的畲族共性与个性。

借鉴人类学、知识考古学等方法，在理论上将畲族研究推进一步。首先，运用社会史研究方法，既重视畲族历史的宏大叙事，又重视个案的研究，特别对族群赖以生存的生态、社会、文化背景进行多方位的考察。其次，突破传统民族史框架，引入族群边界、族群认同理论，强调“畲、汉”在特殊语境下，具有流动性，在此理论下更强调历史的文化解释，强调历史的意义，强调记忆与认同在历史建构中的作用。再次，借鉴“知识考古学”等理论，对各种与畲民有关的文献或民间传说进行重新解读，更注重“文本”之后的社会情境与历史心性的研究。特别是对材料（包括文献材料与口述材料）的分析上，更注重文本所体现出作者的立场、态度及情感。在历史上，不管是汉族或者非汉民族，其对"我群"或"他群"历史的表述，均带有一定的情感。一般而言，历史上留存的文献，多为汉族知识分子所撰写，学者通常根据其中有关非汉民族的记载来论述这些族群的历史。实际上，畲民族群中也流传着神话传说、民间故事等口传材料，及至明清还有一些畲民知识分子对本族族谱进行修纂。这些有着丰富内容的文本背后，其作者的立场、写作的目的，乃至虚构族群历史的情感，均值得进一步考察。我们不仅要考察文本与历史事实的相符程度，即历史材料的真伪，还要进一步考察这些材料如何真伪、为何真伪。

第三，研究区域畲族史具有一定的现实意义。在"华夷秩序"下和强势的汉文化中，历史上的畲族在经济、政治、文化等诸多方面处于边缘化地位，表现为"经济的弱势、政治的异类、文化的边缘"。[①] 新中国成立以后，畲族边缘地位得到较大改观，但长期以来形成的民族心理和文化习惯仍存留于当代，另外，相比较汉族聚集地区而言，畲族地区的社会经济、文化总体上比较落后。就此而言，研究区域畲族史，目的在于对畲族的生存与发展加入现实的关怀。在历史或现实中，常出现一些以划分族群边界而带来的族群冲突或族际纠纷。王明珂曾指出，之所以出现以上各种族际边界纷争，皆由所谓的"历史"造成，其背后的人类社会本性不外是资源竞争，"历史学者深入研究、争论一些表象化的历史事实（historical facts as representation），非但不能解决问题，反而因各据其认同立场，选择性的取材、编织与诠释历史；如此之'历史'经常鼓动民族情绪，导致更多的人群冲突。"[②] 研究畲族历史，特别是对历史上的畲族与客家、福佬等民系关系进行研究，厘清族群之间融合、冲突与合作的情况，这在当下提倡和谐社会建设、消弭族群矛盾具有借鉴意义。

## 二

有关畲族及其先民的情况，唐宋以来的正史、方志、文人文集及笔记等文献多有记载，而近代学术意义上的畲族研究应是始于20世纪初。关于畲族研究综述，郭志超先生在其著作《闽台民族史辨》作了专题论述，他按新中国成立前

---

① 王道：《文化透镜下的畲族历史》，《贵州民族研究》，2006年第3期，第169页。

② 王明珂：《英雄祖先与弟兄民族——根基历史的文本与情境》，北京：中华书局，2009年，第246页。

与新中国成立后、分专题对畲族研究进行详细介绍[①]，研究综述时间截至成书前（2006年）。近十年来，畲族研究取得了许多新成果，研究出现新动态，需要进行重新整理与反思。笔者拟在前人研究的基础之上，对畲族研究进行简单回顾，重点论述研究背景及十年来的新趋势。

（一）新中国成立前畲族研究情况

19世纪末20世纪初，西方的民族学、人类学理论传入中国，一些学者在西方民族主义理论影响下，开始对中国的民族史进行研究。一般认为，刘师培在1903年完成的《中国民族志》是中国学者运用新的民族学对我国少数民族研究的开端[②]，而畲民和疍民[③]作为东南比较有特色的族群理所应当地进入学者的研究范围。1906年浙南云和县的学人魏兰（笔名浮云）发表的《畲客风俗》一书[④]，1911年日本学者山崎直方发表《畲族》一文[⑤]，成为中外学者研究畲族的开端。此后，沈作乾（1924年）[⑥]、董作宾（1926—1927年）[⑦]等也开始留意畲族的研究。如董作宾在《福建畲民考略》所说："近著以国学门周刊所载沈作乾《括苍畲民调查记》为详……至云和某君《畲民风俗谈》，犹未见也。岁乙丑，余游学闽垣，颇留意于风俗习惯语言民族之考察。乃就披览所及，凡闽中地志笔记，有关畲民之记载，辄撮要录之，以供研究畲民者之参考焉。"[⑧]

---

① 郭志超：《闽台民族史辨》，合肥：黄山书社，2006年，第451-531页。

② 王建民：《中国民族学史》，昆明：云南教育出版社，1997年，第61-69页、第73-84页。

③ 疍民，也写作蜑民、蜒民、蛋民等，为历代文人对各地水上居民的称呼。疍民在历史上广泛分布于我国东南沿海地区，是一个以舟居水处及水上作业为主要生活、生产特征的族群，其中又以福建、广东、广西三省区沿海及江河港市最为集中。历史文献关于东南地区族群的记载，经常将畲、疍并称。近代学术界关于疍民的研究，几乎与畲族研究同时进行，都是我国民族史与族群研究的一个缩影。参见黄向春：《从疍民研究看中国民族史与族群研究的百年探索》，《广西民族研究》，2008年第4期，第55-65页。

④ 浮云：《畲客风俗》。该书版本有争议，沈作乾在《畲民调查记》中称："此书于民国前三四年脱稿，由其本人石印千本，分送戚友，并未出版"；而德国学者史图博（H. Stubel）在撰写《浙江景宁敕木山畲民调查记》一文时，引用《畲客风俗》内容，并注明其于光绪三十二年（1906年）出版，由上海会文堂发行。参见［德］史图博，李化民：《浙江景宁县敕木山畲民调查记》（"国立中央研究院"社会科学研究所专刊第六号，1932年德文版），中南民族学院民族研究所，1984年，第13-17页。

⑤ ［日］山崎直方：《畲族》，《人类学杂志》，1911年第27卷第1号，第24-25页。

⑥ 沈作乾：《畲民调查记》，《东方杂志》，第21卷第7号，1924年。

⑦ 董作宾：《说"畲"》，《北京大学研究所国学门周刊》，1926年；董作宾：《畲语十八名》，《北京大学研究所国学门周刊》，第2卷，1926年；董作宾：《福建畲民考略》，《中山大学语言历史学研究所集刊》，1927年。

⑧ 董作宾：《福建畲民考略》，《中山大学语言历史研究集刊》，第一集第二期，1927年11月，第21页。

此后史图博（H. Stubel）和李化民（1933年）[①]、何子星（1933年）[②]、何联奎（1936—1937年）[③]、凌纯声、芮逸夫、勇士衡（1947年）[④]、胡先骕、胡传楷、管长墉[⑤]、罗香林[⑥]、林惠祥、钟敬文、林耀华等在研究华南社会及族群文化时，也涉及畲族的研究。这些学者从畲族族源、族属、族称、族群迁徙、社会文化等方面进行广泛研究，为新中国成立后畲族的研究奠定了学术基础。

一些研究机构，如福建协和大学（福建师范大学前身），成立了闽学会（1926—1931年）、福建文化研究会（1931—1949年），据汪毅夫统计，福建协和大学的福建民族研究成果有20种[⑦]，其中与畲族有关系的有12篇，如董作宾的《畲语十八名》[⑧]《说畲》《福建畲民考略》；克立鹄的《福建省的"山达"》（*The San Tak of Fukien Province*）[⑨]；克立鹄、江鼎伊的《对福建土著的进一步研究》（*Further Notes on Aborigines of Fukien*）[⑩] 等。除了刊在《福建文化》的研究成果外，其他作品还有：魏应麒的《畲民之起源与"畲"字之商订》、沈骥的《福建省几个特殊民族的研究》、翁绍耳的《福州北岭黄土岗特种部族人民生活》、管长墉的《福建之畲民》、陈锡襄的《畲民与客家》以及傅衣凌的《福建畲姓考》等。[⑪]

当时的畲族研究的状况与当时的学术关怀有着密切的关系。从19世纪中叶以后，维持了几千年的"中国"为中心的天下观在西方坚船利炮和优势文化的冲击下，逐步动摇。在这种背景下，许多知识分子开始转而寻求"国族"建构，

① ［德］史图博，李化民：《浙江景宁县敕木山畲民调查记》，中南民族学院民族研究所，1984年。

② 何子星：《畲民问题》，《东方杂志》，第30卷第13号，1933年。

③ 何联奎：《畲民地理分布》，《民族学研究集刊》，第2集，1937年。

④ 凌纯声：《畲民图腾文化的研究》，《中研院史语所集刊》，第16本，1947年，第127-172页。

⑤ 管长墉：《福建之畲民——社会学的研究与史料的整理》，《福建文化》，第1卷第4期，1941年。

⑥ 罗香林：《客家研究导论》，广东兴宁希山书藏社1933年初版；台北古亭书屋于1975年、台北众文图书有限公司于1981年、台北南天书局于1992年、上海文艺出版社于1992年再版发行。

⑦ 统计主要根据各个时期福建协和大学校内教员和学生在校内外刊物发表的论文，以及校内刊物发表的校内外学者的论文检索而得。参见汪毅夫：《福建协和大学与福建文化研究的学术传统》，《福建论坛》（人文社会科学版），2003年第4期，第35页。

⑧ 董作宾：《畲语十八名》，《北京大学研究所国学门周刊》，第2卷，1926年。

⑨ 克立鹄：《福建省的"山达"》（*The San Tak of Fukien Province*），载《中国文理杂志》（*The China Journal of Science and Arts*），第4卷第5期，1926年5月。

⑩ 克立鹄，江鼎伊：《对福建土著的进一步研究》（*Further Notes on Aborigines of Fukien*），载《中国文理杂志》（*The China Journal of Science and Arts*），第5卷第2期，1927年2月。

⑪ 参见汪毅夫：《福建协和大学与福建文化研究的学术传统》，《福建论坛》（人文社会科学版），2003年第4期，第35-36页。

在“炎黄子孙”“黄帝世胄”“五族统一”“政更共和”① 成为当时的流行话语。政府和一些学者主张“同化”（所谓的“五族统一”即是该思想的表现），认为“少数民族”的调查和研究不能刺“激作国族分化”，因此，当时边疆少数民族的调查主要是以“安边”“治边”为要的“边政”研究。② 在20世纪30—40年代，边疆学、边政学热潮兴起，大量中外民族学者纷纷赴边陲地区民族调查，其中又以西南地区为最多③。如1928—1949年间，中央研究院历史语言研究所将中国少数民族研究的重点集中在西南地区，参与这一阶段民族调查研究的学者，其研究主旨并非想刻意、任意创造一些民族范畴，而是希望通过在新学科理论和知识的指导下，结合传统华夏民族观（即以华夏为核心、四夷为边缘的“中国”观念），借着国家民族政策的施行，对民族分类、识别并且再造华夏边缘。④

相对西南地区而言，这一阶段的东南地区民族研究相对薄弱，因此，畲族研究的成果并不能算为丰富，且论著多属介绍性文章。1935年，岭南大学黄仲琴教授在《汰溪古文》一文中对福建华安仙字潭“古文”及其族属（畲民）进行研究，他在“引言”中称：“西南民族于我国古代文化有重要之关系，在今日学术界已成为一个研究之问题。学术机关以及学者个人，多往川滇各处为实地之考察；又如云南罗罗⑤及其他古族之文字，亦有为专门之研究者。川滇之外，如粤如湘如闽，尚有古代民族之遗留，若盘、蓝、雷之类是也。兹述往年在闽南所发现之古代遗文一种，以供学者参考。”⑥

该文结尾又写道：“若得译其（指汰溪古文）词意，且加以较长之时间应需之费用，尽拓其地所有刻石，且相择处所，为发掘之工作，当必续有发现，使沈

① 如民国元年（1912年）上杭雷氏撰修族谱时，该族知识分子雷熙春、雷晓春在《序》中写道：“迄明、清二代，族中科名仕宦于今为盛，而士大夫博学识能文章者，先后修谱两次，曾未昌言民族主义。为详考吾族得姓之缘，纪以志诸谱牒，知其慑服于专制余威者为已殁矣。乃者五族统一，政更共和，举黄帝手定之锦绣河山悉以还诸黄帝世胄，而此谱适于是年秋月以成。由是濡毫吮墨，畅所欲言，俾吾祖吾宗萦抱民族思想，得于序录中表白一二。”参见雷熙春，雷国瑞纂修：《上杭雷氏梓福公家谱》，民国元年（1912年）刻本，载《家族谱牒——畲族卷》（下），福州：海风出版社，2011年，第111页。

② 王明珂：《由族群到民族：中国西南历史经验》，《西南民族大学学报》，2007年第11期，第1页。

③ 20世纪30—40年代的民族调查以西南为重点，东北、华北、华东、华南等地区的民族田野调查也各有侧重地展开。详见王建民：《中国民族学史》上卷，昆明：云南教育出版社，1998年，第167-181页。

④ 王明珂：《由族群到民族：中国西南历史经验》，《西南民族大学学报》，2007年第11期，第1页，第6页。

⑤ 罗罗系彝族旧称，新中国成立后废弃不用，姑存原文。

⑥ 黄仲琴：《汰溪古文》，《岭南大学学报》，第四卷第二期，1935年，载福建省考古博物馆学会编：《福建华安仙字潭摩崖石刻研究》，北京：中央民族学院出版社，1990年，第11页。

埋史迹，复见光明，于研究我国西南民族文化者，有所裨益也。"[①]由此可见，当时西南民族研究成为中国民族学的研究中心，畲族的研究常作为西南民族研究的补充、参考或个案印证来研究。

### （二）新中国成立后的畲族研究情况

新中国成立后不久，国家开始进行大规模的民族识别与少数民族社会历史调查。在斯大林的五阶段论的指导下，有关单位对中国各民族的社会形态进行调查。畲族研究在此背景的推动下形成了热潮，也取得了较多的调查成果。在1953年和1955年，中央分别组织畲族调查小组进行实地调查，调查组获得许多畲族珍贵的文献、民俗、语言等资料[②]，并认定畲民既不是汉族，也不是瑶族的一支，而是一个单一的少数民族。在1956年12月，经国务院正式公布，畲族作为单一民族最终被确认。自1958年起，国家又开展了大规模的少数民族社会历史调查，形成29篇、共40万字的调查报告，并编成《畲族简史简志合编》。

这一阶段的畲族社会历史调查，调查组深入畲民住区，通过挖掘历史文献材料以及民间传说等口述材料，在历史学、民族学、人类学、考古学、语言学等方法的指导下，试图从各个侧面证明畲民文化的特殊性，从而为畲族被识别为单一的民族提供客观依据。而国家或调查人员也致力于规范民族划分的标准，试图以一种更为客观、稳定、科学的理论及方法推进国家的民族识别工作，并以国家的意志确定民族身份，以此代替长期混乱、流动的地方族群认同。[③] 当然，这一阶段的畲族研究，明显还带有政治性的味道。"文化大革命"爆发后至1978年，畲族研究则处于停顿状态。

改革开放以来，随着交叉学科理论和方法的发展，我国的畲族研究更加多元，历史学、民族学、社会学和人类学等多学科参与其中，许多新理论、新方法也被引入，如许多学者注重通过田野调查获取材料。在多学科的介入以及国际学

① 黄仲琴：《汰溪古文》，《岭南大学学报》，第四卷第二期，1935年，载福建省考古博物馆学会编：《福建华安仙字潭摩崖石刻研究》，北京：中央民族学院出版社，1990年，第16页。

② 相关情况可参阅宋蜀华，满都尔图主编：《中国民族学五十年》，北京：人民出版社，2004年。

③ 王建民等著：《中国民族学史》（下卷），昆明：云南教育出版社，1998年，第126页。

术界的参与下，畲族研究进入更加系统和深入的阶段，一批重要的著作陆续出版，[①] 一些地方或机构也开始组织编写相关地区的畲族志[②]。2002 年由福建人民出版社出版的“畲族研究书系”[③] 将畲族研究推向高潮。

近十年来，畲族研究又体现了新资料、新理论、新问题、新思路、新领域[④]的特点。一大批研究成果面世，如郭志超的《闽台民族史辨》[⑤]《畲族文化述论》[⑥] 两部著作对畲族文化进行了较好梳理和总结；邱国珍的《浙江畲族史》[⑦]，按省区研究畲族的历史和文化，这种以区域的视角关照畲族史研究是一创举；由钟雷兴主编的《闽东畲族文化全书》（套装全 12 册）[⑧]，则是对闽东地区的畲族文物、乡村、民俗、民间信仰、谱牒祠堂、语言、民间故事、医药、体育、服饰、工艺美术、现代文明等方面进行系统的论述。

近年来许多学者引入族群认同、族群边界、社会记忆、近代建构论等理论来做推理和解释，涌现了一批作品。如周大鸣以实地田野调查和文献资料分析，探讨了 20 世纪 80 年代以来畲族族群重构、畲客转化的一个个案，以此说明族群认同的内涵所在以及变迁动力来源，并说明“根基论”与“工具论”（或“情境

① 这时期的代表作主要有《畲族简史》编写组：《畲族简史》（中国少数民族简史丛书），福州：福建人民出版社，1980 年；《中国少数民族社会历史调查资料丛刊》福建省编辑组：《畲族社会历史调查》，福州：福建省人民出版社，1986 年；蒋炳钊：《畲族史稿》，厦门：厦门大学出版社，1988 年；施联朱著：《畲族》，北京：民族出版社，1988 年；施联朱编著：《畲族风俗志》，北京：中央民族学院出版社，1989 年，等等。

② 这些畲族志如俞郁田编纂：《霞浦县畲族志》，福州：福建人民出版社，1993 年；黄集良主编：《上杭县畲族志》，厦门：厦门大学出版社，1994 年；《福安畲族志》编纂委员会编，蓝炯熹总纂：《福安畲族志》，福州：福建教育出版社，1995 年；蓝运全，缪品枚主编：《闽东畲族志》，北京：民族出版社，2000 年；蓝存干：《宁德市畲族志》，天津：天津古籍出版社，2001 年；陈国强等主编：《崇儒乡畲族》，福州：福建人民出版社，1993 年；陈国强：《霞浦水门畲族》，中国人类学会编，1999 年；蓝炯喜著：《猴墩茶人：畲族》，昆明：云南人民出版社，云南大学出版社，2003 年；福州市地方志编纂委员会编：《福州市畲族志》，福州：海潮摄影艺术出版社，2004 年；石奕龙，张实主编：《畲族：福建罗源县八井村调查》，昆明：云南大学出版社，2005 年；《穆云畲族乡志》编委会，蓝炯熹主编：《穆云畲族乡志》，福州：海峡书局，2014 年。

③ 主要有吴永章的《畲族与苗瑶比较研究》，谢重光的《畲族与客家福佬关系史略》，游文良的《畲语研究》，蓝雪霏的《畲族音乐文化》，蓝炯熹的《畲民家族文化》和雷弯山的《畲族风情》。

④ 谢重光，张春兰：《畲族文化研究的新收获——2009 年全国畲族文化学术研讨会综述》，《宁德师专学报》（哲学社会科学版），2010 年第 1 期。

⑤ 郭志超：《闽台民族史辨》，合肥：黄山书社，2006 年。

⑥ 郭志超：《畲族文化述论》，北京：中国社会科学出版社，2009 年。

⑦ 邱国珍：《浙江畲族史》，杭州：杭州出版社，2010 年。

⑧ 钟雷兴主编：《闽东畲族文化全书》（1-12 册），北京：民族出版社，2009 年。

论"）在族群认同中的不同作用[①]；万建中的《传说记忆与族群认同——以盘瓠传说为考察对象》运用族群的集体记忆来解释这些族群的族源[②]；黄向春在《"畲/汉"边界的流动与历史记忆的重构——以东南地方文献中的"蛮獠—畲"叙事为例》将边界理论运用到畲族研究上，文章对南宋以来"畲/汉"边界流动以及"畲/汉"如何通过历史记忆建构来塑造族群分类等问题进行了有益的探索，开拓了畲族研究的新视野。[③] 杨晋涛在《闽西蓝姓居民的"畲族意识"——一个族群建构的例子》一文中注意到，官方和民间共同致力于族群边界的建构，目的在于获得政治承认，这种族群边界建构过程中，族群认同因此发生变化；[④] 董建辉、林宏杰的《工具主义考量与民族身份的界定——一个畲族乡的成立所引发的理论思考》一文以一个畲族乡的成立为个案，认为工具主义在构建新的民族认同中起着十分巨大的作用；[⑤] 方清云的《少数民族文化重构中的精英意识与民族认同——以当代畲族文化重构为例》一文注意到当代畲族文化建构中精英分子所起的作用，作者认为精英分子决定了族群文化重构的方向，而其中经济利益和民族共同情感是文化重构的重要考量因素；[⑥] 曹大明的《重塑"畲人"：赣南畲族的历史记忆与族群认同》一书以族群认同的理论分析了赣南畲族族群认同的变化，其理论取向以"根基论"为主导，兼采"工具论"，同时也论述了当代民族政策所建构的社会语境以及赣南畲族如何进行文化展示。[⑦]

一些硕士、博士论文也以畲族为研究对象，出现了一批研究成果。如温春香在其博士论文《文化表述与地域社会：宋元以来闽粤赣毗邻区的族群研究》中，从文化表述角度审视汉人意识与汉人身份在东南的形成过程，审视族群之边界的问题，作者认为闽粤赣毗邻区乃至东南地区的汉人社会的出现，这种社会现象不

① 周大鸣：《从"客家"到"畲族"——以赣南畲族为例看畲客关系》，《西南边疆民族研究》，2009年第6辑，第1-6页。

② 万建中：《传说记忆与族群认同——以盘瓠传说为考察对象》，《广西民族学院学报》，2004年第1期。

③ 黄向春：《"畲/汉"边界的流动与历史记忆的重构——以东南地方文献中的"蛮獠—畲"叙事为例》，《学术月刊》，2009年第6期，第138页。

④ 杨晋涛：《闽西蓝姓居民的"畲族意识"——一个族群建构的例子》，载福建省炎黄文化研究会编：《畲族文化研究》（上册），北京：民族出版社，2007年，第168页。

⑤ 董建辉，林宏杰：《工具主义考量与民族身份的界定——一个畲族乡的成立所引发的理论思考》，《中南民族大学学报》（人文社会科学版），2008年第3期，第27页。

⑥ 方清云：《少数民族文化重构中的精英意识与民族认同——以当代畲族文化重构为例》，《广西民族大学学报》（哲学社会科学版），2013年第1期，第81-84页。

⑦ 曹大明：《重塑"畲人"：赣南畲族的历史记忆与族群认同》，广州：中国出版集团，2014年。

能简单地用“汉化”作解释，而与对畲民典范书写的转变有关；[①] 董波的硕士论文《从东家人到畲族——贵州麻江县六堡村畲族的人类学考察东家》则探讨了一个有趣的族群现象：一个在族群文化特征迥异于东南地区的西南族群，慢慢向畲族族群认同的转变的过程，这种研究所展现出来的新视角为畲族发展史的研究提供了新的思路；[②] 陈雍的硕士学位论文《族群与族群边界：以畲族为中心的探讨》探讨了盘瓠建构、畲民的社会定义，以及对新中国成立后族群边界的重新划定等问题进行讨论，作者认为，注意从群体内部的自我认同与群体所处的社会情景——社会定义来分析族群边界的形成，作者还提出不论是历史上还是对新中国成立以后，畲族的族群边界都是不清晰的[③]，但是造成这种族群边界模糊的原因及过程，作者没有深入研究。此外，还有许多博士、硕士论文从畲族的社会经济变迁、教育、文化以及个案调查等方面进行研究。[④]

总之，学界经过近百年的探索，畲族研究在研究问题的深度和广度上都有了长足的发展，畲族研究已经成为我国民族学研究中的一门显学。然而，当前的畲族研究也存在许多不足，比如，有的学者不注重史料的分析，而历史上有关畲族的史料常存在相互抄袭的情况，如不加以甄别就会陷入“以讹证讹”的困境。[⑤] 另外，一些学者在使用理论时，存在“过度解释”之嫌，如不重视历史文献的价值，虽注意到畲族是国族主义下的近代建构，却忽略了畲族之存在，自有其近代以前之历史基础或延续性，过度地割裂了该民族本身的发展脉络，被批评为“对传统过度割裂”。在畲族史的研究中，必须重视既有的研究成果的利用，同

① 温春香：《文化表述与地域社会：宋元以来闽粤赣毗邻区的族群研究》，厦门：厦门大学博士学位论文，2009 年。

② 董波：《从东家人到畲族——贵州麻江县六堡村畲族的人类学考察东家》，厦门：厦门大学硕士学位论文，2008 年。

③ 陈雍：《族群与族群边界：以畲族为中心的探讨》，武汉：湖北大学硕士学位论文，2008 年。

④ 谢彪：《畲汉文化互动下的畲族古代教育研究》，福州：福建师范大学硕士学位论文，2009 年；张小椿：《清代以来畲族教育研究》，福州：福建师范大学硕士学位论文，2009 年；蓝美芬：《闽北畲族社会经济文化变迁考察——松溪民间契约文书研究》，厦门：厦门大学硕士学位论文，2009 年；牛玉西：《畲族与客家的文化互动研究——以平和县秀峰乡龙岭村为例》，北京：中央民族大学硕士学位论文，2010 年；周慧慧：《闽东畲族汉化进程中的文化发展与遗失》，福州：福建师范大学硕士学位论文，2013 年；谢琳：《闽东畲村谢岭下的经济、社会与文化》，厦门：厦门大学硕士学位论文，2014 年；葛赢超：《金贝：一个东南畲村的社会与文化》，厦门：厦门大学硕士学位论文，2014 年；张镇升：《宋末与元初闽粤赣边畲汉民变比较研究》，广州：广东技术师范学院硕士学位论文，2014 年，等等。

⑤ 如谢重光、邹文清指出，明清闽粤的漳、汀、潮、惠等地地方志有关猺人、畲客的记载存在相互抄袭的情况，作者认为在使用文献要予以甄别。参见谢重光，邹文清：《试论明清粤闽畲民文献源流——从〈猺民纪略〉“中兽立毙”之类描述谈起》，《赣南师范学院学报》，2009 年第 4 期。

时也要兼顾研究方法的创新，只有把畲族史置于整体的社会文化史脉络中来加以考察和把握，研究的结论才会更具说服力。

## 三

本书拟以"畲"汉边界为切入点，考察在自然（生态）史、社会史、事件史时间视野下，中国东南区域社会"畲"汉族群边界如何形成与演变，以此了解在多重语境下的"畲"民族群形成、发展与变迁历史。

### （一）理论方法

#### 1. 族群与族群边界

首先，畲族是本书的讨论对象，现对本书的所论述"畲族"内涵与外延进行说明。本书支持畲族是文化概念的观点，认为不能以血统上认识或识别畲族。[①] 关于畲族的概念，谢重光先生曾作过深入地探讨，他将"畲族"概念表述为："畲族是历史上在赣闽粤交界区域形成的一个民族共同体，它的来源很复杂，包括自五溪地区迁移至此的武陵蛮、长沙蛮后裔，当地土生土长的百越种族和山都、木客等原始居民，也包括自中原、江淮迁来的汉族移民即客家先民和福佬先民。这些不同来源的居民以赣闽粤边的广大山区为舞台，经过长期的互相接触、互相斗争、互相交流、互相融合，最后形成一种以经常移徙的粗放山林经济和狩猎经济相结合为主要经济特征，以盘瓠崇拜和相关文化事象为主要文化特征，椎髻左衽、结木架棚而居为主要生活特征的特殊文化，这种文化的载体就是畲族。"谢先生较为详细地描述了历史畲族所具有的内涵。

本书认为，除了以这些客观文化特征来定义畲族外，还有两个重要条件需要注意：一是族群社会定义，即站在"他者"的角度，定义另外一个族群，就此而言，以汉族为代表的他者对"畲族"的形成无疑起了很大的作用，特别是在宋元时期，官方常将一些动乱分子不加区别地称为"畲"，而如果按血统上讲，这些所谓的"畲"，许多都是汉人；二是族群的自我定义，即族群的认同。按客观文化特征上看，历史上具备畲族某些文化特征的族群很多，然而并非所有与之

① 谢重光：《畲族与客家福佬关系史略》，福州：福建人民出版社，2002年，第8-11页。

有关的族群最终都发展成为畲族，除了“他者”的定义外，本族的自我认同无疑对畲族的形成发展与变迁起着很大的作用。

因此本书认为：畲族不仅表现为具有共同客观文化特征的族群，还表现为族群的主观文化认同，这种认同不仅仅是自我认同，还包括他者的定义。畲族是客观文化特征和主观认同的统一体。客观文化特征与主观认同并非截然对立，二者常常是统一的：当本族认为他族为“异己”时，常常会放大他族的异文化；当本族认同于他者时，常常不察觉或忽略他族的异文化。

其次，通过畲族边界探讨畲族的发展与变迁是本书的主要目的。现对边界理论进行梳理。1969 年，挪威人类学家弗里德里克·巴斯（Fredrik Bath）在其主编的论文集《族群与边界》（*Ethnic Groups and Boundaries*）中首先提出了族群边界的概念。按照巴斯对族群边界的定义，他认为造成族群的主要因素不在于核心的文化特征或文化内涵，而在于它的边界。族群边界的划定，是一个族群在生态性的资源竞争中自觉或不自觉的行为，这种行为是动态的、多变的，它不是客观的地理边界，更多的是一种主观排他性的边界。族群的边界的表现形式既包括看得见的符号和标志，如语言、住房、生产生活方式等，也包括一些看不见的价值观念和意识形态。胡明文等的研究也证实，畲民姓氏、语言、风俗信仰等成为当代一些地区畲民被他族称为畲族或自我认定是畲族的依据，正是这些族群特征成为畲族族群边界得以存续。①

巴斯还指出，“族群”并不是在一种社会文化的孤立状态中发展起来的，相反，它是在不同的社会群体发生交互作用（interaction）之后才形成的，这与美国学者帕特森（Orlando Patterson）的研究有共通之处。帕特森提出了“文化群”（the cultural group）概念和“族群”划分理论。他认为当一个“文化群”因为人口迁移而与周边的其他“文化群”发生接触的时候，彼此间往往会在生存资源方面产生这样或那样的竞争，并由竞争而导致冲突（conflict）。一旦这种竞争和冲突的局面形成，身处冲突前沿的成员就会形成越来越强固的自我认同意识。随着这种自我认同意识的不断强化，“我群”与“他群”之间的无形边界就会越来越清晰。② 由于“边界”总是在不同群体间发生交互作用的前沿地带才会产生，因此，某一“族群”的形成，并非意味着某一“文化群”的所有成员都变成这

① 胡明文，古新仁：《移民孤岛与族群边界存续——江西“两江”畲族移民村研究》，《广西民族大学学报》（哲学社会科学版），2008 年第 6 期，第 62 页。

② 梁肇庭著，冷剑波，周云水译：《中国历史上的移民与族群性：客家、棚民及其邻居们》，北京：社会科学文献出版社，2013 年。

个"族群"，而是意味着只有那些与其他"文化群"发生交互作用的成员，才会凝聚成为一个"族群"。①

族群边界的消解则与族群隔离的消除以及不同族群间文化趋同的加剧有着密切的关系。学术界关于族群认同形成的解释，大体可以分为原生论和工具论②两种观点，这两种观点从不同角度，较好地解释了族群的认同起源及转向等问题。

因此，族群认同在族群边界的形成和移动中，起着至关重要的作用。"族群认同是人们在交往互动和参照对比过程中构建的一种关系，族群范畴会跟随与它交往互动和参照对比的对象的变换而伸缩。"③ 比如说，古代中国"华"的族群认同是在与"夷"交往互动中产生，而"华"中又有南方汉人北方汉人的认同；南方人中又有多种民系的认同，如福佬、客家、广府等民系认同的区别，这种认同是建立在一定的参照对象中产生的。换句话说，没有"他者"的存在，就没有"我族"意识的产生。

### 2. 考古学理论

首先是考古学的区系理论。中国自旧石器时代中、晚期以后，开始形成了区域的文化传统，而到了新石器时代时，已经形成了各具特色的区域文化。各考古学者根据不同理论和方法，将中国的新石器时代划分为不同区系。④ 由于各地区的自然地理的不同，这也造成了考古学意义上的各区域在文化面貌、社会结构、发展阶段存在着较大差异，因此，也有学者将考古文化视为一个文化地理的概念。⑤

① 王东：《那山那水那方人：客家源流新说》，上海：华东师范大学出版社，2007年，第10页。

② 根基论或原生论（primordialist approach）强调族群认同原生性、非理性；工具论（instrumentalist approach）或情境论（Circumstantialist approach）则强调族群认同的趋利性、工具性。以上理论参见庄孔韶主编：《人类学通论》，太原：山西教育出版社，2002年，第346-352页。

③ 庄孔韶主编：《人类学通论》，太原：山西教育出版社，2002年，第339-340页。

④ 代表性的观点有严文明的"三区"说、苏秉琦的"六区"说、佟柱臣的"七区"说、陈剩勇的"七大文化圈"说、侯甬坚的"九区"说、周廷儒的"十区"说等，以上观点参见 严文明：《中国史前文化的统一性与多样性》，《文物》，1987年第3期；苏秉琦：《苏秉琦考古学论述选集》，北京：文物出版社，1984年，第225-234页；佟柱臣：《中国新石器时代文化的多中心发展论和发展不平衡论——论中国新石器时代文化发展的规律和中国文明的起源》，《文物》，1986年第2期；陈剩勇：《中国第一王朝的崛起——中华文明和国家起源之谜破译》，长沙：湖南出版社，1994年，第264页；侯甬坚：《区域历史地理的空间发展过程》，西安：陕西人民教育出版社，1995年，第33-36页；中国科学院《中国自然地理》编辑委员会：《中国自然地理·古地理》，北京：科学出版社，1984年，第216-221页。关于新石器遗址的"文化区系"观点的综述还可以参见郑韬凯：《从洞穴到聚落——中国石器时代先民的居住模式和居住观念研究》，北京：中央美术学院博士学位论文，2009年，第40-41页。

⑤ 王妙发：《黄河流域聚落论稿——从史前聚落到早期都市》，北京：知识出版社，1999年，第5页。

这种区系理论应用到族群研究中，就是考察自然生态在族群及其文化塑造过程中所起的作用。有证据显示，从新石器时代后期开始，在考古学意义上的华北区，就逐渐形成了农耕区与游牧区的分野。这种农耕经济与游牧经济之间的生态边界，最终也导致了农耕民族文化与游牧民族文化的差别。① 由于生态环境不同，黄河中下游地区的农耕民族与长城线以外的游牧民族或半农半牧民族在民族文化和民族心理出现了巨大的差异，进而在华夏族中形成了严格的“夷夏”观念，最后，中原地区比较有效地限制了边地民族实体、民族思想的南下或东进。

将考古学的区系理论引入族群研究，还体现在将族群历史与地域社会的发展史结合起来探讨，探讨在“大历史”背景下族群的发展与变迁，尤其注重分析在族群发展中不同生态与文化语境。更加强调历史的多元特征及历史的文化解释功能，并强调记忆与认同在历史建构中的作用。

其次是“知识考古学”理论及方法。法国学者福柯（Michel Foucault，1926—1984 年）提出“知识考古学”理论，试图用考古学方法来梳理人类知识的历史，对社会主流知识进行寻根究底，② 并对当代、近代和历史的知识进行再观察与再诠释，因此，有学者也将“知识考古学”称为“考古学的考古”，或者“反思性考古”。③

福柯的知识考古学理论强调“话语-实践”的关系，它颠覆了试图通过知识去再现历史的传统史学方法，而希望通过社会史、思想史、科学史的考证，探讨形成这种历史知识的话语本身是如何产生的。④ 按照知识考古学的观点，话语不仅是一个实践过程，还内在包含着权力，而知识是话语形式表现和展开的，话语的存在形式和实践过程都是在特定历史条件中存在的，都受与某种历史条件统一的社会制度、文化传统和价值取向所制约，所以话语摆脱不了某种支配力量的作用。

福柯的“知识考古学”等后现代主义思潮影响了社会史研究关于史料的审

---

① 在黄河长江中下游的平原地区（中原地区），从新石器时代起就发生了农业文化，与这一片平原上的宜耕土地在北方与内蒙古高原的草地和戈壁相接，在西方却与黄土高原和青藏高原相连。这些高原除了一部分黄土地带和一些盆地外都不宜耕种，而适于牧业。而划分农牧两区的地理界线大体上就是从战国时开始建筑直到现在还存在的长城。参见费孝通等著：《中华民族多元一体格局》，北京：中央民族学院出版社，1989 年，第 9-10 页。

② ［法］福柯著，谢强，马月译：《知识考古学》，北京：生活·读书·新知三联书店，2003 年。

③ 曹兵武：《知识考古：现代考古学知识和概念的梳理与重构——〈南方文物〉“知识考古”专栏开栏辞》，《南方文物》，2011 年第 2 期，第 74-75 页。

④ 项晓敏：《福柯考古学话语体系探微》，《浙江广播电视高等专科学校学报》，1999 年第 3 期，第 37 页。

视与使用，并形成了社会史研究新的范式。这种研究方法认为，一些文献或口述材料可能存在着时间或空间的错位，但是作为某种历史记忆，却包含着反映某种社会情境的历史真实，通过史料的考古，口头传说与正史、野史、文献等材料具有某种同等的含义。因此，解释、辨伪文献已经不再是最重要的了，而揭示一定历史时期的不同性质话语形成的原因、过程可能更值得挖掘。可以说，如果传统史学观点的焦点在于探究何为真、何为假，那么新的研究方法则重点考察"如何"真、假，并且"为何"真、假的问题。①

3. 社会记忆理论

美国学者保罗·康纳顿（Paul Connerton）在《社会如何记忆》一书中系统论述了社会记忆理论。② 保罗·康纳顿认同社会记忆的存在，指出社会记忆有三种类型：个人记忆、认知记忆和习惯记忆。在论述社会记忆时，保罗·康纳顿提出历史重构的概念，同时指出权力在社会记忆的形成和保持过程中起着重大的作用，他认为"控制一个社会的记忆，在很大程度上决定了权力等级。"掌握社会记忆的人，可以证明一个社会的合法化，并且具有了改变社会的力量，"旨在废除一种制度的仪式，只有通过反过来回忆另一些迄今为止确认那个制度的仪式，才有意义。"③ 以一种记忆取代另一种记忆，又称"结构性失忆"，该概念由英国人类学家古立佛（P. H. Gulliver）提出。古立佛注意到，非洲 Jie 族通过特别记得一些祖先，并且忘记另一些祖先来达到家族的发展（融合或分裂）的目的。④

在族群历史发展过程中，一些族群常通过社会记忆才重构本族历史，目的在于使本族群在族群竞争中获取到优势地位，越是掌握社会话语权力的族群，控制社会记忆的能力越强。这种社会记忆既包括"结构性失忆"，即遗忘一些记忆，选择性地记忆某些历史；同时也包括重构历史，即建构一些与本族本来无关的记忆，最后成为本族历史的一部分。

当然，社会记忆的选择并不是无端地、任意地形成，这与特定的历史条件有关。王明珂比较系统地阐述了历史记忆与社会情境、历史心性三者的关系，他认

① 户华为：《虚构与真实—— 民间传说、历史记忆与社会史"知识考古"》，《江苏社会科学》，2004年第6期，第162-163页。

② ［美］保罗·康纳顿（Paul Connerton）：《社会如何记忆》，纳日碧力戈译，上海：上海人民出版社，2000年。

③ 同②，第1页，第5页。

④ 王明珂：《华夏边缘———历史记忆与族群认同》，北京：社会科学文献出版社，2006年，第24页。"非洲 Jie 族"在原文中如此写法，此处保留不变。

为文献或口述材料作为一种“历史事实”，实际上的一种“历史记忆”，而各种历史记忆必定忠实地反映了特定的“社会性境”和“历史心性”。所谓的社会情境是指“社会人群的资源共享与竞争关系，与相关的族群、性别或阶级认同与区分”，所谓的“历史心性”，是指“人们由社会中得到的一种有关历史与时间的文化概念……在此文化概念下，人们循一固定模式去回忆与建构‘历史’”[①]，是在特定社会文化情境下，人类对族群“起源”（历史）之思考与建构模式。[②]在这种理论下，我们可以了解族群是如何通过历史书写、文化表述来建构自己的历史，同时也提醒我们对产生各类“历史记忆”的历史背景、他者的眼光以及表述者的态度、情感等需要进一步分析。

（二）资料来源

本书探讨的是族群与地域社会的关系，所采用的资料采集方面侧重于地方志、族谱、碑刻等民间资料，部分来自田野调查。历代政府重视对非汉民族的记载，在历朝的正史、实录、政书中均有体现。唐宋以后，出现了大量的文人文集、笔记记载了非汉族群的活动情况。本书采用历史文献法，对历史上的文献进行了搜集和运用。如宋代刘克庄的《后村先生大全集》[③]、周去非的《岭外代答》[④]、范成大的《桂海虞衡志》[⑤]；元代刘埙的《水云村稿》[⑥]；明代王守仁的《王文成公全书》[⑦]、谢肇淛的《五杂俎》；清代吴震方的《岭南杂志》[⑧]；各代的地理志书、地方志都提供了有关的民族史材料，如唐代李吉甫的《元和郡县图志》[⑨]；宋代乐史的《太平寰宇记》[⑩]、王象之的《舆地纪胜》[⑪]、祝穆的《方舆胜

① 王明珂：《历史事实、历史记忆与历史心性》，《历史研究》，2001年第5期，第143页。

② 王明珂：《英雄祖先与弟兄民族——根基历史的文本与情境》，北京：中华书局，2009年，第236页。

③ ［宋］刘克庄：《后村先生大全集》，四部丛刊初编216集部，据上海涵芬楼景印旧钞本，商务印书馆1926年版重印影印，上海：上海书店，1989年。

④ ［宋］周去非：《岭外代答》，扬州：广陵书社，2003年。

⑤ ［宋］范成大撰：《桂海虞衡志》（丛书集成初编），北京：中华书局，1991年。

⑥ ［元］刘埙：《水云村稿》，影印清文渊阁四库全书，集部134别集类，第1195册。

⑦ ［明］王守仁：《王文成公全书》，四部丛刊初编259集部，据上海涵芬楼景印明隆庆刊本，商务印书馆1926年版重印影印，上海：上海书店，1989年。

⑧ ［清］吴震方：《岭南杂志》卷五，明新堂藏版，嘉庆五年重刊本。

⑨ ［唐］李吉甫撰，贺次君点校：《元和郡县图志》，北京：中华书局，1983年。

⑩ ［宋］乐史撰，王文楚等点校：《太平寰宇记》，北京：中华书局，2007年。

⑪ ［宋］王象之：《舆地纪胜》，北京：中华书局，2003年。

览》[①]、欧阳忞的《舆地广记》[②]；赵万里的《元一统志》[③]；清代顾炎武的《天下郡国利病书》[④]，等等。各省、府、县的地方志，如弘治《八闽通志》[⑤]、崇祯《兴化县志》、乾隆《汀州府志》[⑥]、乾隆《龙溪县志》[⑦]、乾隆《福宁府志》[⑧]、道光《平和县志》[⑨]、清代杨澜《临汀汇考》[⑩]、光绪《福安县志》[⑪] 等提供了许多有关畲族的资料。

清朝以来，在汉文化的影响下，各地畲民纷纷对本族的族谱进行修撰，直到目前还保存数量不少的畲民家族谱牒资料。一些机构和学者在畲民谱牒资料的收集和整理上做出了不少努力，如福建省少数民族古籍丛书编委会编纂的《家族谱牒——畲族卷》[⑫] 上、下两册，共收入福建各地畲民族谱 22 部；陈支平、刘婷玉对漳州、宁德、浙南、台湾等地的数百种的畲族族谱进行收集和整理[⑬]。与地方志、文集对畲民"客位"记载有所不同的是，畲民族谱的主持修纂工作主要由本族族人承担，实际撰写者除延请汉人知识分子参与外，也有部分本族的知识分子参与其中，因此，畲民的族谱中加入了畲民"主位"的思考。通过梳理这些文献资料，我们不仅可以更好地了解当时东南地区畲民族群活动情况以及畲汉族群关系情况，而且通过畲民对本族历史与传说的有意识地改造，考察畲族文化

① ［宋］祝穆撰，施和金校：《方舆胜览》，北京：中华书局，2003 年。

② ［宋］欧阳忞撰，李勇先，王小红校注：《舆地广记》（宋元地理志丛刊），成都：四川大学出版社，2003 年。

③ 赵万里辑：《元一统志》，北京：中华书局，1966 年。

④ ［清］顾炎武：《天下郡国利病书》，续修四库全书 597 史部地理类，据上海图书馆清抄本影印，上海：上海古籍出版社，1995 年。

⑤ ［明］黄仲昭修纂：《八闽通志》，福州：福建人民出版社，1986 年。

⑥ ［清］曾曰瑛等修，李绂等纂：《汀州府志》，乾隆十七年（1752 年）修，同治六年刊本，中国方志丛书华中地方第七十五号，台北：成文出版社，1967 年。

⑦ ［清］吴宜燮修，黄惠，李畴纂：《龙溪县志》，清乾隆二十七年（1762 年）修，上海：上海书店出版社，2000 年。

⑧ ［清］朱珪修，李绂纂：《福宁府志》，乾隆二十七年（1762 年）修，光绪六年重刊本，台北：成文出版社，1976 年。

⑨ ［清］黄许桂修，曾泮水纂：《平和县志》，道光十三年（1833 年）修，福建省地方志编纂委员会整理，厦门：厦门大学出版社，2008 年。

⑩ ［清］杨澜：《临汀汇考》，光绪四年（1878 年）刊本，福建师大古籍室藏。

⑪ ［清］张景祁等纂修：《福安县志》，据清光绪十年（1884 年）刊本影印，中国方志丛书第 78 号，台北：成文出版社，1967 年。

⑫ 福建省少数民族古籍丛书编委会：《家族谱牒——畲族卷》（上、下），福州：海风出版社，2010—2011 年。

⑬ 陈支平，刘婷玉：《闽台畲族族谱搜集整理札记》，《人民论坛》，2011 年第 12 期。

的变迁与畲族文化认同转变过程。[①] 当然，地方志、谱牒等都有其资料的局限性，在应用这些材料的时候需加以辨别[②]。

民国时期以来的各类报刊、档案文件以及新中国成立后对福建、广东、浙江等地的畲族调研报告都是畲族历史研究重要的材料。如福建省档案馆、福建省民族与宗教事务厅选编《福建畲族档案资料选编》[③] 分综合类、政治类、经济类、文教类、附录5部分，收录省、市、县有关畲民的各类档案材料109份，为了解近当代以来的畲族历史提供了绝佳观察视角。

① 温春香认为，随着新材料、新方法的引入，传统的单纯地以汉文献入手的“客位”畲族研究，受到越来越多人的诟病，由于文献中不可避免地渗透了本族群的意识与立场，因此可以更多地探讨文献作者（包括畲民自身）的立场和情感，以此探讨动态的族群发展及有趣的族群认同变迁过程。温春香：《明清以来闽粤赣交界区畲民的族谱书写与族群意识》，《贵州民族研究》，2015年第1期。

② 谢重光在《客家源流新探》一书中，就专门列有“谱牒资料在客家研究中的价值和局限”一节，批评罗香林客家研究的方法论问题。谢重光：《客家源流新探》，福州：福建教育出版社，1995年，第14–20页。如谢重光、邹文清指出，明清闽粤的漳、汀、潮、惠等地地方志有关猺人、畲客的记载存在相互抄袭的情况，作者认为在使用文献要注意甄别。参见谢重光，邹文清：《试论明清粤闽畲民文献源流——从〈猺民纪略〉“中兽立毙”之类描述谈起》，《赣南师范学院学报》，2009年第4期。

③ 福建省档案馆、福建省民族与宗教事务厅编：《福建畲族档案资料选编（1937—1990）》，福州：海峡文艺出版社，2003年。

# 第一章　唐宋时期“畲”汉族群的文化生态边界

族群边界的界定，有政治、经济、文化等多种因素在起作用。一般认为，畲民之得名与该族群“烧山种畲”的经济方式存在较大关系，畲民就是烧山种畲的人。[①] 就此而言，经济因素在某一历史时期“畲”汉族群边界的界定上，起了至关重要的作用。实际上，“畲”在本义上不仅仅是一种耕作方式，还带有聚落的含义，也就是“畲”不仅仅具有经济的意义，还带有文化或政治的意义，这种意义的需要放在一定的语境下进行分析。本章先分析“畲”是如何从一种经济形式或聚落形态的称谓演变为一类族群的称谓的过程，进而说明在界定族群边界中起作用的相关因素。

## 第一节　生态语境下的畲田农业与边界冲突

美国历史学家唐纳德·休斯（J. Donald Hughes）曾指出：“人类是自然的一部分，他们依赖于生态系统，并且不能完全操纵自己的命运……历史叙述必须把人类事件置于地方和地区生态语境之中。”[②] 因此，在考察畲族及其先民的族群文化之前，先对与之相关的地区自然生态进行考察是十分必要的。

### 一、唐宋时期的畲田农业及其分布情况

畲田农业作为一种粗放的耕作方式早在春秋以前就已经存在，唐宋以后仍在

---

① 傅衣凌：《福建畲姓考》，原载《福建文化》，第2卷第1期，1944年，收入《傅衣凌治史五十年文编》，厦门：厦门大学出版社，1989年，第177页。关于畲之得名还有“入番”说、“蛇”音说等，以上观点流行并不普遍，不是主流观点，兹不赘述。详见［德］史图博，李化民：《浙江景宁敕木山畲民调查记》，武汉：中南民族学院民族研究所，1984年，第2-6页。

② ［美］J. 唐纳德·休斯（J. Donald Hughes）著，梅雪芹译：《什么是环境史》，北京：北京大学出版社，2008年，《译者序》第3页。

中国南方地区广泛存在。“畲”在唐以前一般写作“畬”，其作为原始农业经济方式最早是指开垦出来的两年或三年田地[1]，反映的是春秋时期以前我国广泛存在的一种休闲耕作制度。从战国到隋唐，中国古代农业从精耕细作农业成型时期转入精耕细作农业扩展时期，[2] 由于休闲耕作制度逐渐退出历史舞台，“畬”在隋唐时期增加了新的音和义：读“YU”时是指开垦两三年的田，读“SHE”时则为“畬田”（烧田）的含义。[3]

畬田是一种区别于精耕农业的耕作方式，如《魏书·崔辩列传附模弟楷传》记载：“遥途远运，惟用舟舻，南亩畬菑，微事耒耜。”[4] 唐宋以来，畬田农业大量出现于文献中，如刘禹锡的《畬田行》曾具体介绍了畬田的耕作过程：

> 何处好畬田，团团缦山腹。钻龟得雨卦，上山烧卧木。惊麏走且顾，群雉声咿喔。红焰远成霞，轻煤飞入郭。风引上高岑，猎猎度青林。青林望靡靡，赤光低复起。照潭出老蛟，爆竹惊山鬼。夜色不见山，孤明星汉间。如星复如月，俱逐晓风灭。本从敲石光，遂至烘天热。下种暖灰中，乘阳拆牙蘖。苍苍一雨后，苕颖如云发。巴人拱手吟，耕耨不关心。由来得地势，径寸有余金。[5]

文章描写了“畬田”前卜“雨卦”、烧山、种畬等一系列过程，并指出“畬田”的主人为巴人，是西南一带的非汉族群。温庭筠《烧歌》也详细描写了带有“楚越”之地风俗的烧田（畬田）情况，“畬田”的主人也应是非汉人群。[6]

唐代或有一些汉人也从事畬田农业。如唐代韩鄂的《四时纂要》描写的七

---

① 陈元煦：《浅谈“畬”字含义与畲族名称》，《福建师范大学学报》，1987年第3期，第118-120页。

② 李根蟠把中国古代农业史分为五个阶段：原始农业时期（原始社会，实行抛荒耕作制），沟恤农业时期（虞—春秋，实行休闲耕作制），精耕细作农业成型时期（战国—魏晋南北朝，连种制），精耕细作农业扩展时期（隋—元，轮作倒茬），精耕细作农业持续发展时期（明、清，复种制）。参见李根蟠：《中国古代耕作制度的若干问题》，《古今农业》，1989年第2期，第1页。

③ ［日］大泽正昭著，亿里译：《论唐宋时代的烧田（畬田）农业》，《中国历史地理论丛》，2000年第2期，第226页。

④ ［北齐］魏收：《魏书》，卷五六，列传第四四《崔辩列传附模弟楷传》，北京：中华书局，1984年，第1255页。

⑤ ［唐］刘禹锡：《畬田行》，载《刘梦得文集》，卷九《乐府》，四部丛刊初编118集部，据上海涵芬楼景印董氏景宋本影印，商务印书馆1926年重印影印，上海：上海书店，1989年。

⑥ 温庭筠《烧歌》记载：“起来望南山，山火烧山田。微红夕如灭，短焰复相连。差差向岩石，冉冉凌青壁。低随回风尽，远照檐茅赤。邻翁能楚言，倚锸欲潸然。自言楚越俗，烧畬为早田。豆苗虫促促，篱上花当屋。废栈豕归栏，广场鸡啄粟。新年春雨晴，处处赛神声。持钱就人卜，敲瓦隔林鸣。卜得山上卦，归来桑枣下。吹火向白茅，腰镰映赪蔗。风驱槲叶烟，槲树连平山。迸星拂霞外，飞烬落阶前。仰面呻复嚏，鸦娘咒丰岁。谁知苍翠容，尽作官家税。”参见温庭筠：《温飞卿集笺注》四部备要卷三，《烧歌》。

月开荒田，其耕作方式与畲田有相似之处。将这种耕作方式写入其文曰：

开荒田。凡开荒山泽田，皆以此月芟其草，干，放火烧，至春而开之，则根朽而省工。若林木绝大者，劁杀之，叶死不扇，便任耕种。三年之后，根枯茎朽，烧之则入地尽矣。耕荒必以铁爬漏凑之，遍爬之，漫掷黍稷，再遍耮。明年乃于其中种谷也。①

相对于刘禹锡《畲田行》一文中粗放的畲田耕作方式，开荒田似乎比较精细，这意味着或者开荒田借鉴了畲田的方法；或者可以认为畲田开始慢慢向汉人精细农业转变。韩鄂的《四时纂要》是一本按照四时及月份列举出应做农事的月令式农书，开荒田被列为七月应做的农事，间接说明在唐代仍有许多地区实行畲田或与之相近的农业耕作方式。只不过在非汉人群中，畲田更为流行而已。如唐代黔州之西的东谢蛮地区，"土宜五谷，不以牛耕，但为畲田，每岁易。"② 而南蛮地区也是"宜五谷，为畲田，岁一易之。"③

到了宋代，在一些偏远的山区多有"畲田"农业的记载，如宋代王禹偁《小畜集》卷八《畲田词并序》描写了西北地区居民刀耕火种的情况：

上雒郡南六百里，属邑有丰阳、上津，皆深山穷谷，不通辙迹。其民刀耕火种，大底先斫山田，虽悬崖绝岭，树木尽仆，俟其干且燥，乃行火焉。火尚炽，即以种播之。然后酿黍稷、烹鸡豚，先约曰某家某日有事于畲田，虽数百里如期而集，锄斧随焉。至则行酒啖炙，鼓噪而作，盖劚而掩其土也。劚毕则生，不复耘矣。援桴者，有勉励督课之语，若歌曲然。且其俗更互力田，人人自勉。仆爱其有义，作《畲田》五首，以侑其气。亦欲采诗官闻之，传于执政者，苟择良二千石暨贤百里，使化天下之民如斯民之义，庶乎污莱尽辟矣。其词则取乎俚，盖欲山民之易晓也。④

从序言中可以看出山民"畲田"的斫山田、烧林木、播种、盖土的劳作程序，同时也看出在"畲田"时，不同地区人们互相协作，主人酒菜待客，同时

---

① ［唐］韩鄂撰，缪愉样释：《四时纂要校释》，《秋令》卷之四，北京：农业出版社，1979年，第173页。

② ［后晋］刘昫：《旧唐书》，卷一九七，列传第一四七，《南蛮西南蛮传·东谢蛮传》，北京：中华书局，1975年，第5274页。

③ ［宋］宋祁，欧阳修等：《新唐书》，卷二二二下，列传第一四七下，《南蛮传下·两爨蛮传》，北京：中华书局，1975年，第6317页。

④ ［宋］王禹偁：《王黄州小畜集》，卷八《畲田词并序》，四部丛刊初编集部133，上海：上海书店，1989年，影印本，第576页。

伴有宛如歌声的“劳动号子”。作者显然被这种热烈的气氛感染，写了五首简单易懂的《畲田词》[①]，希望能进一步推广“畲田”，将其用于各地山林的开辟。

在中国南方各地，“畲田”的耕作方式普遍存在。如《宋史》记载西南地区抚水州一些“聚山险”的蛮夷从事畲田农业，但是由于耕作方式粗放，“收谷粟甚少”[②] 而宋代张淏在《云谷杂记》中提到湖南等地区的畲田收成较好：

> 沅湘间多山，农家惟种粟，且多在冈阜，每欲布种时，则先伐其林木，纵火焚之，俟其成灰，即布种于其间。如是则所收必倍，盖史所谓刀耕火种也。[③]

朱胜非在《绀珠集》中则记载宋代江南畲田：

> 江南人多畲田，先纵火谓之熂炉，俟经雨下，种历三岁，土脉竭不可种，复生草木。宋西阳王子尚云：山湖之俗，熂山封水以种，名䉤田，即谓此也。《尔雅》田一岁曰菑，田二岁曰新，田三岁曰畲。田凡三岁，不可复种，故名畲。熂音饩，䉤音留。[④]

这里提到的“种历三岁，土脉竭不可种，复生草木”，说明了从事畲田的民族必须常常迁徙，以获得新的山地用以烧山种畲。

华南地区的福建也实行畲田。早在唐代，诗人贯休曾在《怀武夷红石子》写有“竹鞘畲刀缺，松枝猎箭牢”[⑤] 诗句，依稀可以了解唐代建州或存在畲田农业；《全唐文》收入唐代陈元光的《请建州县表》，其文称：“况兹镇地极七闽，境连百粤，左衽居椎髻之半，可耕乃火田之余。”[⑥] 虽然陈元光的《请建州县表》

---

① 《畲田词》分别从田歌、待客、斫山、协作、收获等高度赞扬了畲田的行为，五首词其一：“大家齐力劚孱颜，耳听田歌手莫闲。各愿种成千百索，（自注：山田不知畎亩，但以百尺绳量之，曰某家今年种得若干索，以为田数。）豆萁禾穗满青山。”其二：“杀尽鸡豚唤劚畲，由来递互作生涯。莫言火种无多利，林树明年似乱麻。（自注：种谷之明年，自然生木，山民获济。）”其三：“谷声猎猎酒醺醺，斫上高山入乱云。自种自收还自足，不知尧舜是吾君。”其四：“北山种了种南山，相助力耕岂有偏。愿得人间皆似我，也应四海少荒田。”其五：“畲田鼓笛乐熙熙，空有歌声未有词。从此商于为故事，满山皆唱舍人诗。”[宋] 王禹偁：《王黄州小畜集》，卷八《畲田词并序》，四部丛刊初编集部133，上海：上海书店，1989年，影印本，第576-577页。

② [元] 脱脱等：《宋史》，卷四九五，列传第二五四，《蛮夷传三·抚水州传》，北京：中华书局，1977年，第14205页。

③ [宋] 张淏：《云谷杂记》，补编卷二“刀耕火种”条，北京：中华书局，1958年，第104页。

④ [宋] 朱胜非：《绀珠集》，卷十一，影印清文渊阁四库全书本，子部178杂家类，第872册，第501-502页。

⑤ [唐] 贯休撰，[明] 毛晋编：《禅月集》卷八《怀武夷红石子》，据明虞山毛氏汲古阁刊本影印，台湾明文书局，1981年，第60页。

⑥ [清] 董浩辑：《全唐文》，卷一六四，陈元光《请建州县表》，北京：中华书局，1983年，第1674-1675页。

被考证是伪作[①]，但至少说明在某一历史时段，漳州的"蛮僚"或当地居民曾从事有关"火田"（畲田的别称）的耕作活动，其作为一种历史记忆，在后人建构该篇伪作的时候仍被重新提起。宋人杨杰在《故温州录事参军陈君墓志铭》中记载当时宁化军有盗寇持畲刀盗割粮食，其文称："再调汀州司理参军，宁化军有盗六人，持畲刀，夜割人禾，田主逐之，五人逸去，其一独留，且杀主人。"[②]这则材料比较肯定地说明宋代或更早福建存在畲田农业。

明清以后，刀耕火种的耕作方式仍是南方一些非汉民族主要耕作方式。如明代李时珍在《本草纲目》中也曾记载："南方多畲田，种之极易。舂粒细香美，少虚怯，只于灰中种之，又不锄治，故也。"[③]明代谢肇淛记载闽东畲人烧畲"……过湖坪，值畲人纵火焚山，西风甚急，竹木迸爆霹雳。舆者犯烈炎而驰下山，回望十里为灰矣。"[④]清代杨澜《临汀汇考》描述汀州地区畲客刀耕火种情况："此外又有棱米，又名畲米，畲客开山种树，掘烧乱草，乘土暖种之，分粘和不粘二种，四月种，九月收。"[⑤]范绍质在《猺民纪略》也称："汀东南百余里，有猺民焉……粪田以火土，草木黄落，烈山泽，雨瀑灰浏，田遂肥饶，播种布谷，不耘耔而获。"[⑥]

在广东的粤东等地的畬（畲）民也存在类似的耕作方式，如李调元《南越笔记》卷七："畬人……其人耕无犁锄，率以刀治土，种五谷，曰刀耕；燔林木，使灰入土，土暖而蛇蛊死，以为肥，曰火耨。是为畲蛮之类。《志》所称伐山而畄蓺草而播，依山谷采猎，不冠不屦者是也。"[⑦]吴震方《岭南杂记》则写道："潮之西北山中有畲户者……刀耕火种，不供赋也。"[⑧]

总之，唐代以来，南方许多地区存在刀耕火种的"畲田"耕作方式，这种

① 谢重光：《〈全唐文〉所收陈元光表文两篇系伪作考》，载《中华文化论坛》，2008年第3辑，上海：上海古籍出版社，第285-307页。

② ［宋］杨杰，曹小雲校笺：《无为集校笺》卷一四，《故温州录事参军陈君墓志铭》，合肥：黄山书社，2014年。

③ ［明］李时珍：《本草纲目》，卷二十三《谷之二·稷粟类》，影印清文渊阁四库全书，子部79医家类，第773册，第459页。

④ ［明］谢肇淛：《太姆山志》，卷中《游太姆山记》，福州慕园书屋，嘉庆五年（1800年）重刊本。

⑤ ［清］杨澜：《临汀汇考》，卷四，《物产考》，光绪四年（1878年）刊本，福建师大古籍室藏，第15a页。

⑥ ［清］曾曰瑛等修，李绂等纂：《汀州府志》，乾隆十七年（1752年）修，卷四十一《艺文三》，台北：成文出版社，1967年。第527-528页。

⑦ 李调元：《南越笔记》，卷七，扬州：广陵书社，2003年，第309-311页。

⑧ ［清］吴震方：《岭南杂记》卷五，丛书集成初编，上海：商务印书馆，1936年版（复印本），第28页。

相对粗放的耕作方式常常作为非汉族群文化特征被大量记载在文献中[①]。有关畲田的耕作技术，大泽正昭以及周尚兵等学者均作了详细的考证，[②] 兹不赘述。

实际上，“畲田”（或刀耕火种）的耕作方式很长时间存在于人类社会中，而不仅仅局限于上述几个地区。自 20 世纪 40—50 年代起，由日本学者中尾佐助、上山春平、佐佐木高明等提出了“照叶树林[③]文化论”。该理论认为：从喜马拉雅山南麓东经不丹、阿萨姆、缅甸、中国云南南部、泰国、老挝、越南北部、中国长江南岸直至日本西部的辽阔地域存在一个地域广阔的照叶树林文化带“照叶树林带”（见图 1-1）。这一地带的文化具有相通性，其最基本、最重要的文化特征是以栽种水稻、杂粮（包括旱稻）、薯类为主的烧田农业。[④] 照叶树林地带上的少数民族众多，有许多民族都曾从事或者至今仍在延续传统刀耕火种的农耕生产方式。[⑤]

根据“照叶树林带”的分布情况，结合有关新石器时期区系划分，可以看出中国南部两个中心文化区，即华南地区及长江流域部分地区属于照叶树林的分布范围；而二者之间的过渡带，即南岭以北和武夷山以西地区过渡地带则恰好处于东亚半月弧中心的东缘和南缘。[⑥] 这也间接说明了该地区在历史上广泛存在刀耕火种（畲田农业）的经济方式。

日本学者大泽正昭发现，唐宋时期实行畲田分布的地域一度相当广大，[⑦] 并

---

① 李剑农列举了唐代有关火耕畲田的诗文共 30 例，这些诗文大都出现在唐后期。李剑农：《宋元明经济史稿》，北京：生活·读书·新知三联书店，1957 年，第 19-23 页。

② 有关畲田技术详见［日］大泽正昭著，亿里译：《论唐宋时代的烧田（畲田）农业》，《中国历史地理论丛》，2000 年第 2 期，第 223-249 页；周尚兵：《唐代南方畲田耕作技术的再考察》，《农业考古》，2006 年第 1 期，第 145-149 页。

③ 所谓的照叶树林，指的是在东亚温暖带中，其森林以柞、柯、楠、山茶等树种为主，由于树叶的表面反射阳光，因此称之为“照叶树林”。［日］佐佐木高明著，刘愚山译：《照叶树林文化之路——从布丹、云南到日本》，昆明：云南大学出版社，1998 年，第 11 页。

④ 有关照叶树林文化论参见［日］中尾佐助著，赵玉蕙译：《照叶树林的农业文明之光》，《农业考古》，2009 年第 4 期；［日］佐佐木高明著，刘愚山译：《照叶树林文化之路——从布丹、云南到日本》，昆明：云南大学出版社，1998 年。

⑤ 在西南地区照叶树林地带的民族有苗瑶语族、藏缅语族、孟高棉语族、壮侗语族等语族，直到 20 世纪 80 年代，我国的云南地区的一些民族仍存在刀耕火种，总体呈现出消退的趋向。参见金少萍：《云南少数民族与照叶树林——地域、民族、文化》，《云南师范大学学报》，2012 年第 3 期，第 80 页，第 82 页。

⑥ 陈有贝：《照叶树林文化理论——史前两岸文化传播研究的另一个线索》，《田野考古》，2000 年第 7 卷第 1、2 期合刊。

⑦ 大泽正昭统计了唐宋 30 余篇与地域有关的诗文史料并制成地图，认为唐代畲田应该包括有山南、江南两道的大部分以及剑南道的东部，以上地区畲田实施区域仅是这些州县周边的山间地，并没有包括山地的全部范围。［日］大泽正昭著，亿里译：《论唐宋时代的烧田（畲田）农业》，《中国历史地理论丛》，2000 年第 2 期，第 233 页。

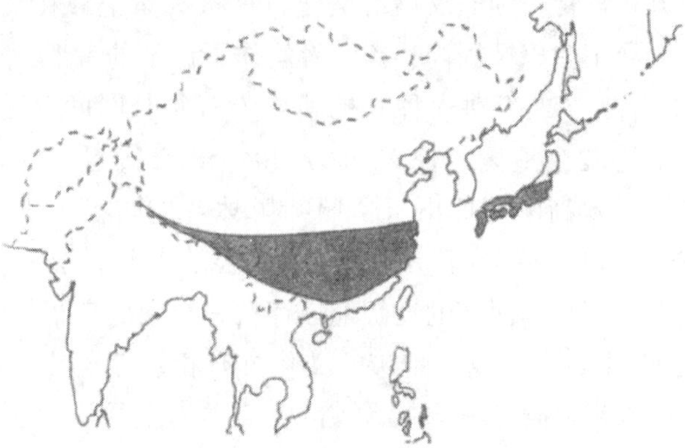

图 1-1　照叶树林带分布

（［日］中尾佐助著，赵玉蕙译：《照叶树林的农业文明之光》，《农业考古》，2009 年第 4 期，第 17 页。）

且与獠、蛮、氐、羌、山棚、山越等"少数民族"的居住区域有相当程度的重合，曾雄生将这些以畲田（刀耕火种）为主要特征的农耕民族定义为"畲田民族"。① 实际上，畲田的耕作方式曾广泛存在于包括汉族在内的各个族群中，只不过随着农业技术的进步，畲田作为中国古代农耕方式的残存形态被主流农业生产者所淘汰。如果以更广阔的时空来考察畲田（刀耕火种），笔者更愿意将所谓的"畲田民族"认定为特定时期某一人群的特定称谓。唐宋以后，畲田耕作方式逐渐被边缘化，自唐代以后，随着江南的开发更进一步，畲田区域呈缩小的趋势，大泽先生因此认为畲田是中国古代农耕方式的残存形态。②

将大泽正昭的"畲田分布图"（见图 1-2）与东亚地区"照叶树林带"相比较，我们可以发现唐宋的畲田基本在照叶树林带的范围内，少部分畲田在"照叶树林带"偏北地域，这反映了中国古代自然生态的变化：即烧田农业有向南、向西偏移的趋势。

由此可以说明：一是畲田的生态环境分布在中国的中南部，随着历史的变迁，烧田农业有向南、向西偏移的趋势；二是烧田农业的缩小与走向，与帝国开边进程（中国地方区域经济渐次开发）的趋势和走向是相一致的。随着帝国权

① 参见曾雄生：《唐宋时期的畲田与畲田民族的历史走向》，《古今农业》，2005 年第 4 期，第 30 页。

② 李剑农先生在《宋元明经济史稿》中，将唐代"畲田"作为唐宋时代江南开发进展的例证，笔者同意大泽正昭的观点。［日］大泽正昭著，亿里译：《论唐宋时代的烧田（畲田）农业》，《中国历史地理论丛》，2000 年第 2 期，第 237 页。

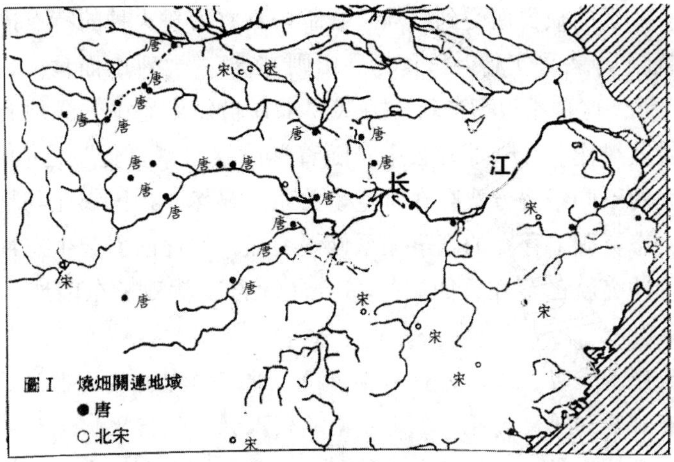


图 1-2　唐宋畬田分布

（［日］大泽正昭著，亿里译：《论唐宋时代的烧田（畬田）农业》，《中国历史地理论丛》，2000 年第 2 期，第 235-237 页。）

力的深入和经济的开发，主流农业势力在地域上逐渐由北向南，在地区上逐渐由中心平原盆地向偏远山区扩张，这也意味着主流农业的生产者（主要是汉族）族群势力与之同步扩张。而造成唐宋时期畬田地区与獠、蛮、氐、羌、山棚、山越等族群分布区域高度重合这一现象的原因：一是上述族群较多分布在中国中南部及偏远山区的历史事实；二是汉族在农业扩张过程中，与固守畬田农业耕作方式族群产生的生态冲突而留下的历史印记。

综上所述，我们认为“畬”作为原始农业经济方式早已存在，唐宋以后的社会经济转型，使得畬田农业呈缩小和偏移的趋势，畬田与精耕细作农业的生态矛盾随着社会发展与族群扩张逐渐显现。

## 二、畬田农业与精耕细作农业之间的冲突

竹村卓二先生在研究东南亚的农业形态时给出，山间坡面粗放的刀耕火种农业的生态系统受到要素的制约：一是局部地区的自然环境；二是与其内部的社会组织、技术、人口动态有关；三是与外部社会有关。[①] 也就是说，刀耕火种的生态系统受到诸多因素的制约，在资源竞争比较激烈的地方，刀耕火种的生态系统

① ［日］竹村卓二著，金少萍，朱桂昌译：《瑶族的历史和文化——华南、东南亚山地民族的社会人类学研究》，北京：民族出版社，2003 年，第 1-3 页。

往往因为某一要素的缺失而受到破坏。文献中常将刀耕火种的特点描述为"随山种插，去瘠就腴"[①]"采实猎毛，食尽一山则它徙"[②]"耕山而食，去瘠就腴，率数岁一徙"[③] 等，这种粗放型的耕作方式要求在自然生态中，必须有相应的大片的山地资源供其耕作。在外部社会中，随着汉民族"华夏化"[④] 进程的加快，不同族群所代表的不同经济方式存在着竞争关系。显然，畲田农业与精耕细作农业二者之间在生态资源上存在的竞争关系慢慢突显，并逐渐引起生态冲突。早在唐宋以前，这种冲突就已存在，如《晋书·食货志》就载了东南地区水田与陆田的冲突：

诸欲修水田者，皆以火耕水耨为便。非不尔也，然此事施于新田草莱，与百姓居相绝离者耳。往者东南草创人稀，故得火田之利。自顷户口日增，而陂堰岁决，良田变生蒲苇，人居沮泽之际，水陆失宜，放牧绝种，树木立枯，皆陂之害也。陂多则土薄水浅，潦不下润。故每有水雨，辄复横流，延及陆田。言者不思其故，因云此土不可陆种。[⑤]

唐宋以后，大部分汉族地区农业技术已经达到了相当高的水平，进入精耕细作农业扩张时期。[⑥] 中国经济重心的南移更是加剧了畲田农业与精耕细作农业的冲突。这种冲突可以从《五灯会元》的一则记载看出：

南岳玄泰禅师……尝以衡山多被山民斩伐烧畲，为害滋甚，乃作畲山谣曰："畲山儿，畲山儿，无所知。年年斫断青山嵋。就中最好衡岳色，杉松利斧摧贞枝。灵禽野鹤无因依，白云回避青烟飞。猿猱路绝岩崖出，芝术失根茆草肥。年年斫罢仍再锄，千秋终是难复初。又道今年种不多，来年更斫当阳坡。国家寿岳尚如此，不知此理如之何。"远迩

---

① ［清］曾曰瑛等修，李绂等纂：《汀州府志》，卷之四十四《艺文六·丛谈》，清乾隆十七年（1752年）修，同治六年（1867年）刊本，《中国方志丛书·华中地方》第七十五号，台北：成文出版社，1967年，第650-651页。

② ［明］良弼修，杨宗甫纂：《惠州府志》，卷十四《外志·猺疍》，明嘉靖三十五年（1556年）影印本，天一阁藏明代方志选刊。上海：上海古籍书店，1982年，第14b页。

③ ［清］卞宝第：《闽峤輶轩录》，卷一，清刻本，厦门大学古籍室藏，第10b页。

④ 华夏化指的是华夏民族为代表的中原势力向帝国边陲不断扩展的过程，其中不仅仅包括华夏民族实质性的人口迁移和华夏文化的传播，还包括非汉民族华夏文化认同的转变。关于"华夏化"的有关内容，笔者在后文将做详细论述。

⑤ ［唐］房玄龄：《晋书》，卷二六《食货志》，北京：中华书局，1974年，第788页。

⑥ 春秋战国时期，汉族地区铁器和牛耕开始广泛使用，开始连作复种制；秦汉时期，进入精耕细作农业时期；唐宋以后，南方农业进步，水田不再"火耕而水耨"，开始使用水稻移栽法等。参见曾雄生：《唐宋时期的畲田与畲田民族的历史走向》，《古今农业》，2005年第4期，第31页。

传播，达于九重，有诏禁止。故岳中兰若无复延燎，师之力也。[①]

玄泰禅师显然十分反对在南岳地区畲山“斩伐烧畲”，他将这些“斩伐烧畲”的“山民莫徭辈”[②]蔑称为“畲山儿”。[③]玄泰禅师所提到的从事“刀耕火种”的莫徭，被认为是一种“承盘瓠之后”的“夷蜒”族群，“自云其先祖有功，常免徭役，故以为名。”[④]因此，学者经常将其与后世的畲、瑶等族群联系起来。

唐末五代以后，在中国南方各地开始出现梯田，这是一种与畲田有所不同的山田。梯田的兴起，是精耕细作农业从平地延伸到山地的表现，这是中国农业生产技术进步的重要表现。元代王祯在其《农书》上对梯田的地理环境、耕作情况、作物及收成等进行介绍，其文曰：

> 梯田，谓梯山为田也。夫山多地少之处，除磊石及峭壁，例同不毛，其余所在土山，下自横麓，上及危巅，一体之间，裁作重磴，即可种艺。如土石相半，则必叠石相次，包土成田。又有山势峻极，不可展足，播殖之际，人则伛偻蚁沿而上，耨土而种，蹑坎而耘，此山田不等，自下登陟，俱若梯磴，故总曰梯田。上有水源，则可种秔秫。如止陆种，亦宜粟麦，盖田尽而地，地尽而山，山乡细民，必求垦佃，犹胜不稼。其人力所致，雨露所养，不无少获。然力日至此，夫免艰食，又复租税随之，良可悯也。[⑤]

可见，梯田付出更多的人力劳动成本，这是对山地最大限度地利用，收获也比刀耕火种来得多。学者认为，南方梯田的产生与唐宋以后经济重心南移及大量

① ［宋］普济：《五灯会元》，卷六《青原下五世·南岳玄泰禅师》，北京：中华书局，1984年，第314页。

② ［宋］释赞宁：《宋高僧传》，卷十七《唐南岳七宝台寺玄泰传》，中国佛教典籍选刊本，北京：中华书局，1987年。

③ 笔者认为“畲山儿”中的“儿”应属蔑称。用作“他称”的“某某儿”或“某某仔”经常是蔑称，民国黄仲琴先生考察华安仙字潭古迹时曾有此论：“蓝雷钟系，或瑶、或苗，溯源不异，名称则淆，按闽南人对于蓝雷人，名之曰：‘蓝雷仔’。‘仔’者轻之之辞，盖弱小民族之称谓也。”黄仲琴：《汰溪古文》，《岭南大学学报》四卷二期，1935年，载福建省考古博物馆学会编：《福建华安仙字潭摩崖石刻研究》，北京：中央民族学院出版社，1990年，第16页。

④ ［唐］魏征：《隋书》，卷三一《地理下》，北京：中华书局，1982年，第887页。

⑤ ［元］王祯撰，缪启愉译注：《东鲁王氏农书译注》，上海：上海古籍出版社，1994年，第599页。

北人南迁有一定关系。[①] 应该讲，梯田耕作技术比畲田要求更高，虽然梯田和畲田二者并非前后继替的关系，但有史料证明很多的梯田是由畲田转化而来的。

最早出现"梯田"一词，就目前发现的史料应该出自于南宋范成大在乾道七年（1172 年）以后几年所作《骖鸾录》，该书主要讲述范成大在乾道壬辰十二月，以中书舍人出知静江府途中的所见所闻。在乾道八年闰二月，范成大到达江西宜春，由于慕仰山之名，特意逗留几日，其文写道：

> 泊袁州（今江西宜春），闻仰山之胜久矣，去城虽远，今日特往游之。二十五里，先至孚惠庙……旧传二龙昔居仰山中，以其地施仰山祖师，迁居于此……出庙三十里，至仰山，缘山腹乔松之磴，甚危。岭阪之上，皆禾田层层，而上至顶，名梯田。建寺之祖仰山师者，事具《传灯录》中，号小释迦。始入山求地，一獭前引，今有獭桥。至谷中，即二龙所居，化为白衣，逊其地焉。大仰之名，遂闻天下。[②]

文中的提到的"仰山祖师"就是伪仰宗的创始人慧寂禅师（815—891 年）。慧寂禅师曾于唐会昌元年（841 年）从湖南伪山来到仰山脚下"创庵以居"，[③] 至唐宣宗年间正式建寺，并由宣宗赐名"栖隐寺"。当时的仰山并非如范成大所描述的"禾田层层"，根据史料记载，当时在仰山可能大部分还是畲田耕作方式。《五灯会元》卷九《南岳下四世 · 仰山慧寂禅师》记载了仰山慧寂禅师生平，并载有大篇幅的师（沩山灵祐禅师）、徒（仰山慧寂禅师）对话，其中谈论到仰山烧山种畲的情况：

> 师在沩山，为直岁，作务归，沩问："甚么处去来？"师曰："田中来。"沩曰："田中多少人？"师插锹叉手。沩曰："今日南山，大有人刈茅。"师拔锹便行……师夏末问讯沩山次，沩曰："子一夏不见上来，在下面作何所务？"师曰："某甲在下面，钮得一片畲，下得一箩种。"沩曰："子今夏不虚过。"[④]

另外，在《袁州仰山慧寂禅师语录》中也记载了慧寂禅师与师兄弟谈论烧

---

① 杨抑先生就曾指出："只有当北民南徙，农业生产重心转移到江南，尤其唐代中叶以后，平地人口多，田地不敷耕种，或者是战乱人们在平原地区不得安生才会逃赴山区、半山区垦复种植。换而言之，梯田的建造，必定是在人口的增长与耕地资源不足这一矛盾中才有可能产生。"杨抑：《中国南方丘陵山区水土保持史考略》，《农业考古》，1995 年第 1 期，第 112 页。

② ［宋］范成大：《骖鸾录》（唐宋史料笔记丛刊），北京：中华书局，2002 年，第 52 页。

③ ［民国］谢祖安修，苏玉贤纂：《宜春县志》，卷二十《艺文》，民国二十九年石印本。

④ ［宋］普济：《五灯会元》，卷九《南岳下四世 · 仰山慧寂禅师》，北京：中华书局，1984 年，第 526-530 页。

畲自种自食的事：“山僧与汝诸人说着：‘开得一片畲，绵绵密密。两顿粥饭，其道自办’。”①

其中提到“今日南山，大有人刈茅”中的“刈茅”应该也与烧山种畲活动有关。由此可见，唐代后期的湖南、江西等南方地区都广泛分布着畲田，而社会上对畲田的态度不尽相同。但总的趋势是，畲田的地域慢慢地缩小，以仰山为例，唐末还可以“钼得一片畲”，过了一两百年的范成大生活的南宋时代，仰山就全部被开垦为梯田了。

在宋代以后，在南方的一些丘陵山地开垦梯田，已经成为比较普遍的事了。如宋代方勺《泊宅编》曾记载福建地区因地理环境垦造梯田的情况：

> 七闽地狭瘠，而水源浅远，其人虽至勤俭，而所以为生之具，比他处终无有甚富者。垦山陇为田，层起如阶级。然每远引溪谷水以灌溉，中途必为之硙，不唯碓米，亦能播精。朱行中知泉州，有“水无涓滴不为用，山到崔嵬犹力耕”之诗，盖纪实也。②

明代谢肇淛在《五杂俎》中也有类似的记载：“闽中自高山至平地，截截为田，远望如梯。真昔人所云‘水无涓滴不为用，山到崔嵬犹力耕’者，可谓无余地也。”谢肇淛分析产生这种现象的原因是：“……闽之福塘，地狭而人众，四民之业无远不届，即遐陬穷发髪、人迹不到之处往往有之，诚有不可解者，盖地狭则无田以自食，而人众则射利之途愈广故也。”③ 清初学者周亮工在《闽小纪》也记载道：“闽中壤狭田少，山麓皆治为陇亩，昔人所谓磳田也。”④ 梯田的耕作更为辛苦，收获却不多，道光《永定县志》称：“地斗隘厥土骍刚，山田五倍于平野，层累十余级不盈一亩。”⑤ 梯田之所以流行于南方地区，原因有二：其一是南方多山地丘陵的地理环境；其二是随着当地人口的增加，平原土地开垦殆尽，迫使人们往山地丘陵寻求土地，因地制宜地开垦梯田，最大限度利用土地进行生产。相对于畲田农业的粗放管理，梯田在土地利用率上更高效，因此，也更适用于人地关系紧张的地区。

宋代以后，畲田农业在一定区域受到限制，如北宋政府开始实行“火田之禁”，《宋史·食货志》载：

---

① ［明］语风圆信，郭凝之编：《袁州仰山慧寂禅师语录》，载《六重新修大藏经》No. 1990，卷四十七，第582页。

② ［宋］方勺：《泊宅编》，卷三（唐宋史料笔记丛刊），北京：中华书局，2002年，第15页。

③ ［明］谢肇淛：《五杂俎》，卷四《地部四》，上海：上海书店出版社，2001年，第78页。

④ ［清］周亮工：《闽小记》，卷一《磳田》，上海：上海古籍出版社，1985年，第38-39页。

⑤ ［清］方履篯修，巫宜福纂：《永定县志》，卷一六《风俗》，清道光十一年（1831年）刻本。

> 大中祥符四年，诏曰：“火田之禁，著在《礼经》，山林之间，合顺时令。其或昆虫未蛰，草木犹蕃，辄纵燎原，则伤生类。诸州县人畲田，并如乡土旧例，自馀焚烧野草，须十月后方得纵火。其行路野宿人，所在检察，毋使延燔。①

诏令反映了两点：一是“诸州县”存在畲田现象，二是对畲田进行时间（“须十月后”）和地点（“毋使延燔”，即不让火势蔓延到畲田以外的地方）的限制。这种限制是在确保主流农耕文化的利益：要求畲田要“合顺时令”实际上是合顺精耕细作的“时令”；要求畲田不要“伤生类”实际上是不要损害以汉人为代表的利益。直到明清，这种生态的冲突依然存在，如王阳明在《平畬》一诗中写道：“处处山田尽入畬（畲），可怜黎庶半无家”②，描述的是赣闽粤部分地方百姓的田园为畲田所占的情况。

总之，“畲”作为原始农业经济方式早已存在，包括汉族在内的许多族群都曾从事“畲田”农业方式。唐宋以后，随着经济的开发，由于在生态资源上存在竞争关系，畲田农业与精耕细作农业的生态边界凸显。

## 第二节　文化语境下的南方“畲洞”及其聚落人文

历史上常将唐代以后“峒蛮”“峒獠”与畲族联系起来。“畲”不仅仅是一种耕作方式，还具有聚落的含义。“畲”从一种经济形式或聚落形态的称谓演变为一类族群的称谓，其与汉文化语境有着密切的关系。“畲”作为一种溪峒地区或部落基层组织存在，其与“洞（峒）”一样，均经历过本义——聚落称谓——族群称谓的转变过程。在以华夏为中心的民族观指导下，畲、峒的文化特征成为汉族对南方非汉族群分类的重要依据。

### 一、山洞：从洞穴居址到“蛮夷”聚落称谓的转变

“畲”和“峒”二者有着密切的关系，学界常将历史上出现在南方地区“山洞”“溪洞”“峒蛮”“峒獠”等族群与畲民联系起来。峒，也称“洞”，或“山

---

① ［元］脱脱：《宋史》，卷一七三《食货志上》，北京：中华书局，1977年，第4162页。

② ［明］王守仁：《桶冈和邢太守韵二首》，载《王文成公全书》，卷之二十《外集二》，四部丛刊初编259集部，据上海涵芬楼景印明隆庆刊本，商务印书馆1926年版重印形印，上海：上海书店，1989年。

洞”，关于山洞的解释，学术界上主要有三种说法：一是自然环境说，指原来未设政区的偏远之处的山间溪谷；[①] 二是民族构成说，专门指南方山区非汉族土著民族；[②] 三是地方组织说，指随着中原王朝政治在华南社会的扩展，在国家行政统治未能到达的南方少数民族聚居区，由土豪势力建立起来的具有实质性的地域统治体制或特殊的军政单位。[③] 以上观点将“溪洞”并称，各观点并不完全矛盾，只不过是将山洞放置于不同的历史背景和文化语境中讨论而已。如李荣村指出：“唐宋时凡近山的蛮夷住地、聚落或羁縻州洞等都可称作峒，又称溪峒，也就是蛮洞的意思，但绝不当作狭义的洞穴解释。”[④] 李氏强调以特定历史条件来考察“洞”的含义，这是十分有道理的，但至于“洞”为何从表示“岩洞”“窟穴”的原意，变为少数民族“聚落”或组织，那还是得探寻洞的本源，方可做出解释。

根据考古发现，早在旧石器时代，洞穴居址作为人类聚落形态就已经存在。著名考古学家裴文中先生就曾指出：“洞穴是旧石器时代考古工作者研究的主要对象之一。”[⑤] 古代人类有选择寻找居住的洞穴，留下各个时代的洞穴堆积，在我国的华南、华北地区均分布着具有代表性的各时代洞穴。[⑥] 一般来讲，这个时期的洞穴并非孤立、静态的存在，而是作为一个聚落系统发挥生产生活的功能。这一阶段的聚落形态主要为“洞穴-旷野”模式，也就是说，人类选择在洞穴，既要考虑洞穴作为遮蔽所的功能，又要考虑到以洞穴为中心的周围自然环境，尤其是食物资源的获取情况。[⑦] 到了中石器时代[⑧]，随着原始农业的萌芽，人类社会开始由采集渐进到农业，由狩猎发展为畜牧[⑨]，在生产、生活技术水平提高的

---

① 周振鹤：《中国地方行政制度史》，上海：上海人民出版社，2005 年，第 282 页。

② 李荣村指出：“唐宋时凡近山的蛮夷住地、聚落或羁縻州洞等都可称作峒，又称溪峒，也就是蛮洞的意思，但绝不当作狭义的洞穴解释。”参见李荣村：《溪峒溯源》，《“国立编译馆”馆刊》第 1 卷，1971 年第 1 期，第 20-23 页。

③ 佟珊：《华南“洞蛮”聚落人文的民族考古考察》，《南方文物》，2010 年第 2 期，第 81 页。

④ 李荣村：《溪峒溯源》，《“国立编译馆”馆刊》，1981 年第 1 卷第 1 期，第 20-23 页。

⑤ 裴文中：《洞穴的知识》，《文物春秋》，2004 年第 3 期，第 1 页。

⑥ 同⑤，第 1-4 页。

⑦ 为了在核心洞穴周围更大半径中获取食物，用旷野居址来控制资源是人类探索出的一种策略，如王社江、沈辰借鉴考古学家艾萨克（Isaac）、甘博（Gamlbe）的理论，对洛南盆地旧石器早期遗址聚落形态进行研究，印证了“核心洞穴与旷野居址”模式的存在。参见王社江，沈辰：《洛南盆地旧石器早期遗址聚落形态解析》，《考古》，2006 年第 4 期，第 54-57 页。

⑧ 中石器时代（Mesolitnic），该概念最早由法国学者韦斯托普（H. Westropp）在 1866 年提出，主要指处于旧石器时代和新石器时代之间的一个时期，学术界关于中国的中石器时代仍有争议。参见赵朝洪：《试论中石器时代》，《北京大学学报》（哲学社会科学版），1989 年第 4 期，第 73-83 页。

⑨ 樊志民：《试论中国中石器时代的原始农业萌芽》，《中国农史》，1993 年第 2 期，第 1 页。

基础之上，人类从洞穴向更广阔的台地、平原、山冈进发。在新石器时代，人类建造技术高度发展，人们已经不再依赖洞穴，在各个适合人类生产生活的地形建造居所，形成聚落，并在不同地区发展出多元化的人类居住体系。在考古发现的新石器时代遗址中，华南地区所占数量不少，比较集中地分布在广东、广西、江西、云南等地区，浙江、福建、湖南等地也有少量分布，大概可以将遗址分为洞穴遗址、贝丘遗址、台地遗址三种类型。① 从后两种类型足以证明人类的居址向多元化发展。在新石器晚期，人们已经大量建造公共广场、祭坛等建筑，聚落居址成为文明的标志。随着聚落的发展，中国个别地区至迟在新石器时代晚期，已经进入城邦模式。②

可见，早期人类由于生产生活技术水平较低，只能依赖洞穴作为庇护所，随着技术的进步以及人类对获取自然资源的需求，人类从"山洞"走向"旷野"，形成聚落，创造出越来越丰富的人类文明。那么可以想见，随着地区文化发展的不平衡，提前进入"文明社会"、居住在城邦村落的族群在看待仍在"洞穴"居住的族群时，必定占有相对的心理优越感。而正是这种优越感带来的人们观念的变化，使得洞的意义开始延伸，也就是说"洞"在"文化先进"地区的人群看来，开始成为一种文化落后、野蛮未开化的象征。这种象征逐渐被"标签化"或"模式化"，形成了某一人群对另外一个人群的固有印象，如唐代刘禹锡称"闽有负海之饶，其民悍而俗鬼，居洞砦、家桴筏者，与华言不通。"③ "居洞砦"是野蛮、未开化族群的重要特征之一。唐代以后，这些"居洞砦"的非汉人群一般被称为"峒民"或"峒獠"，其广泛分布于南方地区，如顾炎武在《天下郡国利病书》中写道："峒獠者，岭表溪峒之民，古称山越，唐宋以来，开拓寝繁，自邕州以东，广州以西，皆推其雄长者为首领，籍其民为壮丁。"④ 这些分布广泛的"洞"，其地理环境、自然生态、社会组织特征又是如何呢？笔者拟以闽西象洞和海南黎峒作为例子进行分析。

宋开庆年间由胡太初所修的《临汀志》记载了有关象洞的情况，其文曰：

---

① 彭适凡：《试论华南地区新石器时代早期文化——兼论有关的几个问题》，《文物》，1976 年 12 期，第 15-16 页。

② 郑韬凯：《从洞穴到聚落——中国石器时代先民的居住模式和居住观念研究》，中央美术学院博士学位论文，2009 年，第 4 页。

③ ［唐］刘禹锡：《刘宾客文集》，卷三《唐故福建等州都团练观察处置使福州刺史兼御史中丞赠左散骑常侍薛公神道碑》，文渊阁四库全书本。

④ ［清］顾炎武：《天下郡国利病书》，《广东下 · 峒獠》，续修四库全书 597 史部地理类，据上海图书馆清抄本影印，上海：上海古籍出版社，1995 年，第 359 页。

> 象洞，在武平县南一百里，接潮、梅界。林木蓊翳，旧传象出其间，故名。后渐刊木诛茅，遇萦纡怀抱之地，即为一聚落，如是者九十有九，故俗号“九十九洞”。其地膏沃，家善酝酿，邑人之象洞酒。洪刍有《老酒赋》，正谓此。但僻远负固，多不乐输，故置巡检寨以镇焉。①

按照作者的描述，象洞应该可以被认为是南方非汉民族居住的“山洞”的一种。以上材料可以说明：

第一，从自然生态上看，象洞原先是人迹罕至、丛箐林密的原始山林地带，在未开发之前，此地乃象群出没之地②，象洞因此而得名。

第二，从聚落形态看，象洞从原始森林变为人类聚居地的过程大概有三个步骤：首先，开辟山林，“刊木诛茅”；其次，选择“萦纡怀抱”的地理环境，在中间平坦、土地肥沃的地方开发成一个聚落；再次，随着山林开发的深入，各个“洞”被次第开发，如象洞形成了“九十九洞”的规模。笔者推论，“九十九”如此巧妙的数字，在此语境下应该不是实指，而是虚数，描述者只是想表达“洞”之数量极多而已。关于各洞之间的关系，应该既有联系，又相对独立：以地形看，各个“洞”周围山林阻隔，交通不便，各洞之间可以保持相对独立的状态；而以名称看，象洞统称为“九十九洞”，说明各洞在“类型”上是相似的，不仅地理环境相似，族群多有相通，所以可以统称。

第三，从人文生态上看，洞中有平坦且肥沃土地可供“洞民”从事农业，并善于酿酒，其“象洞酒”在闻名于武平一邑；象洞早期居民不纳赋税，“僻远负固，多不乐输”，被认为是“化外之民”。随着王朝势力深入边陲，国家在非汉族群的地区驻兵，以控制当地“负固”之徒。

周去非《岭外代答》“海外黎蛮条”记载当地“黎峒”的情况，颇具代表性，可以看做是唐宋“蛮夷”聚落的一个典型，其文曰：

> 海南有黎母山，内为生黎，去州县远，不供赋役；外为熟黎，耕省

---

① ［宋］胡太初修，赵与沐纂：《临汀志·山川》，宋开庆元年（1259年）修，福州：福建人民出版社，1990年，第52页。

② 唐宋以前，南方一些生态比较原始的地区，常有象群出没，如北宋彭乘《墨客挥犀》载：“漳州漳浦县，地连潮阳，素多象，往往十数为群，然不为害，惟独象遇之，逐人蹂践，至骨肉糜碎乃止。盖独象乃众象中之最犷悍者，不为群象所容，故遇之则蹂而害人。”再如漳州平和有象湖山，传闻是大象出没的地方。参见［宋］彭乘：《墨客挥犀》卷三，“潮阳象”条，唐宋史料笔记丛刊，北京：中华书局，2002年，第306页；［清］黄许桂修，曾泮水纂：《山川志》卷一，道光十三年（1833年）修，福建省地方志编纂委员会整理，厦门：厦门大学出版社，2008年，第50页。

> 地，供赋役，而各以所迩隶于四军州。生黎质直犷悍，不受欺触，本不为人患。熟黎多湖广、福建之奸民也，狡悍祸贼，外虽供赋于官，而阴结生黎以侵省地，邀掠行旅、居民，官吏经由村峒，多舍其家。
>
> 峒中有王二娘者，黎之酋也，夫之名不闻。家饶于财，善用其众，力能制服群黎，朝廷赐封宜人，琼管有令于黎峒，必下王宜人，无不帖然。二娘死，女亦能继其业。昔崇宁中，王祖道经略广西，抚定黎贼九百七峒，结丁口六万四千，开通道路一千二百余里，自以为汉唐以来所不臣之地，皆入版图。①

本文记载了海南岛黎峒居民情况以及朝廷"开山洞"接管黎峒的过程，从该文可以较为直接了解被宋朝直接统治前的"峒"的基本情况：

第一，海南岛黎母山的居民成分有生黎、熟黎两种。海南峒中居民也是非汉族群，被分生黎、熟黎两种②，二者区别主要有两处：一是居住地理位置的远近，生黎住深山内，离政治中心远；熟黎住山外，耕种"省地"，与"省民"接壤；二是是否供赋役，"熟黎"多数来自湖广、福建地区（笔者猜测这些"熟黎"应多为汉人），然而在政府看来，他们却是"奸民"，因为他们暗自勾结生黎侵吞"省地"，目的在于以生黎身份占有"省地"后，可以逃避赋税，这也是他们被称为"黎"的根本原因。由此看来，汉人从"良民"变为"奸民"的评判标准在于这些百姓是否接受国家统一管理，并承担相应的服役纳税的义务，"良民"一旦变为"奸民"后，其与蛮夷常常是混淆不清的，并没有十分清楚的界限。如宋代《诸蕃志》也记载道："黎，海南四郡岛上蛮也……去省地远者为生黎，近者为熟黎……黎之峒落日以繁滋，不知其几千百也，咸无统属，峒自为雄长，止于王、符、张、李数姓。"③

第二，"峒"是一个非汉族群的自治组织单位。海南黎母山峒中文中提到，"黎酋"王二娘凭借其家族势力和个人能力对"群黎"进行管理，并受到朝廷的赐封。这是朝廷的一种"以夷制夷"的羁縻政策，而"洞"就属于其中的一个基层组织。宋代范成大《桂海虞衡志》称："自唐宋以来内附，分析其种落，大者为州，小者为县，又小者为洞"。④所谓的"种落"，指一个种族的聚落，也可

---

① ［宋］周去非：《岭外代答》，卷二《外国门上》，扬州：广陵书社，2003年，第62-64页。

② 一般来讲，见诸古代汉文史籍的"生黎""熟黎"词汇，反映的是古代文人士大夫对当时黎族内部族群的划分与认识。参见王献军：《黎族历史上的"生黎"和"熟黎"》，载陆勤毅，吴春明主编：《百越研究》（第二辑），合肥：安徽大学出版社，2010年，第267页。

③ ［宋］赵汝适原著，杨博文校释：《诸蕃志校释》，北京：中华书局，1996年，第219-220页。

④ ［清］徐家干，吴一文校注：《苗疆闻见录》，贵阳：贵州人民出版社，1997年，第162页。

以理解为族群的聚居区。族群人口数量不一，聚落的大小也不同，国家将聚落大的设州县，小的则称为“洞”。可见，宋代的“峒”是少数民族基层组织的一种，作为量词的“峒”，相当于现在一个村落或一个山区。

第三，海南黎峒有一定的人口数量。该文为我们提供了观察峒中聚居人口概况，按文中所称的“抚定九百七峒，结丁口六万四千”计算，每个峒的丁口（成年男性）约为71人，如果将妇女儿童包括进去，可以推论宋代海南岛黎母山地区每个峒大约为二三百人。当然，各地的峒有大有小，各个种群有兴有衰，不能一概而论。如清代徐家干在《苗疆闻见录》描述西南苗人情况，也具体谈到聚落的大概人口数量：“苗人聚种而居，窟宅之地皆呼为寨，或二三百为一寨，或百数十家为一寨，依山傍涧，火种刀耕，其生性之蛮野，洵非政教所可及”①。所谓的“窟宅之地”“寨”，其意思应该与我们所分析的作为聚落形态的“峒”相似。另外，按照文中描述，清代的西南苗民与其他地方的“峒”民在生产、生活以及文化习性有着相似之处。

综合闽西象洞和海南黎峒两个典型个案，再结合其他文献，我们基本上可以理解唐宋以来“洞（峒）”作为聚落形态的基本特征：

第一，在地理位置上，“洞（峒）”多处于远离政治中心的偏远山区，经常处于万山之中，这些地区处于在南方的帝国边陲地带，山林阻隔，地势险要，交通不便，多为非汉族群所居住。

第二，在村落特征上，经常表现为四周山峰（山林）环抱，中间有山坳平地。这种村落形态，一方面以有利的地形一定程度上阻隔或延缓了外族（朝廷）势力侵入；另一方面，中间平坳地区特别适合农业生产，保证了本地居民的物资供给。

第三，“洞（峒）”民的族群特征表现为，洞（峒）中居民基本上为非汉民族居住，具有“僻远负固，多不乐输”的特性，即不受朝廷控制，不承担纳税服役的义务。峒中有部分居民为汉族，这部分人经常是“逋负逃役”之人，因此也被政府认为“化外之民”。由此可见，“峒”与“非峒”的区别除了由种族区分的因素外，还在于是否纳税服役，是否接受教化，是否编入版籍。

第四，“洞（峒）”的政治特征：由于各洞（峒）远离政治中心，根据情况有的实行羁縻政策，有的则完全没有管理。随着帝国深入边陲以及各族群互动加深，朝廷或派兵镇守、镇压，或进行招抚，总体上山洞逐渐减少。这与历朝政府

① ［宋］范成大：《桂海虞衡志》，《志蛮》，丛书集成初编，北京：中华书局，1991年，第26页。

开边经略，对山洞进行治理有关。随着山洞渐次被开发，许多原来是"山洞"的地方不再称为"山洞"，而被称为"峒民""峒僚""洞寇"的人群，除了有种族的含义外，还具有政治的含义（或文化含义）。

## 二、作为地名和聚落形态的"畲"

宋元时期，畲作为地名常被文献记载。《宋史·许应龙传》记载"距州（潮州）六七十里曰山斜，峒獠所聚，匄耕土田，不输赋，禁兵与哄，应龙平决之。"① 可见"山斜（畲）"作为一个地区的名称，其距离潮州城有六七十里，该"山斜"为"峒獠"聚居、耕作的地区。在广东，"輋"字是非汉民族的一种居住形式，清代顾炎武在《天下郡国利病书》称："粤人以山林中结竹木障覆居息为輋，故称瑶所止曰輋"② 赵希璜也在《横輋》一文中对輋进行解释："（輋）音斜，粤呼山居者为輋客。"③ 清代《浮山志》中为张九钺的罗浮诗后作注曰："畲、輋，俗皆读如斜"。④

实际上，在广东一些地区，"輋"也指山脊，如民国《龙门县志》记载："土人谓山低缺处为凹，谓山谷为迳，谓山脊为輋。"⑤ 由此可见，畲、輋、斜等在许多情境下并不作某一类人群的称谓来解释。

再如南宋刘克庄的《漳州谕畬》，该文是畲族史研究中极具地位的一篇重要文献。该篇正文其"畬（畲）"字共出现23次，笔者认为关于这些"畬（畲）"字的解释，根据上下文意思，可分为三类。由表1-1可以看出《漳州谕畬》中并非每一个"畬（畲）"字都作"畲民"解释，有一些应该用类似"溪洞地区"聚落名称来解释，还有一些二者均解释得通的。

① ［元］脱脱：《宋史》，卷四百一十九，列传第一百七十八《许应龙传》，北京：中华书局，1977年，第12554页。

② 顾炎武：《天下郡国利病书》，原第十七册《广东上》引《博罗县志》，第359页。

③ ［清］赵希璜：《横輋》，载《峰草堂诗钞》，卷二《古今体诗五十八首》，续修四库全书1471集部·别集类，据华东师范大学图书馆藏清乾隆五十八年（1793年）年安阳县署刻增修本影印，上海：上海古籍出版社，1995年，第590页。

④ ［清］陈铭珪：《浮山志》，卷四《诗上》，清光绪七年（1881年）荔庄刻本，厦门大学古籍室藏，第29b页。

⑤ ［民国］招念慈，邬庆时纂修：《龙门县志》，卷四《县地志四·山川》，民国二十五（1936年）年广州南关增沙街汉元楼铅印本，厦门大学古籍室藏，第42b页。

**表 1-1　《漳州谕畲》中“畲（畬）”字含义分类表**

| 作族群称谓解释 | 作溪峒地区、基层组织解释 | 两种解释均可 |
| --- | --- | --- |
| 1. 在漳者曰畲；2. 畲长技止于机毒矣；3. 彼畲曷尝读范史 | 1. 汀赣贼入畲者；2. 其中有知书及土人陷畲者；3. 命陈鉴入畲招谕；4. 于是西九畲酋长相继受招；5. 南畲三十余所酋长各籍户口三十余家；6. 清白之吏，固畲之所贵欤 | 1. 西畲隶龙溪，犹是龙溪人也；2. 南畲隶漳浦；3. 故南畲之祸尤烈；4. 二畲皆刀耕火耘；5. 畲民不悦；6. 畲田不税；7. 畲人不堪；8. 畲民亦吾民也；9. 或畲长能率众归顺；10. 畲长李德纳款。11. 二畲既定；12 余读诸畲款状 13. 倏参佐褒畲事颠末二卷；14. 作谕畲记 |

资料来源：根据宋刘克庄《漳州谕畲》一文整理。①

第一类“畲（畬）”用族群称谓解释比较合理。如“凡溪洞种类不一：曰蛮、曰猺、曰黎、曰蜑，在漳者曰畲。”此处的畲应该与蛮、猺、黎、蜑并称，说明他们是溪洞种类下属的一类叫“畲”的人；再如“彼畲曷尝读范史”，应该解释为：那些“畲人”何尝读过范晔的《后汉书》呢？

第二类“畲（畬）”用溪峒地区或部落基层组织解释比较合理。如“汀赣贼入畲者”应该解释为，一些汀赣贼逃入畲洞地区；再如“南畲三十余所酋长各籍户口三十余家”，合理解释是：隶属南畲地区或组织的三十多个部落，其酋长分别将本所三十余家编入户籍；又如“清白之吏，固畲之所贵欤”，其合理解释是：清廉正直的官员，乃是巩固畲峒地区珍贵的人才。

第三类就是既可以将“畲（畬）”理解为溪洞地区，又可以解释为溪洞种类。如“二畲既定”可以解释为平定二处畲峒地区，也可以解释为平定二处畲峒地区的族群；再如“畲田”“畲长”可以解释为畲峒地区的田地、酋长，也可以解释为畲人的田地、酋长。

畲作为一种聚落或基层组织解释，还可以在一些文献中体现。如南宋时的赵必岊，字次山，“乡寓公吴允文浚奉密诏以江西招讨使举义反正，结约次山协谋兴复，战不利。允文奔漳州为都督文丞相天祥所杀，次山解兵隐汀州之畲中，踰年以疾终。”② 畲作为地名普遍出现在闽粤一些地区中，如《元经世大典序录》载：“（至元）十七年八月，陈桂龙父子反漳州，据山砦，桂龙在九层漈畲，陈

① ［宋］刘克庄：《漳州谕畲》，载《后村先生大全集》，卷九十三《记》，四部丛刊初编 213 集部，据上海涵芬楼景印旧抄本，商务印书馆 1926 年版重印影印，上海：上海书店，1989 年。

② ［元］刘埙：《隐居通议》，卷九《诗歌四・云舍赵公诗》，影印清文渊阁四库全书，子部 172 杂家类，第 866 册，第 97 页。

吊眼在漳浦山砦，陈三官水篆畲，罗半天梅泷长窖，陈大妇客寮畲。"[①] 上文所称"九层漈畲""水篆畲""客寮畲"与"漳浦山砦""梅泷长窖"并称，均指闽南的一些地名。元代有"畲洞"并称的记载，如《元史》称："至元十七年，陈桂龙据漳州反，唆都率兵讨之，桂龙亡入畲洞。"[②] 按民国《诏安县志》解释称："按吊眼贼巢及桂龙所逃畲洞，即诏之乌山十八洞等处，南胜畲寇系其余党，寇乱数十年间。"[③] 陈吊眼、陈桂龙等畲洞为诏安的"乌山十八洞"，所谓的"十八洞"应该是十几个村落（洞）组成一个地区，统称"畲洞"。

畲和洞联系起来作为聚居区的典型例子莫过于百家畲洞。《明史》载："漳平，（漳州）府西北……东南有象湖山。南有百家畲洞，踞龙岩、安溪、龙溪、南靖、漳平五县之交。"[④] 明代黄仲昭在《八闽通志》中将百家畲洞的地理、人文介绍得更为详细：

> 百家畲洞，在县南永福里。界龙岩、安溪、龙溪、南靖、漳平五县间。万山环抱，四面阻塞。洞口陡隘，仅通人行。其中深邃宽广，可容百余家。畲田播种，足给衣食。四方亡命者多逋聚其间。凭恃险远，易于为乱。宣德正统间，尝有江志贤、李乌觜、卢赤须、罗兴进者，乌合郡（恐为群之误，笔者注）丑，跳梁出没，至动方岳。守臣连年剿捕，仅得宁息。然服则人，叛则兽，无常性也。自漳平设县以来，官政易及，不复反侧。然尤在司民社者控御得其道云。[⑤]

清代方志龙岩、漳平等地方志关于百家畲洞的记载，均沿袭《八闽通志》，仅在个别字句稍作增删。[⑥] 另据清道光《漳平县志》记载：

> 永福（漳平县下的一个里）自为一区，其山之名者有双髻山、猛

① ［元］苏天爵：《元文类》，卷四十一《杂著·招捕》，上海：上海古籍出版社，1993年，第1367-537页。

② ［明］宋濂：《元史》，卷十一《本纪第十一·世祖八》，北京：中华书局，1976年，第228页。

③ 陈荫祖修，吴名世纂：《诏安县志》，上编卷五《大事志》，中国地方志集成，福建府县志辑31，据民国三十一年（1942年），诏安青年印务公司铅印本影印，上海：上海书店出版社，2000年，第678页。

④ ［清］张廷玉等著：《明史》，卷四五《地理》六，北京：中华书局，1974年。

⑤ ［明］黄仲昭：弘治《八闽通志》，卷八《地理·山川》"漳平县"条，福州：福建人民出版社，1990年，第150页。

⑥ 参见［清］彭衍堂修，陈文衡纂：《龙岩州志》，卷一《封域志·山川》，据清道光十五年（1835年）修，光绪十六年（1890）重刊本影印，中国方志丛书，第85号，台北：成文出版社，1967年，第26页；［清］蔡世钹等撰：［道光］《漳平县志》，卷一《舆地·山川》，中国地方志集成，福建府县志专辑34，上海：上海书店出版社，2000年，第354-355页。

虎山、大壮山，与百家畲洞于环阻之中又复有平者，然其细已甚不胜纪。①

综合弘治《八闽通志》和道光《漳平县志》的记载，我们可以得出以下几点：

第一，百家畲洞，又称百家畲，这里的“畲”指的是地名。也就是说，畲与洞可以合称，也可以分开单独作为地名。

第二，百家畲洞具有典型的南方少数民族“山洞”特征，表现出“万山环抱，四面阻塞”、中间“深邃宽广”的自然地理特征以及“四方亡命者多逋聚其间”的“化外之民”聚居地的人文特征。

第三，按照“百家畲洞”字面意思，结合象洞有“九十九洞”的特点，我们估计百家畲洞也是由多个洞组合而成。而在漳平一地，与百家畲洞所具有的“于环阻之中又复有平者”地理人文特征的畲洞还有很多，只是无法一一道来，所谓的“其细已甚不胜纪”。

清代以来，许多地方还保存畲（輋）的地名，如李调元《南越笔记》记载广东地区輋人及其聚居地区的情况：“輋人：澄海山中有輋户……輋巢居也；猺所止曰峜、曰峒、亦曰輋。海丰之地，有曰罗輋，曰葫芦輋，曰大溪輋。兴宁有大信輋，归善有窑輋。”②

直到现在，闽粤赣地区仍有许多地名带有“畲”字，③如福建连城带有“畲”字的地名就有19个，而武平也有17个。④其余的如长汀的下畲；上杭的大畲；龙岩的郭畲、小高畲、畲背、洋畲、下经畲；漳平的谢畲、罗畲、百种畲，东下畲；华安的官畲、南靖的桂竹畲、后畲、上麻畲；云霄的桃畲、上梨畲、下梨畲、坝头畲，等等。

学者推论这些地区与畲瑶等非汉族群有一定的联系。清代温仲和在光绪《嘉应州志》中，曾对有关“畲”的地名与族群关系作一番论述，他说：“今地以畲

① ［清］蔡世钹等撰：道光《漳平县志》，卷一《舆地・山川》，第354-355页。

② ［清］李调元：《南越笔记》，卷七，扬州：广陵书社，2003年，第309-311页。

③ 据陈龙统计，福建全省有231处带“畲”字的地名，另外广东有带“畲”字的地名有793处。参见陈龙：《福建“畲”字地名考略》，福建省地名委员会、福建省地名学研究会编：《地名》，1981年第2期。

④ 如连城曲溪的岭背畲、胡畲，姑田的大畲、尧家畲、河畲，赖源的杨公畲，朋口的余家畲、官畲、赖家畲、下畲峡，宣和的傅家畲，江公畲，新泉的李家畲、儒畲、畲部，庙前的江畲、西江畲，园畲村；武平的黄畲塘、落畲、黄心畲、黎畲、袁畲，上畲、苏畲、蓝畲、中畲、黄畲、大畲、雷公畲、饶畲、坪畲、乐畲、洋畲、畲窝里等。参见陈百流：《连城县乡村的演变略考》，《连城文史资料》第13辑，第130页；福建省武平县地名办公室编：《武平县地名录》（内部资料），1983年，第224-240页。

名者尚多有之，而所谓猺獠则绝无其人，盖日久皆化为熟户，而风俗与居民无异矣。"①

在作者看来，带有"畲"字的地名与"猺獠"存在着某种关系，只不过这些非汉民族变为"熟户"后，不再称为"畲"，但地名仍存于今。

再如著名学者徐松石先生也提出："畲瑶即古代所谓山越。在广东东部散布甚广。平远、蕉岭、梅县、河源、惠来、丰顺、新安等地，现在还有许多畲字或畬字的地名。"② 陈龙、吴炳奎、刘大可等学者也对闽粤赣一些地区内带有"畲"字的地名进行考证，以证明历史上畲瑶等族群在该地存在的可能性。③ 因此，有学者将这些带"畲"字的地名视为闽粤边地区畲族活动史的活"化石"。④

需要指出的是，带有"畲（畬）"地名的出现时间与"猺獠"族群在该地的居住时间，孰先孰后，目前仍无法考证。我们或许可以推论：古代汉人常将"猺獠"生活的地方称为"畲"，正如将南方非汉族群聚居区称为"山洞"一样。也有一些学者认为，"畲"地名的命名与刀耕火种的生产方式遗存有关系。司徒尚纪认为在广东等地区，"没有水利工程灌溉的丘陵、山地，其被开发利用土地通名为畲地或畲田，实为梯田，过去实行刀耕火种，至今在海南、粤北黎、瑶地区仍有残存，故以畲为首尾地名在内陆山区较普遍。"广东客家人聚居平远县就有许多以畲命名的地名，反映的是"山区梯田文化景观"。⑤

因此，我们认为"畲"的地名未必一定和非汉族群聚落有关，即："畲"作为一种地名的命名方式在闽粤赣地区已经形成一种传统，人们用其称呼一些"山脊"或山地地名，而这并不一定和"猺獠"族群有必然的联系。

## 三、"畲""峒"生态文化语境下的一种族群分类

在古代中国，由于受到大一统观念的影响，不论是汉族还是少数民族的民族史的撰述，都体现出了诸如"夷夏同祖认同、华夷一家认同、共属中国认同、华

① ［清］吴宗焯等修，温仲和纂：《嘉应州志》，卷三十二《丛谈》，清光绪二十七年（1901年）刻本。

② 徐松石：《民族学术研究著作五种》，广州：广东人民出版社，1993年，第144-145页。

③ 陈龙：《福建"畲"字地名考略》，福建省地名委员会、福建省地名学研究会编：《地名》1981年第2期；吴炳奎：《畲字地名考》，《梅县文史资料》第13辑；刘大可：《客家与畲族关系再认识——闽西武平县村落的田野调查研究》，《中共福建省委党校学报》，2005年第12期，第56页。

④ 周雪香：《明清闽粤边客家地区的社会经济变迁》，福州：福建人民出版社，2007年，第41页。

⑤ 司徒尚纪：《广东地名的历史地理研究》，《中国历史地理论丛》，1992年第1期，第50-51页。

夏文化认同”的大一统意识。[①] 在这种观念指导下，华夏文化在几千年的民族史撰述中一直处于被表述的中心，四方“夷狄”则处于从属地位。而在具体实践中，华夏民族自春秋战国以后，在与周边非华夏民族的互动过程中处于绝对的优势地位，表现出华夏族及其文化不断向边陲扩张，最终使得各非华夏民族淹没在华夏族的“海洋”中或成为“华夏海洋”中的“非华夏孤岛”。

因此，在重新审视我国古代民族史时，我们必须将历代有关于“非华夏”族群的文字记载置于当时的社会情境来分析，具体来说：一是在汉文化语境下，这种记载多大程度反映了文字记载者的立场、态度及情感，而作为文本的历史记忆又反映了当时什么样的历史心性？二是这种记载中的文化特征，是否能够反映“异族”的实际情况，即这种客观的文化特征描述能否与“异族”的实际认同情况相一致？或者说，对“他者”只是文字记载者单方面的认同？

“畬”作为一种族群的出现，需要在生态语境和文化语境下考察。首先，自然生态无疑是任何一种族群和文化产生的最基础因素。正如我国历史上形成的游牧与农耕文明的生态界线，自然生态上差异导致了文化的差异，从而形成了文化特色截然不同的游牧民族和农耕民族；“畬”作为原始的、粗放的耕作方式，与精耕细作的汉族农业也存在一条若隐若现的生态边界，这种自然生态的差异在族群文化特征上打上鲜明的烙印，这种迥异于“他者”的文化特征，成为“他者”族群观察另一个族群的切入点。根据英国人类学家泰勒给文化所作的定义，文化应该包含了人类经历的各个方面[②]。按照这种定义，一个族群的文化特征应该包罗万象，而作为文字记载的族群，其呈现给后人的文化特征，充其量不过是一些静态的、被认为的诸多特征中较为典型的、有异于他者的特征。

笔者通过梳理中国古代农业的变迁认为，“畬（畲）田”的耕作方式广泛存在于人类社会中，历史上从事“畬田”农业的族群，除了被称为“畬田”民族外，实际上，在某一历史阶段，汉族也从事“畬（烧）田”农业。[③] 主要区别在于：随着汉族农业技术的发展，在汉族社会中，“畬田”的耕作方式逐渐被精耕细作农业所取代；而在一些非汉族群中，“畬田”农业作为一种技术要求不高、

① 马卫东：《大一统与民族史撰述》，《史学集刊》，2011 年第 6 期，第 53 页。

② 1871 年，英国人类学家泰勒提出了著名的文化定义，他说：“文化……是一个复合的整体，它包括知识、信仰、艺术、道德、法律、风俗以及作为社会成员的人所获得的其他任何能力和习惯。”庄孔韶主编：《人类学通论》，太原：山西教育出版社，2002 年，第 19-20 页。

③ 李积庆：《族群边缘：“畬”汉边界形成、变迁的历史考察》，《福州大学学报》（哲学社会科学版），2016 年第 2 期，第 5-16 页。

较易实施的粗放农业，仍一直被沿用。

随着代表农业文明的汉族文化不断扩张，"畲田"农业与精耕细作农业遭遇，并产生了生态冲突。这种冲突首先发生在两种生态文化的锋线，也就是在两种生态文化的边界地区是生态矛盾最集中的地方。正如在古代中国，长城沿线被视为游牧文化与农业文化冲突最集中的地方，长城的分布与走向基本上反映了两种不同生态系统的分界线。生态文化的冲突带来族群文化的冲突，这种冲突在唐宋时期特别明显。"畲（畬）"之所以在唐宋时期的诗文中大量出现，与唐宋时期中国经济文化中心南移有着密切的关系。这个时期，随着帝国华夏化进程加快，中国南方各个地区得到不同程度的开发，北方汉人带来的先进农业与被认为是原始农业残余的"畲田"农业遭遇时，这种文化冲击（culture shock）使得"畲（畬）"作为一种猎奇、述异、诗化见诸汉人知识分子的笔端。

尽管也有大量诗人对"畲（畬）"不吝溢美之词，但无法改变整个主流文化对"畲"的看法，特别是当"畲田"农业与精耕细作农业在资源上冲突加剧时，"畲"一种文化标签常贴在非汉族群身上，目的就是将其边缘化。

## 第三节　小结

本章从生态与文化的角度探讨了唐宋以来与畲族及其先民相关的自然生态和聚落人文情况。本章的主要论点有：

（1）"畲"作为一种古老的耕作方式，不仅在时间维度上，并且在空间广度上广泛存在于人类社会中。要探讨"畲"如何成为一个族群的称谓，必须将其放置于特定的生态语境和文化语境中考察。

（2）在历史上中国中部、南方地区，曾存在畲田农业与精耕细作农业的生态冲突。畲田农业是一种较为古老的耕作方式，其在文化特征与日本学者提出的"照叶树林文化"特征相似。唐宋以来，随着中国经济中心南移，以精耕细作为代表的汉人农业在中国南方地区迅速发展，畲田农业呈现出明显的退缩趋势，宋代以后南方地区梯田的增多，说明了这个现象。随着对生态资源的需求，代表汉人农业的精耕细作与代表古代农耕方式的残存形态的畲田农业开始发生冲突，其生态边界恰好为汉族与非汉族群的边界大部分吻合。

（3）"畲"不仅仅是一种耕作方式，还具有带有聚落的含义。"畲"之所以从一种经济形式或聚落形态的称谓演变为一类族群的称谓，这与汉文化语境有着密切的关系。“畲（輋）”或“山洞”，起先是作为人类居址称谓而存在的，这种特定的自然生态造就了特殊的聚落文化，从而成为生活在该地区人群的一种人文特征。

（4）在以华夏为中心的民族观指导下，汉人以从事特殊耕作方式（畲、輋），或居住在特殊聚落形态（洞、峒）作为文化特征，将南方非汉族群标签化。本章通过考察闽西象洞和海南黎峒两个个案，总结出作为聚落形态的“畲”“峒”的村落形态特征、族群构成、地方组织方式以及政治人文特征等。以此证明：“畲”或“峒”作为非汉人群的聚落、组织或族群称谓，均是在汉文化语境中产生的。在这种文化语境中，畲（輋）、峒（洞）除了具有区分种族的意义外，还具有政治和文化的意义。

# 第二章　华夏化运动与宋代“畲”汉族群边界的形成

春秋战国以来，华夏族不断向华夏核心区以外的“蛮夷”地区扩张，越来越多非华夏族群被卷入其中。随着华夏化进程的加快，南方的“蛮夷”边界向更边陲的地区移动，最后形成一个个非华夏族群的“孤岛”。[①] 在这种族群互动中，中原华夏族对周边的非华夏人群认识加深，越来越多的“他者”族群被发现，并随着华夏化进程，其族群边界发生了漂移。在特定的历史时期，政治、文化（包括思想观念）因素在“畲”汉族群边界的界定中起了至关重要的重要作用。

## 第一节　华夏化运动与南方“山洞”地区的开发

早在春秋战国时代，华夏族就已经形成了东到海滨，南及长江中下游，西抵黄土高原的核心区域，并在此后很长的历史时间中，以类似“滚雪球”[②] 的方式，开始了前所未有的华夏化运动。华夏族对周围的“夷蛮戎狄”采取了两种策略：一是包进来，即“以夏变夷”；一是逐出去，赶到更远的地方。[③] 唐代以后，文献中出现大量关于南方地区“山洞”开发的记载，这是华南地区“蛮夷”华夏化进程加快的重要表现之一。必须指出的是，“蛮夷”的华夏化并非一蹴而就，而是一个渐进的、复杂而漫长的过程。

---

① 罗新：《王化与山险——中古早期南方诸蛮历史命运之概观》，《历史研究》，2009 年第 2 期，第 4-20 页。

② 徐杰舜等学者提出“雪球”理论，用“雪球”比喻在春秋战国以来华夏民族的形成与发展的过程。他们认为雪球“不仅在夏、商、周、楚、越诸族之间滚动，而且还在部分蛮、夷、戎、狄中滚动。更重要的是在雪球的滚动中，各民族之间的界限逐渐消失，许多小雪球开始滚成一个大雪球。”徐杰舜主编：《雪球——汉民族的人类学分析》，上海：上海人民出版社，1999 年，第 9 页。

③ 费孝通等著：《中华民族多元一体格局》，北京：中央民族学院出版社，1989 年，第 21 页。

## 一、华夏化运动及其对“蛮夷”地区的影响

春秋战国以后，华南地区苗瑶语诸民族开始走上华夏化进程。最早完成华夏化进程的是位于长江中游的楚人，有史料证明，楚人建国时已经使用汉语和汉字，从而完成了从“蛮”到“夏”的文化认同的转变。① 长江下游的吴人和越人也从长江下游的越族社会中分化出来。② 罗新指出，先秦至秦汉时代，楚、吴、越三国或三个南方政治集团的华夏化是缓慢和逐渐扩散的过程，他用孤岛与海洋的关系比喻当时中国南方华夏化地区与非华夏地区③，但随着华夏化进程加快，孤岛与海洋的关系完成了逆转，也就是说非华夏地区只分布在一些山区之中，而其他平原地带均为华夏地区所占有。

秦汉时期，华夏族虽然已在江南和华南广大地区的政治、军事与文化取得稳固地位，然而各地的开发程度并不均衡。秦汉至六朝，福建相对封闭的自然生态和地理环境使得在先秦以前福建族群格局保持相对稳定状态。一般认为，在春秋之时福建地区生活着名为“七闽”④ 的土著居民，宋欧阳忞《舆地广记》卷三十四在论述福建路各州历代地理沿革均表述为“春秋时为七闽地”。⑤ 宋祝穆《方舆胜览》引《职方氏》注“七闽”云：“闽子孙分为七种，故曰七闽”。⑥ 朱维干认为：“七闽”指的是闽越之前的今福建和粤东潮州、梅州地区（可能还包括浙南的瓯江流域）的七大土著部落。⑦ 所以，在春秋战国时期，早已存在“七闽”的称谓，一般认为是生活在闽浙的数个部族。在汉代，福建地区主要生活着闽越族，汉武帝时期，因“闽粤悍，数反覆”，“诏军吏皆将其民徙处江淮之间”。⑧ 史料称此次行动使得“东越地遂虚”，实际上直到唐代福建还有大量属于

---

① 罗新：《王化与山险——中古早期南方诸蛮历史命运之概观》，《历史研究》，2009 年第 2 期，第 5 页。

② 王明珂：《华夏边缘——历史记忆与族群认同》，北京：社会科学出版社，2006 年，第 163-184 页。

③ 罗新：《王化与山险——中古早期南方诸蛮历史命运之概观》，《历史研究》，2009 年第 2 期，第 5 页。

④ 按《周礼·夏官·职方氏》称：“辨其邦国、都、鄙、四夷、八蛮、七闽、九貉、五戎、六狄之人民。”贾公彦疏：“叔熊居濮如蛮，后子从分为七种，故谓之七闽。”

⑤ ［宋］欧阳忞撰，李勇先，王小红校注：《舆地广记》，见《宋元地理志丛刊》，卷三十四《福建路》，成都：四川大学出版社，第 1054-1070 页。

⑥ ［宋］祝穆撰，施和金校：《方舆胜览》，卷十《福建路》，北京：中华书局，2003 年，第 163 页。

⑦ 朱维干：《福建史稿》，福州：福建人民出版社，1984 年，第 16 页。

⑧ ［汉］班固撰，［唐］颜师古注：《汉书》，卷九五《闽越王列传》，北京：中华书局，1962 年。

闽越族的土著居民。[①]

晋代以后，特别是"永嘉之乱"，北方汉人大批南渡，其中有一批汉人进入福建地区。东晋时期，南北分立，移入南方的中原士民在江南等地区设立了侨州、郡、县，地处边陲的福建并未置侨州、郡、县，但是北方移民也给当地社会带来影响，到了南朝梁，人口的增加促使政府又增设梁安一郡（陈时改为南安郡）和一批新设的县。

虽然有北方汉人移入福建，但在唐代以前，福建等中国东南地区仍被中原汉人视为"绝区""瘴乡"或"蛮荒之地"，唐代诗人柳宗元曾赋诗描述当时的汀州、漳州、封州、连州等地均为"百粤文身地"[②]。另外，一些南方省区也是处于地旷人稀的蛮荒状态，明代王士性在《广志绎》写道：

> 孙吴立国建康，六代繁华，虽古今无比，然亦建康一隅而止，吴、越风气未尽开也……观孙吴治四十三州十重镇，并未及闽、越……岂非地旷人稀之故耶？至残唐钱氏立国，吴越五王继世，两浙始繁。王审知、李璟分据，八闽始盛。[③]

可见，直到唐五代以后，闽浙地区才开始"繁盛"起来。学术界一般认为，从唐代开始，中国经济重心开始向南转移，并在两宋完成这一历史过程。[④] 闽浙地区的繁盛景象是中国经济社会转型的一个体现。而这种经济社会的转型与"华夏化运动"所带来的地区开发和人口迁移是分不开的。范文澜、郭沫若、翦伯赞等学者均认为，北方汉人大量南迁，是南方经济崛起的重要原因。[⑤] 而按照美国学者詹姆斯·李的研究，战国以后的政治形势和地理条件，一般有利于南下移民

---

① 谢重光先生推测，被迁徙的只能是闽越国的上层统治人物以及一部分军队而已，还有大量的普通民众留在当地。参见谢重光：《畲族与客家福佬关系史略》，福州：福建人民出版社，2002年，第49-51页。

② ［唐］柳宗元：《登柳州城楼寄汀、漳、封、连四州刺史》，载［清］吴宜燮修，黄惠，李畴纂：《龙溪县志》清乾隆二十七年（1762年）修，卷二十二《艺文》，第310页。

③ ［明］王士性撰，吕景琳点校：《广志绎》，卷一《方舆崖略》，元明史料笔记丛刊，北京：中华书局，1981年，第2页。

④ 关于唐宋经济重心的南移，学术界多有讨论，参见张家驹：《两宋经济重心的南移》，武汉：湖北人民出版社，1957年；郑学檬，陈衍德：《中国古代经济重心南移的若干问题探讨》，《农业考古》，1991年第3期；程民生：《宋代北方经济及其地位新探》，《中国经济史研究》，1987年第3期；郑学檬：《中国古代经济重心南移和唐宋江南经济研究》，《厦门大学学报》（哲社版），1991年第4期；王大建，刘德增《中国经济重心南移原因再探讨》，《文史哲》，1999年第3期等。

⑤ 参见范文澜：《中国通史简编》第2册，北京：人民出版社，1987年，第494页；郭沫若：《中国史稿》第3册，北京：人民出版社，1979年，第177页；翦伯赞：《中国史纲要》（上册），北京：人民出版社，1983年，第354页。

而不利于北上移民。①

## 二、唐宋时期南方“山洞”地区的开发

唐代以后，帝国加强对边陲地区的统治，唐代新一轮的“开山洞”设置新县运动说明了帝国政治势力深入南方边陲地区。以唐代福建为例，中原王朝加强对福建地区的开发，其中最重要的表现为唐开元年间“一州四县”的新置。而新县的设置在后世的一些志书中，常常表述为“开山洞置”。如《元和郡县图志》卷二十九“福州”“汀州”条中有许多县的设置都有这样的记载：

汀州：“临汀。下。开元二十一年，福州长史唐循忠于潮州北、广州东、福州西光龙洞，检责得诸州避役百姓共三千余户，奏置州，因长汀溪以为名……管县三：长汀、沙、宁化。”

宁化县：“中下。西南至州六百里。本沙县地，开元二十二年开山洞置。县西与虔化县接。”

尤溪县：“中下。东南至州水路八百里。开元二十九年开山洞置。县东水路沿流至侯官，县西水路泝流至汀州龙岩县。”

古田县：“中下。东至州七百里。开元二十九年开山洞置。东与连江接界，（西）与沙县分界。”

永泰县：“中下。东北至州一百五十里。永泰二年观察使李承昭开山洞置。县东水路沿流至侯官，县西泝流至南安县，南北俱抵大山，并无行路。”②

这一州四县开置的顺序分别为：汀州（733 年）、宁化县（734 年）、尤溪县（741 年）、古田县（741 年）、永泰县（766 年）。一州四县空间相邻，在开置山洞的时间顺序呈现由闽西向闽江下游不断推进的趋势。日本学者佐竹靖彦认为：“据从唐初到唐中期这一时期的资料表明，这一阶段支持新县设置的是从华北入侵到福建的以土豪为中心的社会集团”③。

史料中出现的“开山洞置”，说明中原王朝承认了“山洞”地区非汉人群的

① ［美］詹姆斯·李著，朱伦节译：《中国历史上的移民与边界扩展》，《中国边疆史地研究》，1990 年第 3 期，第 39 页。

② ［唐］李吉甫撰，贺次君点校：《元和郡县图志》卷二九，北京：中华书局，1983 年，第 717、718、722、723 页。

③ ［日］佐竹靖彦：《宋代福建地区的土豪型物资流通和庶民型物资流通》，载《佐竹靖彦史学论集》，北京：中华书局，2006 年，第 201 页。

土著地位。前文笔者已经对"山洞"进行考证，认为"山洞"在新石器时代为人类的居址之一，到了隋唐时期，逐渐演变成为南方非汉人群聚落称呼或族群泛称，其中体现了中原核心对地方边陲的文化阶序差别，包含着华夏人群相对于非华夏人群的心理优越感，汉人史籍中常将南方山洞地区的居民视为"蛮夷"。

北宋乐史在《太平寰宇记》记载汀州时称："唐开元二十四年，开福、抚二州山洞置汀州。"① 乾隆《汀州府志》对关于为何是开福、抚二州以及为何以山洞称之两个问题进行解释说：

> 唐时开福、抚二州山洞，置汀州。今考：州南境，旧为新罗县，隶泉州。北与石城、南丰、将乐、建宁、泰宁为邻。南丰隶抚州，而建、邵犹未郡，诸县所隶，非抚即福。时闽中只福、建、泉三郡尔。故以二州言，而四山崇峻，盘互交锁，其民狞犷，郡盗屡作，当时谓之山洞固宜。②

按照以上解释，由于汀州未设之时，其周围只有"福、抚"二州，而二者地理上"四山崇峻，盘互交锁"，人文上"其民狞犷，郡盗屡作"，因此被称为"山洞"。从这里我们可以看出，在华夏汉人眼里，山洞地区地势险要，居民野蛮未开化。另外也说明了至迟在唐开元年间，除了福州、抚州、泉州三郡之间的广大未设县区域，分布着大量的非汉人群，这些地区的汉人犹如孤岛点缀于非汉人群的海洋当中。所以《资治通鉴 》记载汀州设郡 161 年后的乾宁元年（894年），发生"黄连峒蛮二万围汀州"的事件。此事件由时任福建观察使的王潮派部将李承勋"将万人击之，蛮解去，承勋追击之，至浆水口，破之。闽地略定。"③ 设郡治理 100 余年，峒蛮仍如此之多，可见未设郡时非汉人群在当地人口占较大比例。

另外，按照封建王朝"普天之下，莫非王土；率土之滨，莫非王臣"的国家观念，"山洞"也是国家所有，虽然在客观上国家统治不到这些"山洞"地区，但由于"山洞"居民在主观上"不向王化"，未入版籍、不纳赋税，因而被认为是"逃户""逋民"。就此而言，开山洞不仅意味着该更多的地区被开发，还象征着皇恩泽被天下，更多的"蛮夷"成为帝国子民。宋代的《太平寰宇记》载尤溪县：

① ［宋］乐史撰，王文楚等点校：《太平寰宇记》卷一百，北京：中华书局，2007 年，第 2000 页。

② ［清］曾曰瑛等修，李绂等纂：《汀州府志》，乾隆十七年（1752 年）修，卷四十五《杂记 · 丛谈（附）》，台北：成文出版社，1967 年，第 649 页。

③ ［宋］司马光：《资治通鉴》卷二五九，《唐纪》七五，北京：中华书局，1956 年，第 8457 页。

> 其地与漳州龙岩县、汀州沙县及福州侯官县三处交界。山洞幽深，溪滩崄峻，向有千里，其诸境逃人，多投此洞。开元二十八年，经略使唐修忠使以书招谕其人，高伏等千余户请书版籍，因为县，人皆胥悦。[①]

是否纳入版籍，是化内与化外的区别，也是区分山洞与百姓的重要标准之一。逃人，也称逋客，清代梁章钜在《称谓录》中称：“逋客，《山堂肆考》：‘逋客，避世之隐者也。’”[②] 以上记载反映了两点：一是脱籍“逃人”投入“山洞”地区，成为化外之民；二是经朝廷“招谕”，地方逃户代表（很有可能是地方土豪）高伏等千余户要求进入国家版籍，成为编户齐民。国家通过奏置州县、检责户口、建立行政机构，对“山洞”地区进行开发。作者以“人皆胥悦”来形容新县建立后县民的喜悦情形，其中也包含着为王朝“开山洞”歌功颂德的成分。

再如民国《宁化县志》称宁化在“唐乾封二年乃改黄连峒为镇，开元十三年陞黄连镇为县”，并引旧志称：

> 开元十三年，福州长史唐循忠于潮州北界、福州西界检得避役百姓共三千余户，奏闻，复因居民罗令纪之请，因陞黄连镇为县。二十六年，开山峒，置汀州于新罗城。[③]

从宁化县的建置沿革，我们可以看到，宁化县经历了“峒”—“镇”—“县”的演变过程。从“峒”到“镇”，说明帝国首先加强对“山峒地区”采取军事措施，通过设立军事机构加强对非汉地区的控制和镇压；从“镇”升为“县”，行政机构提升一级，帝国在“山峒地区”统治更加深入，汉族势力以县城为中心逐渐扩张，并慢慢在非汉地区取得优势地位，特别是一些“避役”的汉人重新进入国家统治范围，以及“开山洞”时大量的蛮僚成为编户齐民[④]，这些原来被视为“化外之民”的人群在文化认同上均向汉文化发生转变，急剧扭转了“蛮”、汉在当地的族群格局。

因此，就“山洞”居民的成分而言，其中主要有非汉人群和“逃人”（大部

---

① ［宋］乐史撰，王文楚等点校：《太平寰宇记》卷一百，北京：中华书局，2007 年，第 2000 页。

② ［清］梁章钜撰，王释非，许振轩点校：《称谓录》（校注本），卷二十四《布衣》，福州：福建人民出版社，2003 年，第 456 页。

③ 黎景曾，黄宗宪等修纂：《宁化县志》，卷一《疆域沿革》，民国十五年（1926 年）刊行，上海：上海书店出版社，2000 年，第 441 页。

④ 谢重光先生认为，在黄连峒检括避役百姓与“开山峒”不完全相同，前者应是逃避赋役的汉人，后者可能有避役百姓，更多的可能是被强制为民的蛮僚。参见谢重光：《畲族与客家福佬关系史略》，福州：福建人民出版社，2002 年，第 40 页。

分为避役的汉人）。另外，"山洞"中还有一个被称为"土豪"的特殊人群，主要为当地势力强大者。这些地方土豪常在"山洞"向化中起主导作用，如乾隆《古田县志》称：

> 古田属福州，唐开元以前尝为土豪所据，至开元十八年（740 年）始建为县，有谢能者因古田亩开垦而居，故名古田……唐峒豪刘疆率林溢林希等向化，都督李亚邱遣参军杨楚畹招致，谢能等为刘氏开垦，始立邑于环峰复嶂间。①

在"山洞"成为新县、"逃人"成为编户齐民的同时，许多土著居民也慢慢完成身份的转变。随着时间的推移，原来的山洞地区的居民可能已经忘记本族"其来源之所自"了。如王象之《舆地纪胜》引宋代陈轩诗歌："居人不记瓯闽事，遗迹空传福抚山，地有铜盐家自给，岁无兵盗戍长闲"② 说明到了宋代，汀州居民安居乐业，此前的王朝在汀州开山洞已然成为遥远的往事，渐渐淡出当地居民的历史记忆，只不过偶尔从一些"遗迹"中才得以传闻。

在明清一些方志中，常将陈元光等人在闽、粤地区征伐"蛮夷"过程与开山洞联系起来。据史料载，唐高宗总章二年（669 年），"泉潮间蛮獠啸乱"③，陈元光"从父政戍闽，父没代领其众，以功授玉钤卫翊府左郎将。"④ 当时泉、潮交界地区，蛮夷甚多，史称龙溪县东部地区"两江（两江系指九龙江支流北溪与西溪，笔者注）夹峙，波涛激涌，两岸尽属蛮獠"⑤。永隆二年（681 年），潮州盗起，陈元光军队"伐山开道，潜袭寇垒，俘馘万计，岭表悉平"，⑥ 唐廷晋升陈元光为正议大夫、岭南行军总管。陈元光还师移镇梁山一带，"阻盘陀诸

---

① ［清］辛竟可修，林咸吉等纂：《古田县志》，卷一《建置》，乾隆十六年（1751 年）刊本，台北：成文出版社，1967 年，第 24 页。

② ［宋］王象之：《舆地纪胜》卷 131 福建路《汀州·诗》，北京：中华书局，2003 年，第 3798 页。

③ ［清］李维钰原本，沈定均续修，吴联熏增纂：《漳州府志》，卷二十四《宦绩·陈政》，据清光绪三年（1877 年）芝山书院刻本影印，《中国地方志集成·福建府县志辑》29，上海：上海书店出版社，2000 年，第 481 页。

④ ［明］罗青霄总纂，谢彬编纂：《漳州府志》，卷之四《漳州府·秩官志下·名宦·刺史陈元光》，明万历元年（1573 年）年刻本，明代方志选第三辑，台北：学生书局，1965 年，第 67-68 页。

⑤ ［清］陈寿祺等撰：《重纂福建通志》，卷八十五《关隘·龙溪柳营江把截所》，道光九年（1829 年）修，同治十年（1871 年）重刊本，台北：华文书局股份有限公司，1968 年，第 1697 页。

⑥ ［明］黄佐纂修：《广东通志》，卷第五十五《列传十二·人物二》，明嘉靖四十年（1561 年）刻本，广东历代方志集成，省部二，广东省地方史志办公室辑，广州：岭南美术出版社，2007 年，第 1424 页。

山为寨，渐开西北诸山洞，拓地千里。”[①] 文中所指的开“西北诸山洞”，实际上就是以华夏势力不断侵入非华夏族群势力范围的一个过程。

需要指出的是，唐代以后，朝廷持续对南方“山洞”地区进行开发，如在宋代神宗时，朝廷开启了大规模的“开梅山”行动，其本质是唐代“开山洞”政策的一种延续，均是朝廷加强对非汉民族地区经略，对当地的政治管理与社会控制。《宋史》卷四九四《蛮夷二・梅山峒》：

嘉祐末，知益阳县张颉收捕其桀黠符三等，遂经营开拓。安抚使吴中复以闻，其议中格。湖南转运副使范子奇复奏，蛮恃险为边患，宜臣属而郡县之。子奇寻召还，又述前议。熙宁五年，乃诏知潭州潘夙、湖南转运副使蔡烨、判官乔执中同经制章惇招纳之。惇遣执中知全州，将行，而大田三砦蛮犯境。又飞山之蛮近在全州之西，执中至全州，大田诸蛮纳款，于是遂檄谕开梅山，蛮徭争辟道路，以待得其地。东起宁乡县司徒岭，西抵邵阳白沙砦，北界益阳四里河，南止湘乡佛子岭。籍其民，得主、客万四千八百九户，万九千八十九丁。田二十六万四百三十六亩，均定其税，使岁一输。乃筑武阳、关硖二城，诏以山地置新化县，并二城隶邵州。自是，鼎、澧可以南至邵。[②]

从上文可以看出，应该是朝廷先对梅山地区进行“经营开拓”，而后梅山峒蛮“恃险为边患”，成为国家不稳定因素，于是朝廷下令“开梅山”。这种说法是官方的表述方式，实际上，按照族群边界的理论，所谓的“开梅山”就是汉族势力逐渐进入峒蛮地区，“开”字意味着疆域被“开边”、蛮族被“开化”。一是剿抚当地土著，有“诸蛮纳款”，即归顺降服；二是疆界被开发，在诸蛮“争辟道路”的配合下，开辟山洞的四至被界定；三是将当地土著编入版籍，并对土地收税；四是“以山地置新化县”，设置国家机构进行管理。这就是开山洞的基本过程。

“开梅山”始于宋神宗熙宁五年（1072 年）[③]，宋人晁补之《开梅山》对宋代此次事件进行描述，其文曰：

开梅山，梅山开自熙宁之五年。其初连峰上参天，峦崖盘崄阂群

① ［清］陈寿祺等撰：《重纂福建通志》，卷九《山川・漳浦梁山》，道光九年（1829 年）修，同治十年（1871 年）重刊本，台北：华文书局股份有限公司，1968 年，第 320 页。

② ［元］脱脱：《宋史》，卷四九四《蛮夷二・梅山峒》，北京：中华书局，1977 年。

③ ［清］陈寿祺等撰：《重纂福建通志》，卷一五《神宗纪》，道光九年（1829 年）修，同治十年（1871 年）重刊本，台北：华文书局股份有限公司，1968 年。

> 蛮。南北之帝凿混元，此山不圮藏云烟。跻攀鸟道出荟蔚，下视蛇脊相夤缘。相夤缘，穷南山。南山石室大如屋，黄闵之记盘瓠行迹今依然。高辛氏时，北有犬戎寇，国中下令购头首。妻以少女金盈斗，遍国无人有畜狗。厥初得之病耳妇，以盘覆瓠化而走。堪嗟吴将军，屈死狺狺口。帝皇下令万国同，事成违信道不容。竟以女妻之，狗乃负走逃山中，山崖幽绝不复人迹通。帝虽悲思深，往求辄遇雨与风。更为独力之衣短后裾，六男六女相婚姻。木皮草实五色文，武溪赤髀皆子孙。侏离其声异言语，情黠貌痴喜安土，自以吾父有功母帝女。凌夷夏商间，稍稍病侵侮。周宣昔中兴，方叔几振旅。春秋绝笔逮战国，一负一胜安可数！迩来梅山恃险阻，黄茅竹箭霾雾雨。南人颠踣毙溪弩，据关守隘类穴鼠。一夫当其阨，万众莫能武。欲知梅山开，谁施神禹斧。大使身服儒，宾客盈幕府。檄传傜初疑，叩马卒欢舞。坦然无障塞，土石填溪渚。伊川被发祭，一变卒为虏。今虽关梁通，失制后谁御。开梅山，开山易，防獠难，不如昔人闭玉关。①

晁补之（1053—1110年），北宋著名文人，"苏门四学士"之一，曾任吏部员外郎、礼部郎中。其在《开梅山》一文中对朝廷经略山区进行描述与议论，其观点代表了当时知识分子的理解。该文承袭黄闵《武陵记》、范晔《后汉书》关于"南山石室""盘瓠传说"② 的记载，借以证明梅山峒蛮与盘瓠之间的关系，学者也依据该文认定梅山峒蛮就是盘瓠蛮。③

另外，文章也反映了作者对开梅山持有矛盾的态度：一方面对朝廷开梅山持肯定态度，夸赞其"施神禹斧"，开辟障碍，填平溪渚，派驻"身服儒"的官员进行教化，当地百姓"叩马卒欢舞"；另一方面有对朝廷能否较好地在梅山地区守土防寇表示担心，因为梅山不仅地势险要，气候恶劣，而且群蛮负山险阻，叛变无常，"一变卒为虏"，"失制后"难以防守，为了"防獠"，最好如古人闭关

---

① ［宋］晁补之撰：《鸡肋集钞》卷一，载［清］吴之振等选，管庭芬，蒋光煦补：《宋诗钞》（二），北京：中华书局，1986年，第1116页。

② 黄闵《武陵记》已失传，《后汉书》李贤注保存其部分佚文："黄闵《武陵记》曰：'山高可万仞。山半有槃瓠石室，可容数万人。中有石床，槃瓠行迹。'今案：山窟前有石羊、石兽，古迹奇异尤多。望石窟大如三闲屋，遥见一石仍似狗形，蛮俗相传，云是槃瓠像也。"详见：［南朝］范晔，［唐］李贤注：《后汉书》，卷八十六《南蛮西南夷传·南蛮传》，北京：中华书局，1965年。

③ 除了盘瓠蛮的特征外，晁补之诗中还将梅山峒蛮称为"傜"（见"幕府檄传傜初疑"句），谢重光先生推测其与历史上的"莫徭"有很大关系。参见谢重光：《客家文化述论》，第69页。

守卫。[①] 这种担心并非没有理由，《宋史·蛮夷传》就记载元祐时期蛮夷降而复叛的情况：

> 熙宁间，以章惇察访经制蛮事，诸溪峒相继纳土，愿为王民，始创城砦，比之内地。元祐（1086—1094 年）初，诸蛮复叛，朝廷方务休息，乃诏谕湖南、北及广西路并免追讨，废堡砦，弃五溪诸郡县。崇宁间（1102—1106 年），复议开边，于是安化上三州及思广诸峒蛮夷，皆愿纳土输贡赋，及令广西招纳左、右江四百五十余峒。[②]

从上文可知，朝廷对蛮夷地区的经略并非一蹴而就，而是经历了反复的、长期的过程。这种反复的过程，似乎可以涨潮、退潮为比喻，即涨潮、退潮的潮水有进有退，但在潮汐力量的牵引下，潮水总体上是以前进的方向慢慢侵吞海滩。如果这个比喻恰当的话，那么汉族势力也像涨潮潮水，慢慢“侵吞”蛮夷的边界，这种边界不仅仅是地理上的边界，还有文化上的边界，如文中提到的“愿为王民”“愿纳土输贡赋”就显示了蛮夷的国家认同。而随着教化进行，许多蛮夷的族群文化特征就与汉民渐渐的无特别大的差别了。

对于南方土著或非汉民族来讲，边陲地区的开发意味着国家对当地社会控制的加强，在钟姓畲民中流传着一些畲族的民间传说或许反映的正是这段史实。[③] 根据闽西的一些钟氏畲族族谱记载，钟姓祖先经江西移居鄞江（长汀）白虎村，上杭树槐堂《颍川钟氏宗谱》记载道：

> 唐开抚、福山洞，于鄞江置汀州，以钟氏祖批黄氏之坟为刺史衙，以居宅为长汀县衙。钟氏难抗朝廷，故迁移南岭穿秋坑居住。幸刺史仁爱，以孝治天下民，泽及枯骨，有坟下废，递年清明前一日暂逊，府堂厅钟氏祭拜祖冢。及礼公时，刺史酷虐，不容之祭，以致恭、宽、廉、敏、惠、节六公各迁移地方。曾将射箭坝以田施与开元寺，因塑逵公夫妇像于开元寺东阁堂，世代年年每日于香火祀奉。[④]

关于这个传说，该族谱摘录一段号称是南宋高宗十年（1140 年）撰写的《逵公配马氏古迹谱序》，该文记载更为详细：

---

① ［宋］晁补之撰：《鸡肋集钞》一卷，第 1116 页。

② ［元］脱脱等撰：《宋史》，卷四百九十五《蛮夷三》，北京：中华书局，1977 年。

③ 按照知识考古学的观点，民间传说表面看来充满时间、空间错置与幻想的迷雾，但作为某种历史记忆的符号，它们的产生和流传过程恰恰是包含着丰富社会舆论与情境的一个历史真实。参见户华为：《虚构与真实—— 民间传说、历史记忆与社会史“知识考古”》，《江苏社会科学》，2004 年第 6 期，第 162 页。

④ 上杭树槐堂《颍川钟氏族谱》，清道光八年（1828 年）手抄本，载《家族谱牒——畲族卷》（下），福州：海风出版社，2011 年，第 563 页。

> 时因朝廷迁鄞江，祖坟葬为汀州府衙，迁宅住为长汀县衙，难杭（抗）朝廷，求有司递年祭赛，以展孝思。有知府马，仁政爱民，将箭射坝田六十亩作钟氏蒸尝，递年清明日逊府堂与钟家祭赛。后数十年，又有知府姓许，不容祭扫，将钟氏一族百般刁难，即欲挖去祖坟。挖开遂一油缸，有灯，又有碑文云："许优许优，与尔无仇，数百年后，与我添油。"知府见此，遂添油而复葬之。兄弟七人见官府如此磨灭，将产业悉行出卖，悉舍入开元寺，兄弟迁徙他方。当天明誓云："山有来龙水有源，此去代代产英雄，若有不认宗族者，天雷劈碎作灰尘。"后有知府李，以礼公兄弟舍田等项功德，题疏诏封礼公，为公望（塑）夫妇像于开元寺东廊阁下，号称南唐檀越主，世世配佛享记（祀）。当时恭、宽、敏移之虔州，恭公移龙南，宽公移信丰，敏公移零都赣县，惠、廉、节移之回龙河田等处，廉公移长汀县，节公移上杭县。世传穿丘有祖坟三穴，象形，坐西向东，前有河溪水为罗带，亦其始祖也。[1]

该传说在许多钟姓族谱中记载，蓝炯熹先生将其称为"白虎村传说"，该传说在闽南福佬人社区和闽西客家人社区中广泛流传，形成了大同小异的两个版本。[2] 严格意义上讲，该传说不符合历史事实，且不说添油的神话成分以及舍田建寺的虚构成分，[3] 序文号称撰写于南宋高宗十年（1140 年），然而，汀州设府最早在明代，因此，"知府"的称谓不应在序文中出现。明清以后，民间修谱之风兴盛，该序文极有可能是在此期间伪托而作。

该传说显示了钟姓与当地政府斗争和妥协的一个过程：首先，钟姓原居住在汀州，朝廷开始对汀州进行治理，欲在钟姓祖坟上建府衙；其次，钟姓族人无法与朝廷对抗，只好顺从朝廷，朝廷也划出一定资产作为该族祭赛之用；再次，朝

① 上杭树槐堂《颍川钟氏族谱》，清道光八年（1828 年）手抄本，载《家族谱牒——畲族卷》（下），福州：海风出版社，2011 年，第 556-557 页。

② 关于钟姓肇居汀州白虎村的始祖及时间，不同族谱记载不完全相同，主要有二说：一说为东晋末年钟贤（妣黄氏、子钟朝）江西赣州徙居白虎村，如上杭树槐堂《颍川钟氏宗谱》（清道光八年本）；或钟贤之子钟会同母从江西赣州徙居白虎村，如浦城村溪《颍川堂钟氏宗谱》（清光绪八年本）、松溪季源垅《钟氏宗谱》（民国三十三年本）、宁德市丹斗畲族村钟氏家谱等；另一说为唐末钟翱自江西赣州雩都迁入白虎村，如上杭《颍川郡坵辉钟氏族谱》（光绪三十一年本）等。关于白虎村传说的版本又见蓝炯熹：《畲族家族文化》，福州：福建人民出版社，2002 年，第 47-52 页。

③ 文中提到钟氏兄弟七人变卖产业，悉舍入开元寺，后被南唐檀越主，关于舍田这个传说，笔者认为这与谢重光先生所论的蓝文卿舍田宅建雪峰寺传说有相似之处，其背景应该在明代佛教严重世俗化与社会普遍佞佛风气下，钟氏宗族建构的一种历史记忆。关于蓝文卿舍田宅建雪峰寺传说的考证，详见谢重光：《唐代经济史的一桩公案：蓝文卿舍田宅建雪峰寺传说辨伪》，《经济史研究》，2011 年第 3 期，第 116 页。

廷势力进一步扩大，以至于该族的祭扫权利都被剥夺；最后，钟姓族人只好将产业全部出卖，并舍入开元寺，兄弟几人迁徙他乡。

浦城村溪村《颍川堂钟氏宗谱》亦载有“许优添油”的故事，故事与上杭钟氏族谱大同小异，在一些细节上描写得更为详尽，该谱的“序”中写道：

> 嗣后许优莅任，每夜将公案推横，坟冢涌起。及询隶役，咸云古怪。因控开视，内现石碑，有灯偈云：许优与尔无仇，五百年后为我添油。随即示谕府中十三坊油户，各备十挑添之，未见盈溢，复各百挑增充，犹未敷足，众皆稽首叫苦方盈。故从前太守每夜临寒食不能升堂理政，及清明必逊位。①

对比两则上述材料，二者均有类似诅咒的出现，或者说明本族子孙需认祖归宗，或者说明官员因为为难本族而遭到报应：除了许优添油外，此前的太守每夜临寒食不能升堂理政，到了清明必定逊位等。由于该传说的叙述主体为钟姓族人，我们有理由相信，这种类似怨念的诅咒，实际上隐含着本族抵抗外来势力无果后，而采取的一种无可奈何的解释方式。

虽然不能以信史来看待流行于民间的“许优添油”传说，却可以由此追寻该传说出现的社会情境，即：随着国家对南方地区的开发和中原汉人南下，南迁汉人与畲族先民在土地等资源上存在着竞争关系。这种竞争的结果是，强势的汉族（官方）势力逼迫畲族先民退缩，直至分散各地。

我们还可以另外举上杭钟氏的一个例子，说明中央权力深入边陲给当地非汉人群带来的社会文化变迁。上杭钟氏族谱的《颍川钟氏世系图》称，钟姓传至第九十五世时共有14个兄弟，因王安石变法而导致兄弟逃散，该世系图所附的文字写道：

> 天下姓钟皆同一脉。毅公十四兄弟因王安石余党仍在朝弄权，复行新法荼害，兄弟东逃西散，改姓流迁各省、府、县、乡，各流一处……十四兄弟遂改姓名住宁化，后各流地方。以上诸公后代都称为郎，故紊其名。因友文公兄弟阴灵在五凤楼救火，战败金，徽宗封为助国尊王。兄弟闻知，遂复为钟姓也。②

该段文字认为，正是由于北宋的王安石新政，迫使钟氏兄弟14人改姓流迁，

---

① 钟大荣修纂：浦城村溪村《颍川堂钟氏宗谱》，清光绪八年（1882年）刻本，载《家族谱牒——畲族卷》（上），福州：海风出版社，2010年，第430-431页。

② 上杭树槐堂《颍川钟氏族谱》，清道光八年（1828年）手抄本，载《家族谱牒——畲族卷》（下），福州：海风出版社，2011年，第566-567页。

此后子孙开始使用郎名；而钟姓后代恢复为钟姓主要是因为本族祖先有功并受封于朝廷。文中显然夸大了王安石新政对畲民家族的影响，另外阴灵救火出战也带有神话成分，其历史的真实性颇值得怀疑。正如此前所分析，这种传说的背后反映了一定的历史事实：随着朝廷对南方地区控制的加强，朝廷开始在南方地区施行政策，这引起了部分南方土著或非汉族群的反抗，一些畲民可能采取"逃离"的方式躲避朝廷的政策。该记载还显示了畲民对本族"郎名"由来背景的解释：华夏化进程给当地畲民族群社会带来冲击，导致畲民社会文化的变迁。[①]

## 第二节　"夷夏"观念下的华南非汉族群格局

不同的自然生态造就了不同类型的区域文化，从而也塑造了具有不同文化特征的族群。不同族群在接触交往过程中，形成了对"他族"和"我族"（或者为"我群"和"你群"）[②] 关系的认识，我们也将其称之为民族观或族群观。早在先秦时期，我国就形成了华夏与四夷关系的族群观念，并在历史的发展过程中逐步形成一整套的观念体系，具体表现为"华夷之辨""用夏变夷""夷夏之防"等思想。这种族群观在历史发展过程中形成，其作为一种思想意识，长期影响着"华夏"与"诸夷"的族群关系。

### 一、华夏"异己观"的形成及其文化特性

在人类历史发展过程中，其文化的发展不可避免地受到自然生态的制约，不同类型的自然生态造就了不同类型的文化，从而也塑造了不同的族群。自然地理学以秦岭至淮河一线为界，将中国划分为广义的华南区和华北区。由于南北方的

---

① 关于"郎名"习俗来源，罗香林先生认为源于畲族，客家先民受其畲族；李默则认为"郎名"畲族与客家先民在闽粤赣边中形成的；董建辉则认为畲族与客家郎名发展演变线索大概为：避乱南迁的客家先民"迁徙到闽粤赣三省交界地带后，与当地土著畲民交错杂居，从而将郎名传播给了畲族。畲族在接受源自汉族的郎名之后，又根据其自身的文化传统，进行了部分改造，使郎名的使用更加规范，从而形成了畲族的郎名文化。在畲族与客家先民相互交融的过程中，畲族郎名文化中的部分因素，如通过法事仪式取得郎名等，又反过来影响了客家先民。"参见董建辉：《畲、客"郎名"探源——兼与李默先生商榷》，《中南民族大学学报》（人文社会科学版），2006 年第 5 期，第 76 页。

② 李济借用萨姆纳先生概念，"我群"指的是被中国的史学家们视为同类的文明人的群体。而他们所谓的野蛮人，在我们看来便可以称作"你群"。参见李济：《中国民族的形成——一次人类学的探索》，上海：世纪出版集团、上海人民出版社，2005 年，第 3 页。

自然地理的不同，这也造成了考古学意义上的南北区域在文化面貌、社会结构、发展阶段存在着较大差异，因此，也有学者将考古文化视为一个文化地理的概念。[①] 中国自旧石器时代中、晚期以后，开始形成了区域的文化传统，而到了新石器时代时，已经形成了各具特色的区域文化。各考古学者根据不同理论和方法，将中国的新石器时代划分为不同区系。

从新石器时期的考古材料来看，由于经济形态的不同，华南区族群可以概分为两大集团，即苗蛮族群和百越族群。一般认为，前者的文化以（华夏）素面、绳纹灰陶（软陶）为特征，而后者的文化以印纹陶为特征；苗蛮族群的分布区以江汉平原为中心，南及洞庭湖平原，西达重庆东部，东与百越相接，北抵黄河中游；百越集团分布更为广阔，中国南方东南沿海各省区从商周到春秋直至秦汉，都是越族的分布区，在这些地区大量发现印纹陶，与汉文史料中所记载的越族活动地区相吻合，这说明了从新石器时代晚期起到秦汉，东南沿海地区居住着具有共同文化特点的越民族群体。[②]

不同的自然生态，不仅塑造了不同的族群及其文化，还形成了比较稳定的文化心理和族群观念。从新石器时代后期开始，在考古学意义上的华北区，就逐渐形成了农耕区与游牧区的分野。这种农耕经济与游牧经济之间的生态边界，最终也导致了农耕民族文化与游牧民族文化的差别。[③] 由于生态环境不同，黄河中下游地区的农耕民族与长城线以外的游牧民族或半农半牧民族在民族文化和民族心理上出现了巨大的差异，进而在华夏族中形成了严格的“夷夏”观念，最后，中原地区比较有效地限制了边地民族实体、民族思想的南下或东进。这种中原文化对边地文化的排斥现象，体现在考古文化上，就是新石器时代以来的边地文化中常见中原文化的因素，而中原文化中少见边地文化的因素。[④] 可见，早在新石器时代，古代华夏文明的边缘地带已经存在，有学者更是从考古发现材料，得出

---

① 王妙发：《黄河流域聚落论稿——从史前聚落到早期都市》，北京：知识出版社，1999 年，第 5 页。

② 印纹陶是一种在陶器表面印有各种几何形纹饰，质料较硬，且为泥质与夹砂质的陶器。这种陶器主要分布在福建、浙江、江苏、安徽、湖北、湖南、江西、台湾、广东等地。在福建及台湾发现的印纹陶属于新石器时代晚期，在江苏南部，浙江北部发现的印纹陶属于周代前后，其他地区发现者属自春秋战国一直延续至汉代。参见吕荣芳：《中国东南区新石器文化特征之一：印纹陶》，《厦门大学学报》，1959 年第 1 期，第 45 页；邓晓华：《论客家话的来源——兼论客畲关系》，《云南民族大学学报》（哲学社会科学版），2006 年第 4 期，第 146 页。

③ 费孝通等：《中华民族多元一体格局》，北京：中央民族大学出版社，1999 年，第 9-10 页。

④ 童恩正：《试论我国从东北至西南的边地半月形文化传播带》，《南方文明》，重庆：重庆出版社，1998 年，第 558-603 页。

中国“边地半月形文化传播带”存在的结论。[①]

在不同族群文化长期遭遇时，各族群逐渐形成了比较稳定的“异己观”，即如何看待其他族群，从而审视本族群。我国古代华夏族以“中国”称谓自己，这既是地理空间概念，也显示了“我群”为中心的文化观念认识[②]，是华夏族群认识和了解世界的基本参照点。与“中国”相类似的概念在古代亦称“华夏”“天下”“四海”等，与之对应的就是“四夷”（东夷、西戎、南蛮、北狄）或“五方之民”[③]，这种对他者形象的想象，其背后是一种文化霸权的体现。[④] 总之，在华夏人地缘政治与文化视野中的诸夷，其根本性的区别是文化上的。正如学者指出：“华夏人以高水平的文化与文明自居，视夷狄野蛮落后，这就构成了华夷的界限，构造了‘用夏变夷’的思想文化体系。华夷之辨、华夷之防，构成了华与夷、天下与四海的主流历史意识。”[⑤] 华夏与诸夷的关系，被认为是贯穿古代中国文化史、文明史始终的一个具有根本性的核心问题。

华夏族的这种“天下观”或“异己观”，使得其具有向外扩张的驱动性。王明珂认为，秦汉以来形成的“英雄祖先历史心性”成为支持华夏认同最主要的历史心性，这决定了“华夏”的内在本质是“对外扩充边界资源及对内依阶序等差分配资源的群体”。[⑥] 在这种历史心性下，产生了类似“英雄徙边”的各种传说，“它所创造的‘历史’隐喻着资源不足可借英雄之向外迁徙、征战、扩土

---

① 童恩正认为，环绕着中原大地，从东北经阴山山脉、贺兰山脉、祁连山脉，至西南的四川西部通向云南西北部的横断山脉，这一北一南的两列山峰及其邻近的高地，在地理上呈半月形地带；这个地带从新石器时代后期直至铜器时代，生活期间的民族保留了共同的文化因素。由此将其界定为“边地半月形文化传播带”。这种边缘地带的形成，除了生态环境因素以外，因素是生态环境，中原文化对边地文化的排斥的社会文化心理也占很重要因素。

② 叶舒宪：《〈山海经〉与“文化他者”神话——形象学与人类学的分析》，《海南大学学报》（社会科学版），1998 年第 2 期。

③ 《礼记王制》关于“五方之民”的记载：“中国戎夷，五方之民，皆有性也，不可推移。东方曰夷，被发文身，有不火食者矣。南方曰蛮，雕题交趾，有不火食者矣。西方曰戎，被发衣皮，有不粒食者矣。北方曰狄，衣羽毛穴居，有不粒食者矣。中国、夷、蛮、戎、狄，皆有安居、和味、宜服、利用、备器，五方之民，言语不通，嗜欲不同。”参见陈戍国撰：《礼记校注》，长沙：岳麓书社，2004 年，第 83 页。

④ 这种权威性如王一川指出：“‘中国’如‘夏’，位于世界体系的‘中心’（中央），享有号令天下的最高权威，而周围各国如‘夷’，位于这个体系的边缘，必须向‘中国’主子臣服。与这种中国形象相似，还有‘万方之主’‘百鸟来朝’等经典形象。”参见王一川：《中国形象诗学》，上海：三联书店，1998 年，第 14 页。

⑤ 张碧波，庄鸿雁：《华夷变奏：关于中华多元一体运动规律的探索》，哈尔滨：黑龙江人民出版社，2009 年，第 5 页。

⑥ 王明珂：《英雄祖先与弟兄民族——根基历史的文本与情境》，北京：中华书局，2009 年，第 245 页。

及对内行阶序化资源分配来解决。华夏认同便在此历史心性下，通过‘历史’及受此记忆塑造的人们之言行，向各方、各个层面扩展其边缘……在战国时代以来经由攀附‘黄帝’或‘炎帝’及他们的后裔，以及通过‘正史’‘方志’与‘族谱’等文类，产生模式化之叙事文本，逐渐在两种‘华夏边缘’扩张——政治地理的华夏边缘，以及社会性的华夏边缘。”① 在这许多的历史想象与建构之后，是真实与切要的资源垄断、分享与分配情境——“华夏”便是如此一个以“华夏边缘”排除外人，维护共同资源，并在华夏内部作阶序化资源分配的群体，“华夏帝国”是这些目的之实践工具。②

必须强调的是，在古代中国，史料文献的话语权始终掌握在主流（汉）文化圈手中。因此，关于非汉族群的记载，往往不能完全反映其真实或全貌，其中许多充满着想象与偏见。正如傅斯年、桑原骘藏所指出的，秦汉以后中国的地域问题主要是南北问题。③ 许多学者也指出，南方或该地族群所特有的如瘴气、蓄蛊、“南土卑湿”等特征，已经不是简单的疾病、风俗或气候的问题，更多的是观念问题，是主流文化圈的文化再创造。④ 随着南方各地区的渐次开发，瘴气、蓄蛊、“南土卑湿”等特征慢慢消失，显示的是族群边界的模糊化。⑤ 换句话说，在族群间存在严格的边界、族群文化尚未融合之时，一些类似气候、风俗，乃至族群的装饰、饮食、起居等可能成为相互嘲笑的把柄，目的就是把“我群”与“你群”区别开来，例如在中古之时就有“南谓北为索虏，北谓南为岛夷”⑥ 之说。而一个地方的文化由“野”变“文”，表现在服饰上，即所谓的“易椎髻为

① 王明珂：《英雄祖先与弟兄民族——根基历史的文本与情境》，北京：中华书局，2009 年，第 231 页。

② 王明珂：《英雄祖先与弟兄民族——根基历史的文本与情境》，北京：中华书局，2009 年，第 244-245 页。

③ 傅斯年：《夷夏东西说》，《民族与古代中国史》，石家庄：河北教育出版社，2002 年，第 1-39 页；［日］桑原骘藏：《历史上所见之南北中国》，刘俊文主编：《日本学者研究中国史论著选译》第一册，北京：中华书局，1992 年，第 19-67 页。

④ 该类研究主要代表作有：龚胜生：《2000 年来中国瘴病分布变迁的初步研究》，《地理学报》，48 卷，1993 年第 4 期；左鹏：《宋元时期的瘴疾与文化变迁》，《中国社会科学》，2004 年第 1 期；张文：《地域偏见和族群歧视：中国古代瘴气与瘴病的文化学解读》，《民族研究》，2005 年第 3 期；于赓哲：《蓄蛊之地——一项文化歧视符号的迁转流移》，《中国社会科学》，2006 年第 2 期；于赓哲：《疾病、卑湿与中古族群边界》，《民族研究》，2010 年第 1 期，等等。

⑤ 于赓哲：《疾病、卑湿与中古族群边界》，《民族研究》，2010 年第 1 期，第 65 页。

⑥ ［汉］司马迁：《史记》，卷三十《平准书》，北京：中华书局，1982 年，第 1437 页。

冠裳。"①

因此，在各种文献上，凡是与非汉民族有关的记载，大都带有蔑视的意味。以"溪洞"为例，北魏郦道元《水经注·沅水》中记载："武陵有五溪，谓雄溪、樠溪、潕溪、酉溪，辰溪其一焉。夹溪悉是蛮左所居，故谓此蛮五溪蛮也。"② 古人以右为尊，以左为卑，"蛮左"显然是一种汉族对非汉民族的一种蔑称；再如宋代《岭外代答·外国门下》中载宋代钦州有"五类民"，其中俚人"史称俚獠者，此种自蛮峒出居，专事妖怪，若禽兽然。"③ 将"蛮"与"峒"合称，特指峒的属性是蛮夷之所；因为其"专事妖怪"，所以被蔑称为"禽兽"，恐怕是俚僚祀奉类似巫术的鬼神，被儒家正统认为是淫祀而加以排斥；宋代朱辅在《溪蛮丛笑》一书中描述西南地区仡佬村落称："巢穴虽峙崄，中极宽广。且以一处言之，仡佬有鸟落平（坪），言鸟飞不能尽也。周数十里皆腴田。凡平地曰平坦"。④ 这是典型的"山洞"特征，将其称为"巢穴"，显然是一种蔑称，体现了大汉族主义的民族观。可见，"山洞"不仅仅是一种居住地址，也不仅仅是一个聚落名称，还是一种对居住在该地区族群的一种蔑称。

总之，不同生态环境中形成了不同的经济文化类型，在不同的经济文化类型中活动的族群，其文化特征必定不尽相同。不同文化特征的族群在接触过程中，形成了"异己"的观念，关于对"异己"的认识反过来也影响了族群之间的关系。

## 二、"夷夏之辨"视野下华南地区的非汉族群格局

古代华夏族关于南方族群的概念随着历史的发展而变迁。按照古代中国华夏族群观念，"中国"与"四夷"（东夷、西戎、南蛮、北狄）为"五方之民"，南方地区族群一般泛称为蛮。秦汉时期或更早，也将该地区族群泛称为越。明代学者章潢在《图书编》中写道：

> 秦并百郡，岭南有三郡。桂林，今广西地；南海，今广东地；象

① ［清］陈汝咸修，林登虎纂：《漳浦县志》，卷三《风土志上》，据清康熙三十九年（1700年）修，民国十七年（1928年）翻印本影印，中国地方志集成，福建府县志专辑31，上海：上海书店出版社，2000年，第31页。

② ［北魏］郦道元著；谭属春，陈爱平点校：《水经注》卷三十七，《沅水》，长沙：岳麓书社，1995年，第544页。

③ ［宋］周去非：《岭外代答》，卷三《外国下·五民》，扬州：广陵书社，2003年，第117页。

④ ［宋］朱辅：《溪蛮丛笑》，《生界》，清文渊阁四库全书影印，史部352地理类，第594册，上海：上海古籍出版社，1987年，第49页。

> 郡，今安南地也。夫自秦汉以来，所以为中国害者，北曰匈奴，南曰越。然匈奴之势与南越不同，西北之国皆居中国边塞之外，有所限制，则彼不得越其界而入我内地也，惟越之地，在古种类实多，故有百越之名，曰南越，曰瓯越，曰闽越，曰东越，曰于越。其地非一处，其人非一种。①

北方民族泛称为胡（匈奴在古代归为“胡”），南方民族泛称为越，是秦汉以来的一种民族思想观。汉《古诗十九首》有“胡马依北风，越鸟巢南枝”② 的记载，反映的正是当时的族群观念。以上材料也说明，即使是越族内部，因为种类繁多，称呼亦各异。隋唐以后，南方族群虽泛称为南蛮，但称呼仍然差别很大，如《隋书》说：“南蛮杂类，与华人错居，曰蜑，曰獽，曰俚，曰獠，曰㐌，俱无君长，随山峒而居，古先所谓百越是也。”③

唐代以后，在论述华南等地的非汉民族时，常将“深山的族群”和“水上的族群”并称，形成了一个表述的传统。如唐代刘禹锡称“闽有负海之饶，其民悍而俗鬼，居洞砦、家桴筏者，与华言不通。”④“居洞砦”指溪洞蛮夷，“家桴筏”则为水上蜑民。唐代的韩愈也将这些居民合称为“林蛮峒蜑”⑤；顾况《酬漳州张九使君》则写道：“薜鹿莫徭洞，网鱼卢亭洲。”“莫徭”根据刘禹锡记载，他们是一类“火种开山脊”⑥ 的畲田民族；卢亭则是水上居民⑦，“洞”（广义的山洞，即山中聚落）和“洲”（水边冲积地带）又分别代表两种族群所生活的地区。

这种表述影响后世对福建地区非汉民族的理解，如明初漳州府通判王祎在漳

---

① ［明］章潢：《图书编》，卷三十四《百粤总论》，上海：上海古籍出版社，1992 年，第 698-699 页。

② 杨效知：《古诗十九首鉴赏》，《行行重行行》，兰州：兰州大学出版社，1992 年，第 83 页。

③ ［唐］魏征：《隋书》，卷 82《南蛮》，北京：中华书局，1982 年。

④ ［唐］刘禹锡：《刘宾客文集》，卷三《唐故福建等州都团练观察处置使福州刺史兼御史中丞赠左散骑常侍薛公神道碑》，文渊阁四库全书本。

⑤ ［唐］韩愈著，钱仲联，马茂元校点：《清河郡公房公墓碣铭》，载《韩愈全集》，上海：上海古籍出版社，1997 年，第 266 页。

⑥ 刘禹锡《莫猺蛮子诗》：“莫徭自生长，名字无符籍……星居占泉眼，火种开山春。”刘禹锡《莫猺蛮子诗》录在南宋刘克庄《后村先生大全集》中。［宋］刘克庄：《后村先生大全集》，卷一百七十三《诗话前集》，四部丛刊初编 216 集部。

⑦ 唐代刘恂《岭表录异》卷中则载：“卢亭者，卢循昔据广州，既败，余党奔如海岛，野居，唯食蠔蛎，叠壳为墙壁。”宋代《太平寰宇记》卷 102，泉州风俗：“泉郎，即州之夷户，亦曰游艇子，即卢循之余。晋末，卢循寇暴，为刘裕所灭，遗种逃叛，散居山海，至今种类尚繁。”参见［唐］刘恂：《岭表录异》，扬州：广陵书社，2003 年，第 27 页；［宋］乐史撰，王文楚等点校：《太平寰宇记》卷 102，北京：中华书局，2007 年，第 2030 页。

州时写下《清漳十咏》，其中一篇为："近岁兵戎后，民风亦稍衰，番船收港少，畲酒入城迟。绿暗桄榔树，青悬橄榄枝，熏风荔子熟，旧数老杨妃。"①

作者为达到诗文的对仗工整，以"番船"对"畲酒"；但也说明了作者对漳州的族群印象中，在海为"番"，在山为"畲"的族群观念。再如清乾隆《龙溪县志》记载本地非汉居民：

> 南北之溪有水居之民焉，终岁舟，俗呼之曰泊水；穷山之内有蓝雷之族焉，不知其所始。姓蓝雷无土著，随山迁徙而种谷，三年土瘠则弃去，去则种竹偿之。无征税，无服役，以故俗呼之曰客，两家自为婚娶，朔望衣冠揖然，不读书，语言不通，不与世往来。②

"蓝雷之族"与"泊水"应该就是后世所谓的畲与疍。到了民国时期，畲、疍仍是作为有异于当地居民的族群被记录，如民国《建德县志》称："建德风俗之淳夙称于古，普通士夫之外别有渔户及畲客二种。其俗与地著（土著）稍异，县人均外视之。"③ 近代学者傅衣凌先生在《福建畲姓考》中写道："在福建特殊部族中，畲与蜒实推巨擘，此两族其先盖同出于越。后乃辗转流布于今之闽浙赣三省边区，并深入于粤东，以其有居山、居水之异，爰分为二，实则一也。惟山居之民，在宋之前，多称为越、南蛮、峒蛮或洞僚，宋元之际，'畲'名始渐通行。"④以上说明，各个时期的文献记载者注意到华南地区"山居"和"水居"非汉族群格局的存在。

关于南方非汉族群称呼变化不定，清人吴震方在《岭南杂记》中有深刻的理解，他写道：

> 獠即蛮之种，出自梁益之间，其在岭南，则隋唐时为患，然是时不言有猺，宋以后又不言獠，意其类合分无定，故随代异名。明通志凡山寇皆谓之獠，盖山寇亡命乌合，未必种传，无从究考。⑤

吴震方敏锐地观察到，每个朝代的非汉族群称呼不尽相同，其根本原因是"其类合分无定，故随代异名"，这种"合分无定"一方面由于族群融合导致族群实体发生变化；另一方面则与华夏族对非汉族群认知情况有关。正如郭志超先

① ［清］吴宜燮修，黄惠，李畴纂：《龙溪县志》，卷二十二《艺文》，乾隆二十七年（1762 年）修，第 310 页。

② 同①，第 101 页。

③ 王韧：《建德县志》，卷三《风俗志》，民国八年（1919 年）刊本。

④ 傅衣凌：《福建畲姓考》，载《傅衣凌治史五十年文编》，厦门：厦门大学出版社，1989 年，第 170 页。

⑤ ［清］吴震方：《岭南杂记》，丛书集成初编，上海：上海商务印书馆，1936 年（复印本），第 28 页。

生所论：“中央王朝和中原人对周边少数民族的认识是随着王朝的开疆拓土和人口向周边的迁徙而增多的。大抵说来，以中原为中心，这种认识的半径的延长与时间成正比。并且，这种认识与半径长度成反比，对于越远之地的风物、族群，认识越模糊。”① 另外，吴震方还指出，明代汉人将“山寇”都称之为“獠”，作者认为山寇并不一定都是“獠”的“种传”，无法考究这些乌合之众的具体族属。可见，吴氏的论述符合族群发展的客观实际，其论述给我们的启示是：在分辨族群时，不能单方面地强调该族群的血统因素，还应该分析其文化特征或社会身份，尤其要重视华夏族的族群对“异族”的认识观念。

## 第三节　畲族先民的族群来源与华夏族“异族”概念的漂移

畲族的源流一直是畲族研究的重点，关于畲族的来源，各家众说纷纭，观点不一。② 众多的观点中，又可以概括分为“土著说”“外来说”以及“多元说”三种。畲族的形成与发展应该是多源的，因为除了“多元说”外，“土著说”和“外来说”，都没有完全否认畲族来源的多源性③，只不过这些学说探讨多是“关于畲族的主源问题”，正如郭志超先生所说：“无论是溯源于五陵蛮，乃至东夷，还是溯源于越人，这些探讨多是关于畲族的主源问题，一般并不否认畲族的形成和发展是多源的。”④ 按照“多元说”观点，不论是外来的“盘瓠蛮”族群，还是闽粤土著，它们都只是形成畲族先民的一部分，这些族群与南迁汉人发生了较多的接触，互相融合后，最后在闽粤赣地区形成一个“具有稳定经济、文化特征

① 郭志超：《闽台民族史辨》，合肥：黄山书社，2006 年，第 106 页。

② 根据郭志超先生概括，目前关于畲族的来源学说大概可以分为六种：（1）畲族源于武陵蛮；（2）畲为越人后裔；（3）畲源于“南蛮”一支；（4）畲源于河南夷；（5）畲族源于武陵蛮与闽粤赣越人后裔以及客家及其先民的融合；（6）畲族中不同群体的不同来源。参见郭志超：《闽台民族史辨》，合肥：黄山书社，2006 年，第 482-491 页。

③ 如主张武陵蛮说的施联朱认为决不能因为畲族中可能多少包含有越人的成分或风俗习惯而得出畲族来源于山越的结论；而主张越族说的蒋炳钊认为畲族是闽粤赣三省交界地区古越族的后裔，并不排斥在以后历史发展过程中包括迁人这一地区的其他民族。他认为民族间相互同化的现象在历史上是经常存在的，但这部分不是主要的。参见施联朱：《关于畲族来源与迁徙》，《中央民族学院学报》，1983 年第 2 期；蒋炳钊：《关于畲族来源问题》，《中央民族学院学报》，1984 年第 3 期；郭志超：《闽台民族史辨》，合肥：黄山书社，2006 年，第 490 页。

④ 郭志超：《闽台民族史辨》，合肥：黄山书社，2006 年，第 489 页。

和自我认同的新民族"，这个新民族就是畲族。[①]

畲族先民的族群成分具有多源性，历史上在华南地区生活着的众多非汉族群，诸如闽、越、莫徭、盘瓠（子孙）、山都木客、僚（獠）、疍（蜑）、畲（輋）、瑶（猺）[②] 等，均是畲族先民的可能来源。这些族群在历史上因各种原因发生了变迁，一些学者通常以民族迁徙来解释这些非汉族群在某地存在或消亡的原因。[③] 实际上，历史上一些族群的兴衰，不仅仅是族群实体人口迁移的结果，还可能是族群文化认同转变的结果。比如，一些原本文化特征存在较大差异的族群在交往过程中产生了民族融合，互相吸收各自文化，文化特征差异逐渐消失，文化认同也逐渐趋同，如历史上的许多少数民族汉化即是此例。另外，也存在一种可能：原本具有相同文化、文化认同差别不大的族群，由于坚持了不同的文化认同，从而形成两个截然不同的族群，历史上客家与畲族的分离即是此例，关于此，笔者在后文中将再作论述。

随着王朝势力进入边陲地区，唐宋以后的华南地区在族群格局和社会结构均发生了变化，占有政治文化优势的汉人逐渐扩大自己的族群势力范围，非汉人群的族群边界呈退缩状态，这种边界范围的变化不仅仅与非汉族群本身的兴衰有关，还与华夏人群心目中的异族概念向外漂移有关。王明珂通过研究发现，随着华夏的扩张，华夏边缘向外逐渐漂移，这种变迁过程借由两种手段：或者是华夏人群心目中的异族概念向外漂移，或者是非华夏人群假借华夏祖源记忆而成为华夏。[④] 笔者以山都木客、蜑、盘瓠等族群为例，借以论证王氏之说。

## 一、族群格局虚幻与真实：以华安仙字潭研究为中心

1935 年岭南大学黄仲琴教授发表了《汰溪古文》，开启了仙字潭石刻研究的学术领域。后世许多学者纷纷投入仙字潭石刻研究，并取得了丰硕的研究成果，成为福建古代民族考古的重要内容。就目前的研究来看，学者提出了仙字潭族属

① 谢重光：《客家文化述论》，北京：中国社会科学出版社，2008 年，第 84 页。

② 文献记载中，对非汉族群名称多有歧视意义，常加上"犬""虫"偏旁，笔者按原文引用。

③ 如郭志超先生认为畲族在华南地区的出现，是迁徙造成的，他指出："关于非南岛语族的苗瑶语族群，在中国东南百越地区，亦即原南岛语族地区的出现，是迁徙的结果。"参见郭志超：《畲族文化述论》，北京：中国社会科学出版社，2009 年，第 41-42 页。

④ 王明珂：《华夏边缘——历史记忆与族群认同》，北京：社会科学出版社，2006 年，第 164 页。

为七闽[①]、吴[②]、越[③]、番[④]、畲[⑤]、三苗支族后裔[⑥]等见解，与石刻主人发生族群关系的还有“古傣人”、夷等。由于仙字潭石刻本身对于研究华南地区族群的来源、迁徙及其文化、生活状况都具有很高的学术价值；加之梳理学术上与之有关的族群研究，对畲族乃至华南地区其他族群研究都有借鉴意义。因此，笔者以仙字潭石刻为研究视角，从中窥探福建乃至华南地区古代民族的若干概况。

早在1915年夏天，黄仲琴先生就乘船沿汰溪到达仙字潭实地考察，并参考大量文献后认为：“汰溪古文形有类似蝌蚪者，与近人法国牧师费亚所述苗文有相同之处，疑即古代蓝雷民族所用，为爨字，或苗文之一种。”[⑦]黄仲琴推断其为蓝雷畲民论据主要为：一是《唐书·舆地志》《漳州府志》《龙溪县志》《北溪纪胜》关于龙溪、柳营江等地理位置的记载；二是陈天定《北溪纪胜》关于“古称桃源，蓝雷所居”的记载；三是《平和县志》《罗源县志》猺民众“盘蓝雷”的记载；《漳州府志》《龙溪县志》、安溪《李氏家谱》讨平“洞蛮”“峒寇”苗、雷、蓝姓的记载；四是华安当地畲族分布：“今汰溪北之高层、新圩。南之归德彭水，山僻深处，犹有蓝雷遗种，自成村落，不与外人通婚，是其余胤。在唐尚盛，至今犹存，其势力远过汉之笮都诸夷。”[⑧]五是汰内本地乡人陈君关于古蓝雷石石蚵山洞古剑、古书传说以及汰内乡至今尚存有苗俗的巫术。黄仲琴最后推论，族群应是蓝雷族：“蓝雷钟系，或瑶、或苗，溯源不异，名称则淆，按闽南人对于蓝雷人，名之曰：‘蓝雷仔’。‘仔’者轻之之辞，盖弱小民族之称谓也。兹用其意，名本文所述之种族，曰‘蓝雷族’，以是地无盘姓也。”[⑨]由此可知，黄氏研究是根据文献、传说以及实地调查，目的就是为了追寻遥远的仙字

① 弘礼：《福建古代闽族的摩崖文字》，《文物》，1960年第6期；陈存洗：《汰溪摩崖石刻年代问题》，《福建文博》，1989年第1、2期合刊；陈龙：《华安仙字潭摩崖的考古学考察》，《福建文博》，1989年第1、2期合刊。

② 刘蕙荪：《福建华安汰溪图像文字初研》，《福建文博》，1982年第1期。

③ 石钟健：《论广西岩壁画和福建岩石刻的关系》，《学术论坛》，1978年第1期，第28-44页；林蔚文：《福建华安摩崖石刻试考》，《福建文博》，1984年第1期；林蔚文：《福建华安仙字潭摩崖石刻再探》，《美术史论》，1987年第2期；黄起云：《仙字潭摩崖石刻散考》，载福建省考古博物馆学会编：《福建华安仙字潭摩崖石刻研究》，北京：中央民族学院出版社，1990年，第120-134页。

④ 王铁藩：《台湾高山族和华安仙字潭图像文字》，《华侨日报》，1986年6月24日。

⑤ 黄仲琴：《汰溪古文》，《岭南大学学报》四卷二期，1935年；林钊，曾凡：《华安汰内仙字潭摩崖的调查》，《文物参考资料》，1958年第11期；万里云：《仙字潭摩崖石刻的族属、年代和内容》，载《福建华安仙字潭摩崖石刻研究》，第125-146页。

⑥ 曾五岳：《福建仙字潭摩崖石刻初议》，《中国文物报》，1988年8月26日。

⑦ 黄仲琴：《汰溪古文》，《岭南大学学报》四卷二期，1935年，载《福建华安仙字潭摩崖石刻研究》，第16页。

潭石刻与畲族的联系。

黄仲琴教授是仙字潭石刻研究的开创者，在20世纪70年代和80年代，仙字潭石刻研究形成热潮，华安政协文史资料委员会先后于1984年和1988年整理出版两期《仙字潭古文字探索》[①]，共收录33篇相关学术论文；1990年，福建省考古博物馆学会编成《福建华安仙字潭摩崖石刻研究》[②]，收录29篇学术论文。在以往仙字潭石刻的研究中，各家学说观点不一，分歧较大。主要争论焦点在于：一是关于仙字潭石刻是文字或是岩画；二是关于仙字潭石刻的出现年代；三是关于仙字潭石刻的观念内涵；四是关于仙字潭石刻的民族族属问题，学术界已有学者对该研究进行综述[③]，兹不赘言。

关于仙字潭的记载，最早出自唐代张读《宣室志》，宋代《太平广记》收录该书。《宣室志》的作者张读，出生于官宦世家，系《朝野佥载》作者张鷟的玄孙。本文主要写唐代泉州一山边潭中有"蛟螭"，元和年间雷震山崩，石壁现字，有人请韩愈辨识的事。[④] 之所以将韩愈与"蛟螭"联系在一起，是因为韩愈曾贬官于潮州，关心百姓疾苦，亲自撰写《祭鳄文》[⑤] 后，"祝之夕，暴风震电起溪中，数日水尽涸，西徙六十里，自是潮无鳄鱼患。"[⑥] 因此，最后这些"泉人无有识"的蝌蚪篆书，在韩愈的解读下，成为"上帝责蛟螭"的内容。正如前文所分析，唐代以前，华南地区在自然生态上仍处于较原始状态，在开发自然过程中，人类在征服自然界时需克服许多困难，鳄鱼应该是其中一个例子，其他的还有大象、老虎等危险动物，或者人类将这些危险的事物投射到一些想象的事物中，如山都、木客等。到了明代，何乔远的《闽书》在记载了仙字潭所处地区"石铭里"时，引述了《宣室志》后，认为由于是"漳、泉接境，县南龙溪界域不分，古来争竞不决。"因雷雨山崩而形成几个分界的大字。[⑦]

① 华安县政协委员会文史资料委员会，福建省华安县文化馆合编：《仙字潭古文字探索（一）》（华安文史资料第六辑），1984年7月；《仙字潭古文字探索（二）》（华安文史资料第十辑），1988年6月。

② 福建省考古博物馆学会编：《福建华安仙字潭摩崖石刻研究》，北京：中央民族学院出版社，1990年。

③ 关于仙字潭石刻研究综述，详见杨青林：《华安仙字潭摩崖石刻研究史考述》，北京：中央民族大学硕士学位论文，2009年，第47-50页。

④ ［唐］张读《宣室志》，载［宋］李昉等编：《太平广记》，卷三九二"韩愈"条，北京：中华书局，1961年，第3130页。

⑤ ［唐］韩愈：《祭鳄文》，《韩吕黎全集》卷三十四，北京，北京：燕山出版社，1996年，第929页。

⑥ ［宋］欧阳修，宋祁：《新唐书》，卷一百七十六《韩愈》，北京，中华书局，1975年，第5262-5263页。

⑦ ［明］何乔远：《闽书》，卷二十九《方域》，福州：福建人民出版社，1994年，第701页。

20世纪20年代，顾颉刚率先提出了“层累地造成的中国古史”[①] 的观点，对中国学界产生了深远的影响。对照《闽书》与《宣室志》关于“石铭里”的记载，我们也发现了文献的“层累性”。

其体现在：由“人—鳄”这对人与自然生态关系的矛盾演化为“漳—泉”界域纷争的区域社会关系的矛盾。按文中所称其矛盾主要源于“龙溪界域不分，古来争竞不决。”根据唐代《元和郡县图志》记载，龙溪县：“陈分晋安县置，属南安郡，后属闽州。开元二十九年（741年）割属漳州。”[②]

《元和郡县图志》又载漳州：

> 本泉州地，垂拱二年（686年）析龙溪南界置，因漳水为名。初置于漳浦县西八十里。开元四年（716年）改移就李澳川，即今漳浦县东二百步旧城是。十二年，自州管内割属福州，二十二年又改属广州，二十八年又改属福州。乾元二年（759年）缘李澳川有瘴，遂权移州于龙溪县置，即今州理是也……管县三：龙溪，漳浦，龙岩。[③]

可见，《闽书》中所称“唐开元中，漳泉二州，分疆界不均”有一定的史实基础。自然地理条件是区域边界划分的首要因素。一些河流、山川成为天然的界线，成为一些地区分界的主要依据。按仙字潭处于九龙江上游的汰溪，明代陈天定在《北溪纪胜》（上四明施郡守稿并序）中写道：

> 北溪、九龙江，实郡右臂。唐镇府以前，插柳为营，渡江以后，揭鸿置塞外，设巡逻行台，渐次开辟，内犹山深林密，萑苻时警……初，玉钤将入龙潭，以山高涧窄，兵法所谓死地，先扎营于此，取道大山之巅，以瞰汰内。今山顶石磴尤存，揭鸿寨、营头亭在焉。[④]

史称陈元光“平蛮开郡……屯兵于泉州之龙溪，阻江为界，插柳为营……阴遣人沿溪而北，就上流缓处结筏连渡”[⑤]，其势力深入到“龙潭”以后，因为“山高涧窄”，扎营设寨，“以瞰汰内”，说明汰内（汰溪）地区处于陈元光势力与其他族群势力的交界处。按上述“大山之巅”的大山指的是位于龙溪与华安交界处的揭鸿岭。《全唐诗》收有唐代慕容韦《度揭鸿岭（漳州）》一首，其文

① 顾颉刚：《古史辨》（第一册），上海：上海古籍出版社，1982年，第60页。

② ［唐］李吉甫，贺次君点校：《元和郡县图志》，卷二十九，北京：中华书局，1983年，第721页。

③ 同②。

④ ［明］陈天定：《北溪纪胜》，载［清］吴宜燮修，黄惠，李畴纂：《龙溪县志》清乾隆二十七年修，卷二十四《艺文》，第369-370页。

⑤ ［清］李维钰原本，沈定均续修，吴联熏增纂：《漳州府志》，卷四十《古迹》，据清光绪三年（1877年）芝山书院刻本影印。

曰："闽越曾为塞，将军旧置营。我歌空感慨，西北望神京。"[①] 据清代冯登府《闽中金石志》此诗出于漳州石刻，该书卷五称："（唐代无年月的碑刻）慕容韦揭鸿塞诗刻，在龙溪岭脊。"[②]《舆地纪胜》则称此诗为："唐慕容韦《葵岗岭》。"[③] 另外在龙溪县与华安间有九龙山，是一座"岭极高峻"的大山，宋代王象之《舆地纪胜》载漳州九龙山：

> 《寰宇记》云"山下有水，名九龙水"，按《郡国志》云："一名鬼侯山，北有金溪水，山中多山魈，一名羊化子"。[④]

可见龙溪与华安间山脉绵延，是地域之间的天然屏障。在仙字潭石刻中，有一处为后人（唐以后）用真书浅刻的文字，写着"营头至九龙山南安县界"十个汉字。可见，营头到九龙山的自然地理条件成为为漳、泉分界的重要因素。

造成"分疆界不均"，可能主要有政治区划与人文两方面的原因：一是仙字潭所在地区处于州（县）交界处；二是该地区可能存在数量不少的非汉人群。即唐代以前泉漳"界域不分"是因为在龙溪地区，漳、泉政府控制能力有限，使得漳、泉政区边界飘忽不定。

一般来讲，历史上在各政区交界地区，地方政府的管控力度较弱。根据唐代江南东道地理区划（见图 2-1），九龙江上游的汰溪（今华安），处于泉、漳、汀三个州的交界处的附近。

明代陈天定的《北溪纪胜》（上四明施郡守稿并序）进一步说明了该区域的地理位置情况，其文写道：

> 梁天监间，有九龙群戏于此，故邑号龙溪，里名九龙，概称北溪。为游仙乡，宋末车驾南幸，乃改潭内为二十五都，潭外为二十三四都。大抵龙潭地处十字之中，直者为江，驾舟北入，可上宁洋；放棹南下，可抵海澄。横者为陆，循西列嶂通于南靖；徂东平畴，便驰长泰。此潭以外之胜概也……地属溪之二十五都，上由永安北趋浦城出仙霞，西赴邵汀出光泽，南走天兴，每军兴多由龙潭掠舟以发。然大中小滩三十六，水石高下，不时险巇。初入小滩为马歧，唐将军牧马故处也。稍上

① ［唐］慕容韦：《度揭鸿岭（漳州）》，载［清］彭定求等编：《全唐诗》，卷七七二，郑州：中州古籍出版社，2008 年，第 3926 页。

② ［清］冯登府编：《闽中金石志》（第 3 册），卷五"慕容韦揭鸿塞诗刻"条，嘉业堂金石丛书，北京：文物出版社，1982 年，第 4a 页。

③ ［宋］王象之：《舆地纪胜》卷 130，福建路《漳州诗》，北京：中华书局，2003 年，第 3777 页。

④ ［宋］王象之：《舆地纪胜》卷 130，福建路《漳州景物下》，第 3770 页。

图 2-1　唐代江南东道（福建部分）地图

（图片来源谭其骧：《中国历史地图集》第五册，《隋、唐、五代十国时期》“江南东道”，北京：中国地图出版社，1996 年，第 55-56 页。）

为汰口滩，汰水西汇大江，以小舟入，古称桃源洞，蓝雷所居，今号汰内。计入口十余里有平畴广原处，天宝之背，逾郡龙过脉，有间道，可通永丰司……石铭里在其东，属泰治。前行数里，居溪之西者为下樟，居溪之东者为热水地，出温泉……由此入，可缘石铭里，通泉之安溪治。①

从上可以看出，龙溪上通宁洋（漳平），下抵海澄，西列嶂通于南靖；东平畴驰长泰；再往北可通汀州、邵等地。而仙字潭所在之地“石铭里”处于漳州

① ［明］陈天定：《北溪纪胜》，载［清］吴宜燮修，黄惠，李畴纂：《龙溪县志》清乾隆二十七年修，卷二十四《艺文》，第 369-371 页。

长泰，与泉州安溪交界，仙字潭所处的汰内盆地，三面环山，一面临江，扼安溪、龙岩交通之枢纽，有秦汉古道贯穿盆地南北，经过揭鸿岭、营头亭通往漳州（图 2-2）。

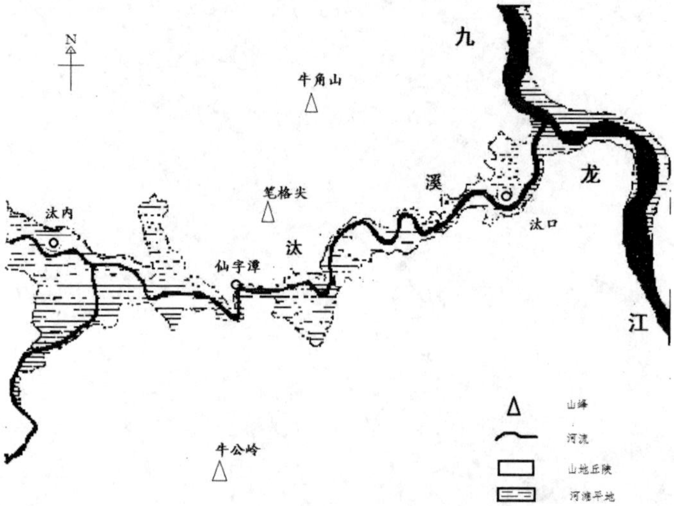


图 2-2　仙字潭石刻地理位置示意图[1]

黄仲琴在《汰溪古文》中以推测汰溪流域附近古代可能有族群在这里居住，该文称："汰溪之上为石蚵山。《龙溪县志》卷二云：'石蚵山在城北四十里，高入云表，顶有粘蚵石，相传昔时海水所浸。'《志》说可证《山海经·海内南经》'闽在海中'之语。闻之登其巅者，至今尚蚵壳弥望，既有贝类，可供食品，古代民族聚居其旁，亦理所固有也。"[2]

自 20 世纪五六十年代以来，考古工作者先后在粤东闽南地区发现了商周时期的印纹陶文化遗存，其中以 1974 年在广东饶平浮滨、联饶发掘一些特征鲜明陶器和石器为最典型，[3] 此后，地方考古工作者将此时期的闽南、粤东区域划为浮滨型文化时期[4]，该时期被学者认为是青铜器时代闽南地方文化最繁荣的阶

① 根据樊万春：《仙字潭与仙人峰岩刻新探》制作，载《福建华安仙字潭摩崖石刻研究》，第 248 页。

② 黄仲琴：《汰溪古文》，载《福建华安仙字潭摩崖石刻研究》，第 11-12 页。

③ 1974 年，广东饶平浮滨、联饶发掘了 21 座古墓，出土了包括竖条纹釉陶大口尊、圜凹底罐、深折腹豆等在内的一套特征鲜明的陶器组合，伴出凹刃锛、无阑戈等石器。参见于小莉：《九龙江流域商周时期古文化分期初探——兼谈浮滨类型的年代》，《考古学报》，2010 年第 1 期，第 21 页。

④ 徐恒彬：《广东青铜器时代概论》，《广东出土先秦文物》，香港中文大学文物馆，1984 年；朱非素：《粤闽地区浮滨类型文化遗存的发现和探索》，《人类学论文选集》，广州：中山大学出版社，1986 年。

段。[①] 考古学同时还证明了九龙江流域的漳州地区，包括今天的龙溪、云霄、漳浦、南靖，平和、长泰、华安等地在商周时期有人类聚落的遗迹。[②] 1986年，王振镛等人在华安汰内一带进行考古调查，并发现了数处青铜器时代文化遗存，在仙字潭南岸的小山丘上也采集到印纹硬陶片。[③] 可见，在春秋以前，仙字潭地区生活着一定数量的古代族群。

唐垂拱二年（686年），朝廷在泉、潮二州之间设置漳州，这是汉人势力进入并控制漳州中心区域的一个表现。而在漳州周边一些偏远山区，仍生活着大量的非汉族群，这种现象直到南宋刘克庄时代还继续存在。一般来讲，在古代中国社会，政府通过控制区域内的人口，如将人口编入版籍，并对编户齐民征收赋税，从而实现地区的管理。而所谓的“失控”地区，常常是政府管理不到的偏远地区，这些地区或者是非汉族群，或者是“逋逃”的百姓。在唐代以前的龙溪，这里可能生活着一定数量的且政府管理不到位的非汉族群或“逋逃”百姓。随着漳州的设置以及龙溪县割属漳州，中央政府的权力由泉州至漳州，从北向南地渗透，并以漳州为据点加大周边（包括龙溪县）的控制，从而达到华夏化的过程。

通过以上分析，从“人鳄之争”到“界域纷争”实际上反映了不同时候文献关注点不同。其中也反映了在唐代以后，随着中央政府加强对南方地区的开发，原先矛盾焦点逐渐由生态矛盾转化为社会矛盾，这种矛盾是伴随着华夏化过程发生的，是华南地区族群开始整合的表现。

在清代道光年间，学者蔡永蒹[④]在《西山杂记·仙字潭》一文中，引用了大量的文献材料，并根据自身考察见闻，对仙字潭进行详细的介绍。《西山杂记·仙字潭》一文分成三段，其文曰：

> 《闽中记》述：“南安郡西南有汰溪，古畲邦之域也。溪之上有摩崖镌蝌蚪之虫痕鸟迹，象形古篆文，自晋唐以来咸不之识焉。晋邑欧阳

① 王振镛：《略论华安仙字潭岩刻研究》，载《福建华安仙字潭摩崖石刻研究》，第232页。

② 如考古调查发现，华安等地曾出土一批通体磨光、制作精细的仿铜石器，如圭形石戈和大型扁平石斧以及釉陶和几何印纹陶器。参见林钊：《福建新石器时代和青铜文化时期的考古概况》，《先秦史研究动态》，1986年3期。

③ 王振镛：《略论华安仙字潭岩刻研究》，载《福建华安仙字潭摩崖石刻研究》，第231页。

④ 蔡永蒹，福建晋江县东石人，他根据文献材料及自身见闻，在清嘉庆十八年（1813年）写成《西山杂记》，全书凡12卷，系抄本，从未付梓。关于书名及内容，蔡永蒹称：“盖缘吾乡起有林西山先生，垂至宋淳熙有蔡元定亦曰西山先生，因之以为归结精华，曰《西山杂志》，文章之依据为上述诸古籍以及所辑录之诸碑及志书。”参见刘浩然：《蔡永蒹〈西山杂记〉》，载陈建才：《八闽掌故大全·艺文篇》，福州：福建教育出版社，1994年，第135-136页。

詹，许谡、陈蟜、王玖、藩存实、杨在虎、谢谌、曾严、罗山甫莫能知晓焉，王翊为京兆令将拓本访之韩愈，都不之知也。武陵太守吴公瑾访之道士蔡明濬，云《古丹篆释义》：'皇使盘瓠掌闽为七族：泉郡之畲家，三山之蜑户，剑川之高山，邵武之武夷，漳岩之龙门潭，漳郡之蓝太武，汀赣之客家，此即七闽也。七闽各有各之文字也。仙字潭摩崖之石刻古文，是畲家、龙门、蓝太武三种古文，称之楔字，乃如飞云浮云焉，成舞女盘旋，武士挥刀，羽毛怪状矣。'"

《九鼎铭汉隶篆释义》云："汰溪即古傣人之古乡，畲人有吴昱为君因争甲指之山，炎帝之世也，畲傣战争焉，傣君日超越被斩也，部众俘为馘矣，余走之滇粤。畲吴昱之世，正当炎帝之世也，洪崖先生亦此时人焉。"摩崖石刻乃商周之时畲人留伯所镌，其次露有汉文，乃汉明帝时楚王大夫少世坚摹古畲字篆刻，经畲吴昱战太君越庆功时，太母夫人称贺，太母者太姥也，摩石刻古文如舞女即蓝太武族翩翩起舞祝贺也，兽形古文龙门人之文也，余咸畲文耳。"

余慕之往阅焉，此地原属南安，唐贞元时割界于武荣州漳也，后隶于华封。汰溪清碧，湾流潺潺，松青竹翠，面幽静也。古文不剥落，见者疑之矣，然则《闽中记》迄今亦千年矣，未可为不信也。据《古丹篆释义》云："炎帝之世，傣君超越无道，畲吴昱战越，斩越首，俘越属，傣余越走滇。龙门、蓝太姥朝贺，洪崖刻石以纪事焉，盖迄于今五千载矣，古文若九鼎铭也，世之名家难识之矣。"宋《桑莲诗集》有汰溪诗，曰："汰溪上古在南方，仙字奇书千古昂；韩愈难明斯怪字，书风书穗不成行。"《紫云诗集》："仙字风云变化文，畲君伐越竟超群；傣溪陈迹万年事，摩石刻崖宝不乡。"《安仁诗抄》云："傣人古国汰溪滨，吴越春秋炎帝人；镌石古文东汉刻，千年万载记荆榛。"《仁和诗集》云："傣越畲吴史不存，惟看石刻古文言；当年争国斯溪地，纪事闽中有七番。"《青阳诗集》云："畲王吴昱傣王番，太姥龙门蜑户藩；武□□□□□客，汰溪其地古闽蜿。"①

作者前两段主要引述《闽中记》《古丹篆释义》《九鼎铭汉隶篆释义》，后一段说明亲临现场查看，并引用《古丹篆释义》《桑莲诗集》《紫云诗集》《安仁诗

① 转引自陈国强：《西山杂记记汰溪摩崖石刻的几个问题》，载《福建华安仙字潭摩崖石刻研究》，第92-97页。

抄》《仁和诗集》《青阳诗集》等文献，目的在于说明以下内容：其一，汰溪的古篆文内容晋唐时人都不识得，有个到京兆当长官的将拓本送到韩愈处，韩愈也不认识，这与张读《宣室志》所载内容有冲突；其二，有道士蔡明濬根据文献解读，认为仙字潭摩崖石刻是畲家、龙门、蓝太武三种古文，又称楔字；其三，汰溪原来是“古傣人”居住的地方，后来在商周之时发生畲傣战争，傣人败逃滇粤。当时有蓝太武、龙门等部族前来祝贺，洪崖、畲人留伯刻石庆功，于是石刻上留下的是畲家、蓝太武、龙门三种古文；其四，当时福建有“七闽”，分别为：泉州的“畲家”，三山（福州）的“蜑户”，剑川（南平）的“高山”，邵武的“武夷”，漳岩（漳平龙岩一带）的“龙门潭”，漳郡（漳州）的“蓝太武”，汀赣（汀州、赣州一带）的“客家”，这七个族群（七闽）都为盘瓠所管辖。

《西山杂记·仙字潭》对古代福建的族群格局做了介绍，但是，其中有许多与史实存在不相符的情况，笔者拟对该文所反映的一些材料和观点进行辨析。

### （一）蔡文所引的《闽中记》并非都出自于《闽中记》

蔡文称：“《闽中记》述‘南安郡西南有汰溪，古畲邦之域也’。”其并未指出《闽中记》何人所作。实际上，在唐代以前，福建先后出现关于两部名为《闽中记》的方志，宋代梁克家的《淳熙三山志》序中记载：

> 予领郡暇日，访无诸以来遗迹故俗。闻晋太康既置郡之一百一十三年，太守陶夔始有撰记，又四百五十六年至唐，郡人林谞复增为之，皆散佚无存者；独最后一百九十二年，本朝庆历三年，郡人林世程所作传于世，自言视前志颇究悉。①

东晋太元十九年（394 年），陶夔担任晋安郡守②，随后撰成的福建首部方志《闽中记》。唐大中年间（847—860 年），林谞修撰了另外一部《闽中记》，《八闽通志》载其事：“林谞，闽县人。博学，善讲贯，属文尤美。初尝俯从乡举，竟养高不仕，搜寻异闻，作《闽中记》十卷。”③ 以上两部《闽中记》均已散佚，后世仅存的佚文，散见于《太平寰宇记》和《三山志》等文献中。

蔡文所指的《闽中记》应为唐代林谞作《闽中记》。从南安郡设置时间年代看，可以排除东晋陶夔《闽中记》的可能性，该书比南安郡设置时间早了 170 余

---

① ［宋］梁克家修纂：《淳熙三山志》，福州市地方志编纂委员会整理，福州：海风出版社，2000 年，序第 1 页。

② 同①，卷之二十《秩官类一》，第 226 页。

③ ［明］黄仲昭：弘治《八闽通志》卷六二，《人物·文苑》，福州：福建人民出版社，1990 年。

年。历史上有数个地名称为南安郡，按以上所称《闽中记》述南安郡之事，应该指的是福建境内的南安郡。宋代《舆地纪胜》记载："南安郡，陈属闽州，在永定元年。后属丰州。光大元年（567年），陈文置南安郡……隋文平陈郡废属泉州。"① 可见南安郡为南朝陈光大元年（567年）设置。其辖境相当于今晋江、九龙江、木兰溪三流域及同安等地，后于隋开皇九年（589年）废。其次，从文中记载的内容看，其提及的欧阳詹、韩愈等均属于唐代之人，因此，只能是唐代以后的文献记载唐代之事。然而，蔡永蒹文中所引内容有些却非《闽中记》所载。首先，蔡文称："《闽中记》述：南安郡西南有汰溪，古畲邦之域也。"如果按照文献以今溯古的表述方式，其潜台词似乎可以理解为："《闽中记》述：（今）南安郡西南有汰溪，古畲邦之域也。"按此理解的话，《闽中记》或许在记载撰写时所发生的事。唐林谞作《闽中记》时，南安郡名已废止近300年。按"汰溪"位于九龙江上游，其时属龙溪县。唐代《元和郡县图志》载龙溪县隶属州郡变化为："陈分晋安县置，属南安郡，后属闽州。开元二十九年（741年）割属漳州。"② 如果是林谞《闽中记》记载"汰溪"，合理的表述方式是："漳州西北有汰溪"，而非"南安郡西南有汰溪"。

文中称汰溪是"古畲邦之域也"，这与史实不符。一般来讲，"畲"作为族群称谓，直到南宋后期的文献才有记载。因此，不论是东晋陶夔的《闽中记》，还是唐代林谞的《闽中记》，都不可能有此判断。

文中称"汀赣之客家"为"七闽"其中的一族，这也与史实不符。"客家"作为族群称谓不可能出现在唐代，谢重光先生认为，"客家"族群在移民过程中，由于族群间互相隔膜和互相歧视，产生了"客家"或"客民""客仔"的称谓，这种称谓与"畲客""山客"有渊源关系，其最早出现的时间大约明中叶嘉靖年间。③ 其他学者如曾祥委④、刘镇发⑤、刘丽川⑥也对"客家"称谓出现的时间进行讨论，其观点不一，但均认为"客家"出现于明清以后。⑦ 另外，客家在

---

① ［宋］王象之：《舆地纪胜》卷一三二，《福建路》，北京：中华书局，2003年，第3787-3788页。

② ［唐］李吉甫，贺次君点校：《元和郡县图志》卷二十九，北京：中华书局，1983年版，第721页。

③ 谢重光：《客家文化述论》，北京：中国社会科学出版社，2008年，第252页。

④ 曾祥委：《试论"客家"》，载黄钰钊主编：《客从何来》，广州：广东经济出版社，1998年，第7页。

⑤ 刘镇发：《"客家"：从他称到自称》，载黄钰钊主编：《客从何来》，广州：广东经济出版社，1998年，第77-79页。

⑥ 刘丽川：《深圳客家研究》，海口：南方出版社，2002年，第15-16页。

⑦ 学术界出版南京师范大学本关于"客家"称谓正式出现的背景、时间、地域等问题的讨论，详见谢重光：《客家文化述论》，北京：中国社会科学出版社，2008年，第240-252页。

汀赣地区形成不可能早于唐代。

综上几点，可见蔡永蒹所引的《闽中记》与事实出入较大，究其原因，第一是历史上的两部《闽中记》均已散佚，蔡永蒹所引的《闽中记》可能非原著内容；蔡永蒹在《西山杂记》写作过程中，除了引用古籍文献，还加入个人的想法，所谓的畲家、客家均有可能是作者根据传闻记载，当作《闽中记》内容。

（二）蔡文所称福建族群格局和族群关系与史实有误

首先，历史上的“七闽”并非蔡文所称的“七闽”。七闽，最早出现于《周礼·夏官·职方氏》，其文称：“辨其邦国、都、鄙、四夷、八蛮、七闽、九貉、五戎、六狄之人民。”贾公彦疏：“叔熊居濮如蛮，后子从分为七种，故谓之七闽。”一般认为，福建在春秋之时是七闽所居住的地方，宋欧阳忞《舆地广记》卷三十四在论述福建路各州历代地理沿革均表述为“春秋时为七闽地”。[①] 宋祝穆《方舆胜览》引《职方氏》注“七闽”云：“闽子孙分为七种，故曰七闽”。[②] 朱维干认为：“七闽”指的是闽越之前的今福建和粤东潮州、梅州地区（可能还包括浙南的瓯江流域）的七大土著部落。[③] 所以，在春秋战国时期，早已存在“七闽”的称谓，一般认为是生活在闽浙的数个部族。

其次，蔡文中所称的“皇使盘瓠掌闽为七族”中除了畲家、客家、蜑户在唐代以后有其民族实体，其他均为传说或传闻的部族。正如前文所论，畲家、客家不可能出现在唐代文献中。而实际上，“蜑”在魏晋南北朝时主要指西南非汉人群，直到隋唐以后才慢慢指南方非汉族群。“蜑户”作为族群称谓，直到宋代才出现，关于“蜑”的考证下节进一步论述。

再次，“武夷”“蓝太武”等古代部族是蔡永蒹根据文献材料进行整合，填充进“七闽”的概念中。“武夷”“蓝太武”都是传说中的部族。关于武夷的来源，有几种说法：一种“夷落”说，即闽地部族，宋代朱熹在《武夷图序》考证武夷君来源时说：“武夷君之名，著自汉世，祀以乾鱼，不知其何神也……颇疑前世，道阻未通、川壅未决时，夷落所居，而汉祀者即其君长。盖亦避世之士，为众所臣服，没而传以为仙也。”[④] 朱熹怀疑，古时“道阻未通、川壅未决”

① ［宋］欧阳忞撰，李勇先，王小红校注：《舆地广记》（宋元地理志丛刊），卷三十四《福建路》，成都：四川大学出版社，2003 年，第 1054-1070 页。

② ［宋］祝穆撰，施和金校：《方舆胜览》，卷十《福建路》，北京：中华书局，2003 年，第 163 页。

③ 朱维干：《福建史稿》，福州：福建人民出版社，1984 年，第 16 页。

④ ［宋］朱熹撰：《武夷图序》，载《晦庵先生朱文公文集》卷七十六，中华再造善本，北京：北京图书馆出版社，2006 年。

时，武夷山地区为"夷落所居"，其君长就叫武夷君，武夷君可能是闽地氏族首领，死后被奉为仙；另外一种传说是彭祖居武夷山，生二子，长子名武，次子名夷，当地后裔就是武夷。

蓝太武也是传说中的部族。宋代王象之《舆地纪胜》卷一二八载："太姥山三十六峰，在长溪县。王烈《蟠桃记》：'尧时有老母，以蓝染为业，后得九转丹砂法，乘九色龙而仙。汉武时，名曰太姥山，凡有三十六奇。'"①

太姥山旧属长溪县，后属于福鼎县，乾隆《福宁府志》记载福鼎山川时称："太姥山，在八都，旧名才山，相传尧时太姥业蓝处。"并注释曰："汉武帝命东方朔授天下名山文，改母为姥。"② 按古代太和大相通，"姥"与武、母同音，所以太姥，也称太武、大武、大母等。《舆地纪胜》又载："大武山，蔡如松《十辨》云：'去漳州二百八十里，东临大海，有大武山……大武夫人坛，古《图经》云：'大武夫人者，闽中未有生人时，其神始开创土宇以居人也。'又名太武山。"③

《八闽通志》有相同记载，并称："旧亦名大母山。"④ 传说中闽中还没有人类之时，大武夫人"拓土以居民"，类似某地的始祖。可见，蓝太武在福建许多地方都存在。卢美松先生据此认为，远古时期，闽东北存在着以太姥（母、武）为首领的母系氏族社会。太姥夫人的部族是闽族的先民，他们与后世的山越、畲族有渊源关系。⑤ 应该来讲，武夷、蓝太武是后世传说中福建古代的部族，传说的成分大于历史的真实。另外，关于"剑川之高山，漳岩之龙门潭"，其文献记载阙如。高山应该与现在所称的"高山族"没有直接关系，"高山族"的称谓是在 1945 年抗日战争胜利以后，大陆地区对台湾少数民族的称谓。1953 年由国务院正式采用并公布高山族这一名称。⑥

笔者推论蔡文中提到的高山、龙门这两个部族应该同武夷、蓝太武一样，是

① ［宋］王象之：《舆地纪胜》卷一二八，北京：中华书局，2003 年，第 3660 页。

② ［清］朱珪修，李拔纂：《福宁府志》，卷四《福鼎山川》，乾隆二十七年（1762 年）修，光绪六年重刊本，台北：成文出版社，1976 年，第 57 页。

③ ［宋］王象之：《舆地纪胜》，卷一三零《福建路·漳州古迹》，北京：中华书局，2003 年，第 3773 页。

④ ［明］黄仲昭：弘治《八闽通志》，卷八《地理·山川·漳浦县》，福州：福建人民出版社，1990 年。

⑤ 卢美松：《太姥传说与畲族渊源》，载《畲族文化研究》（上册），北京：民族出版社，2007 年，第 1-10 页。

⑥《高山族简史》编写组：《高山族简史》（中国少数民族简史丛书），福州：福建人民出版社，1982 年，第 4 页。

传说或传闻中的族群。然而，在唐代以前历代文献关于福建民族记载，基本上以“闽”“越”“蛮”等称谓，基本上是泛称，这与中原汉人对福建非汉民族的认识过程是相符合的。而蔡文中所称的“七闽”分布于福建七个州（县）中，这在古代族群认识中是不可想象的。实际上，直到民国时期，梁启超在《中国历史上民族之研究》还认为福建人不好了解，他说：“吾侪研究中华民族，最难解者无过福建人。其骨骼肤色似皆与诸夏有异，然与荆、吴、苗、蛮、氐、羌诸族亦都不类。”①

笔者认为，蔡永蒹之所以将族群地域分得这么细，最大的可能是恰好汰溪处于漳泉交界，附近刚好有三个族群：泉郡之畲家、漳岩之龙门潭、漳郡之蓝太武，于是得出畲人打败倭人，龙门、蓝太武相贺，石刻上留下的是畲家、蓝太武、龙门三种古文的结论。

陈国强先生对《西山杂记》进行解读时曾指出，尽管《西山杂志》所载之事与史实不尽相符，但是“民间口碑传说往往是真实历史的反映，可提供我们研究史实的线索。”② 王明珂也指出，一定文本的产生有其特定的社会情境和历史心然性。蔡永蒹《西山杂记》所载的族群情况，实际上，反映了明清以来知识分子对福建古代族群的认识，这种认识是基于一定历史的事实作为基础，即：历史上福建等地区存在着多种非汉族群，这些族群或许与畲族多多少少存在关系。

## 二、“山都”“木客”族群边界的移动

汉晋以来，文献记载闽粤赣地区还存在一些被称为“山都”“木客”的非汉族群。汀州等地被认为有“山都”“木客”存在，如《太平寰宇记》引《牛肃纪闻》云：“江东采访使奏于虔州南山洞中置汀州。州境五百里，山深，林木秀茂，以领长汀、黄连、杂罗三县，地多瘴疠，山都木客丛萃其中。”③

乾隆《汀州府志》论汀州地理气候时，引宋代《舆地纪胜》关于山都及其种类的描述，该文称：

① 梁启超：《中国历史上民族之研究》，《饮冰室专集》第廿四册，上海：中华书局，1936年，第16页。

② 陈国强：《〈西山杂记〉记汰溪摩崖石刻的几个问题》，载《福建华安仙字潭摩崖石刻研究》，第95页。

③ ［宋］乐史撰，王文楚等点校：《太平寰宇记》卷一百二，《江南东道十四·汀州》，北京：中华书局，2007年，第2034页。

郡距江、广，复岭重岗，旧传为山都所居（《舆地纪胜》云：造治初，砍大树千余，其树皆山都所居。有三种：下曰猪都，中曰人都，其高者为鸟都。即如人形而卑小，男、妇自为配偶。猪都皆身如猪；鸟都人首能言，闻其声不见其形；人都或时见形。当伐木时，有术者周元大，能禹步为厉术，以左合赤索围木而砍之。树仆，剖其中，三都皆不能化，执而煮之于镬内）。①

关于"山都""木客"，陈国强认为"山都""木客"既不同于越或山越，亦与畲族有别，而属于古老的南方"尼格利陀"即"小黑人"之种；② 蒋炳钊将"山都"和"木客"视为一种古老土著民族，是属于古代越族的后裔。③ 黄向春认为前人的重点考证"山都""木客"是或者不是某一"民族"或其族裔，而忽略了产生"山都""木客"的历史背景，他认为"山都""木客"是在一种特定的社会情境和话语氛围中所书写的，是人们将某种危险意识投射于某种"异类"，是想象之后的产物。④ 笔者认为，黄氏的论断颇有可取之处，这也解释了为什么"山都""木客"常常具有一些异于常人的神异特征，另外，解释了随着中原王朝对南方族群认识的深入后，"山都""木客"渐次消失。根据郭志超研究，"山都"见于方志、文集的准确记载，始于西晋，频见于唐宋，依稀见于明清。记载较多是赣南、闽西，其次是粤东。⑤ 靳阳春进一步研究，认为"山都""木客"在闽粤赣文献出现时间顺序与中原王朝疆域的开拓时间顺序相一致。⑥ 随着中央政权在闽粤赣交界地区扩展，在唐以后，闽粤赣交界处的"山都""木

① ［清］曾曰瑛等修，李绂等纂：《汀州府志》，乾隆十七年修，卷六《风俗气候（附）》，台北：成文出版社，1967年，第70-71页。

② 陈国强：《福建的古民族——"木客"试探》，《厦门大学学报》，1963年第2期。

③ 蒋炳钊：《古民族"山都木客"历史初探》，《厦门大学学报》（哲学社会科学版），1983年第3期，第87-94页。

④ 黄向春：《历史记忆与文化表述——明清以来闽江下游地区的族群关系与仪式传统》，厦门大学博士学位论文，2005年，第63页。

⑤ 郭志超：《闽粤赣交界地区原住民族的再研究》，《厦门大学学报》（哲学社会科学版），1996年第3期，第106-111页。

⑥ 靳阳春发现：闽粤赣地区记载最多的是赣南，时间最早是西晋郭璞对《山海经》中"枭阳国"注，稍晚依次是南朝宋刘义庆《幽明录》和邓德明《南康记》，南朝齐祖冲之《述异记》，南朝陈顾野王《舆地志》，曹叔雅《庐陵异物志》；记载较少的是闽西和粤东，时间上记载闽西山都木客的《牛肃纪闻》又早于记载粤东山都木客的《太平寰宇记》。在闽粤赣交界地区，赣南是最早开发的，开拓基本趋势是从南向北，由西而东，稍晚开发的是粤东地区，开拓趋势是由沿海而山区，最晚开发的是闽西地区。靳阳春：《宋元汀州经济社会发展与变迁》，福建师范大学博士学位论文，2011年，第30-31页。

客”基本就消亡了。[①] 从“山都”“木客”的记载情况，可以认为：西晋至唐，闽粤赣地区存在汉人与“山都”“木客”的族群边界，“山都”“木客”进入主流文化圈的视野与汉人边界扩张有关，这条族群边界呈现由北往南移动的趋势。

应该来说“山都”“木客”尽管带有神秘性，甚至有些类似于神话。在南方地区开发过程中，类似“山都”“木客”的形象在文献中仍多有出现。如《太平寰宇记》记载在尤溪幼山地区有一种类似狒狒，名为“山魅”“山魈”“山大人”的野人：

> 幼山，在县西北一百二十里。乃龙峡之地。孤峰上耸三十余里，周迴二百余里。山上有松、桧、竹、柏，其中有山魅，其形似人，生毛黑色，身长丈余，逢人而笑，口上唇盖眼，下唇盖胸，人见亦怪矣。或时遗下藤制草鞋，长二尺五寸，乡人所谓山大人。又云山魈，或野人也，尔雅云：“狒狒如人，被发迅走，食人。”即此也。[②]

除了官方史籍外，在民间传说中也常有类似“山都”“木客”的记载，如闽西一些族谱记载本族先人来到闽西时，曾受到一些“异物”“妖类”的困扰，光绪《上杭中都叶氏族谱·五郎公传》记载道：

> （五郎）公生于元初，由汀州府长汀县官（馆）前湖坑徙至上杭中都古坊开基，为一世。尔时，林树阴翳，人烟稀少。凡虫蛇鸟兽、异物群妖类皆杂处于此，而人之受其害者不可胜道。其间有樟树妖精最为恶毒，每年要残食数人以肥其身，邻里相以悲啼，共叹何日能除此害。[③]

从这段文字我们可以看出，叶姓族人迁徙到上杭时，此地应是比较蛮荒之地，不仅多有虫蛇鸟兽，而且“异物群妖”杂处，而樟树妖精因食人而成为祸害百姓最厉害的一种。这种类似神话的民间传说，其隐含的真实历史背景是：在华夏化进程中，外来移民在较为恶劣的自然环境和人文环境中，与土著相遇并发生矛盾，这些外来的移民开始想象和建构“异类”，通过夸大文化差异的叙事方式，树立起一个“非人类”的对立面。

---

① 关于山都木客消亡的原因，谢重光先生认为：“部分的原因是汉人对山都一类‘鬼物’采取了仇杀、歼灭的方针，造成山都死亡率高，有的则逃到更僻远的深山中，不为人知；更重要的原因是他们与其他族群接触、交流，被同化了。一部分汉化成为客家，另一部分与南迁的武陵蛮同化成为畲族。”谢重光：《畲族与客家福佬关系史略》，福州：福建人民出版社，2002年，第55页。

② ［宋］乐史撰，王文楚等点校：《太平寰宇记》卷一百，北京：中华书局，2007年，第1999页。

③ 光绪甲辰《上杭中都叶氏族谱》，卷一《五郎公传》。

## 三、"蜑"族群边界的移动

"蜑"最初也称"诞"，后来还有蜒、疍、蛋等同音同义异体字。历史上专指长江流域蜑民和南方沿海地区蜑民，二者属于不同族属，没有血缘关系，"蜑"也与"蛮"合用，"蛮蜑"泛指各类非汉人族群。① 作为族群名称，其最早出现于西南地区，时间不晚于汉代。东晋常璩《华阳国志》《巴志》就载："（涪陵郡）土地：山险水滩，人戆勇，多獽、蜑之民……汉时，赤甲军常取其民，蜀丞相亮亦发其劲卒三千人为连弩士。"②

到了魏晋南北朝时期，"蜑"用来泛指长江流域地区的非汉民族，如《隋书》说："南蛮杂类，与华人错居，曰疍，曰獽，曰俚，曰獠，曰㐌，俱无君长，随山峒而居，古先所谓百越是也。"③ 又称："长沙郡又杂有夷蜒，名曰莫徭，自云其先祖有功，常免徭役，故以为名……武陵、巴陵、零陵、桂阳、澧阳、衡山、熙平皆同焉。"④

此时，南方一些非汉民族也被泛称为"蜑（蜒）"，如韩愈记载的"贞元末……岭外十三州之地，林蛮洞蜒，守条死要，不相渔劫，税节赋时，公私有余。"⑤ 再如柳宗元的《岭南节度飨军堂记》记载到："延群僚……卉裳罽衣，胡夷蜑蛮，睢盱就列者千人以上。"⑥ 胡、夷、蛮、蜑均是非汉民族的泛称，这里的"蜑"主要指南方地区少数民族。

宋代许多文献开始用"蜑"来专称"水上居民"，如《后山谈丛》解释："舟居谓之蜑人"⑦；《桂海虞衡志》则称："蜑，海上水居蛮也。以舟楫为家，采海物为生，且生食之。"⑧《岭外代答》则称："以舟为室，视水为陆，浮生江海者，蜑也。"⑨ "蜑户"作为族群称谓，最早出现在北宋《太平寰宇记》中，其文称："蜑户，（新会）县所管，生在江海，居于舟船，随潮往来，捕鱼为业，若

---

① 詹坚固：《试论蜑名变迁与蜑民族属》，《民族研究》，2012年第1期，第81页。

② ［晋］常璩：《华阳国志》，长春：时代文艺出版社，2009年，第12页。

③ ［唐］魏征：《隋书》，卷八二《南蛮》，北京：中华书局，1982年。

④ ［唐］魏征：《隋书》，卷三一《地理下》，北京：中华书局，1982年，第887页。

⑤ ［唐］韩愈：《清河郡公房公墓碣铭》，载［唐］韩愈著，钱仲联，马茂元校点：《韩愈全集》，上海：上海古籍出版社，1997年，第266页。

⑥ ［唐］柳宗元著，曹明纲标点：《柳宗元全集》，上海：上海古籍出版社，1997年，第220页。

⑦ ［宋］陈师道撰，李伟国点校：《后山谈丛》，北京：中华书局，2007年，第77年。

⑧ ［宋］范成大撰：《桂海虞衡志》（丛书集成初编），北京：中华书局，1991年，第28页。

⑨ ［宋］周去非：《岭外代答》，卷三《外国下·蜑蛮》，扬州：广陵书社，2003年版，第94页。

居平陆，死亡即多，似江东白水郎也。”①

根据对“蜑”的出现时间、地点，以及其所指代的族群的不同，我们认为：随着中原地区汉人势力慢慢向边陲渗透，华夏边缘也由北往南移动，汉人常常以一些旧有的族称，用以称呼一些新发现的非汉族群。这些族称通常作为蔑称，中原华夏人以正统文化自居，对边陲非汉人群贴上标签，以此作为区分华夷的族群边界。

## 四、“盘瓠子孙”族群边界的移动

盘瓠，也作槃瓠，后世的畲族族谱中也有写作“盘匏”的。盘瓠传说是南方族群重要的研究内容，一些学者认为，正是因为有着共有的盘瓠信仰，使得畲族与苗、瑶等民族可能存在某种亲缘关系。②

盘瓠传说在广大南方地区分布，一方面是随着盘瓠蛮的南迁，盘瓠传说也由荆楚地区向西南、华南等地区传播；另一方面，华夏人群对其他非华夏人群认识是一个不断深化的过程，正如上文所述的“蛮”“蜑”也是一个不断被发现、被冠名的过程，有关“盘瓠”出现的时间与地区的开发顺序有着特定的关系。也就是说，盘瓠信仰固然与蛮族南迁有关系，也与华夏心目中“盘瓠”概念南移有关系。

关于盘瓠传说系统论述，最早见于南朝范晔的《后汉书·南蛮传》，其资料来源主要来自于东汉应劭的《风俗通》、曹魏鱼豢（生卒年待考，三国时期曹魏国郎中）的《魏略》、晋代干宝的《晋纪》及《搜神记》等书。近代以来，一些学者对盘瓠进行考证与解读，陈登原先生是其中一位较早对盘瓠研究的学者。他在《国史旧闻》第一册中“槃瓠”条详细考证了槃瓠的渊源流变，并在结尾处论述道：“槃瓠之说，虽曰生于东汉之季，起于荆湖之区，贵州、四川、云南、福建、浙江、广东、广西亦皆有之，是其分布，已达八省之多。若依《续云南通志》所谓‘楚、粤、黔皆有之’，则是湖北亦当有此传说。然则槃瓠一事，应劭初记，范晔集成，至于近世，尚不失为南方九省之大掌故也。至于此事，自属荒昧之记。如太昊蛇形，炎帝蛇首（原注：《北堂书钞》卷一），汤之先世，出于燕卵（原注：《诗·玄鸟篇》郑氏注），可知即在汉族，固亦往往而有，存而弗

① ［宋］乐史撰，王文楚等点校：《太平寰宇记》，卷一五七《岭南道一·广州》，北京：中华书局，2007年，第3021页。

② 凌纯声：《畲民图腾文化的研究》，《中研院史语所集刊》第16本，1947年，第127-172页。

论可也。"①

在这段文字中，陈登原先生表达了两个层面的意思：一是认为槃瓠之说起源于东汉的荆湖地区，至今在广大的南方地区仍流传着；二是认为槃瓠传说虽然荒诞不经，但即使是汉族，也流传着类似的、同样是异于常理的祖先传说。

实际上，盘瓠传说出现的时间可能早于东汉时期，最早出现的地点也非荆湖地区，而可能在中国的西北地区。晋代郭璞在为《山海经》作注时，将狗封国与盘瓠联系起来，他写道："昔盘瓠杀戎王，高辛以美女妻之，不可以训，乃浮之会稽东海中，得三百里地封之，生男为狗，女为美人，是为狗封之国也。"②郭璞在其《玄中记》中也有狗封国氏与盘瓠之说的记载，与上述内容相近③。狗封国在《山海经》中又作犬封国，《山海经·海内北经》记载："有人曰大行伯，把戈。其东有犬封国……犬封国曰犬戎国，状如犬。有一女子，方跪进柸食。"④

犬戎一般作为西北地区非华夏人群的称谓，而根据郭璞注释，"狗封之国"可能在"会稽东海中"，二者在方位上似乎存在矛盾。袁珂先生在《山海经校注》中作出解释称："封、戎音近，故犬封国得称犬戎国。又'犬封国'者，盖以犬立功受封而得国，即郭注所谓'狗封国'也。伊尹四方令云：'正西昆仑狗国。'淮南子墬形篇云：'狗国在其（建木）东。'则狗国之传说实起源于西北然后始渐于东南也。"⑤

侯绍庄支持盘瓠传说最早起源于西北戎狄的观点，并指出：在春秋以前，盘瓠与江汉地区，特别是"武陵"或"五溪"地区居民的民族成分没有关系。⑥ 关

① 陈登原：《国史旧闻》第一册，北京：中华书局，2000 年，第 10 页

② 袁珂：《山海经校注》，上海：上海古籍出版社，1980 年，第 307 页。

③ 郭璞的《玄中记》称："狗封氏者：高辛氏有美女，未嫁。犬戎为乱，帝曰，有讨之者，妻以美女，封三百户。帝之狗名槃护（《御览》引作槃瓠），三月而杀犬戎，以其首来。帝以为不可训民，乃妻以女流之，会稽东南二万一千里，得海中土。方三千里，（《御览》引千作百）而封之，生男为狗，生女为美女（《类聚》九十四）。封为狗民国。（《御览》九百五，亦见《路史·发挥二》引帝以二句作'帝以女妻之不可教训流作浮美女作美人末句作是为犬封氏'。）"参见［晋］郭璞撰：《玄中记》，上海：上海古籍出版社，1996 年，第 281 页。

④ 袁珂：《山海经校注》，上海：上海古籍出版社，1980 年，第 307、309 页。

⑤ 郭璞的《玄中记》称："狗封氏者：高辛氏有美女，未嫁。犬戎为乱，帝曰，有讨之者，妻以美女，封三百户。帝之狗名槃护（《御览》引作槃瓠），三月而杀犬戎，以其首来。帝以为不可训民，乃妻以女流之，会稽东南二万一千里，得海中土。方三千里，（《御览》引千作百）而封之，生男为狗，生女为美女（《类聚》九十四）封为狗民国。（《御览》九百五，亦见《路史·发挥二》引帝以二句作'帝以女妻之不可教训流作浮美女作美人末句作是为犬封氏'。）"参见［晋］郭璞撰：《玄中记》，上海：上海古籍出版社，1996 年，第 310 页。

⑥ 侯绍庄：《"盘瓠"源流考》，《贵州民族研究》，1981 年第 4 期，第 27 页。

于海上有“狗国”的传说，在后世的一些史料中仍有记载。如《梁书》记载道：

> 天监六年（507年），有晋安（晋安郡，晋武帝太康三年置，治在今福建闽侯县东北，笔者注）人渡海，为风所飘至一岛，登岸，有人居止。女则如中国，而言语不可晓；男则人身而狗头，其声如吠。①

而到了魏晋以后，文献中的盘瓠传说出现之地主要集中在长江中游地区如晋代干宝的《搜神记》称：“盘瓠死后，自相婚配，因为夫妇……即今梁、汉、巴、蜀、武陵、长沙、卢江郡蛮是也”。② 干宝在《晋纪》中又称：“吴武陵蛮叛。武陵、长沙郡夷，盘瓠之后也，杂处五服，凭土阻险，每常为猱杂鱼肉而归以祭盘瓠。”③

郦道元《水经注》、范晔《后汉书》也均称武陵、长沙蛮夷为盘瓠之后。④盘瓠传说在汉魏以后已经从西北地区转移到长江中游的武陵、长沙等地区，说明在此之前，盘瓠之说可能经历了一个自西往东的一个变迁过程。

盘瓠传说的转移，有三种可能：一是长江中游等地区的“蛮”族与“犬封国”“犬戎国”有族源关系，作为一种文化传统随着族群的迁徙而向外流传；二是西部地区的“犬戎国”经过文化互动，将盘瓠传说直接传给武陵地区“蛮”族⑤；三是随着华夏化进程加深，中原华夏对南方“蛮”族有更深入的接触，从而将“盘瓠之后”这种非我族类概念转移到武陵地区，即盘瓠传说与华夏族群心目中异族概念的向外移动有关。王明珂还认为：“在魏晋时，湘西一些本地豪强由中国文献记忆中认识‘盘瓠’，因此以‘有功于中国’的盘瓠子孙自居。”⑥

---

① ［唐］姚思廉：《梁书》，卷五十四，列传第四十八《诸夷·东夷·扶桑国》，北京：中华书局，1999年，第560页。

② ［晋］干宝撰，汪绍楹校注：《搜神记》，卷十四《盘瓠》，北京：中华书局，1979年，第168页。

③ ［晋］干宝：《晋纪》，载［清］汤球，黄乔治忠校注《众家编年体晋史》，天津：天津古籍出版社，1989年，第297页。

④ ［北魏］郦道元著，谭属春，陈爱平点校：《水经注》，长沙：岳麓书社，1995年；［南朝］范晔撰，［唐］李贤注：《后汉书》，北京：中华书局，1965年。

⑤ 如侯绍庄先生认为盘瓠传说作为一种图腾崇拜，“在社会发展特别是民族融合的过程中，往往会被原属其他民族集团的人们所接受。所以，关于盘瓠传说民族归属的变化，就是由于戎狄的南迁和民族融合的结果”，他认为西周春秋以来，随着戎狄一些支系南迁，从而将盘瓠传说带入武陵地区，但认为盘瓠蛮并非该地区的族群主体。侯绍庄：《“盘瓠”源流考》，《贵州民族研究》，北京：中华书局，2009年，1981年第4期，第24、27页。

⑥ 王明珂：《英雄祖先与弟兄民族——根基历史的文本与情境》，北京：中华书局，2009年，第161-162页。

汉晋以后，随着南方苗瑶语诸族华夏化进程加快①，华夏族群心目中的"盘瓠子孙"的地理人群范围往更南方扩延。南方非汉族群之所以自称是"盘瓠子孙"，一方面是由于他们"接受自身相对于汉的劣势族群地位"；另一方面"以此神圣化始祖来凝聚邻近各族群"。② 唐宋以后，被称作"盘瓠子孙"的人群向南方扩延的趋势更加明显。王明珂认为，这些盘瓠子孙的在广大南方地区分布，并不是这些"蛮夷"往南迁徙，而是后来华夏开始称广西、贵州等地丘陵山地聚落人群为"猫""猺""獞"，并认为他们是由两湖扩散、迁移来的"盘瓠子孙"。③ 盘瓠种成为南方非汉族群的一种泛称，如南宋叶钱为《溪蛮丛笑》所作的序称："五溪之蛮皆盘瓠种也……今有五：曰猫、曰猺、曰獠、曰獞、曰乞狫"。④

而从宋代开始，猫（苗）苗人、猫、猺等族群称号，也普遍被华夏族用来称呼南方各非汉人群。⑤ 如南宋范成大的《桂海虞衡志》称："猺本盘瓠之后，其地山溪高深，介于巴蜀、湖广间"。⑥ 清初的闵叙所著的《粤述》称："百粤诸蛮，丑类至繁，然大要不出猺、獞二种，皆盘瓠后也"。⑦ 清康熙陈梦雷《古今图书集成·职方典》："诸蛮种落不一，皆古槃瓠之种也。"⑧ 可见，"盘瓠"传说不仅流传地域广，而且有多元的族群视其为共祖，有着相同的或相似的祖源记忆，许多文献将百越、诸蛮统称为盘瓠之后。而实际上，并非所有的南方蛮族均是盘瓠子孙，也并非所有具有盘瓠传说的族群均是盘瓠蛮南迁的结果。或许可以认为，将南方各蛮族视为盘瓠之后，只是华夏族民族观念在"异族"中的其中一个体现而已。如魏晋以后盘瓠在武陵地区盛行，明清以后，盘瓠传说在该地区反而不流行，而转向西南或东南地区的少数民族，这也说明华夏边缘漂移的可能性。

总之，盘瓠传说可能产生于战国以前的西北地区，汉晋以后转移到长江中游地区，唐宋明清以后广泛流传于南方各省区。关于这种变化，除了盘瓠子孙确实南迁外，汉人的认识或者南方少数民族借用盘瓠传说应该更值得信赖。

---

① 罗新指出，六朝以后，华夏化运动以前所未有的幅度和深度进行，在长江中游的苗瑶语诸族纷纷进入华夏化的历史进程。参见罗新：《王化与山险——中古早期南方诸蛮历史命运之概观》，载《历史研究》，2008年第6期，第4-5页。

② 王明珂：《英雄祖先与弟兄民族——根基历史的文本与情境》，北京：中华书局，2009年，第233页。

③ 同②，第164页。

④ ［宋］朱辅：《蛮溪丛笑》，《说郛》卷五，上海：商务印书馆，1930年。

⑤ 王明珂：《英雄祖先与弟兄民族——根基历史的文本与情境》，北京：中华书局，2009年，第164页。

⑥ ［宋］范成大：《桂海虞衡志·志蛮》，丛书集成初编，北京：中华书局，1991年，第26页。

⑦ ［清］闵叙：《粤述》，北京：中华书局，1985年，第62-63页。

⑧ ［清］陈梦雷编：《古今图书集成》，卷1410《职方典》，上海中华书局缩印本，1934年。

# 第四节　宋代“畲”汉族群边界的形成

族群边界既是自然生态、族群迁徙的客观结果，同时也是一个主观建构、文化再造的结果。一部分人对另一部分人贴上族群标签，其目的在于通过对“他者”的建构来强化对“自我”的认同，从而实现资源的争夺[①]。宋代时期，“畲”汉边界形成，这种边界的划定，是“畲”汉人群集体意识的结果。

## 一、唐宋时期南方汉族文化认同的增强

在唐宋以后，关于南方地区“莫徭”“峒蛮”“蛮僚”的记载日益频繁见诸史料，这既体现华夏族对“他者”认识的加深，同时也是说明南方地区汉人意识的觉醒。这种意识的觉醒，体现在一些族群的形成与发展上，如谢重光先生指出，随着中原汉人的南迁，到了五代宋初，在漳、泉二州已经形成了福佬族群。[②] 与中原汉人同时南迁的还有而五溪地区的盘瓠蛮，这些族群“向南又折而向东迁徙”[③]，逐渐分布于今江西、福建、广东、广西等广大地区，并与闽越土著及南迁汉人产生互动与交流。以上三类族群被认为是组成畲族先民的重要来源。

南方地区汉人与非汉人群的互动，既有族群间的合作，又有族群间的冲突与对抗，唐宋的一些文献记载说明了这点。如《资治通鉴》记载道：“（昭宗景福元年）王潮以从弟彦福为军统、弟甚至为都监，将兵攻福州。民自请输米饷军，平湖洞及滨海蛮夷皆以兵船助之。”[④]

学者一般认为“平湖洞蛮夷”就是畲族先民[⑤]，滨海蛮夷则应为“蜑民”。这些“洞蛮”以兵和船的形式，为以王潮为代表的汉族势力提供了帮助。再如

---

① 萧凤霞，刘志伟：《宗族、市场、盗寇与蛋民——明以后珠江三角洲的族群与社会》，《中国社会经济史研究》，2004 年第 3 期，第 1-13 页。

② 谢重光：《客家文化述论》，北京：中国社会科学出版社，2008 年，第 56 页。

③ 谢重光先生认为盘瓠蛮的迁徙路线可能不止一条，根据史迹推寻至少有两条路线：一条路线大概由五溪入洞庭湖，溯湘江而南，先后进至衡州、连州等地，再沿湟水、武溪等河流南下粤中，经由粤东而进至闽南、闽西北；另有一条路线，则可能由湘入赣，再由赣入闽。同②，第 66 页。

④ ［宋］司马光：《资治通鉴》，卷二五九《唐纪》七五，北京：中华书局，1956 年，第 8457 页。

⑤ 谢重光认为，在闽南和莆仙方言中，“平湖”与“盘瓠”音近，“平湖洞”可能是“盘瓠洞”之讹。参见谢重光：《客家文化述论》，北京：中国社会科学出版社，第 75 页。

景福二年（893 年），汀州盘瓠蛮酋"钟全慕举籍听命，岭海间群盗二十余辈皆降溃，潮乃尽有五州之地。"[①] 则说明了一些蛮夷归顺了朝廷，成为中央王朝治理地方的合作者。这种合作间接地说明了南方汉族势力的逐渐增强。

南方汉族意识的觉醒还体现在当地汉人对祖居地的解释和建构上。《太平寰宇记》在记载"永泰县"时称："《晋安记》：'东晋永嘉之乱，渡江衣冠士族多依于此，以求安堵'。当此之时必有县，后人或更改，图未甚详悉。"[②]

乐史根据《晋安记》的记载，对"晋人衣冠南渡"这一历史事实做出推论，认为当时南迁汉人在南方一些地区建立州县，只不过因为建置沿革变迁或记载不详而未能使县名存留于世。这种说法在宋代以后的南方地区颇为流行。"衣冠南渡"成为一种当地汉人祖源历史记忆，并作为文本在福建等地的文献中出现。如乾隆《福州府志》引宋代路振的《九国志》称："中州板荡，衣冠始入闽者八族，林、黄、陈、郑、詹、邱、何、胡是也。"[③]《八闽通志》卷之三《地理》风俗引《建安志》称建宁府："自五代乱离，江北士大夫、豪商巨贾，多逃难于此，故云云。"[④]

王明珂先生指出，一定的历史记忆产生于特定的社会情境中，而这种社会情境又与当时的历史心性息息相关。[⑤] 因此我们认为，隋唐以后南方蛮族记载的增多以及汉人祖源地传说的建构，均是在南方地区汉人势力崛起这种社会情境中产生的。

唐宋或更早时期，华南地区处于帝国的边缘，这种边缘性不仅反映在政治地理上，更反映在文化阶序上。随着汉族势力在南方地区的增强，处于帝国边缘地区的南迁汉族或当地汉族土著为了提升自己的族群身份，往往对本族的历史进行建构。上述所举例子说明，当地汉人希望通过回忆或者建构类似"衣冠南渡"的历史来增强华夏认同，从而提升本地汉人的族群地位，并在资源竞争中取得优势。在汉人心目中，早在汉晋时期，本族群的祖先就来到包括福建在内广大南方地区，这进一步证明本地汉人在此地开发、经营的合法性和合理性。汉人增强文化认同主要通过两个手段：

---

① ［清］吴任臣：《十国春秋》，卷九十《闽一 · 司空世家》，"景福二年（893 年）"条。

② ［宋］乐史撰，王文楚等点校：《太平寰宇记》，卷一百，北京：中华书局，2007 年，第 1995 页。

③ ［宋］路振：《九国志》，载［清］徐景熹主修：《福州府志》，卷七五《外记》，福州市地方志编纂委员会根据清乾隆十九年（1754 年）刻本整理，福州：海风出版社，2001 年。

④ ［明］黄仲昭：弘治《八闽通志》，卷三《地理 · 风俗》引《建安志》，福州：福建人民出版社，1990 年，第 42 页。

⑤ 王明珂：《英雄祖先与弟兄民族——根基历史的文本与情境》，北京：中华书局，2009 年，第 236 页。

一是建构自己的“汉人”身份。如帝国的华夏化进程中，地方土著积极向汉族或中原王朝靠拢，如积极协助政府在南方地区建立政治机构，“请书版籍”，成为政府的编户齐民后，意味着族群从“化外”向“化内”转变；再者就是通过“攀附”的手段对先祖进行建构，将本家族的迁居地、迁居祖先与中原发生联系，向本族和外界宣称“黄帝后裔”的中原正统身份。

二是与“蛮夷”划清界限。如在宋代开始，陈元光家族被描述为来自光州固始，且受命于朝廷“平蛮”的中原正统家族。一些非陈姓的汉人，通过建构本族为陈元光“部属”的历史记忆，说明本族与陈元光家族一样，均是中原正统身份。这种历史记忆间接反映了宋明以后，闽南等地区汉人意识的觉醒，他们希望通过将本族群与当地蛮夷截然区分，从而建构其本族非蛮的历史逻辑。

宋代以后，特别是明清时期的文献对陈元光记载甚多，陈元光因此被认为是开发漳州的重要人物，以致后来被人们尊奉为开漳圣王，成为流行于闽台诸省重要神明。而实际上，陈元光在唐代的形象与后世的形象相差较大，其中经历了一个历史人物建构的过程，而这种建构与闽南地区的汉族认同有特别大关系。唐代对陈元光的记载不多，目前所能发现的关于陈元光事迹的文献记载为张鷟的《朝野佥载》，其文称：“周岭南首领陈元光设客，令一袍袴行酒，光怒，令曳出，遂杀之。须臾，烂煮以食客，后呈其二手，客惧攫喉而吐。”①

作者张鷟的生卒年不详，但生活年代与陈元光相差不远，其所载的关于陈元光内容，纵使不一定是历史事实，至少反映了时人对陈元光其中一个印象的理解。作者将陈元光这种残暴的性格特征与岭南首领相联系，反映的是北方汉人对南方土著的印象。宋代《太平广记》在引用以上史料时，特意将其置于“酷暴”一节之中。② 可以说，唐代时期对陈元光的记载不多，且较多为负面形象。从宋代起，漳州地区开始流传陈元光平贼立功的传说，并建庙对其奉祀。宋代漳州令吕璹有诗写道：“当年平贼立殊勋，时不族贤事忍闻？唐史无人修列传，漳江有庙祀将军。”③

前文已经说明，宋代时期福建等南方地区汉族意识逐渐增强，塑造陈元光平蛮的形象就是将本族群与“蛮”相区别，借以证明自己的正统身份，这应该是

① ［唐］张鷟：《朝野佥载》，卷二，北京：中华书局，1991 年，第 15 页。

② ［宋］李昉：《太平广记》，卷二百六十七《酷暴一》，清文渊阁四库全书，子部 351 小说家类，第 1045 册。

③ ［明］黄仲昭修纂：《八闽通志》，卷八十六《拾遗 · 漳州府》，明弘治四年（1491 年）刻本，福州：福建人民出版社，2006 年，第 1424 页。

陈元光形象塑造的滥觞。而后，到了明清时期，各种方志、族谱不断塑造陈元光的光辉事迹①，兹不赘述。

由此可见，从唐到宋，及至明清，陈元光的形象逐渐丰满，并以将军、儒士、神明等形象最终出现在人们面前，这是一种不断层累、"枝叶其说"的历史建构过程。这种建构的力量来源于闽南等地汉人文化认同的需要。

苏永前通过人类学视野对陈元光"开漳"传说进行分析，他认为该传说的叙事主体为闽南地区中原移民，而传说的产生与传播则是该族群文化认同的主观结果。这种认同表现在两方面，一方面是对自我的"圣化"和"神化"，另一方面是对他者的"非人化"与"妖魔化"。② 由此可见，将本族与"蛮夷"区分开来，最终目的还是为了证明本族群的纯正中原血统身份，这是一种主观认同的表现。

除了陈元光家族外，另外一个典型的例子为宁化巫罗俊家族。黄向春根据杨澜的《临汀汇考》中有关隋唐之际巫罗俊"请授田"的记载，说明当时出身"蛮夷"的地方豪酋通过与官府的相互利用与合作而进入正统社会的主体之中，成为南方汉人的重要来源及汉人社会形成过程中的重要力量。③

黄氏所引的《临汀汇考》关于巫罗俊事迹的记载，基本上沿用李世熊修所纂的康熙《宁化县志》，较原文略有出入④。而巫罗俊的事迹则是来源于巫氏家谱，清代王捷南称："明李世熊《答巫以侯书》辨巫罗俊事颇详。书言谱修于明

① 参见［明］罗青霄总纂，谢彬编纂：《漳州府志》卷四，《漳州府·秩官志下·名宦·刺史陈元光》，明万历元年（1573年）年刻本，第68页；［明］黄佐纂修：《广东通志》卷第五十五，《列传十二人物二》，明嘉靖四十年（1561年）刻本，广东历代方志集成，省部二，广东省地方史志办公室辑，广州：岭南美术出版社，2007年，第1423-1424页。［清］薛凝度修，吴文林纂：《云霄厅志》第十一卷，《宦绩》，第401-404页；［清］陈汝咸修，林登虎纂：《漳浦县志》卷十四，《宦志·刺史》，据清康熙三十九年（1700年）修，民国十七年（1928年）翻印本影印，第996-997页，《白石丁氏古谱》上册，《漳浦县志名宦卷》，漳州市方志办编，影印抄本，厦门大学古古籍室藏，第39a页。

② 苏永前：《想象、权力与民间叙事——人类学视野中的陈元光"开漳"传说》，《民族文学研究》，2011年5期，第52-59页。

③ 黄向春：《"畲/汉"边界的流动与历史记忆的重构——以东南地方文献中的"蛮獠——畲"叙事为例》，《学术月刊》，2009年第6期，第139-140页。

④ 《宁化县志》称："先是，隋大业之季，群雄并起。东海李子通率众渡淮，据江都，称吴帝。改元明政，遣使略闽地。其时土寇蜂举，黄连人巫罗俊者，年少负殊勇，就峒筑堡卫众，寇不敢犯，远近争附之。罗俊因开山伐木，泛筏于吴，居奇获赢，因以观占时变，益鸠众辟土，武德四年，子通败死。时天下初定，黄连去长安天末，版籍疏脱。贞观三年，罗俊自诣行在上状，言黄连土旷齿繁，宜可授田征税。朝廷嘉之，因授巫罗俊一职，令归翦荒以自效。而罗俊所辟荒界，东至桐头岭，西至站岭，南至杉木堆，北至乌泥坑。乾封间乃改黄连为镇。"载［清］李世熊：《宁化县志》，福州：福建人民出版社，1989年，第9页。

初，旧志盖据巫氏谱也。”① 除了《宁化县志》的记载外，巫罗俊不见于其前诸史籍。以明初族谱记隋唐之事，显然不能当做历史的真实。笔者推测，巫罗俊传说本质也同陈元光传说一样，都是对祖先的历史记忆的重构，目的在于创造与汉人正统性的连接。②

## 二、标签化与作为族群文化特征的“畲”

刘志伟通过对清代以后珠江三角洲沙田区和民田区研究后发现：二者“并不简单地只是土地自然形态的差别，实际上是在地方社会历史的过程中形成的一种经济关系、一种地方政治格局、一种身份的区分，甚至是一种‘族群’认同的标记。两个区域之间，除了自然形态的差异外，更存在一种独特的控制与被控制的关系。”③ 就此而言，畲田经济与农耕经济在某种程度上，也不仅仅是经济形态的区别，其中暗含着一种社会阶序、族群格局。确切地说，在华夏民族观念中，从事畲田的族群是不受王化的“非我”族群，而实行农业的则是王朝子民，二者存在着明显的“华夷之别”。将某一类族群归为“异类”，意味着其无法与华夏族群在政治、经济、文化等资源享有同等地位。在唐宋时期，“畲”作为一种族群标签，充当了“异类称呼”的角色，这种贴标签的过程是伴随着华夏族的族群认知一起进行的。

在隋唐以前，由于南方开发缓慢，作为一种耕作方式“火耕”“水耨”等词语常用于表示一个地区经济落后、蛮荒化外、教化不及的状态。如《史记·平准书》载：“江南火耕水耨，令饥民得流就食江淮间。”④《汉书·武帝纪》：“江南之地，火耕水耨，方下巴蜀之粟致之江陵。”⑤《汉书·地理志》又载：“楚有江汉川泽山林之饶；江南地广，或火耕水耨。”⑥《盐铁论·通有》云：“荆、

① 巫罗俊除《宁化县志》此记载外，不见于其前诸史籍。参见［清］王捷南：《闽中沿革表》卷五，“长汀县”，道光十九年刻本。载陈支平主编：《台湾文献汇刊》第五辑，北京：九州出版社，2004年。

② 黄向春：《“畲/汉”边界的流动与历史记忆的重构——以东南地方文献中的“蛮獠——畲”叙事为例》，《学术月刊》，2008年第6期，第145页。

③ 刘志伟认为，正是由于沙田区和民田区象征着不同的利益载体，因此两个地区的族群常常通过历史记忆来建构自己的身份，目的就是为了争取更多的资源。刘志伟：《地域空间中的国家秩序——珠江三角洲“沙田—民田”格局的形成》，《清史研究》，1999年第2期，第14页。

④ ［汉］司马迁：《史记》卷六九，北京：中华书局，1976年，第2186页。

⑤ ［汉］班固：《汉书》卷六，《武帝纪第六》，北京：中华书局，1962年，第182页。

⑥ ［汉］班固：《汉书》，卷二八下《地理志》，北京：中华书局，1962年，第1666页。

扬……伐木而树谷，燔莱而播粟，火耕而水耨，地广而饶材。"① 《晋书·食货志》："江西良田，旷废未久，火耕水耨，为功差易。"② 《隋书》："江南之俗，火耕水耨，土地卑湿，无有蓄积之资。诸蛮陬俚洞，沾沐王化者。各随轻重，收其赕物，以裨国用。"③ 有的记载甚至直接将"火耕""水耨"等耕作方式认为是蛮獠的习俗，如《唐大诏令集》载："闻岭外诸州，居人与蛮獠同俗，火耕水耨。"④ 按照文中意思，"居人"相对于"蛮獠"，应该是汉人；"火耕水耨"是"蛮獠"的风俗，汉人在耕作方式上被同化了。

有的甚至引用春秋以前的休闲耕作制度来形容一个地方的未开发程度，如万历《古田县志》记载如下。

> 林谞《闽中记》：开元二十八年，都督李亚丘会溪峒逋民刘疆辈千余计归命向化，乃状其事以闻。越明年四月二日，命下允俞而始立邑，当环峰复嶂间，平陆三十五里，版垣墉高丈许，步三百周。树室辟户，张官置吏，子男之邦，周宏远规。先是，田畯锄芜敷菑，为厥疆亩，因著之名。⑤

林谞《闽中记》修于唐大中年间，是福州较早的一部方志，已散佚，林谞事迹见诸《八闽通志》⑥。林谞用"田畯锄芜敷菑，为厥疆亩，因著之名"来解释古田县名的由来，其中"田畯""敷菑""疆亩"的典故出自《诗经》《尚书》等文献，⑦ 均是春秋战国以前休闲耕作制生产及其管理的专用词语。林谞用典的寓意：或者是好古，用典溯及三代，言辞溢美；或者用以说明古田设县之前，该地"溪峒逋民"的生产方式仍很落后。

可见，主流文化圈时常将一个地方的开发程度与当地的农业方式联系起来，

---

① ［汉］桓宽：《盐铁论》上册，卷一《通有第三》，北京：中华书局，1992年，第41-42页。

② ［唐］房玄龄：《晋书》，卷二六《食货志》，北京：中华书局，1974年，第792页。

③ ［唐］魏征：《隋书》，卷二四《食货志》，北京：中华书局，1973年，第673-674页。

④ ［宋］宋敏求编：《唐大诏令集》，卷一百九《禁岭南货卖男女敕》，北京：商务印书馆，1959年，第567页。

⑤ 《古田县志》，卷十二，万历年修，收入《万历福州府属县志》，福建文史丛书，北京：方志出版社，2007年，第187页。

⑥ 《八闽通志》："林谞，闽县人。博学，善讲贯，属文尤美。初尝俯从乡举，竟养高不仕，搜寻异闻，作《闽中记》十卷。"见［明］黄仲昭：《八闽通志》，卷六二《人物·文苑》，福州：福建人民出版社，1990年。

⑦ 如《诗经·小雅·甫田》："馌彼南亩，田畯至喜"；《诗经·小雅·信南山》"我疆我理，南东其亩"，"疆亩"即为划分疆界管理田亩之意；《尚书·梓材》"若稽田，既勤敷菑，惟其陈修，为厥疆畎"。参见葛培岭注译评：《诗经》，郑州：中州古籍出版社，2005年，第191页、第189页；王世舜：《尚书译注》，成都：四川人民出版社，1982年，第175页。

其中有一部分记载并不都符合史实，显示的是主流文化圈在“南北问题”上的文化偏见。唐宋以后出现的大量与“畲”有关的文学作品，并有许多与山区的非汉民族联系在一起，除了一部分写实、猎奇的功能外，还有一种可能就是用“畲”来区别族群，如上述所说的莫徭、蛮、獠等。唐宋时期“畲田”农业与一些非汉族群的分布地区的高度重合，原本就带有“华夷有别”文化偏见的汉人将“畲”作为一种族群标签贴在某类族群身上。

如前所述，唐宋畲田区域逐渐缩小，刚好一些南方山林地带的非汉民族仍保存着这种古代农耕残存形态。如唐代刘禹锡之《莫猺蛮子诗》称莫徭实行刀耕火种，该诗写道：

> 莫徭自生长，名字无符籍。市易杂鲛人，婚姻通木客。星居占泉眼，火种开山脊。夜渡千仞溪，含沙不能射。蛮语钩辀音，蛮衣斑斓布。熏狸掘沙鼠，时节祠盘瓠。忽逢乘马客，恍若惊麏顾。腰斧上高山，意行无旧路。①

宋代陆游《老学庵笔记》中记载了一些被称为犵狑、犵獠、犵榄、山猺等非汉族群刀耕火种的习性：“辰、沅、靖州蛮有犵狑，有犵獠，有犵榄，有犵狇，有山猺，俗亦土著，外愚内黠，皆焚山而耕，所种粟豆而已。食不足则猎野兽，至烧龟蛇啖之。”②

畲已然成为非汉族群一种特征，因此也为后来将一部分实施刀耕火种的族群称为“畲”埋下铺垫。饶宗颐先生在《潮州志》中曾对畲民来源进行考证，他说：“考畲民本山越孑遗……畲民山居，亦称山輋或山人……宋谓之畲或輋，以其民居山谷烧田为生，故以此名之。畲取义于田，輋取义于山。盖山越也称山民，后人专以山民呼之，寖失越名，以其居于近山之地，遂相呼曰輋。”③饶先生认为，畲民可能源于山越，只不过因为“山居”或“烧田”而被称为“輋”或“畲”，所谓“畲取义于田”“輋取义于山”。言下之意，“輋”和“畲”均为其他族群（主要是汉人）对“山越”的他称。如果这种推论成立的话，那么，我们就可以更好地理解历史上与畲民有关的诸多称谓，如明清时期“棚民”“菁民”等，这些称谓的出现，与当时的生态语境和文化语境也是息息相关的。

① ［宋］刘克庄：《后村先生大全集》，卷一百七十三《诗话前集》，上海：上海书店，1989年。

② ［宋］陆游：《老学庵笔记》，卷四《唐宋史料笔记》，北京：中华书局，1979年，第44页。

③ 饶宗颐：《潮州志》，新编第七册《民族志》，修于1946—1949年，潮州市地方志办公室2005年重印，第3076页。

当一个族群标签被贴上后，一些经济方式、经济作物也逐渐与该族群发生联系，这是文化再创造的结果。如出产于广东、福建等地区的稜（菱）禾，在宋代时并未完全与畲族有联系。《方舆胜览》对梅州程乡的菱禾进行了记载："土产菱米，不知种之所自出，植于旱山，不假耒耜，不事灌溉，逮秋自熟，粒米粗粝。"①

而到了明清以后，稜禾（菱禾）均与畲族等非汉民族发生了联系，如明嘉靖《惠安县志》："畲稻种出獠蛮，必深山肥润处伐木焚之，以益其肥，不二三年，地力耗薄，又易他处。近漳州人有业是者，常来赁山种之。"② 清代《临汀汇考》称稜禾又叫畲米，分为两种，"畲客开山种树，掘烧乱草，乘土暖种之。分粘不粘两种，四月种九月收，六月八月雨泽和则熟。"③ 清唐赞衮《台阳见闻录》称："畲稻，种出獠蛮，晋江四十七都多种之。"④ 再如刀耕火种也打上了族群的烙印，《广东通志》："畲蛮，岭海随在皆有之，以刀耕火种为名者也。"⑤

畲的最初形态除了经济形态，还有与"峒"有相类似的聚落或地名特征。在宋元，畲也被视为地区或聚落的名称，"畲"与"峒"一样，都有一个从"聚落""地名"到"族群"含义转化的过程。笔者认为，这种转化有时候是可逆的，即：住在"畲洞"里的人被称为"畲民"，而畲民聚居的地方可能又被称为"畲洞"。实际上，南方的许多族群名称都经历了这种转化过程，如瑶，一般认为是由"莫徭"转化而来，因"自云其先祖有功，常免徭役，故以为名。"⑥ 再如僚（或獠），按郭璞的《史记·集解》解释为："僚，猎也。"《索隐》引《尔雅》又云："宵猎曰僚"。⑦ 清代梁绍献《南海县志》：

> 岭表溪洞之民，号为峒僚，古称山越。唐宋以来……其余不可羁縻者，则依山林而居，无酋长版籍，亦无年甲、姓名，以射生物为事，虫

① ［宋］祝穆：《方舆胜览》，卷三十六《梅州·土产》，北京：中华书局，2003 年，第 650 页。

② ［明］莫尚简修，张岳纂：《惠安县志》，卷五《物产·谷属》，明嘉靖九年（1530 年）刻本，天一藏明代方志选刊，上海：上海古籍书店，1981 年。

③ ［清］杨澜：《临汀汇考》，卷四《物产考》，第 15a 页。

④ ［清］唐赞衮辑：《台阳见闻录》卷下，《谷米·粳稻》，《台湾文献丛刊》第 30 种，台北：台湾银行经济研究室，1958 年，第 153 页。

⑤ ［清］郝玉麟纂修：《广东通志》，卷之五十七《岭蛮志》，清雍正九年刻本，据广东省立中山图书馆藏本影印。广东历代方志集成，广东省地方史志办公室辑，广州：岭南美术出版社，2007 年，第 1778 页。

⑥ ［唐］魏征：《隋书》，卷三十一《地理下》，北京：中华书局，1982 年，第 887 页。

⑦ 转引自朱洪，姜永兴：《广东畲族研究》，广州：广东人民出版社，1991 年，第 2–3 页。

豸能蠕动，皆取食之，谓之山獠。①

可见，“僚”的原意与狩猎有关，许多南方非汉族群僻处山林，一般都具有狩猎技术，并有许多以此为主要生计来源。而华夏民族将这种族群印象特征化、标签化，慢慢地被用来泛指代古代南方非汉族群。因此，如果按生态语境——文化语境的角度，我们就可以更好地去理解一些族群称谓现象。

## 三、族群边界冲突与南宋“畲”族群称谓的出现

关丙胜指出：“古代族群边界首先是由自然生态环境营造和维持的，族群之间的边界就是自然生态之边界，当由自然生态决定的族群地理边界随着族群的发展而不断突破时，以占有更多生态资源为主要目的边界扩张势必使原本远离的族群因各自的扩张而发生边界冲突。”② 在本章第一节，我们已经较为详细地说明了帝国经略后，给族群格局带来的变化。在福建地区，这种变化在南宋时期变得更为明显，族群的冲突更为严重。

朝廷对一些偏远的非汉人群所在地区，实行的是羁縻政策，在汀州，一般认为是畲民聚居的地区，在早期也是实行族群自治政策。如杨澜在《临汀汇考》中写道：“畲之在闽，所谓被之声教，疆以戎索也。”③ 这里引用了两个典故来说明畲民的政治管理情况：“被之声教”④ 说明畲民在礼乐教化，即文化上受到华夏文明的恩泽；“疆以戎索”⑤ 说明采用羁縻政治，由畲民自我管理。以上两个合起来说明畲族名义上受朝廷管辖，实际上是自我管理的一种状态。到了宋代，“畲”与汉之间族群开始冲突，并作为一种独特的族群进入汉人的视野中。南宋景定年间，刘克庄撰写的《漳州谕畲》，反映了“畲”汉族群扩张而发生边界冲突的情况，刘克庄在《漳州谕畲》开篇写道：

> 自国家定鼎吴会，而闽号近里，漳尤闽之近里，民淳而事简，乐土也。然炎绍以来，常驻军于是，岂非以其壤接溪峒，茆苇极目，林菁深

① ［清］梁绍献：《南海县志》，卷二十六《杂录下》，中国方志丛书，第50号，据道光十五年（1835年）刻本，清同治十一年（1872年）重刊本影印，台北：成文出版社，1967年。

② 关丙胜：《边界缓冲区：催生新族群的温床》，《青海民族研究》，2009年第1期，第26页。

③ ［清］杨澜：《临汀汇考》，卷三《风俗考·畲民附》，第29b页。

④ “被之声教”，可根据汉代班固《尚书·禹贡》所写：“东渐于海西，被于流沙，朔南暨声教，讫于四海。”或唐代薛能《东都赋》中称：“穷览万国之有无，考声教之所被，散皇明以烛幽。”

⑤ “疆以戎索”出自《左传·定公四年》：“启以夏政，疆以戎索。”杜预注：“大原近戎而寒，不与中国同，故自以戎法。”

阻，省民、山越，往往错居，先朝思患预防之意远矣。凡溪峒种类不一：曰蛮、曰猺、曰黎、曰蜑，在漳者曰畲。西畲隶龙溪，犹是龙溪人也。南畲隶漳浦，其地西通潮、梅，北通汀、赣，奸人亡命之所窟穴。①

由上可知当时族群边界冲突的原因：一是国家政治中心移到"吴会"（杭州），与浙江相邻的闽西南成为地理版图上"近里"，间接说明汉族强大的政治、经济、文化势力迫近漳州；二是漳州"壤接溪峒"，地理位置上接壤非汉地区，文中又说其地"西通潮、梅，北通汀、赣"，所指的"溪峒"应该是潮、梅、汀、赣等地，而宋代盘瓠蛮已广泛分布以上地区，其迁徙呈"向南又折而向东"的趋势，这种扩张趋势显然会遭遇漳州以东强大的汉族势力；三是此时的漳州已呈现出"省民、山越，往往错居"的状态，"先朝思患预防之意远矣"，说明"华夷"的地理边界已经被突破，族群间互动几率较大，官方出于军事防御考虑也好，出于"严夷夏之防"观念也好，总之漳州的边界冲突已然明显。

漳州汉民与"畲"民族群边界清晰，不仅体现在族称差别上，还体现在刘克庄书中所描述的族群间的巨大文化差异：畲民具有"长技止于机毒""刀耕火耘""崖栖谷汲""猱升鼠伏"的生产生活习俗，"反复杰黠""自称盘护孙"的社会心理和宗教信仰以及"畲民不悦（役）""畲田不税""有国者以不治治之""贵豪辟产诛货""官吏征求土物"的政治待遇。②

通过以上分析，我们可以这么推论："畲"、汉两大族群势力此时在一方或彼此扩张过程中，发生边界冲突，在各自文化认同的影响下，族群间的文化差异被放大，并带有文化偏见，如以"猱""鼠"的动物习性来形容畲民的习惯等，而恰好掌握史料话语权的汉人士大夫代表刘克庄充当了这历史变化时刻的见证者。换言之，假如话语权掌握在"畲"的手中，其记载定然描述汉人种种负面形象，正如后世流传在畲民中的《高皇歌》所描述的一样。③

漳州"畲"、汉间的族群矛盾不是一开始就有的，直到北宋元丰年间，漳州社会比较安定。宋代王象之《舆地纪胜》载漳州风俗形胜时称："元丰五年

---

①② ［宋］刘克庄：《漳州谕畲》，载《后村先生大全集》卷九十三，《记》，上海：上海书店，1989年。

③ 《高皇歌》中阜老（或汉人）作为畲族的对立面而被描述，如："千万男女莫作贱，莫嫁阜老做妻人。当初皇帝话言真，吩咐盘蓝四姓亲；女大莫去嫁阜老，阜老翻面便无情；皇帝圣旨吩咐其，养女莫嫁阜老去；几多阜老无情义，银两对重莫嫁其。皇帝圣旨话言是，受尽阜老几多气；养女若去嫁阜老，好似细细未养其。当初出朝在广东，盘蓝雷钟共祖宗；养女若去嫁阜老，就是除祖灭太公。"参见：施联珠，雷文先：《畲族历史与文化》，北京：中央民族大学出版社，1995年，第388-390页。

（1082 年），郭祥正记云：‘闽之八州，漳最在南，民有田以耕，纺苎以为布，弗迫于衣食，乐善远罪，非七州之比也’云云。”①

而过了近 200 年的南宋刘克庄时代［按《漳州谕畲》于宋景定三年（1262 年）］，漳州的各族群间的矛盾开始紧张起来：漳州以东为福佬人的势力，潮、梅以西为广府人势力，汀、赣以北则是北方汉人的势力，而闽粤赣交界地区是“溪峒”（有一部分为“畲”）的族群势力。漳州、潮州当时都出现了“畲”“輋”的称呼，宋人蔡襄曾写道：“今来闽中，最急惟是贼盗群众与漳、潮之民为害。”②《宋史·许应龙传》记载：“距州（潮州）六七十里曰山斜，峒獠所聚，匀耕土田，不输赋，禁兵与哄，应龙平决之。”③ 山斜中的盗贼或“峒獠”应该与“畲”（輋）民有关，乾隆《潮州府志》记载宋宝祐五年（1257 年）潮州知州洪天骥防御盐寇、輋民的事迹：

洪天骥，字逸仲，号东岩，晋江人。由朝散郎知潮州，治国事如家事，视民瘼如己疾，治无不为，为无不尽。潮与漳、汀接壤，盐寇、輋民群聚剽劫，历任以州兵单弱，山径多蹊不能讨。公应变设奇，降者相属，又于接境置屯，多者三百人，少者二百人，犄角为援。且严保伍之令，以澄其源，闻于朝并下之，漳汀仿此。④

可见，在南宋时期的漳州、潮州均有不少数量的畲民族群存在。与漳、潮相邻的汀州，在唐宋时期一直被认为是“畲猺”聚居地，如清代杨澜在《临汀汇考》中写道：“唐时，初置汀州，徙内地民居之，而本土之苗，仍杂处其间，今汀人呼为畲客。”⑤ 然而“畲”作为一个族群的具体记载却不是首先出现在汀州，而族群边界的理论恰好可以解释其原因。

从唐代以后，王朝在南方广置郡县，在政治上掀起了对福建地区的华夏化运动，中央王朝的势力开始深入边陲，帝国的“开山洞”正是这个运动的表征之一。两宋时期，中国经济完成重心南移，南宋偏安，福建与南宋政治中心相邻，这个时期的福建在经济政治文化等都处于历史最发达时期。然而，在福建地区，

① ［宋］王象之：《舆地纪胜》，卷一百三十《福建路》，《漳州风俗形胜》，北京：中华书局，2003 年，第 3766-3767 页。

② ［宋］蔡襄：《莆阳居上蔡公文集》，卷十七《移福州乞依旧知泉州状》，北京图书馆古籍珍本丛刊 86，北京：书目文献出版社，1998 年，第 147 页。

③ ［元］脱脱：《宋史》卷四百一十九，《列传》第一百七十八《许应龙传》，第 12554 页。

④ ［清］周硕勋：《潮州府志》，卷三三《宦绩》，乾隆二十年（1755 年）修，《中国方志丛书》第 46 号，据清光绪十九年（1893 年）重刊本影印，台北：成文出版社，1967 年。

⑤ ［清］杨澜：《临汀汇考》，卷三《畲民附》，第 29b 页。

各地汉族势力发展并不均衡，在开发较早、地理条件较优越的平原、盆地地区如福州、泉州、建州等地，经济文化发达；而开发较晚、地理条件较差的汀州、漳州等地区，仍被认为是"难治"地区，也是"盗贼渊薮"。

古人文人把唐代以前的漳州视为蛮荒之地。柳宗元（子厚）《登柳州城楼寄汀、漳、封、连四州刺史》云："城上高楼接大荒，海天愁思正茫茫。轻风乱飐芙蓉水，密雨斜浸薜荔墙。岭树重遮千里目，江流曲似九回肠。共来百粤文身地，犹自音书滞一乡。"①

唐朝时期，漳、汀属江南道，封、连则属岭南道。柳宗元谪居柳州"共来百粤文身地"，都是与中原风土截然不同的地方，不仅仅是地理的隔绝，更多的是文化的隔阂。再如明人张燮在《清漳风俗考》认为在汉迁徙闽越到江淮以后，漳州是"羁縻瘴乡，声教尚阻"，他继而引用南朝沈怀远的诗句"阴崖猿昼啸，阳亩秔先熟。稚子练葛衣，樵人薜萝屋"，感叹漳州"萧索景象至今可覆案也。"②

唐宋时期的汀州也属于经济文化比较落后的地区。与福建其他地区相比，汀州的开发时间及进程与均较为滞后，直到唐开元二十一年（733 年）汀州才被奏置。有的文献将唐宋的汀州视为"穷处""绝区"，如《舆地纪胜》载："汀为州，在闽山之穷处，复嶂重峦，绵亘数百里，东接赣水，南邻百粤。闽部所隶八州，而汀为绝区。"③

《临汀汇考》也将汀州描述是"七闽穷处也，蕞尔一城，孑然于蛮风蜒雨中。"④《元一统志》引《广陵志》以诗的形式说明了汀州地理条件的险恶："全闽形势数临汀，赣岭连疆似井径。江汇重渊锁地脉，山横华盖应天星。"⑤

此外，汀州内部蛮夷众多，周围山洞阻隔，北方中原（汉）文化未能在本地区占主导地位。《太平寰宇记》称汀州与建州交界的沙县："自乾符后，土寇

① ［清］吴宜燮修，黄惠，李畴纂：《龙溪县志》，卷二十二《艺文》，第 310 页。

② ［清］吴宜燮修，黄惠，李畴纂：《龙溪县志》，卷二十三《艺文》，第 339 页。

③ ［宋］王象之：《舆地纪胜》，卷一三二《福建路 · 汀州风俗形胜》，北京：中华书局，2003 年，第 3787-3788 页。

④ ［清］杨澜：《临汀汇考》，卷一《方域考》，第 14a 页。

⑤ 赵万里辑：《元一统志》，卷八《汀州路风俗形胜》，北京：中华书局，1966 年，第 631 页。

乱离，汉路阻隔”。[①] 清代王捷南《闽中沿革表》则称：“……（汀州）其东北境，今长汀、宁化地毗连将乐、邵武一带，自是山洞盘互，道梗未通。”[②] 按此前的理解，山洞应为非汉人群的聚居地，“山洞盘互”则间接说明当时“蛮夷”数量之多。《临汀汇考》则直接说明当时汀州为“峒民”“苗人”散处之地，其文曰：“长汀为光龙峒，宁化为黄连峒。峒者苗人散处之乡。大历后始郡县其巢窟，招集流亡，辟土殖谷而纳贡赋。”[③]

此外，历史上还曾发生“黄连峒蛮二万围汀州”[④] 之事，该事件足见汀州非汉族群数量之多，汉文化在蛮夷文化中，犹如大海的孤岛。谢重光先生研究发现：南宋时期，虽然汀州城区及附近聚集较大数量人口，但汀州的“外邑”，特别是广大山区呈现出与郡城完全不同的文化面貌，经常表现为“一幅基本未开化的蛮夷景象”。[⑤] 其实，闽粤赣地区这种政治中心与周边山区“华、夷”势力状态一直延续到元明时期，如明代李东阳在其《赣州府复修长沙营记》载：

> 眷兹南服，若赣、若惠、若潮、若汀、漳诸郡，衣冠文物与中州等，惟是万山蟠结，溪峒深阻，其风气郁而不畅，故其人所禀，颇多顽悍之质。[⑥]

在这种“蛮风蜒雨”中，作为掌握着史料话语权的汉人，把本族群与非汉族群区别开来的方法，就是把族群文化与中原联系起来，如庆元年间（1195—1200 年）汀州教授陈一新在《跋赡学田碑》中写道：“闽有八郡，汀邻五岭，然

---

① 笔者所引的《太平寰宇记》是王文楚先生根据金陵书局本校勘，上文提到“汉路阻隔”，万历本、四库全书本、《嘉庆重修一统志·延平府》与引本同，但是宋版作“溪”。“漢”（汉）与“溪”字形相近，恐在传抄过程中，鲁鱼豕亥而发生错误。按字面理解，“溪”路阻隔指的是地理交通受阻，说明在沙县一带存在“土寇”与汉人的地理边界；“汉”路阻隔，则说明闽西北间存在“土寇”与汉人族群边界。笔者推论：若按版本先后，宋版应更接近原本关于地理情况的描述，其后各版本欲将“汉”与“土”对应来写，表现的是“华夷有别”的民族观，反映了中国民族史深受大一统意识的影响。通过以上版本的修正，实际上也验证了族群边界演化的一个基本过程。［宋］乐史撰，王文楚等点校：《太平寰宇记》卷100，北京：中华书局，2007 年，第 1999 页、第 2008 页。

② ［清］王捷南：《闽中沿革表》，卷五《长汀县》，道光十九年刻本，载陈支平主编：《台湾文献汇刊》第五辑，北京：九州出版社，2004 年。

③ ［清］杨澜：《临汀汇考》，卷一《方域考》，第 14a 页。

④ ［宋］司马光：《资治通鉴》，卷二五九《唐纪》七五，北京：中华书局，1956 年，第 8457 页。

⑤ 根据谢重光先生研究，南宋时汀州，赣州城区一带虽然汇集了不少北方移民，由于北方移民文化的传播，在这两个郡城一带出现了类似于中原的语言风俗，但在汀、赣两州的广大乡村和山区，中原文化的传播还很微弱，梅州更是一派未开化景象。参见谢重光：《宋代湘赣闽粤边区的社会变迁与民族新格局》，《宁德师范学院学报》，2012 年第 2 期，第 15 页。

⑥ ［清］魏流等修，钟音鸿等纂：《赣州府志》，卷六十八《艺文志·明文》，中国方志从书华中地方第 100 号，据清同治十二年（1873 年）刊本影印，台北：成文出版社，1970 年，第 1238 页。

风声气习颇类中州。"[①] 这种不断强调"中原文化认同"的叙述模式，反映的是宋代以来，福建本土逐渐融入中原主流文化过程中的一种心理反弹，在表明自身文化历史渊源的同时，似乎更加强调其作为中原文化传承的正统性。[②]

而同时代的刘克庄描写漳州则称："风烟绝不类中州"[③]，谢重光先生将《跋赡学田碑》与刘克庄诗对比后认为："一说汀州颇类中州，一说漳州绝不类中州，可见在当时人眼中，汀、漳两州虽然境土相连，区域文化面貌和族群人文性格是迥然不同的。凡此都充分说明，宋代赣南、闽西确已形成彼此相似而与其他相邻地区迥异的独特区域文化风貌和独特族群人文性格。"[④] 唐宋时期漳州与汀州族群格局有所不同。应该来说，汀州的非汉人群比例更高一些，如果以孤岛与海洋的关系去探讨不同地区华、夷的族群格局，那么，唐宋时期的汀州，汉人显然是处于孤岛的地位。

实际上，"畲"、汉间的边界是多重的，在族群边界冲突更明显的漳州族群边界更清晰，掌握史料话语权的汉族在本族群势力较强的漳州证明他者为"非"（汉），在本族群势力较弱的汀州证明自己为（汉），本质都是在维护族群认同。

总之，随着南宋时期"畲"、汉边界的划定，"畲"作为一个在文化特征迥异于汉人的特殊族群登上了历史的舞台，在宋元时期的东南区域社会中扮演着区分人群的重要的角色。

## 第五节　小结

本章探讨了在华夏化进程中，特别是在华夏民族观念下，中国南方地区族群格局变化的情况，着重论述了南宋时期畲汉族群边界形成的情况。本章的主要论点有以下几点。

（1）华夏族不断向华夏核心区以外的"蛮夷"地区扩张，越来越多的非华夏族群被卷入其中。唐代以后，表现为南方各地区的"山洞"被开发，随之而

---

① ［宋］王象之：《舆地纪胜》，卷一三二《福建路》，《汀州风俗形胜》，北京：中华书局，2003年，第3787-3788页。

② 祁刚：《八至十八世纪闽东北开发之研究》，上海：复旦大学博士论文，2010年，第24页。

③ 刘克庄在《木绵铺》中写道："庵远人稀行未休，风烟绝不类中州。何须更问明朝路，才出南门极目愁。"参见［宋］刘克庄：《木绵铺》，载《后村先生大全集》卷十五，上海：上海书店，1989年。

④ 谢重光：《客家文化述论》，北京：中国社会科学出版社，2008年，第111页。

产生的后果是越来越多的华夏族被纳入帝国统治范围，成为王朝的编户齐民。而一些未被“王化”的“蛮夷”，其边界只能向更边陲的地区移动，最后形成一个个漂在华夏族群“海洋”中的非华夏族群“孤岛”。随着华夏化进程加快，国家加强对边陲地区的开发，“开山洞”的政治意义在于，国家通过奏置州县、检责户口、建立行政机构，对“山洞”蛮夷地区进行控制，其文化意义在于，越来越多的非汉族群走向华夏化，成为帝国的子民。帝国对南方非汉民族地区的经略是漫长而复杂的过程，除了政治军事运动外，更多是对该地区采取文化教化。宋代以后，南方山洞成为一个个被汉族“海洋”包围的“孤岛”，并且随着华夏化进程的加快而逐渐消失，这在客观上显示了“畲”汉边界的移动情况。

（2）在特定的生态环境中，华夏族形成“华夷之辨”的“天下观”或“异己观”，这种族群观念的心理优越性，使其具有向外扩张的驱动性。中原华夏族对周边的非华夏人群认识加深，越来越多的“他者”族群被发现，并随着华夏化进程，其族群边界发生了漂移。“华夏边缘”的漂移并非一定是华夏族人口实质性迁移，也与华夏族心目中“异族”边界的漂移有关，即一些原来存在于比较中心地区的“蛮夷”称谓，后来出现于边陲地区，有可能与华夏族的族群的认识有关。本章通过华夏族心目中“山都”“木客”“蜑”以及“盘瓠子孙”等族群边界的漂移，说明了影响族群形成的“他者性”问题，换言之，以上族群的发展与变迁，很大程度上与汉文化语境有关。在先秦之前的时代，闽粤地区的主要族群为百越，秦汉以后，来自鄂湘地区的荆蛮族群南移，东南地区的族群既多且杂，中原人常混淆不清，皆以未开化的蛮夷视之，出现了一些泛称，如蛮僚、峒僚等，实际上并非一个族群。随着族群接触的增多，对地方族群认识加深，汉人在主观上对这些蛮夷的族群分类也会更加详细。这种族群分类的细化，不仅仅是蛮夷本身自身演化分离的结果，还得从认识论的角度去分析其成因。

（3）在华夏中心族群观念和意识下，“畲”作为族群称谓应被认为是华夏异己观下的一种文化建构。把非汉民族以一定的特征联系起来，恰好一些仍维持古老农业形态的畲田方式的非汉族群被贴上“畲”的标签。然而正如文中所称，这种标签更多的是文化的标签，一些进入国家控制之内的“畲民”“峒民”不再被视为非汉民族；而原来一些可能是汉族的，因为“逋逃”或叛乱的，则被贴上“畲”或“峒”的标签，“畲”称谓的出现标志着“畲”汉边界的形成。两宋时期，中国经济完成重心南移，随着汉族势力在福建的扩张，其与“溪洞种类”在福建广东遭遇，“畲”作为一个族群称谓的记载，也最先出现在畲汉边界的漳州、潮州地区。

# 第三章　宋明时期畲汉族群边界的流动

闽粤赣地区是地理边界的缓冲区，也是各类族群互动频繁的地带，成为孕育新的族群的温床。这个地区的族群边界流动频繁，既有畲民通过获得版籍成为编户齐民的情况，也有汉人通过“入山洞”，脱籍成为“畲”“瑶”族群的情况。这种族群边界的流动，更多的是一种政治身份或文化身份的变化。这种变化既是官方对族群社会定义和族群分类的结果，同时也体现了族群自我认同的变迁过程。

## 第一节　国家认同与畲汉边界的流动

两宋时期，福建人口迅速增长①。户口的增加一方面是经济发展、人口繁殖的结果；另一方面则是一些非汉人群进入国家版籍的结果。

### 一、族群边界流动：“畲入汉”与“汉入畲”

有关“畲”汉身份转化，在史料多有记载。刘克庄《漳州谕畲》一文描述了漳州地区的畲人不堪“贵家辟产”“豪干诛货”以及“官吏征求土物”而“怙众据险，剽略省地。”在理宗景定三年（1262 年），国家派兵对畲民采取“剿捕”策略，然而效果不佳，于是选派卓德庆前往治理畲乱，卓德庆采取招抚策略，取得了较好的效果，《漳州谕畲》写道：

侯榜山前曰：畲民亦吾民也。前事勿问，许其自新。其中有知书及土人陷畲者，如能挺身来归，当为区处，俾安土著；或畲长能率众归顺，亦补常资。如或不悛，当调大军，尽鉏巢穴乃止。命陈鉴入畲招

① 根据梁方仲先生统计，从唐元和年间（806—820 年），福建登记在册的有户口分别为：74 467 户，315 740 人；而到了宋嘉定十六年（1223 年），户口分别是 1 599 214 户，3 230 578 人，400 年间，户口分别增长到 21.5 倍、10.2 倍。参见梁方仲：《中国历代户口、田地、田赋统计》，上海：上海人民出版社，1980 年，第 164 页。

谕。令下五日，畲长李德纳款。德最反复杰黠者。于是西九畲酋长相继受招。西定，乃并力于南，命统制官彭之才剿捕，龙岩主簿龚镗说谕，且捕且招。彭三捷，龚挺身深入。又选进士张杰、卓度、张椿叟、刘□等与俱。南畲三十余所，酋长各籍户口三十余家，愿为版籍民。二畲既定，漳民始知有土之乐。①

“畲民亦吾民”说明是官方在招抚畲民中采取的一种外交辞令，其中又隐含着华夏民族与非华夏民族不平等地位。如刘克庄在《送方漳浦》也写道：“颇闻送者诗盈轴，我有樵歌子试听。岩邑虽然人所畏，畲民均是物之灵。二升饭了官中事，一字廉真座右铭。见说守侯如召杜，断无走吏至公庭。”② 刘克庄以山歌的形式送方漳浦，其中一般认为生活在岩邑（险要的城邑），一般人视之为畏途。“物之灵”用典于《尚书·泰誓上》，其称：“惟天地万物父母，惟人万物之灵。”③畲族应该被看做“物之灵”。侧面反映了当时很多人将“畲”视为非人的看法普遍存在，这是一种族群边界的象征。

一般来讲，非汉民族在华夏化进程中有三个主要特点：

一是畲民内部的汉化是一个持续的过程，具有不平衡性。也就是说，汉化常常从内部集团的上层开始，从刘克庄文中我们发现，畲民的华夏化是从“知书”“土人陷畲者”“畲长”开始的。在明清以后仍是这样，如《天下郡国利病书》描述福建“猺人”时称：“楚粤为盛，而闽中山溪高深之处间有之。漳猺人与虔、汀、潮、循接壤错处……今酋魁亦有辨华文者。”④

正如当年楚、越等国华夏化运动也是从上层开始⑤一样，畲民的华夏化也是从首领开始，所谓的“今酋魁亦有辨华文者”，说明畲族族群首领开始接触汉字并通汉语，为本族畲民的汉化奠定了一定的基础。

二是畲民汉化具有反复性，从中也体现了族群认同工具主义的特性。“畲长”之所以被认为是“最反复杰黠者”，说明畲民在不同社会环境下，根据利益需求，选择不同的认同策略。

三是反映了非汉民族华夏化的一个普遍性问题：在国家意志的强力推行下，部分非华夏民族在强势的华夏文化中或者被迫，或者自愿融入华夏族中，另外，

---

① ［宋］刘克庄：《漳州谕畲》，载《后村先生大全集》，卷九十三《记》。

② ［宋］刘克庄：《送方漳浦》，载《后村先生大全集》，卷三十四《诗》。

③ ［春秋］孔子：《尚书》，《泰誓上》，哈尔滨：黑龙江人民出版社，2004年，第233页。

④ ［清］顾炎武：《天下郡国利病书》（下册），第26册，《福建备录·防闽山寇议》，上海：上海古籍出版社，1995年，第256页。

⑤ 罗新：《王化与山险—中古早期南方诸蛮历史命运之概观》，《历史研究》，2009年第2期，第5页。

还有部分采取不合作或逃离的策略，他们仍然保持"蛮夷"身份。但是，随着华夏化进程不断进行，在官方"且捕且招"的政策下，将有越来越多的蛮夷融入华夏族中，这是中国古代民族关系一个大的发展方向与历史趋势。

汉人进入畲区而成为畲民也是当时比较常见的历史现象。在宋代不仅有百姓"入畲""陷畲"，连一些官员都"隐畲"以求庇佑。如刘埙的《隐居通议》记载南宋赵必岊入畲的情况：

> 赵必岊，字次山……乡寓公吴允文浚奉密诏以江西招讨使举义反正，结约次山协谋兴复，战不利。允文奔漳州为都督文丞相天祥所杀，次山解兵隐汀州之畲中，踰年以疾终。①

汉人逃入畲洞，即所谓的"边人逃入蛮峒"，大部分原因是为了逃避赋税。《元史》记载，至元二十九年（1292年）时，江西行省左丞高兴曾上书请旨言："江西、福建汀、漳诸处连年盗起，百姓入山以避，乞降旨招谕复业。"皇帝下诏皆以应允。② 在元代，由于各地畲乱不断，百姓入畲者比前代更多，如《元一统志》记载道：

> 汀之为郡，山重复而险阻……西邻赣，南接海湄。山林深密，岩谷阻窃，四境椎埋顽狠之徒，党与相聚，声势相倚，负固保险，动以千百计，号为畲民。时或弄兵，相挺而起，民被其害，官被其扰。盖皆江右、广南游手失业之人逋逃于此，渐染成习。
>
> 武平南抵循、梅，西连赣，篁竹之乡、烟岚之地，往往为江广界上逋逃者之所据。或曰"长甲"，或曰"某寨"，或曰"畲峒"，少不如意，则弱肉强食，相挺而起。税之田产，为所占据而不输官。③

在元代汀州"椎埋顽狠之徒"，数量众多，他们"党与相聚，声势相倚，"且"号为畲民"，说明他们中许多是打着"畲"的旗号，弄兵作乱。这类"畲"数量增多的原因是"江右、广南游手失业之人逋逃于此"，这些人原本并非"畲"民，其在汀州所占之地被称为"长甲""某寨""畲峒"，被视为化外之民。由此可见，此时族群之间的界限模糊不定，在社会动乱的背景下，畲作为一类人群，其势力得到较大的发展。在元代士大夫眼中，此类逃离本乡聚集于深山幽谷间负

① ［元］刘埙：《隐居通议》，卷九《诗歌四·云舍赵公诗》，影印清文渊阁四库全书，子部172杂家类，第866册，第97页。

② ［明］宋濂：《元史》，卷十七《本纪·世祖十四》。

③ 赵万里辑：《元一统志》（下册），卷八《汀州路·风俗形胜》，北京：中华书局，1966年，第629-631页。

隅抗拒官府者，也被称为“畲民”，明显的例子还有“畲民丘大老集众千人寇长泰县”①。

在明代前期，闽粤赣的畲族势力仍较强大，入畲的汉人较多。王阳明治理闽粤赣地区“畲乱”时，曾记载有一些汉人被煽动蛊惑入畲的情况：

其大贼首谢志珊、蓝天凤，各又自称“盘皇子孙”，收有传流宝印画像，蛊惑群贼，悉归约束。即其妖狐酷鼠之辈，固知决无所就；而原其封豕长蛇之心，实已有不可言。②

也有一些是无籍汉人避役入輋的如：“吉安府龙泉、万安、泰和三县并南安所属大庾等三县居民无籍者，往往携带妻女，入輋为盗。”③ 还有原本非畲的百工技艺游食之人入輋的如：“其初輋贼，原系广东流来。先年，奉巡抚都御史金泽行令安插于此，不过砍山耕活。年深日久，生长日蕃，羽翼渐多；居民受其杀戮，田地被其占据。又且潜引万安、龙泉等县避役逃民并百工技艺游食之人杂处于内，分群聚党，动以万计。”④

以上描述的多为江西一带畲族情况，闽粤其他地方也类似，如“闽潮人叛逃流亡，就地垦荒者谓之畲蛮。”⑤ 到了清代，仍有此类人员：“雷公岭，距县北（饶平县）三十五里，层冈叠嶂，为潮惠二县（恐为州之误，笔者注）之界，奸民逋赋役者，辄借口邻封，彼此窜避，或托为猺獞逃化外。”⑥“托为瑶僮逃化外”说明畲汉边界在流动。

李调元的《南越笔记》有关于汉人由伪猺变为真猺过程的记载，其文称：

乐昌有伪猺，多居九峰司诸山。其始也苦于诛求，以其田产质客户，窜身猺中，规免旦夕，久之性情相习，遂为真猺。相率破犯条要，恣行攻劫，为地夫之害，即善猺亦且畏之。⑦

显然，文献中关于的“畲”“輋”“猺”的记载，其并非作为纯粹的种族区分，更多的是一种政治身份或文化身份的区分。也就是说，官方或文人把“入

① ［明］宋濂：《元史》，卷十五《本纪·世祖十二》。

② ［明］王守仁：《横水桶冈捷音疏》，载《王文成公全书》，卷之十《别录二》。

③ ［明］王守仁：《咨报湖广巡抚右副都循史秦夹攻事宜》，载《王文成公全书》卷之十六《别录八》。

④ ［明］王守仁：《立崇义县治疏》，载《王文成公全书》，卷之十《别录二》。

⑤ ［清］祝淮：《香山县志》，卷八《前事略》，道光八年（1828年）刻本。

⑥ ［清］周硕勋：《潮州府志》，卷十六《山川》，中国方志丛书第46号，据清光绪十九年（1893年）重刊本影印，台北：成文出版社，1967年，第204页。

⑦ ［清］李调元：《南越笔记》，卷七，扬州：广陵书社，2003年，第309-311页

畲"的汉人——这些汉人不管是"为盗"，还是"避役"——均称为"畲民"，目的是用其笼统地称呼那些脱离编户、与政府不合作的各种人群。①

由此可见，"畲民"的形成不仅仅是自我认同的结果，官方或主流文化对其社会定义同样重要。也就是说，有一些畲民认同，乃至"假托"自己为"畲民"；而另外一部分则是官方以单方面标准判断其是否为"畲"。可见，"畲/汉"边界具有不确定性的特点，既可以"入畲为寇"，又可以"籍峒为民"，从而实现"版籍/无籍"和身份的相互转化。②

## 二、国家认同：版籍作为族群区分的意义

国家常将获得版籍作为区分"溪洞"与"省民"或"畲"与"非畲"的重要标准，其背后体现的是文化认同的因素。国家之所以重视版籍，是因为社会的安定需要对边境进行控制，需要对户口进行管理。如明万历《福州府志》描述洪武到正德到万历年间二百余年户口无所增长时，作者论述道：

> 夫国家治平，晏然无事，二百年于兹，即前古未有矣……是故豪宗巨家，或百余人，或数十人，县官庸调，曾不得征其寸帛，役其一夫。田夫野人生子，黄口以上，即籍于官，吏索丁银，急于星火。此所以贫者益贫，而富者益富也……不毛之宅，无职事之人，终日美衣甘食，博弈饮酒，市井嬉游，独不可稍举古人以末之政，以纾力本者之困也耶？为今之计，欲使户无匿丁，则莫若凡讼于官者，必稽其版，凡适四方者，必验其繻，则户口可核。户口可核，则赋役可均。不惟足国裕财，驱民于农，亦无便于此者矣。③

明代户税制度不完善，豪宗巨家和一些百姓逃避户税，造成了国家的户税危机，所以要求，欲使户无匿丁，加强户籍的审核，如此可以均赋役，足国裕财，驱民于农。从这个分析，国家十分需要将一些可以纳入版籍的百姓纳入，这是国家安定的重要基础。将畲民纳入编户齐民可以证明一个地方官的政绩，也说明地方教化、文明的象征。

一些百姓如果不入版籍，不纳赋税，也会被视为化外之民。直到明末，所谓

---

① 黄挺，陈占山：《潮汕史》，广州：广东人民出版社，2001 年，第 241 页。

② 黄向春：《"畲/汉"边界的流动与历史记忆的重构——以东南地方文献中的"蛮獠——畲"叙事为例》，《学术月刊》，2009 年第 6 期，第 139-140 页。

③ ［明］喻政主修：万历《福州府志》，卷二十六《食货志一・户口》，福州市地方志编纂委员会整理，福州：海风出版社，2001 年。

的化内化外并不一定指的是少数民族，而指的是有没有接受王化，如冯梦龙的《寿宁待志》称：

> 至磻溪、西溪二处与泗洲桥素通姻盟，互相应援，一呼百集，目无官府，欠粮拒捕，无所不至。余惩顽民陈百进之事，乃请详上台……而收化外之民于化内也。①

实际上，在早期蛮族华夏化过程中，也常提及纳税情况，如应劭记载长沙武陵蛮称："以先父有功，母帝之女，田作贾贩，无关梁符传、租税之赋。"② 认为，他们不向中国官府纳赋税，说是因其父盘瓠对中国有功，母亲又是帝王之女。事实上，应是当时朝廷尚无力统治这地方的山间人群。《南史》中记载荆雍州蛮为盘瓠之后，这部分蛮夷顺附者向朝廷纳赋税，但无杂税与劳役。也有部分汉人逃入蛮夷，群起为盗，"结党连郡，动有数百千人"③。这些逃入蛮夷中的汉人，逋负钱粮，也被统治者视为化外之民。因此，赋税与其作为经济特征，不如说是一种文化特征：是判断汉与非汉的重要标准之一。

再如宋代刘克庄为宁都县丞赵必健写的《英德赵使君墓志铭》称：

> 剧贼陈淮西、罗洞天聚众出没赣、汀、潮、梅数州郡，檄令合官民兵讨之……罗畲峒首黄应德久负固，亦请出谒，公延见，享劳之，感泣辞去。已而邵农至其所，应德曰："吾父来矣，率妻子部曲罗拜，愿附省民输王租，迄公去，溪峒无反仄者。"④

以上记载中的罗畲峒居民应该是畲民，是否"输王租"，成为"省民"与"峒民"的主要区别之一。郭志超等认为唐代之前畲族尚无纳税，南宋末年才有少部分畲族承担封建赋役，宋元时期畲民入籍和承担赋役并没有大范围进行，而直至清代，畲民才在真正意义上承担封建赋役。⑤ 从畲民的纳税服役的范围及普遍性情况，可以看出，畲民不断被卷入华夏化进程中，编户齐民身份的获得以及对国家义务的履行，对畲民的国家认同产生了重大的影响。

---

① ［明］冯梦龙著，陈煜奎校点：《寿宁待志》，卷上《铺递》，福州：福建人民出版社，1983 年，第 38–39 页。

② ［汉］应劭撰，王利器校注：《风俗通义校注》，《佚文 · 四夷》，北京：中华书局，1981 年。

③ ［唐］李延寿：《南史》，卷七九《夷貊下 · 荆雍州蛮》，北京：中华书局，1975 年。

④ ［宋］刘克庄：《英德赵使君墓志铭》，载《后村先生大全集》卷一百六，《墓志铭》。

⑤ 郭志超、董建辉对不同时期、不同地区畲族的赋役状况进行了考证辨识，认为畲族地区的封建赋役制始于南宋末，局部扩张于元明，普遍实行于清代。早在明代，粤东大部分畲族地区已推行赋役制度，而到清代，闽西、闽南（九龙江以西）及赣南畲族地区赋役制度亦得到普遍推行。参见郭志超，董建辉：《畲族赋役史考辨——与蒋炳钊先生商榷》，《民族研究》，2000 年第 2 期，第 94–100 页。

明代一些畲族首领入朝贡献，这种象征性的仪式在国家看来是臣服万民，民心归顺的国家重大事件，因此被记录在史籍当中。如明代《广东通志》记载道：

(永乐五年1407年) 冬十一月，畲蛮雷文用等来朝。初，潮州府卫卒谢辅言：海阳县凤凰山诸处畲，遁入山谷中，不供徭赋，乞与耆老陈晚往招之。于是畲长雷文用等，凡百四十九户，俱愿复业。至是辅率文用等来朝，命各赐钞三十锭，彩币表里绸绢衣一袭，赐辅、晚亦如之。①

可见，是否纳税服役是朝廷判断一个地区人群"化内"或"化外"的标准。如崇祯《兴宁县志》曾对当时将"徭蛋"称为"夷狄"的社会偏见进行反驳，其中主要的理由就是当地"徭蛋"获得版籍，并纳税服役，其文曰：

按吴志名徭蛋曰夷狄，令人愕然。求其说而不得。此非山戎氐羌之比，错居中土，衣冠与世同，无复椎结之习，一耕于山，山有粮，一渔河，河有课。既籍其名於版，子孙数十世势能徙居塞外矣乎？出入同乡井，又能区分限域矣乎？王者无外，听其蠉飞蠕动于穹环之间，亦齐民矣。已恶得而狄之。②

明代《广东通志》描写潮州府畲、瑶时称：

民有山輋曰瑶、僮，其种有二：曰平鬃，曰崎鬃。其姓有三：曰盘、曰蓝、曰雷。依山而居，采猎而食，不冠不履，三姓自为婚，有病没，则并焚其室庐而徙居焉。俗有类于夷狄，籍隶县治，岁纳皮张。旧志无所考。我朝设土官以治之，衔曰輋官，所领又有輋，輋当做畲，实录谓之畲蛮。③

从以上记载看出，作者认为輋又称瑶、僮，习俗"有类于夷狄"，即认为畲民与夷狄习俗有相同的地方，从遣词造句中又说明畲民不完全与夷狄相同。造成这种认识的根本原因在于"籍隶县治"，这再一次说明国家版籍制度的施行，使得畲民慢慢进入华夏边缘之内，版籍也是判断畲汉边界的一个重要标准。

## 第二节　"贼""民"分类与宋代以来的"畲乱"

宋元以后直至明中叶，闽粤赣交界地区一直是族群动乱的中心区域，体现在

① ［明］黄佐纂修：《广东通志》，卷六十七外志四《猺獞》，第1760页。

② ［明］刘熙祚修，李永茂纂：《兴宁县志》，卷六《杂记·徭蛋》，北京：中国书店，1992年。

③ ［明］黄佐纂修：《广东通志》，卷六十七外志四《猺獞》，第1765页。

文献上就是大量有关于“洞寇”“畲寇”“畲军”“畲贼”等记载的出现。

新中国成立以来，畲族动乱（或畲族起义）成为畲族史研究的重要内容，取得了较大的成果，但由于受到当时学术背景的影响，畲族史研究带有明显的“政治意识”，如畲族社会历史调查中，过多地强调阶级斗争内容，从而限制了畲族史研究的进一步发展。① 笔者认同王学典先生关于50年来的农民起义研究的反思，即在“学术语境中”对社会动乱进行研究。② 近年来，闽粤赣地区的社会动乱引起了学术界的关注，唐立宗、黄志繁、饶伟新等学者做了有益的探索，给本文研究带来了不少的启发。③ 笔者从族群边界的角度分析后认为：宋元大量出现的“畲乱”记载，是官方单方面的文化表述，“畲”经常是作为一种“文化标签”，“畲”与“非畲”并非只是纯粹血统的“种族”区别。宋元时期，关于“畲乱”的大量描述，既体现了官方“贼”“民”的族群分类，也可以观察“畲”、汉族群边界的流动情况。

## 一、畲瑶“盗”“寇”“贼”族群印象的由来

宋明时期闽粤赣地区“寇乱”频发，地方社会危机重重，该地区的社会动乱有其自然、历史和社会的原因，这是一个多种因素叠加、社会矛盾积累到某个临界点时，而后矛盾相继爆发的特殊社会现象。正如《汉书·贾谊传》所称：“安者非一日而安也，危者非一日而危也，皆以积渐然。”④ 从文化学的角度，宋元以来的“畲”乱，实际上是一个文化再创造的结果，“寇乱”显示了当地族群社会文化整合的情况。

随着以汉人为代表中央王朝日益深入南方地区，南方的非汉族群被定性为

① 新中国成立以后，畲族起义（畲乱）作为历史研究的“五朵金花”之一的农民战争的一部分，许多学者对畲族各类起义进行了认真细致地梳理、考证，多层面多角度地论述，推动了畲族研究的深入发展；这种研究很大程度受到“阶级斗争论”的学术背景影响，带有明显的“政治意识”。如畲族社会历史调查中，报告常将畲族阶级斗争作为重要内容来论述，对畲民在各个历史阶段的反抗历史也着墨甚多。如编于1980年的《畲族简史》，有一半以上篇幅在描述畲族的抗争。参见《畲族简史》编写组：《畲族简史》（中国少数民族简史丛书），福州：福建人民出版社，1980年。

② 王学典：《意识形态与历史：近50年来农战史研究之检讨》，《史学月刊》，2005年第7期，第15页。

③ 参见唐立宗：《在“盗区”与“政区”之间——明代闽粤赣湘交界的秩序变动与地方行政演化》，“国立”台湾大学文史丛刊（118），台北：“国立”台湾大学出版委员会，2002年；饶伟新：《明代赣南族群关系与社会秩序的演变：以移民与流寇为中心》，厦门：厦门大学硕士学位论文，1999年；黄志繁：《“贼”“民”之间：12—18世纪赣南地域社会》，北京：生活·读书·新知三联书店，2006年。

④ ［东汉］班固撰，［唐］颜师古注：《汉书》，卷四十八《贾谊传》。

"蛮夷"话语之中[①]，文献中出现的有关"峒""蛮""獠""猺""獞"等均是这种"华夷之辨"族群话语下的产物。特别是在汉与非汉之间的族群边界冲突发生时，更进一步加深了华夏族对"蛮夷"的"贼""寇"身份的印象。那么，这些"贼""盗""寇"是如何"制造"出来的呢？笔者认为有以下几个方面。

第一，由于话语权掌握在统治者手中，因此"贼""寇"其实就是官方单方面的文化表述的产物，官方的利益成为评判标准的核心。在官方的话语系统中，"贼""寇"与"民"相对，是合法社会秩序以及帝国权威的挑衅者。"贼""寇"本有区别，清代梁章钜在《称谓录》中称："奸宄。《书传》：'劫人曰寇，杀人曰贼，在外曰奸，在内曰宄。'……盗，《左氏》定公八年经注：盗，谓阳货也。疏：盗者，贱人之称也。"[②]

随着历史的发展与演变，"贼""寇""盗"作为对动乱者的贱称实际上是相通的，可视为一种泛称，专门用以指代社会秩序的叛乱者。统治者用"贼""盗""寇"的文化标签来定义社会中某一特定族群，并以此区别族群间"良"与"莠"的边界。王朝以文化阶序来区分"贼""民"之间的族群边界，其目的在于：宣扬文化等级差异，防止更多民众加入"贼"之中，同时增强普通百姓内部的文化认同感。从历史上看，在多数动乱中，不仅由官方派兵平盗，在民间中，也有许多士绅阶层自发组织乡村民间武装对"贼""寇"进行剿杀。可见，族群边界的区分，有助于维护王朝的统治秩序。如《宋史》载："（至元十四年）五月……（张）世杰乃奉益王入海，而自将陈吊眼、许夫人诸畲兵攻蒲寿庚，不下。"[③]

而清代杨澜的《临汀汇考》亦载其事："宋绍熙中，上杭峒寇结他峒为乱，州判赵师瑶擒其渠魁。而宋季张世杰会师讨蒲寿庚，有许夫人统诸峒畲军来会，汀畲亦在军中。"[④]

这里的表述比较微妙："峒"民为乱称之为"峒寇"，参与张世杰军队者则称之为"畲军"或"畲兵"。可见，"军""兵"与"寇"之间的区别，显然是根据是否符合官方利益的标准而作评判的。

---

① 温春香：《明清之际畲族民风的改变——以地方志为中心的考察》，《中国地方志》，2008 年第 11 期。

② ［清］梁章钜撰，王释非，许振轩点校：《称谓录》（校注本），卷三十《盗贼》，第 564－565 页、第 621 页。

③ ［元］脱脱：《宋史》，卷四百五十一《列传第二百一十·忠义六·张世杰》，第 13273 页。

④ ［清］杨澜：《临汀汇考》，卷三《畲民附》，第 29b 页。

刘志伟曾指出“蛮夷”之所以常被冠以“贼”“盗”“寇”蔑称，与其“不受教化”“不税不役”“化外之民”的特征有关系，而所谓“蛮夷”，不仅是一个血统的范畴，更是一个文化和社会的范畴。①对于王朝而言，纳税服役的政治意义远比经济意义大，是否承担赋役、履行国家义务，成为国家区分“民”与“盗”的重要指标。② 在一些国家政治管理鞭长莫及的偏远边陲地区，其居民（主要为非汉人群）无法做到或不愿意去履行国家义务，国家因此将这些居民与“盗联系起来”。这种思想体现在文献上，就是常将地理上的边陲与族群“化外”的性格联系起来，即认为一个地区的民风或族群性格往往与地理环境有关，地理越蛮荒险远的地方，居民可能越难教化，也更易发生动乱。

福建山区往往为盗贼渊薮，宋代的周必大称：“七闽地狭，人众甚艰苦，其民亦重犯法，然东际海南接炎峤，西入赣境，风潮出没之奸，山谷集之盗，控御失所，或害吾治。”③ 到至元年间便有人认为：“闽地山谷之间往往乌合为寇”。④《元一统志》也称：“汀之为郡，山重复而险阻，水迅急浅色涩。民生其间，气刚愎而好斗，心偏迫而浅，亦风土使然。”⑤

直到明代闽粤赣仍被认为是畲民聚集的地方，何乔远《闽书》称：“江西之南赣，福建之汀漳，及广东之南、韶、潮、惠，湖广之郴桂，境壤相接，峻谷深山，岭岫缀连，畲贼窟穴其中。”⑥ 明代时期，上杭溪南地区作为“盗窟”尤为著名，明代兵部尚书杨博称：“闽广之贼所倚重者数巢穴耳，其大者在福建则有上杭峰头、永春蓬壶……”⑦ 明人郭造卿在《闽中分处郡县议》亦云：

① 刘志伟通过比较两部《广东通志》关于广东地区“蛮夷”的记载，发现除了提到了一些文化上的特征以外，特别用了“不服政化”“不可羁摩”“不属于官”“无版籍”“无赋役”之类的字眼来描述他们的社会身份。他们不仅在文化上属于“椎结卉服之民”，在社会身份上更是区别于“良民”“编户”“齐民”，是民属于所谓的“化外之民”。刘志伟：《在国家与社会之间：明清广东户籍赋税制度研究》，广州：中山大学出版社，1997 年，第 101-102 页。

② 温春香：《明清以来闽粤赣交界区畲民的族谱书写与族群意识》，《贵州民族研究》，2015 年第 1 期，第 178-179 页。

③ ［宋］周必大：《文忠集》卷一百，《直敷文阁福建运判吕企中除福建路提点刑狱公事填赵子英召赴行在阙候任满前来奏事》，第 11a 页。

④ ［元］胡翰：《墓志铭》，收入［元］王毅：《木讷斋文集》附卷，转引自陈高华等编：《元代农民战争史料汇编（中编）》，北京：中华书局，1985 年，第 184 页。

⑤ 赵万里辑：《元一统志》，卷八《汀州路风俗形胜》，北京：中华书局，1966 年，第 629-630 页。

⑥ ［明］何乔远：《名山藏》，卷八十五《儒林记·王守仁》，续修四库全书，427，史部杂史类，据明崇祯刻本影印，上海：上海古籍出版社，1995 年，第 395 页。

⑦ ［明］杨博：《杨襄毅公本兵疏议》，《四库全书存目丛书》集部第 61 册，明万历十四年（1586 年）师真堂刻本，卷七《请催江西守臣依限平贼起副使谭纶统兵疏》，第 35b 页。

"然近日三省山寇数十年一作，及剿有数十年之安，惟三图百余年，无秋冬间不啸聚，屡扑而不驯服，其山林险密，尤异他区，邻省山寇共推之为主耳。"①

清代杨澜在《临汀汇考》称："南赣地连闽广，山谷深阻，盗贼易为巢穴。"②《肇域志》记载漳浦县大帽山："在县北百里，山大而峻……南距檬林延袤数百里，深林丛莽，群不逞多啸聚，其间迤东通溪埔山，菁畲猺獞时出为寇，乡导而直北。"③ 可见在闽南地区的漳浦大帽山、云霄檬林这些地方"深林丛莽"，成为"盗贼"啸聚的地方，在这些人中有一部分人是"菁畲猺獞"，也就是畲民。

除了福建外，广东、江西等地也是畲、猺、峒獠出没之地，如史称"在广东则有猺峒，在江西有畬巢"④，这些族群一般被认为是危险的、狡猾的人群，如元末黄潜记载郴州百姓害怕与当地非汉族群交往，"洞蛮猺獠往来民间，人惮其强猾，莫敢与相贸易"。⑤ 这里"民间"应该指的汉人社会，"人"也指汉人，当然这种记载是单方面的反映的是汉人对这些猺獠的看法，我们或许可以推测，猺獠在面对强势的汉人，比上述的汉人更为"忌惮"。

这些非汉族群在汉人眼中之所以是危险群体，与他们时常外出劫掠有关，因此也被称为"盗贼"。明人梁朝宗描述江西龙泉等地有"猺、畬、獠"，这些居民僻居山区，不纳赋税，而且在灾荒之年劫掠百姓，如"龙泉，吉左僻邑也，控郴衡而引虔，猺、畬、獠、恶少出没之地，岁登则自食其力，歉则群聚不逞之徒，大肆劫掠刈人如草菅。"⑥

畬民冠以"贼"字，可见当时畲民的族群印象被打上"盗寇"的烙印，正是有了这种族群印象，所以在文献中谈及闽粤赣边等地区的非汉族群时，常以好

① ［明］郭造卿：《海岳山房存稿》（明万历间谷城于氏刊本），卷十二《闽中分处郡县议》，第27b-28a页。

② ［清］杨澜：《临汀汇考》，卷三《兵寇考》。

③ ［清］顾炎武撰，王文楚等校点：《肇域志》，《福建一》，第341页。

④ ［明］毛伯温：《毛襄懋先生奏议》，《四库全书存目丛书》史部·诏令奏议第59册，清乾隆三十七年恩堂刻《毛襄懋公全集本影印》，卷四《弭盗疏》，第23a页。

⑤ ［元］黄潜：《黄学士文集》，收入放胡宗楙辑《擅金华丛书》18，影钞元至正刊本，台北：艺文印书馆，1970年，卷三一《正奉大夫江浙等处行中书省省知政事王公墓志铭》，第7b页。

⑥ ［清］刘坤一等修，趟之谦等纂：《重修江西通志》，卷七五《建置略·坛庙三》，根据清光绪六年（1880年）刊本影印，台北：台湾华文书局，1967年，第54a页。

斗喜乱来形容其性格，如“畲丁[①]溪子善惊好斗。”[②] 又如“畲丁洞猺喜惊而嗜斗”[③]。

实际上，“民”和“贼”的身份并不一定是固定不变的，二者是可以转化的。王慎中在分析上杭县的溪南盗风日炽时，对“民”化为“盗”作过精彩的论述：

> 风气所限，非性故然，长子育孙，生蕃齿盛，耳目熟习，莫改厥德，少视其壮，壮视其老，蹲危逗幽，乃为盗薮。厥有治者，不揆其性，不闵其习，盗视彼民，忿犷塱凶，攻击铲除，如农疾莠，惟惧不残。民不见德，又弗儆威，既狃于习，且偷其生，鸱张螳怒，攘奋踉跄。吏既雠民，民亦毒吏，雠毒两积，交不得已，于是溪南之民，恶声胶固。[④]

可见，最初“民”“盗”水火不容，但最后仍皆为盗贼所吸纳。足见一个地方文化对族群塑造的力量。

就官方立场而言，“盗贼”界定主要在于人民的行踪官方是否难以掌握，衡量的标准是以平民的活动是否违法脱序作判别。在古代农业社会价值观念下，只要在土地上安分守己，就不是“盗贼”，否则皆将与“盗贼”无异。“倘若硬性将传统农业社会价值观念，桎梏在逐渐转向于商品经济流通的社会，自然官方会对流民、移民的增多而感到处处皆‘盗’，在此情况下，社会经济的变化造成南赣地区的盗增并不使人意外。当然对于现有秩序与体制而言，官方根本不容许‘盗贼’聚众生事，并强力禁制他们‘倡乱’。”[⑤]

另一方面，华夏化过程中，王朝势力深入非汉地区，引起了当地族群与其他族群，乃至与政府的矛盾。这本来是政府深入非汉族群的居住地，但如前文所述，在华夏视野的“天下观”中，官方先验地认为土地人口均为国家所有，因

---

① 这里的畲丁指的南方非汉族群中的一种。清代梁章钜将畲丁归为“农”类，他在《称谓录》中称：“《元史·博尔忽传》：‘畲丁溪子’，案畲丁，务农者也。”［清］梁章钜撰，王释非，许振轩点校：《称谓录（校注本）》，卷二十七《农》，第513页。

② ［元］元明善：《太师淇阳忠武王碑》，载《清河集》，卷二《续修四库全书》1323集部·别集类，据清光绪刻本藕香零拾本影印，上海：上海古籍出版社，1995年，第6页。

③ ［元］许有壬：《送苏伯修赴湖广参政序》，载《至正集》，卷三十四，据清抄本影印，北京图书馆古籍珍本丛刊95集部，元别集类，北京：书目文献出版社，1998年，第175页。

④ ［明］王慎中：《玩芳堂稿》，《四库全书存目丛书》集部第88册，明嘉靖二十九年（1550年）蔡克廉刻本，卷四，《抚寇碑记》，第33b页。

⑤ 唐立宗：《在“盗区”与“政区”之间——明代闽粤赣湘交界的秩序变动与地方行政演化》，2002年，第101-102页。

而，不服从国家安排的就是"寇"或"贼"。直至明清时期，在全国开展丈量土地运动，在闽粤赣地区就遇到畲民的抵抗，如平和县早在明嘉靖中，知县谢明德就已经开始提议实施土地丈量：

仿古经界之法，就现在田土丈量均产，每田一亩随九等高下会计产钱。而总合一郡诸租税、钱、米之数，以产钱为母，别定等则；一例均敷，分隶若干为省计，若干为职田、学粮之属，令诸乡具籍，条别辖内田额四至。[①]

这说明是一种边界的推移。应该是加强控制，华夏边缘逐渐延伸，导致了非汉民族的反弹。这种丈量田亩等，名义上是为国家丈量田亩，实际上在此之前均为非汉民族居住，应该会造成关系的紧张，如清道光《平和县志》记载：

（康熙）三十七年七月，贼首钟平鼻，吕扁[②]党也。因县有丈量田亩之议，人情汹汹，知县奔避郡城。平鼻结盗营大丰社，去县三十里，约期劫县，而自为内应，与弟钟二乘间登城伺探，为营兵所觉。县乡壮乘夜薄贼营，贼知平鼻既遁，皆溃，死者甚众。[③]

第二，由于中国中国古代重视农业，认为农业是立国之本，常将一些从事非农业的人民称为"轻民"，与"重民"相对。清代梁章钜在《称谓录》中称："重民，《管子》：'轻民处而重民散'。注：轻民，谓为盗者，重民，谓务农者。"[④] 轻和重相对，区别在于，重民务农纳税，轻民，逋逃为盗。所以从事商业以及经济作物者均认为是社会不稳定因素。

闽粤赣地区自宋代以后，出现的许多"寇""贼"，清代杨澜曾考证称：

汀郡……乃稽之往代，则有江寇、虔寇、广寇、漳寇、海寇、洞寇、畲寇、盐寇，种种名色，其故何哉？自王绪引兵入闽，汀郡首婴其锋，地为丹徼喉衿。入宋，则盐徒剽掠，往来汀、虔、漳、梅、循、

① ［清］黄许桂修，曾泮水纂：《平和县志》，卷一，《山川志》，清道光十三年（1833 年）修，第 72 页。

② 钟先、钟平鼻钟姓在诏安应属畲姓。吕扁是康熙年间聚集在诏安县寇乱头目。道光《平和县志》卷三《武功志》："（康熙）三十六年，诏安县城吕扁聚党于白叶渠。渠深险，与广东大埔县山谷连界，数日之间，众至七百余人。劫掠村落，渐逼县城，居民各依乡堡固守，贼无所得。间道夜趋南靖之山城墟，会沮雨，既至，天已明，贼争夺食，汛防千总曾高捷击走之。后入（平和）县境，聚高磜，约正吴元臣纠乡壮击杀百余人，生擒者数十，枭吕扁首，余党俱散。"同上书，卷三《武功志》。

③ 同②，卷十《士习》，第 157–158 页。

④ ［清］梁章钜撰，王释非，许振轩点校：《称谓录》（校注本），卷二十七《农》，福州：福建人民出版社，2003 年，第 513 页。

惠、广之地，官不能禁。①

如果将杨澜列举的“寇”分类，大抵可以分为两类：一是按照族群身份从事职业区分，如海寇、畲寇、峒寇、盐寇，或者是处在山峒、海边的寇，或者是从事盐业、畲田的寇；二是按照“盗寇”来源地区分，如江寇、虔寇、广寇、漳寇。根据杨澜考证，古代汀州之所以出现这么多类型的“寇”，一方面是地理缘故，唐末王绪引兵入闽，汀州因其地理位置首先遭遇战乱而引起“寇乱”；另一方面是经济缘故，如盐徒四处剽掠，官府也无法控制。

我们可以进一步推论，唐五代以后，以王绪为代表的中原汉族势力进入福建地区，引起了当地族群结构的变化，族群边界被打破时，族群冲突而造成的社会动乱屡有发生；另外，唐宋经济重心南移带来的经济社会结构转型，在地方与中央，地区与地区之间以及不同族群之间的资源分配发生结构性的矛盾，由此产生冲突。② 特别是入宋以后，朝廷关于食盐制度的不合理③，一些盐徒趁机剽掠，食盐走私盛行引起地方的连锁动乱反应。如王安石《虔州学记》记载：“虔州江南，地最旷，大山长谷，荒翳险阻，赣、闽、越，铜盐之贩，道所出入，椎埋盗守鼓铸之奸，视天下为多。”④《天下郡国利病书》也称：“汀虽非产盐之区，而实为通盐之路，亦江广之咽喉，为闽西外府也。宋时通之，寇且踵作，而必禁之。”⑤ 南宋绍定年间汀州改食潮盐后，《临汀汇考》载：“惟虔州患苦盐法如故。而汀境食米不敷，半仰给于邻境之肩贩，常有遏籴之恐。于是乃许虔民担米来汀，贸盐而返，以有易无，二州民胥赖之。”⑥

可见各地的经济结构具有不平衡的特性。以汀州为例，该地常常有粮食不足的现象发生，粮食不足自然米价上涨，由此又引起寇乱的产生。有史料证明灾荒引发的米价上涨曾导致了闽西洞民寇乱。清代邱嘉穗在《与翁明府、蒋参戎论洞寇书》曾记载了明代上杭来苏三乡的洞寇因为米价上涨而为盗寇的情况：

---

① ［清］杨澜：《临汀汇考》卷一，《方域考》，第14a页。

② 黄志繁《“贼”“民”之间 12—18世纪赣南地域社会》，北京：生活·读书·新知三联书店，2006年，第259-261页。

③ 宋代食盐由国家统销，汀州食福建盐，由闽江溯流经南平、邵武运至；赣州食淮盐，又须过长江、溯赣江运至。因路途遥远，盐价既高，质量也差。相比之下，潮盐优质廉价，汀、赣二州百姓都喜食潮盐。为打破政府食盐的垄断和科派，汀、赣二州出现贩运私盐现象，从而引起一系列社会问题。详见周琍：《明清时期闽粤赣边区的“盐粮流通”》，《盐业史研究》，2006年第3期，第34-35页。

④ ［清］魏瀛等修，钟音鸿等纂：《赣州府志》，卷二三《经政志》，清同治十二年（1873年）刊本。

⑤ ［清］顾炎武：《天下郡国利病书》（下册），第26册《福建》，上海：上海古籍出版社，1995年，第290页。

⑥ ［清］杨澜：《临汀汇考》卷三，《盐法》。

> 窃惟来苏三乡，孤悬天末，不幸复界闽、粤间，西接武平，南邻程乡，无深沟高垒以为之限，有幽岩丛菁以为之巢。其二洞，群不逞之徒倚为窟穴，游奕往来，眈眈视来苏如奇货者，盖匪朝伊夕矣。会日秋收颇歉，谷价上腾，加以赣米弗来，潮米莫上，贫民半菽不饱，并日而炊。于是，二洞之亡命为雄者，至敢阴行招纳之私，大肆攻掠之惨，一呼百应，四方驿骚……诚见年荒米贵，平时汀、潮两地所仰给于西江诸郡县者，近则皆禁绝不甚通，非邻封有遏籴之谋，即当事之过虑，不许贩出境外，而皆必给票盘验，以使之嗷嗷望哺，卒不可得；枵腹难堪，呼吁无门，既不敢擅发河东之粟，复谁能代绘监门之图？彼以为死于饥也，与死于盗也，等一死也；与其捐瘠沟中而长为白骨之鬼也，何如游魂釜底而暂作绿林之豪也。是以奋袂攘臂，不得已而出于此。①

日本学者竹村卓二在研究华南山地民族时也指出："山地民的粮食自给率十分低下，常常碰到饥荒，从而成为引起暴动的原因，这并非偶然。尤其为维持生命不可缺少的食盐供给，是最为紧要的问题。"②

明清以后，在闽粤赣地区出现大量类似"炭党""矿徒""菁客""麻民""蓝户""烟民""菰农""畲客""山贼""棚民"等称谓的流动人口。"寇、客、党、徒、盗、贼"等通称与"民、户"相对，是在中国古代重本抑末经济体系下，对非粮食生产人口的各种称谓。之所以用"贼""寇"称之，主要是因为这些流动人口往往与土著族群发生冲突，并对正常农业社会秩序带来巨大的破坏。傅衣凌先生曾论述道："（明清时期）山区带有商品经济关系性质的农民斗争……是和商品生产有较大联系的山区棚民的斗争。他们以蓝户、菁户、麻民、炭党为主体，此外，还有'矿盗''海盗'的参加……他们多是离开土地的外地人……流动性大，人数多"。③ 傅先生认为，明清时期的社会动乱与这些从事非农业（从事商品经济关系性质产业）人口有极大关系。

这些流动人口，往往是无籍的人口。无籍之民，按刘志伟研究，在明代广东地区主要有两类：一类是脱离里甲体制的"逋负之徒"（或"逃户"），另一类

---

① ［清］邱嘉穗：《与翁明府、蒋参戎论洞寇书》，载［清］曾曰瑛等修，李绂等纂：《汀州府志》，乾隆十七年（1752年）修，卷四十三《艺文五》，台北：成文出版社，1967年，第579-581页。

② ［日］竹村卓二著，金少萍，朱桂昌译：《瑶族的历史和文化——华南、东南亚山地民族的社会人类学研究》，北京：民族出版社，2003年，第114-115页。

③ 傅衣凌：《从农民斗争到资本主义萌芽看中国封建社会的弹性》，《学术研究》，1983年第2期。

是未归附于里甲体制的“化外之民”（或“蛮夷”）。[①] 饶伟新曾指出，“无籍之民的社会政治处境和‘化外蛮夷’的族群背景”造成了明代赣南的社会动乱。[②] 也就是说，无籍之民与“蛮夷”共同造成了明代闽粤赣地区的社会动乱。如《虔台志》载惠州府三类无籍之民：

以和平（县）为赣、桂、汀、漳之界，乃大帽山、岑冈地也，挂坑障、香炉峰、看牛坪皆比近，故延蔓相及耳。然惠皆良民耶？傜僮淆焉，鱼蛋伏焉，逋亡集焉，盗所由出也。[③]

说明在广东惠州在数省交界之地不仅“良民”居住，还生活着许多非汉族群，概括起来有三类人：“傜僮”“鱼蛋”“逋亡”。这三类分别指在山为畲、在水为疍，加上逃避赋税的所谓“奸人”，这些人是汉人，但一般将其视为化外之民。这也说明了随着历史的推移，王朝关于南方化外的非汉族群的泛称，从原来的一类（蛮），变为两类（莫傜—卢艇、蛮—疍、居峒砦—家桴筏），变为三类（“傜僮”—“鱼蛋”—“逋亡”）。从这种泛称分类也进一步说明，对华南社会，特别是内部结构，有了更深的理解。“逋亡”群体的存在，是华夷边界摇摆、流动的重要变量。顾炎武《天下郡国利病书》记载洪武二十四年（1391年）广东多地有“山寨瑶贼、蛮贼及倭贼”。同时，“东莞、香山等县逋逃蜑户，附居海岛，遇官军即称捕鱼，遇番贼则同为寇，不时出没，劫掠人民。”[④] 这些“逋逃蜑户”在蜑与倭中身份变换，成为地方不稳定因素之一。

无籍之民与“蛮夷”二者有时候是统一的，即动乱中的叛乱者，既是“蛮夷”，又是无籍之民。福建等地的矿冶，聚集了一些非汉人群，有很大一部分是畲民。如永安御史胡琼《忠洛无银矿记》记载峒民从事银矿开采，而后酿祸的经过：

正德癸酉，民有趋利者，诱浙之峒民，拥众突来，未敢恣发。适郡节推郭姓者摄县事，峒民度其老而贪，得厚啗以利。郭欣然许其开凿，且为之陈于总镇。邑人以其地密迩大帽山，为江、浙、闽、广丛盗之会，虑其闻风袭夺，因以为乱，群情惊惧罔措。时佥宪、睢阳蔡公天佑

① 刘志伟：《在国家与社会之间——明清广东里甲赋役制度研究》，广州：中山大学出版社，1997年，第98-109页。

② 饶伟新：《明代赣南的社会动乱与闽粤移民的族群背景》，《厦门大学学报》，2000年第4期，第133-139页。

③ ［明］谈恺修纂：《虔台续志》，卷一《舆图志》，明嘉靖三十四年（1555年）刊刻，台北：台北图书馆韩雪研究中心影印本，第31页。

④ ［清］顾炎武：《天下郡国利病书》（下册），原第二十七册广东二引《通志》，第316页。

行部至郡，闻之，乃兼程诣县，数郭之罪，率庶民塞而禁之。峒民方以采无所得，及闻蔡来，众遂宵遁。至是，人心始安，皆德于蔡。然闻总镇，祸已基于此矣[①]

永安出现从浙江而来的峒民，这些峒民或许是畲族。再如顾炎武的《天下郡国利病书》记载广东畲民成为"矿徒"时称："畲蛮，岭海随在皆有之……近海则通番，入峒则通猺，凡田（土单）矿场有利者，皆纠合为慝，以欺官府，其害僭于甲兵。"又载广东"惠之归善、海丰，广之从化、香山皆有银矿。畲蛮招集恶少，投托里胥，假为文移，开矿取银，因行劫掠。"[②]

顾炎武的《肇域志》记载："金溪山，一作金鸡山，在县西北四十里，连接六洞诸山，旧有银坑，湮塞已久，万历中奉旨开采，商估杂还，豪猾假虎，二都山民岌岌惊变。"[③] 六洞也称"六峒"[④]，二都"山民"主要是畲民。说明由于矿冶开采，一些富商巨族借以占领盘剥，导致明代周边畲民几乎动乱。从这个记载来看，所谓的动乱，经常是由于资源竞争中，畲民的一种自我反应，常常是被迫叛乱的，然而在叛乱之后，统治者常常冠之以贼、寇等称号，形成了一种族群的印象。

## 二、"贼""民"转化与畲汉边界的流动

根据官方对"贼""寇"的定义，"贼""民"之间具有动态流动性，二者既是对立的，又是可以相互转化的。[⑤] 换言之，有一些当地的土豪和良民在特殊情况下也转化为"盗贼"。如《宋史》记载绍兴十五年（1145 年），福建安抚莫将上言称："汀、漳、泉、剑四州，与广东、江西接壤，比年寇盗剽劫居民，土豪备私钱集社户防捍有劳，有司不为上闻推恩，破家无所依归，势必从贼。官军

① ［明］胡琼：《忠洛无银矿记》，载顺治《永安县志》卷九《艺文志》。

② ［清］顾炎武：《天下郡国利病书》（下册），原书第二十九册《广东下·峒獠》，第 395 页。

③ ［清］顾炎武：《肇域志》，《福建二·诏安》，第 446 页。

④ 康熙《诏安县志》记载六峒"在县西北六十里，连接金溪诸山，旧有银矿，奸民藉官射利，往往生事呈采……万历年间奉敕合开采陵谷为墟，商贾杂还，豪民假虎，鸱张更甚，二都之民岌岌惊变，后奉旨停革，民乃安堵。"载［清］秦炯纂修：《诏安县志》，卷之七《武备志·关隘》，康熙三十年（1691 年）修，据同治十三年（1874 年）刻本影印。中国地方志集成，福建府县志辑 31，上海：上海书店出版社，2000 年，第 492 页。

⑤ 黄志繁：《"贼""民"之间：12—18 世纪赣南地域社会》，北京：生活·读书·新知三联书店，2006 年；温春来：《咸同年间广东高明县的土客械斗》，载胡春惠，周惠民主编：《两岸三地研究生视野下的近代中国研讨会论文集》，台北：台北政治大学历史系，2000 年。

不习山险，且瘴疠侵加，不能穷追。管属良民，悉转为盗。”① 这里说明一些土豪本为本地区防御付出努力，但是地方官存在不作为的现象，使其得不到应有的封赏，致使这些土豪家破财尽，只好从贼；一些处于“山险”地方的良民，由于官方军队无法制约盗寇，这些良民也转为盗寇。

在“贼”“寇”，其族群成分也具有动态性，有一些则将寇乱的部众与非汉族群攀上联系。如《宋史》称：“漳州之东，去海甚迩，大山深阻，虽有采矾之利，而潮、梅、汀、赣四州之奸民聚焉，其魁杰者号大洞主、小洞主，土著与负贩者，皆盗贼也。”② 在这里，“洞主”既可以解释为矾矿的洞主，也可以解释“山洞”洞主。因为在唐宋以后，常将非汉族群聚落称为“洞”，洞主指其首领或酋长。如果后者推论成立的话，则说明当时有许多“潮、梅、汀、赣四州之奸民”以及当地“土著”与“负贩者”均打着“洞”的旗号进行寇乱剽劫。这不仅说明了在动乱中，一些“民”向“贼”的流动，也说明了从“夷”到“夏”的族群边界的流动。

再如至元十四年，“元军进至潮阳县，宋都统陈懿等兄弟五人以畲兵七千人降。”③陈懿家族拥有一支船队，其主要功绩为海上军事活动④。谢重光先生认为陈懿所率领的畲兵应源于蜑民，与山居耕畲的山民不属于同一系统，也就是说，这些畲兵是“海盗”，而不是“山寇”。⑤ 按照刘克庄的《漳州谕畲》记载，是在漳州等地溪峒种类的一支，他说：“凡溪峒种类不一：曰蛮、曰猺、曰黎、曰蜑，在漳者曰畲。”⑥ 可见在南宋以后，畲、蜑均属于“溪峒种类”，但由于所处区域不同，二者仍有区别。如果将蜑民军队称为“畲兵”，那么，说明在南宋刘克庄所处时代，“畲”还专指漳州的一支“溪峒种类”，而到了元代已经被用来泛称南方的一些“溪峒种类”了。也就是说，在宋元时期出现的畲军，其中的非汉族群，除了“畲”外，可能还有一些被称为“蛮”“猺”“黎”“蜑”的

① ［元］脱脱：《宋史》，卷一九三《兵志七》，第4819页。

② 同①，卷一八五《食货下七》，第4537页。

③ ［明］宋濂：《元史》，卷一三二《哈喇𫇭传》，北京：中华书局，1976年。

④ 《元史》，卷十《本纪・世祖七》载：“庚寅，张弘范以降臣陈懿兄弟破贼有功，且出战船百艘从征宋二王，请授懿招讨使兼潮州路军民总管，及其弟忠、义、勇三人为管军总管，千夫长塔剌海获文天祥有功，请授总管军千户，佩符，并从之。”《元史》，卷一五《本纪・世祖十二》，称元朝准备进攻日本时，“陈义愿自备海船三十艘以备征进”。《元史》，卷一三一《忙兀台传》谓：“初，宋降将五虎陈义尝助张弘范擒文天祥，助鄂勒哲图讨陈大举，又资安塔哈征日本战舰三千。”参见［明］宋濂：《元史》，卷十《本纪・世祖七》，卷十五《本纪・世祖十二》，卷一三一《忙兀台传》，北京：中华书局，1976年。

⑤ 谢重光：《客家文化述论》，北京：中国社会科学出版社，2008年，第151–152页。

⑥ ［宋］刘克庄：《漳州谕畲》，载《后村先生大全集》，卷九十三《记》。

族群。

在宋元时期，"畲"不仅内涵变得丰富，包含了南方一些非汉族群，其在外延上似乎也有扩大的趋势。文献中出现的各类"畲军"，其部众并非全由畲民或"溪峒种类"组成，其中有很多是汉人。这些汉人在叛乱起兵时，常借助"畲"的旗号以壮大声势，如宋绍定二年（1229年），宁化的晏头陀在潭飞磜起义，即是此例。按傅衣凌考证，头陀不是人名，而是畲族中的一种尊号。[①] 其部众多达数万人，[②] 成分却并非均是"溪峒种类"而被认为是盐寇，《宋史》载："盐寇起宁化，居安以书谕汀守曰：土瘠民贫，业于盐可尽禁耶？且彼执三首恶以自赎，宜治此三人，他可勿治。"[③] 在宋代，江淮、赣、闽一带的盐夫、盐寇很多都为汉人，《宋史》又称："不逞无赖盗贩（盐）者众。捕之急则起为盗贼，江淮间虽衣冠士人，狃于厚利，或以贩盐为事。江西则虔州地连广南，而福建之汀州亦与虔接，虔盐弗善，汀故不产盐，二州民多盗贩广南盐以射利。"[④]

宋元以后，号称"头陀军"还有黄华[⑤]、陈吊眼等[⑥]。与晏头陀一样，这些"头陀军"有许多是汉人，如黄华畲军中主要是盐夫。《元史・世祖纪》载：至元十五年"建宁政和县人黄华，集盐夫，联络建宁、括苍及畲民妇自称许夫人为乱。"[⑦] 到至元二十年，黄华的头陀军部众达几十万人[⑧]，这些人都被称为"畲军"。《元史》称，至元二十二年"九月，诏福建黄华畲军，有恒产者放为民，无恒产与妻子者编为守城军。"[⑨] 而与黄华互为呼应的远不止几十万，至元二十六年，福建闽海道提刑按察使王恽进言于朝说：

> 福建所辖郡县五十余，连山距海，实为边徼重地。而民情轻诡，由

---

① 傅衣凌认为一些族群因为禁忌的原因，喜欢借用假名，以避灾害，畲民中的晏头陀就是这种习俗的表现，史称："人见其自号头陀，遂习用之，致其本名彪反隐而不彰。"参见傅衣凌：《福建畲姓考》，载《傅衣凌治史五十年文编》，厦门：厦门大学出版社，1989年，第175页。

② ［元］脱脱：《宋史》，卷四一九《陈韡传》，北京：中华书局，1977年，第12561页。

③ ［元］脱脱：《宋史》，卷四零五《王居安传》，北京：中华书局，1977年，第12255页。

④ ［元］脱脱：《宋史》，卷一八二《食货下四・盐中》，北京：中华书局，1977年，第4441页。

⑤ 黄华起兵，降而复叛，两次都是号称陀头军。《元史》称至元十七年，黄华"聚党三万人，扰建宁，号头陀军"；《元经世大典序录》又称："至元二十年八月，建宁招讨使黄华反，集亡命十余万，剪发文面，号陀头军。"见［明］宋濂：《元史》，卷一三一《完者都传》；《元经世大典序录・政典》，卷四一《国朝文类》。

⑥ 《新元史》称："庆元贼陈吊眼聚众叛，自称头陀军"。参见柯劭忞等撰，余大钧标点：《新元史》，卷165，《吕德传》，长春：吉林人民出版社，1995年，第2685页。

⑦ ［明］宋濂：《元史》，卷七《本纪・世祖七》。

⑧ ［明］宋濂：《元史》，卷一五《本纪・世祖十二》。

⑨ ［明］宋濂：《元史》，卷九八《兵志一》。

> 平定以来官吏贪残，故山寇往往啸聚，愚民因而蚁附，剽掠村落，官兵致讨，复蹂践之甚，非朝廷一视同仁之意也……福建归附之民户几百万，黄华一变，十去四五。今剧贼猖獗，又酷于华，其可以寻常草窃视之？况其地有溪山之险，东击西走，出没难测，招之不降，攻之不克，宜选精兵，申明号令，专命重臣节制，以计讨之，使彼势穷力竭，庶可取也。①

王恽分析福建寇乱的原因有几个：一是地理原因："连山距海""边徼重地"；二是族群原因："民情轻诡"；三是"官吏贪残"；四是"山寇啸聚"后"愚民蚁附"。"福建归附之民户几百万，黄华一变，十去四五"的"十去四五"，可能有两种意思：一是百姓逃离十之四五；二是原来归附的百姓，又成为脱籍贯之民的有十之四五。如果是后者，则说明华夏边缘是向中心内缩，而非向边陲扩张，也就是说原来为华夏边缘内的百姓，现在又返回为边缘之外的百姓。但不管怎样一种后果，都说明了动乱对当地社会——尤其是汉族社会，带来巨大的打击。由此可见，"畲"在宋元成为一个泛称，许多参与地方动乱的人群打着畲的名号，统治者也将这些动乱称之为畲，这有文化标签的意味，而非全部均有"溪峒种类"的血统。

明代文献常将"畲""猺"两类族群并称，二者具有一定联系。如《明武宗实录》记载道：

> 先是，江西、广东、湖广之交，溪峒阻深，江西上犹等县畬贼谢志山等据横水、桶冈诸巢；广东龙川县贼池仲容据三浰头诸巢，与猺贼龚福全等联络。亘千百里，时出攻剽，势甚猖獗，将连兵乘虚入广。②

可见畲、瑶互相联络支援，"连兵"作乱，形成了"四省畬贼、猺贼及峒贼蟠纠流劫"③ 的情况。王阳明称："三省贼巢，联络千里，虽声势相因，而其间亦自有种类之分、界限之隔。利则争趋，患不相顾，乃其性习。"④ 这段话说明，闽浙赣三省这些所谓的畬、猺、峒的贼寇实际上是有种族之间的区分，聚居地有所区别，也就是说，族群间是有族群边界的，即所谓的"自有种类之分、界限之隔"。但是在利益驱动之下，这些族群会联合起来，"声势相因"，形成共同的文

① ［明］宋濂：《元史》，卷一六七《列传第五十四 · 王恽》，第 3932-3933 页。

② 《明武宗寅缘》，卷一六四，第 12b 页，正德十三年七月己酉条。

③ ［明］邹守益等撰：《王阳明先生图谱》（《四库未收书辑刊》史部四辑十九册，清抄本），第 477 页。

④ ［明］王守仁：《议夹剿方略疏》，载《王文成公全书》，卷之十《别录二》，第 333 页。

化认同。但在患难的时候，互不相顾，族群认同感消退。这符合族群认同"工具论"或"情境论"的观点，即：在不同的社会情境，或者为了本族群的利益，族群可以选择适合自己的族群认同，以求得本族的生存与发展。

在明清时期，还有一些族群打着畲、瑶族群的旗号，如谢志珊、蓝天凤等领导的"桶冈之乱"，他们自称为"盘皇子孙"，目的就是为了纠集各路不同人群："其大贼首谢志珊、蓝天凤，各又自称'盘皇子孙'，收有传流宝印画像，蛊惑群贼，悉归约束。即其妖狐酷鼠之辈，固知决无所就；而原其封豕长蛇之心，实已有不可言。"①

再如正德年间，原来迁往南安府的广东移民"称輋为寇"②，在江西本地也有入輋为盗的现象，王阳明称："及有吉安府龙泉、万安、泰和三县，并南安府所属大庾等三县居民，无籍者往往携带妻女，入輋为盗；行劫则指引道路，征剿则通报消息，尤为可恶。"③

从以上记载可以看出，许多无籍者"入輋"后成为畲民，这些"入輋"的人群常常被官方视作"盗"。前文笔者曾论述，峒与非峒的区别就在于是否受到国家的控制，而是否入籍又是其中的一个重要的标志，在官方视野中，不受国家控制的作乱就是"盗"，没有版籍的移民往往与化外之民没有太大区别，而在南方，官方又往往以"畲""瑶""峒"等称谓泛称这些化外之民。笔者推测，这些号称为"輋"，一方面可能是自称，由于畲瑶历来号称本族群具有"免差徭"的特权，一些人为了逃避赋役，或者如上述所说，为了互相得到支援联络，于是自号为輋，而这些人中很大一部分是汉人；另一方面可能是他称，由于汉人迁徙到偏远地区后，族群得到发展，生产生活方式受到当地土著影响，其文化发生部分变化。由于这些人群地处偏远地区，官方往往控制不到，而当这部分人作乱时，官方将这些"失控"的人群统一归为"輋"人，至于这些人的族源，对于官方而言，已经不那么重要。在某种程度上，明清时期闽粤赣一些地区的"移民""畲""盗贼"三者有着相当微妙的共生关系。

---

① ［明］王守仁：《横水桶冈捷音疏》，载《王文成公全书》，卷之十《别录二》。

② ［明］嘉靖《南安府志》原文载："南安接壤闽、广、湖、郴之间，实惟四塞之地，去城北数十里，狗脚岭而下曰横水者，迤逦石磴而入，草木丛深，别一区域。往岁广之迁民安插，至正德间复叛，称輋为寇，犯大庾，攻南康，侵上犹，肆为剽掠，荼毒生灵，良善苦之。"参见［明］刘节撰：《南安府志》，卷十二《秩祀志二·庙祠》，明嘉靖十五年（1536年）刻本，上海：上海古籍书店1981年版，天一阁藏明代方志选刊续编，第510页。

③ ［明］王守仁：《咨报湖广巡抚右副都御史秦夹攻事宜》，载《王文成公全书》，卷之十六《别录八》，第547页。

## 三、边界的消失：宋至明“畲寇”减少的原因分析

在宋元时期，许多南方非汉族群的动乱，均冠以“畲乱”“畲军”“畲寇”，随着畲汉融合以及畲汉边界的模糊，在明代以后，这种以“畲”作为寇乱主体的记载减少，而取而代之的是族群特征不明显的“山寇”。这种变化从侧面反映了族群边界的模糊，也说明大量畲民在认同上发生转变，逐步融入汉族之中。

宋元时期，朝廷对畲民武装进行剿抚，导致“畲军”“畲兵”“畲寇”大量减少。由于招抚畲军既能平息叛乱，又能加强统治，所以朝廷尽力招抚。《元史》记载至元十六年，蒲寿庚请求朝廷下诏并得到应允：“诏谕漳、泉、汀、邵武等处暨八十四畲官吏军民，若能举众来降，官吏例加迁赏，军民按堵如故。以泉州经张世杰兵，减今年租赋之半。”① 元代苏天爵的《元文类》载：“福建之畲军则皆不出戍他方，盖乡兵也。”②《元史》称：“福建之畲军，则皆不出戍他方者，盖乡兵也。又有以技名者曰炮军、弩军、水手军，应募而集者曰答拉罕军”。③ 可见畲军用于地方防守。除此之外，朝廷也将其作为征服其他溪洞的工具，并取得良好的效果。元朝王恽的诗写道：“蛮陬溪洞既荒远，颠栴其间不无孽。畲军新附用得宜，以彼为攻易摧折”。④

一些不接受招降的或复叛者，则逃入山洞，继续“依阻山险”，“负固”顽抗，最终招致朝廷的新一轮镇压。如《元经世大典序录》记载：“至元十六年五月，降旨招闽地八十四畲来降者。十七年八月，陈桂龙父子反漳州，据山寨，桂龙在九层际畲、陈吊眼在漳浦蜂山寨、陈三官水篆畲、罗半天梅泷长窑、陈大妇客寮畲，余不尽录。十八年十月，官军讨桂龙，方元帅守上饶，完者都屯中饶，时桂龙众尚万余，拒三饶，寻捕得其父子斩之。”⑤ 再如至元十九年，“黄华急攻建宁……华走江山洞，追至赤岩，华败走，赴火死。”⑥ 平和县乌泥洞“在坂仔。岩险异常，相传畲寇李志甫据此作乱，四帅征之，兵不能进。陈君用侦知洞后有

---

① ［明］宋濂：《元史》，卷十《本纪第十·世祖七》，第211页。

② ［元］苏天爵编：《元文类》，卷四十一《杂著·军制》，上海：上海古籍出版社，1993年，第1367-540页。

③ ［明］宋濂：《元史》，卷九八《兵志一》。

④ ［元］王恽：《南楼行送信御史佐鄂岳行院》，载《秋涧先生大全集》，卷第十一《七言古诗》，四部丛刊初编224集部，据上海涵芬楼借江南图书馆藏明弘治翻元本景印，商务印书馆1926年版重印影印，上海：上海书店，1989年。

⑤ 《元经世大典序录·政典》，《国朝文类》卷四一。

⑥ ［明］宋濂：《元史》，卷一六二《高兴传》，北京：中华书局，1976年。

间道，乃募壮士数十人潜人，猝遇志甫，地狭，兵器不得用，因手格杀之，余党悉平。"①

明清以后，随着族群的融合，华夏族对边陲各族群有更深入的了解，一些寇乱不再以"畲"来泛称，而有更细的划分，如林大春在《论海寇必诛状》将南方寇乱分为三类，其文称："为今岭海患者，不过曰山寇、海寇、倭寇三者而已…… 夫是三者，势相倚而祸相因者也……夫山寇非他也，盖多村里恶少，与夫愚蠢编氓，非有奇谋异能，特见间而起。又其所居，多负险易以伏匿。急之则啸聚岩谷间，州郡亡命闻而争奔走焉。"②可见，山寇主要是"村里恶少""愚蠢编氓"以及"州郡亡命"组成，这些人很大一部分人应该是汉人，其因为"聚岩谷间"而被统称为山寇。在统治者眼中，这些山寇应该与历来"啸聚畲峒"的化外之民无别。只不过是无法具体区分族群差异，所以以山寇称之应该是比较恰当的表述。明代何乔远在《闽书》中则对明中叶以来福建"寇乱"发展变迁进行论述，他说：

> 闽中成、弘以前，山寇多而海寇少；正、嘉以来，山寇少而海寇多。国初，州县仍宋、元旧，山林深阻，荆棘蒙密，奸宄时窃发，至乎蔓不可图。今其地芟夷之后，悉置县司，即欲啸聚，靡所藏寄。此山寇多少所由异也。③

这段文字说明了寇乱由山变海变化趋势，同时对山寇变少原因作了解释。关于山寇变少的原因，或许与国家权力深入山区，对地方社会的控制逐渐加强有关，随着归入版籍的人变多，山寇自然变少。《世烈录》记载了明朝潮州等地受到山海之间的贼寇骚扰的情形：

> 潮郡自正统、天顺以来，海寇山瑶，迭出劫掠，陷城杀吏，肆毒连年。本官按行郡邑，抚戢残余，励志救民，奋身犯难，初平海寇，继讨畲蛮，累破峒贼于程乡、黄岗，穷捣窖巢于上杭、安远，兵威所及，如火燎毛，遂使疮痍得反衽席，老弱得保天年。④

所谓的山寇是哪一些人？就汉人角度观察，无非是住在山里为乱的，其常常

① ［清］黄许桂修，曾泮水纂：《平和县志》，卷一《山川志》，道光十三年（1833 年）修。福建省地方志编纂委员会整理，厦门：厦门大学出版社，2008 年，第 53-54 页。

② ［明］林大春：《井丹诗文集》，卷八《论海寇必诛状》，《潮州文献丛刊》3，1935 年练江郭氏双百鹿斋据明万历版本暨林家刻藏祖本相互参校，香港：香港潮州会馆，1980 年，第 3b-4a 页。

③ ［明］何乔远：《闽书》，卷四十，福州：福建人民出版社，1994 年，第 1003 页。

④ 《世烈录》，卷四《补遗·崇祀潮州府名宦姑》，转引自朱洪，姜永兴：《广东畲族研究》，广州：广东人民出版社，1991 年，第 182 页。

为陌生人，至于这些陌生人是哪个族类反倒不太重要。当时普遍的情况是，近于郡县城镇地方多是汉民所移住定居，而长期居于乡野山谷之间的则多为非汉族住民。因此，有学者认为，山寇与畲、瑶之间必有联系，陈森甫曾指出，直到明代，有许多山寇为乱与瑶、畲等少数民族活动有很大的关系。① 谢重光认为，明代闽粤赣地区民变的主体有部分人是客家百姓，也有畲族人民。② 李荣村、林天蔚等学者认为，这些非汉族群动乱的主要原因是地方的经济政治无法改善。③ 也就是说，地方经济政治结构的变动（主要是对非汉族群经济社会的冲击），造成了非汉族群对社会做出反应，在官方或汉人的表述中，就是“寇乱”。

康熙《漳浦县志》则将当地的“寇”分为五类，其文写道：“（漳浦）地连潮广，蛮獠杂居，反叛不常，为寇一；扶桑日出，风烟咫尺，倭入内地，为寇二；崇严巨浸，林木啸聚，潢池窃弄，山海之际，伏莽为灾，为寇三，为寇四；更姓易朔，妄指义旗，借衣冠为盗薮，流毒乡里，为寇五。”④ 可见，在明清漳州地区的寇乱的成分有五大类：一是“蛮獠”，主要是指畲瑶等族群；二是倭寇；三、四是山海之间的寇，可称之为山寇、海寇；五是指由豪强发起，旨在反抗朝廷的叛乱者。《平和县志》：“邑（平和县）居边徼，寇盗滋多；地连瓯粤，蛮僚难化。况崇岩巨浸，林木啸聚，山隅海曲，伏莽多虞乎！至于乘时藉势，妄指义旗，又有倚衣冠为盗薮，以荼毒乡里者，无怪乎叛乱相寻。”⑤ 明清仍有“倚衣冠为盗薮”者，应该是地方地主组织发动的一些地方叛乱，而非完全是底层百姓的自发叛乱。

在元代，将一些族群身份不是特别明确的寇乱，常以“畲寇”称之；在明代，常将其统称为山寇、山贼等。当然，明清山寇并非全是非汉族群的寇乱，也可以指其他族群叛乱者。正如吴震方在《岭南杂记》称：“明通志凡山寇皆谓之獠，盖山寇亡命乌合，未必种传，无从究考。”⑥ 明代以来，这些“盗寇”，在血统上不好辨认族群属性，所以官方笼统将其划入山寇、峒寇一类，强调的是生活

---

① 陈森甫：《宋元以来江西西南山地之畲蛮》，《国立编译馆馆刊》，第1卷第4期，1972年，第169-184页。

② 谢重光推论如溪南盗钟子人、清流贼蓝得隆、永定渠魁钟三，从其姓氏和地域来看，可断定其属畲族无疑。谢重光：《客家文化述论》，北京：中国社会科学出版社，2008年，第170页。

③ 李荣村：《黑风峒变乱始末——南宋中叶湘粤赣间峒民的变乱》，第497-545页；林天蔚：《宋代猺乱编年纪事》，载《宋史研究集》第六辑，台北：“国立编译馆”出版，1986年，第437-486页。

④ ［清］陈汝咸修，林登虎纂：《漳浦县志》，卷十一《兵防志》，第783-784页。

⑤ ［清］吕天锦等纂：《平和县志》，卷十二，康熙五十八年（1719年）刊本。

⑥ ［清］吴震方：《岭南杂记》（复印本），丛书集成初编，上海：上海商务印书馆，1936年，第28页。

地理位置以及不受政府羁縻，荒忽无常的共同特点。①

因此，针对文献中出现的"山寇"，应该分析其出现的具体语境。有时候山寇特指畲民，如杨澜《临汀汇考》："今汀中畲客所占之地……想郡治初开时，乡村平衍处亦都如是。故《唐书》谓汀郡多山寇也。"② 山寇在此应指特指"畲客"或其先民。再如乾隆《汀州府志》载罗良："元至正间，散资募士，捕杀漳州山寇。"③ 漳州山寇就是李志甫。

关于史志对李志甫记载的分歧，谢重光先生认为："可能缘于李志甫本是汉人，但所聚之众有汉人、也有不少是畲民，李本身也已畲化，故或笼统称之为'反贼''山贼''南胜贼'，或迳称为'畲贼'。"④ 我们认为畲倒是一种名号，而不在于族群内部血统成分之多寡，也不在于是否被畲化，而在于统治者对其看法，入峒则为畲，出峒则为汉，这就是族群边界的解释。

元明之间，畲寇减少在文献表述上也发生了微妙的变化。以两个文献对比来说明，一份是元代陈志方《元右丞相晋国公罗公墓志铭》，其文称：

> 值元季之乱，每叹曰：大丈夫当扫除天下，安集四境，今举世纷乱，安事毛锥为也。因廪募乡民从大将，击平南胜畲贼李志甫，功居最，奏授长汀尉，未几，畲寇吴仰海、江西贼詹天骥发公奉命讨平之，陞漳新翼万户。至正十三年，福安贼康子政犯福州，帅宪两府以礼币致公……其后，南胜畲寇陈角车、李国祥，安溪贼李大，同安贼吴肥，潮贼王猛虎，江西贼林国庸，先后窃发。西林贼陈世民攻陷南诏、长汀、龙岩、漳浦诸邑，公悉削平。降其众，复其邑。⑤

我们再来看明代《闽书·罗良传》的表述，其文曰：

> 罗良，字彦温，负俊才，善谋略。至正四年（1344年），漳贼李志甫围守将战败，良倾家募兵，从江浙平章百花讨平之，以功授长汀尉。十一年（1351年）……贼吴仲海等杀千户福留，陷南胜等县，

① 刘志伟：《在国家与社会之间：明清广东户籍赋税制度研究》，广州：中山大学出版社，1997年，第101-102页。

② ［清］杨澜：《临汀汇考》，卷四《山鬼淫祠考》。

③ ［清］曾曰瑛等修，李绂等纂：《汀州府志》，乾隆十七年（1752年）修，卷之二十八《选举八》，第332页。

④ 谢重光：《客家文化述论》，北京：中国社会科学出版社，2008年，第147页。

⑤ ［元］陈志方：《元右丞相晋国公罗公墓志铭》，载［清］李维钰原本，沈定均续修，吴联熏增纂：《漳州府志》，卷四六，第1118页。

又平之。①

对比以上两则材料，前者将李志甫、吴仲海记载畲贼、畲寇；后者则写为漳贼、贼等。这种表述的微妙变化，可能有两种原因：一是元代以后，大量的“畲军”被安排入政府统治，人数大量减少；二是“畲”的内涵在元明之间发生变化：即元代凡是寇乱的，均可冠以畲寇；明代随着畲的进一步明确，畲更倾向于指代具有盘瓠信仰的非汉人群。到了明中叶，王阳明巡抚南赣，对闽粤赣地区“畲乱”进行治理，特别是大量新县的设立，闽粤赣地区许多地方由“盗区”转为“治区”，更多的畲民转化为新民，明中叶以后，文献中就更少有关于“畲寇”的记载。本书将在下一章对此进行论述。

## 第三节　小结

本章论述了宋元以后至明初期闽粤赣地区畲汉边界移动的情况，主要论点有：

（1）根据官方的族群分类方法，常将边陲地区不纳税服役的非汉民族称为“盗”“贼”“寇”等，是否成为国家管控范围之内的居民成为“贼”与“民”的重要区分标志。宋元常出现有关“畲军”“畲丁”“畲乱”，其中“畲”作为一种蛮夷语境被表述，其不应该认为完全是种族血统的概念，而应该将其视为一种文化的范畴。也就是说，“畲军”“峒丁”中的畲或峒，均是官方对南方地区非汉族群笼统的概称。畲乱中显示了华夏边缘的移动过程。从官方的角度来看，其将参加动乱视为化外之民，目的在于区别“贼”与“民”、“良”与“莠”，显示的是官方心目中异族的移动过程；从叛乱当事人角度来看，他们打着“畲”的旗号，目的在于壮大声势、联合更多民众参与斗争，显示的则是主观上向“异族”认同的转变。以上两个共同制造了“畲”在宋元时期从内涵到外延的转变。就此而言，如黄华、李志甫等所谓的“畲寇”“畲贼”“畲军”，其被认为是畲，与其从血统、种族上去寻找根源，不如从文化上去说明其成因。其作为非汉民族，更多的是官方，以汉人为代表的政府认为这些人为未开化人群之一，称之为畲，有贬义的意思。所以既可以称之为畲贼，又称之为山贼，本质上都是一样的，是一种文化的称谓，而非完全以血统来区分人群。

① ［明］何乔远：《闽书》，卷一二四《罗良传》，第3719-3720页。

(2) 随着闽粤赣地区族群频繁互动，族群边界也显示出变化不定的状况，具有流动性。既有畲民通过获得版籍成为编户齐民的情况，也有汉人通过"入山洞"，脱籍成为"畲""瑶"族群的情况。

在一定的经济社会历史情境下，社会中出现了一股反社会的潜力，并在宋元时期迅速形成合力，爆发了空前的动乱，畲乱在东南一地尤为明显。畲乱引起了朝廷的重视，因而在文献上留下了大量与之有关的记载。"畲乱"本质上是社会秩序破坏下，华夏心目中异族迁移中的体现。也就是畲乱与盐寇、地方寇（潮寇、广寇、赣寇）是一致的，只不过冠以异族的名号。与其将其视为种族区别，更多的是文化上来考量。也就是说畲军、畲寇、畲贼不一定是溪峒民族，有些人打着"畲"的名号起兵，此其一；另外华夏视野中，将一些寇乱冠以畲名，是化外之民的象征。

(3) 族群的文化认同是族群边界的一个重要指标。当各族群刻意强调族群间的文化差异、文化认同迥异时，族群边界越明显；而当族群不自觉淡化族群间的差异、文化趋同，族群边界逐渐模糊，直至消失或漂移。

这种族群边界的移动还可以通过政治文化教化来实现。在地方动乱中，各个族群被卷入其中，代表不同利益群体的族群或联合，或对抗，动乱深刻打上族群斗争烙印[①]。中央政府通过军事压制、设置县治、加强教化等手段进一步加强对闽粤赣地区的控制，使"盗区"变为"治区"，一些畲民或者逃避战乱或者被军事驱赶迁徙其他地区，这对畲民迁徙起着推动的作用。另外一些畲民仍生活在闽粤赣地区，他们被编入版籍，成为纳税服役的王朝子民。族群边界在动乱中不断移动，总的方向是华夏化运动螺旋式、曲折前进，宋元以来的畲乱使得"畲"作为一个族群登上历史舞台，进入人们视野，为畲族族群社会发展与变迁奠定了基础。

① 谢重光：《客家文化述论》，北京：中国社会科学出版社，2008年，第149页。

# 第四章　明中叶以降闽粤赣地区畲汉族群格局的变迁

明中叶以后，闽粤赣地区进入社会转型时期，畲、汉的族群格局在此时也发生了重大的转变。这种族群格局的变化，并非全部由畲族人口实质性外迁引起，部分是由于畲汉边界移动的结果。通过考察闽西地区畲民家族史，可以看出“儒化”与“王化”在畲族的社会文化变迁过程中起了巨大的作用。

## 第一节　“畲乱”治理与闽粤赣地区社会秩序的重建

闽粤赣地区频繁发生的“寇乱”严重破坏了地区的社会秩序，引起了王朝的关注。动乱就其本质而言，有破坏、颠覆现有的社会正常秩序的特性，国家为了加强统治，对闽粤赣地区进行治理。早在南宋景定二年（1262 年），朝廷就对漳州地区的畲乱进行治理，历代对“畲乱”进行控制，直到明中叶以后，以王守仁（1472—1529 年）（别号阳明，学者称之为阳明先生，亦称王阳明）为代表的朝廷势力成功平息该地区的地方动乱，大量新县设置，族群社会重新整合，闽粤赣地区由动乱转向治平。

王阳明在正德十一年（1516 年）开始巡抚南赣，其主要功绩：一是有效地平定了南赣之内的寇乱；二是增设新县，在动乱地区建立国家统治机构；三是加强国家教化，促使新民向化。学术界关于王阳明平乱论述已多，兹不赘述。[①] 学术界对王阳明巡抚南赣时的剿抚功业作了高度的评价。笔者主要从族群边界角

① 谢重光在《客家文化述论》第三章中有“南赣巡抚的设立”“王阳明剿抚功业及其心学在畲、客融合中的作用”专题论述，参见谢重光：《客家文化述论》，第 172-184 页；温春香博士论文第四章有“王阳明巡抚南赣”专门一节详细论述。温春香：《文化表述与地域社会：宋元以来闽粤赣毗邻区的族群研究》，第 145-154 页。其他文章还有：谢重光：《新民向化——王阳明巡抚南赣对畲民汉化的推动》，《赣南师范学院学报》，2004 年第 1 期；阎韬：《王守仁巡抚南赣史实的几点辨误》，《文献》，1989 年第 5 期；周建华：《成雄与成圣——王阳明巡抚南赣汀漳业绩另说》，《江西社会科学》，2003 年第 6 期；黄国信：《王阳明巡抚南赣经费研究——以盐法为中心》，《盐业史研究》，2009 年第 3 期；等等。

度，分析对畲汉边界的影响。

## 一、国家机构的设置和交通线路的开辟

闽粤赣地区在明代中后期，在较短的时间内设置大量新县，对比唐中后期对福建的开发，可以看出二者具有一定的相似性。通过行政区划的重组，为清代以后的行政区划奠定了基础，也为畲民的教化提供了可能。也就是说，正是这些国家机构的存在，使得华夏化运动持续进行，从而防止一些汉人"逋负"逃入"畲洞"为盗；另一方面则是畲民不断地汉化，成为国家子民的一部分，正如《添设和平县治疏》中称："于和平地方设建县治，以控制猺洞"。①

国家对地方的开发程度以及对基层社会的控制情况，体现在行政机构的建设情况上。以福建汀州地区为例，汀州八县的建置时间如表4-1所示。

**表4-1　汀州一州八县的建置时间**

| 朝代 | 设置情况 | 时间 | 新设州、县 | 备注 |
|---|---|---|---|---|
| 唐 | 一州两县 | 开元二十四年（736年） | 汀州、长汀县、龙岩县 | 大历十二年（777年）析龙岩县属漳州 |
| | | 天宝元年（742年） | 宁化县 | 改黄连县为宁化县 |
| 宋 | 四县 | 淳化五年（994年） | 上杭县、武平县 | |
| | | 元符二年（1099年） | 清流县 | |
| | | 绍兴三年（1133年） | 莲城县 | 升长汀之莲城堡为县 |
| 明 | 两县 | 成化六年（1470年） | 归化县 | |
| | | 成化十四年（1478年） | 永定县 | |

资料来源：根据乾隆《汀州府志》，卷二《建置》整理。②

从表4-1可以看出，汀州的建置主要集中在三个历史阶段：一是唐中期；二

① ［明］王守仁：《添设和平县治疏》，载《王文成公全书》，卷之十一《别录三》。

② 乾隆《汀州府志》具体论述汀州八县的建置时间："汀州府。（唐开元）二十四年，开福、抚二州山峒，置汀州（福州长史唐循忠招诱逃户三千余实郡中）。领县三（长汀、黄连、龙岩）。天宝元年，改为临汀郡，改黄连为宁化。乾元元年，复为汀州。大历十二年，析龙岩属漳州，以建州之沙县来属……淳化五年，析长汀地，益上杭、武平二场并升为县，领县四。元符二年，析长汀、宁化地，置清流县，领县五。绍兴三年，升长汀之莲城堡为县，领县六……成化六年，以清流之明溪镇为归化县，析将乐、沙县、宁化地以益之，领县七。十四年，析上杭地置永定县，领县八。国朝因之，附郭曰长汀，外七县曰宁化、曰清流、曰归化、曰连城、曰上杭、曰武平、曰永定。"［清］曾曰瑛等修，李绂等纂：《汀州府志》，乾隆十七年（1752年）修，卷二《建置》。台北：成文出版社，1967年，第37-38页。

是两宋之际；三是明朝中叶。这三个历史阶段不仅对汀州地区，对福建乃至整个东南地区都是重要的社会转型时期。前文对唐代以后加强福建地区开发，对边陲的山洞地区进行开发，检括百姓，大量溪洞峒僚被记载，体现了汉族意识的觉醒；两宋期间，随着政治经济重心南移，福建成为首都的“近里”，开发加快，在闽粤赣边界地区，则酝酿着新族群的诞生；而明中叶则是一个特殊的时期，对整个族群社会的影响颇大，自明中叶以后，畲民边界收缩，畲族、客家开始分野。

之所以要在闽粤赣地区增加县治，主要还是为了地方社会的控制。王阳明在《添设清平县治疏》写道：“考之近日，龙岩添设漳平而寇盗以靖，上杭添设永定而地方以宁，此皆明验。今若添设县治，可以永保无虞等情。”① 在平定了江西横水、桶冈之乱后，他又说：“议以其地请建县治，控制三省诸猺，断其往来之路。”②

可见，闽粤赣三省新县的设立与当时的地方动乱有关，部分动乱与畲瑶等族群还有密切的关系。如：南靖县：“（元至治中）南靖本龙溪、漳浦、龙岩三县地，元至治中，以其地险远，难以控驭，遂析置南胜县，在九围矾山之东。至元三年（1337 年），畲寇李胜等作乱，长吏晏只哥，同知郑晟，府判喜春会万户张哇哇讨之失利，邑人陈君用袭杀胜，遂徙治小溪琯山之阳。至正十六年（1356 年），县尹韩景晦以地僻多瘴，又徙于双溪之北，改为南靖县。”③ 平和县：“正德十三年，芦溪寇乱，巡抚王守仁讨平之，遂割清宁、新安二里置平和。”④ 诏安县：“（南诏乡）官司难于约束，民俗相习顽梗。租粮逋负，累及懦弱之包。赔词讼烦兴……穷极思乱，勾引连境山獞海艘，啸聚百千，白书剽掠乎乡村，据险截劫乎商宦，岁无宁日……请求设县”⑤。嘉靖九年（1530 年）割漳浦二、三、四、五都设立诏安县。归化县：“（成化六年）同知程熙以地当将乐、沙县、宁化、清流之交，民梗难治，请于巡抚滕昭奏析四县地为归化县，国朝因之。”⑥ 永定县：“（成化十四年）巡抚高明以其地险民悍，去县绝远，草寇屡发，遂奏析

① ［明］王守仁：《添设清平县治疏》，载《王文成公全书》，卷之九《别录一》。

② ［明］王守仁：《横水桶冈捷音疏》，载《王文成公全书》，卷之十《别录二》。

③ ［清］姚循义修，李正曜等纂：《南靖县志》，卷一《建置》，上海：上海书店，2000 年，第 284 页。

④ 同③，第 284-285 页。

⑤ ［明］许仲远：《奏设县治疏》，载秦炯纂修：《诏安县志》，卷之十二《艺文志》，第 585 页。

⑥ ［清］曾曰瑛等修，李绂等纂：《汀州府志》，乾隆十七年（1752 年）修，卷二《建置》，第 38 页。

上杭胜运、溪南、金丰、太平、丰田等地置永定县，国朝因之。"①

唐立宗研究发现，南赣巡抚设置之后，闽粤赣交界区设立的新县达 18 个之多，新县的大量设置以及国家教化的推行，使得"盗区"变为"政区"②，大量畲民归于王化，其中许多畲民被编入保甲之内，从此成为国家主流文化体系成员之一。另外，根据美国学者毕汉思关于"移民形式"的推论，新的县治的设立也代表着汉人人口达到一定的数量，他说："只有当中原移民在某地已经聚居了相当数量的人口，并且土地已经垦殖以后，当局才会以建立一个新县的方式认可这一地区的开发，并选择某一村庄作为县治"。③

因此，闽粤赣地区新县的设立也说明了该地区族群格局的改变，就畲汉格局来说，一方面是汉人移民在闽粤赣地区势力不断壮大；另--方面是畲民逐渐转化为新民，这两方面的因素导致了畲汉族群边界发生了较大规模的变迁。

除了设立南赣巡抚外，在明成化年间，还设立漳南道以控制汀赣地区。明代李锴在《新设漳南道记》记载：

> （福宁、建宁）二道所隶，惟漳、汀极南为最远，以东西之地各至此而极也。漳、汀之界，其地多高山，林木蓊郁，幽遐瑰诡，艰于往来，掌福宁者巡止漳州，掌建宁者巡止汀州，二郡之不通如手足之痿痹，气之不贯也。以故邻于界者，有司无警肃，或得侵渔于下；百姓无畏惮，时得肆恣于乡。致天顺间，有溪南胜运之乱。成化六年，顺天府治中岩人邱昂奏请添设一道，为漳南道，独莅二郡……自后汀、漳之界，宪司由之而巡行，公移由之而传送，奸顽之徒知畏惮而屏迹矣。④

可见，明初福建只有福宁、建宁二道，汀、漳由于其地理人文情况，特别是明中叶时期动乱不止，朝廷增设漳南道，一是朝廷权力到达该地区，"公移由之而传送"；二是有力地控制了当地社会，"奸顽之徒知畏惮而屏迹"。那么，汀、漳原为畲民聚居之地，漳南道的设立无疑加速了畲民的汉化。

万历四年范辂在《漳南道题名记》称：

> 八闽始分二道：建宁道，领建、延、邵、汀；福宁道，领福、兴、

① ［清］曾曰瑛等修，李绂等纂：《汀州府志》，乾隆十七年（1752 年）修，卷二《建置》，第 39 页。

② 在南赣巡抚设置前后，闽粤赣交界区共设新县达 22 个之多，其中 4 县为南赣巡抚设置前所添。参见唐立宗：《在"盗区"与"政区"之间——明代闽粤赣湘交界的秩序变动与地方行政演化》，"国立"台湾大学文史丛刊（118），台北："国立"台湾大学出版委员会，2002 年，第 367- 368 页。

③ ［美］毕汉思：《唐末以前福建的开发》，周振鹤翻译，《历史地理》第 5 辑，1987 年 5 月，第 279 页。

④ ［清］曾曰瑛等修，李绂等纂：《汀州府志》，卷四十一《艺文三》，第 497-498 页。

泉、漳。若汀、漳，则皆二道尽绝处也。漳濒海邻广，而汀则邻江、广，疆域蜿蜒，林竹深密，恃险负固者往往弗靖。兼以三省逃逋，土著杂扰，势不相摄，故亦往往相侵犯。成化六年，镇巡议请添漳南道以专。汀于时惟设分巡，尚未有兵备道名。后来苏、胜运、岩前诸处为患未息，当事协谋剿平之……夫闽离朝廷为远，而漳南离闽又为远且僻。远而且僻，倘或有怠心乘之者，弊端溃出……而汀漳之盗贼自此远去，风俗自是可美，礼乐自是可兴，殆将为善治矣。①

总的来讲，漳南道的设立说明国家对汀、漳的控制加强。然而从漳州入汀州道路仍十分艰险，于是有人建议在永定开辟新路。汀、漳万山之中，且原来两郡分隶不同道，地理交通不便，后来打通永定到漳州的路，节省了路程。明代田汝成在《永定开路记》中写道：

汀、漳岩郡也，介于万山，鸟道盘纡，毒草蒙密，为暴客逋薮……且令永定新民频觌官府，习法令仪度，不若开西路便……乃令永定唐君燦、上杭令伍君边综理之。刈芟草木，堕高堙庳，而两山之阻夷为大途……比之东路减其远三之一，又少险阻，既近且易，行者安之……且令永定新民频觌官府，习法令仪度，不若开西路便。②

这里的新民既有客家，也有畲民，作者想表达的意思是：与其让这些人频频作乱，不如开启交通，以达到控制的作用。

## 二、教化活动与里甲制度的实施

对于边界地区，实行教化早已有之。《明史·广西土司传》记载了朱元璋对广西等地蛮夷迁徙的看法，他认为不必迁徙蛮夷，而是通过教化，久之消除族群边界，使之成为良民，该文称："洪武二年，中书省臣言：'广西诸峒虽平，宜迁其人入内地，可无边患。'帝曰：'溪洞蛮僚杂处，其人不知礼义，顺之则服，逆之则变，未可轻动。惟以兵分守要害以镇服之，俾日渐教化，数年后，可为良民，何必迁也。'"③ 再如顾炎武《天下郡国利病书》"广东上"引旧通志称：

永乐以来，岭西屡勤鈇钺……归峒则行冯拯括丁之法以招怀。（原

① ［清］曾曰瑛等修，李绂等纂：《汀州府志》，卷四十一《艺文三》，第493–494页。

② 同①，第495–496页。

③ ［清］张廷玉等撰：《明史》卷205。

书注：宋冯拯知端州，尝奏行括诸路隐丁，《通鉴》商诸事数十条，吏民称便，宜仿其法，有归化者立版籍，使耕种，时劳以牛酒。）渐立甲堡，诲以社学，使有生事之乐，以易其跋涉剽掠之劳，则山麓可樵，涡塘可渔，隶里廛而识文字，夷獠日化为良民矣。①

在这种教化活动之下，一些地区汉人与非汉人群杂处，以至于族群边界不是特别明显，如嘉庆《云霄厅志》载："云霄扼三县，而钥全闽用武之地，唐宋以来，民僚杂处无论矣"。②

王阳明在剿寇时，特别注重攻心，其军事、政治措施并重的社会控制策略为后来地方统治者所效仿，如乡约成为后来地方官推行教化的主要内容，当地民风也有所改变。王阳明的《南赣乡约》在赣南、闽西、粤东等地逐步推行，取得了一定的社会效果。在明后期嘉靖、万历年间，赣闽粤地区社会矛盾仍未完全平息，偶有民众暴乱的情况下，统治当局也主要是借鉴王阳明的办法，采取剿抚并举，其中讲习乡约成为许多地方官教化当地百姓的重要措施。如乾隆《汀州府志》记载明代汀州照磨周微：

（嘉靖间）溪南人恣睢不法，微奉檄诣其地，朝夕宣讲乡约，谂于众曰："吾察尔众，罔非良民。其作弗靖，岂皆性异，殆习使然。吾将编尔性，更尔习。惟尔省，尔若于化，良民也，吾达于上，尔抚；尔弗若于化，即为大憝，吾达于上，尔剿。"众闻之，皆感泣。行之三年，民俗丕变。③

李世熊在《宁化县知县徐公墓志铭》记载徐公在平盗之后，讲习乡约，注重教化，可谓得王阳明之法，取得了很好的效果：

宁化于闽为僻陕，崇祯寅、卯间，闽波未沸，遂有悍民李流名、黄留民等党为剽掠者。流名始与石城温氏争市利相仇，杀十许人……崇祯十三年，而楚郧西徐公始知宁化县，所奉上官文檄，半皆严缉流名者……公所捐赏不四百金，而李简及诸乡之首乱者皆缚致庭下。公皆以沈命法治之，宁民欢声殷地……乃讲习乡约，数进耆老，曲讯民间疾苦，即密察所为盗主者。④

① ［清］顾炎武：《天下郡国利病书》（下册），原第27册《广东上》，第339页。

② ［清］薛凝度修，吴文林纂：《云霄厅志》，卷四《户口》。

③ ［清］曾曰瑛等修，李绂等纂：《汀州府志》，乾隆十七年（1752年）修，卷之二十《名宦》，第272页。

④ ［明］李世熊：《宁化县知县徐公墓志铭》，载［清］曾曰瑛等修，李绂等纂：《汀州府志》，卷四十三《艺文五》，第595-598页。

明代王阳明推保甲组织和十家牌法约条，强制民众互相监督，目的是让百姓“小心以奉官法，勤谨以办国课，恭俭以守家业，谦和以处乡里。”[①]“十家牌法”的精神是使国家权力通过保甲组织有效地伸展到基层社会中，通过政权强制与乡村地缘、族缘的互相维系和互相监督作用相结合的方式，在招抚新民地区推行和维护封建秩序。[②] 明代以后，闽粤赣等地已经通过里甲制度实现社会的控制，如乾隆《汀州府志》记载道：

里甲之役谓之纲，有里长、老人。里长者，明制城中曰坊，在乡曰里，通称为里甲。每十户为甲，十甲为里。里以一户丁力相应者为长，统十甲首，甲首则统十户。其后岁输一甲，见役专掌催钱粮勾摄公事，及出办上供物料，皆得称为里长。汀人因之称散户为甲首，殊失其旧矣。老人者，凡在坊、在乡，每里各推年高有德一人，坐申明亭，为小民平户婚、田土、斗殴、赌盗一切小事。[③]

明清以后，保甲制度越来越严密，这是地方防止寇乱的重要保证。道光《龙岩州志》在记录历朝龙岩地区寇乱后论述道：

灾祲者，寇乱所由伏也。人事未尽天为垂象以警之。苟能事事修省，防患未然，安见天意之不可回哉？历来寇盗相仍，盖保甲不行，山林易于伏莽，兵制未备，临事束手无策耳。今之保甲已如丝络珠联，防守不啻星罗棋布，可恃以无恐乎。[④]

另外，乾隆《汀州府志》引旧志载有武平钟姓在崇祯年间担任里长，并负责押解资金送京，中途受到族人毒害的故事，说明里甲制度在明末已经在闽西畲民中实施。[⑤]

---

① ［明］王守仁：《十家牌法告谕各府父老子弟》，载康熙版《连城县志》卷末。

② 谢重光：《客家文化述论》，北京：中国社会科学出版社，2008 年，第 181 页。

③ ［清］曾曰瑛等修，李绂等纂：《汀州府志》，乾隆十七年（1752 年）修，卷九《户役（附贡料、四差）》，第 107 页。

④ ［清］彭衍堂修，陈文衡纂：《龙岩州志》，卷二十《杂记》，第 508 页。

⑤ 乾隆《汀州府志》引《旧志》载：“崇祯八年，武平西门人钟七满，见里长钟凤翔领金花千余金解省，诡言欲看亲考贡，相约同行。先至石牛驿，呼店家置酒，自言预熬凉药解暑。凤翔等六七人，随欢然卸担而入。同伴银匠刘日章，舆夫张甲稳、谢十满大嚼，即刻跳跃而死。凤翔至三盃，头重牙闭，忙呼水解。七满更以沸汤进，凤翔别呼豆水、菜水、桐子水，稍解渐甦，即以遍救诸人，约保佥集。擒七满发其囊，得断肠草二包，解府置辟。”［清］曾曰瑛等修，李绂等纂：《汀州府志》，乾隆十七年（1752 年）修，卷四十五《杂记・丛谈（附）》，第 652 页。

## 第二节　明中叶以后闽粤赣地区族群格局的变动

明中叶以后，随着国家在闽粤赣地区采取了一系列基层社会管理以及秩序控制措施，地方由“乱”向“治”转变，华夏边缘进一步深入边陲，当地的族群格局发生了重要的变化。

### 一、明中叶以后闽粤赣地区畲族的走向

温春香认为王阳明时期的闽粤赣毗邻地区，族群界限是复杂且模糊的，“畲”的族群影响力在动乱中突显出来，而非弱化，因为谢志珊等打出的旗号使得畲民被时人所熟知，同时，“畲”与“盗”被画上等号使得官方与民间对畲民更加警惕，畲民作为一个族群的特性被反复提及，并无限放大。也就是说畲汉之间的族群边界在动乱中更为明显，并且随着动乱的影响力扩大，畲的边界有向外扩张的一个趋势。明代王阳明平乱之后，“畲民”这一概念其实是经历了一个重新界定的过程，而这个重新界定的工作主要是从各地所修撰的方志中开启，并潜隐地影响了后世对畲民的界定与认识。”[①] 也就是说，明中叶以后，文献中出现的“畲民”与宋元时期的“畲”，在内涵上已经不能完全划上等号。随着闽粤赣地区大量新县的设立，许多畲民也化为新民，该地区的畲汉边界又大范围地移动了。

明中叶以后，一些新县的居民编户落籍，这些居民中有一部分为畲民。如闽西大帽山一带“今新抚之民群聚于河头者二千有余。”[②]，安插游耕的畲民在里甲之中，是为“新民”，由此获得了官方合法的身份，成为“编户齐民”。如明代谏议何楷在《平和县志》序中描写平和设县后民风的转变情况，该文写道：

> 居漳郡西南陲，在职方为新设之邑。当正德间，芦溪、箭管诸巢寇出没叵测，汀、漳实靡宁宇。时阳明王先生督抚南赣，发二省兵定平其境，请于朝，设立县治，割南靖、漳浦二里以隶之。于是乎，虎遁迹而枭革音。[③]

① 温春香：《文化表述与地域社会：宋元以来闽粤赣毗邻区的族群研究》，厦门：厦门大学博士学位论文，2009年，第153–154页。

② ［明］王守仁：《添设和平县治疏》，载《王文成公全书》，卷之十一《别录三》。

③ ［清］黄许桂修，曾泮水纂：《平和县志》，《序》，道光十三年（1833年）修，第6–7页。

所谓的“虎遁迹而枭革音”明为写猛禽、猛兽绝迹，实际上是指蛮荒地区被开辟，间接说明了盗寇的消弭。再如明代李诩《戒庵老人漫笔》中记载“洞蛮四种人”，称在江西除了畲民外，还有猺人、蜒人、黎人等四种人，但畲民与另外三种人有所区别：

江西省崇义县，正德间新立民皆畲种洞蛮也……《后山丛谈》云：“二广居山谷间不隶州县，谓之猺人，舟居谓之蜒人，岛上谓之黎人。瑶音姚，蜒音延，韵书作蜑写者，音但，下注南夷海种。则蜒字宜以虫从下为正。畲种亦畲人。”《丛谈》所载三人，今称无异，盖有四等异人称矣。①

按照以上记载，赣南地区对猺人、蜒人、黎人三类人“今称无异”，说明仍沿袭以往的称呼，而畲民则纷纷成为“新立民”。形成这种差别的原因主要是因为王阳明之力畲乱，使得该地区部分畲民成为新民，而新民的向化对畲民族群变迁起着十分重大的作用。当然，在其他地方汉人心目中，以上各族群的特征差别不大，这也是为什么畲、瑶、苗等在南方地区混用的原因之一。

王阳明对闽浙赣畲民的影响是巨大的，一些畲民甚至建祠予以纪念。如上杭县城建有“王文成公祠”，据说为庐丰蓝姓族人倡建。《闽杭庐丰蓝氏族谱》载：

王文成公祠，为吾先哲一枝公所倡建。地即文成公祷雨故址，堂后壁嵌有祷雨碑记，故又称“时雨堂”。相传初与城人共建，后因城绅莫某曾任同知署府事归，相与同事，以公属知县班，恃齿爵兼尊，对乡人时多笑谑……莫意县治居城，县官必扬城抑乡，日者适谒县主谈及，公即谦和请教曰：“杭城原属来苏里，名曰郭坊，毕竟先有四乡而后有城乎，抑有城而后有四乡乎？”县主曰：“此必先有乡而后有城也。”公即谢谢大笑曰：“县主高见，诚大矣！拜服拜服。”莫心忿，即主分离，另建一阳明别业。②

上杭的王文成公祠应该是在清乾隆至嘉庆年间建造。上文所提及的一枝公生活年代主要在乾隆嘉庆年间。一枝公，名蓝桂，乾隆六十年乙丑科举人，嘉庆十年乙亥科进士。《闽杭庐丰蓝氏族谱》卷末之三《选举志》称：

（蓝）桂，字孙阶，号一枝，长岭下人。由进士历任云南太和永

① ［明］李诩：《戒庵老人漫笔》（元明史料笔记丛刊），卷七《洞蛮四种人》，北京：中华书局，1982年，第291页。

② 上杭种玉堂《闽杭庐丰蓝氏族谱·杂录》，民国三十三年（1944年）刻本，载《家族谱牒——畲族卷》（下），福州：海风出版社，2011年，第502页。

善、浙江长兴松阳、安徽蒙城瞿立宿松知县，自盐井提举，大理府同知，三充江南乡试同考官，县志有传。①

王阳明作为地方治理的功臣和儒家思想的推行者，是国家权力和汉文化的代表人物。在闽西等地区，定居下来的畲民逐渐接受并主动靠拢汉文化，建造王文成公祠是闽西畲民对国家教化认同的具体体现。

一些没有接受或不愿意接受汉文化的畲民，则面临着被迫迁徙的命运。中央政府通过军事压制、设置县治、加强教化等手段进一步加强对闽粤赣地区的控制，使“盗区”变为“治区”，一些畲民或者逃避战乱或者被军事驱赶迁徙其他地区，这对畲民迁徙起着推动的作用。乾隆《潮州府志》记载明代成化年间饶平县令杨昱曾对本县的“畬瑶”进行驱赶，其文曰：

杨昱，字仲明，会稽人。成化间以举人擢饶平令。时新设邑治，规模未立。昱至，建城廨，辟草莱，驱畬瑶，劝农桑，均赋役，兴学校，士民讴思以为有开辟功。②

将驱赶“畬瑶”与建城、兴学等作为宦绩，说明三点：一是明中叶之前广东饶平等地的畲瑶族群数量不少；二是为了控制地方，建立新县；三是汉族势力深入，实行文化政策，建城为防敌寇，辟草莱增加农田，均赋役更多的是向非汉民族征收赋税，以显平均；兴学校汉文化推广；在这种人口与文化输入的同时，一些不接受汉文化的非汉民族，在广东一带主要为畲瑶，显然需要向外迁徙。迁徙的地方显然是在汉族势力控制较松的地方，也就是更为偏远的山区，这基本上可以看做一个南方族群社会演变的一个基本过程。另外一些畲民仍生活在闽粤赣地区，他们被编入版籍，成为纳税服役的王朝子民。畲汉族群边界在动乱中不断移动，其总的方向是华夏化运动以螺旋式上升的趋势，逐渐侵吞着非华夏人群的势力范围。

明清以后，越来越多的畲民在王朝的政治、军事、文化措施下渐渐成为帝国的子民，部分畲民通过获得版籍成为国家的编户齐民，也有一些畲民仍坚持传统，僻居在边陲地区。只不过这种山洞成为一个个汉族“海洋”包围的“孤岛”，并且随着华夏化进程的加快而逐渐消失，即使是在一些畲民聚居的“畲洞”中，这种华夏化运动也以一种无形的方式悄悄地进行着。

---

① 上杭种玉堂《闽杭庐丰蓝氏族谱·杂录》，民国三十三年（1944年）刻本，载《家族谱牒——畲族卷》（下），卷末之三《选举志》，第391页。

② ［清］周硕勋：《潮州府志》，卷三三《宦绩》，乾隆二十年（1755年）修，中国方志丛书第46号，据清光绪十九年（1893年）重刊本影印，台北：成文出版社，1967年。

虽然唐宋以来，朝廷通过开山洞加强了对南方非汉民族地区的开发，但并非所有的山洞开辟殆尽。如前文所述的宋代的象洞、明代百家畲洞等，均是山洞地区，一直到在明清时期，闽西南一些地方还保留着各种峒（洞）的称谓。明清以后，这种山洞开发仍一直进行，如明代杨昱认为使得“山峒”盗窟成为善类安置的地方，这是方法之一，更重要的方法是教化，他在《辟永定县诸险塞记》写道：

汀郡之南县为永定县，南接壤广东之饶平、大埔，中有大洞曰苦竹山、平水湾、望天坵，各崇官蓊翳，环亘连属数十里。邻壤顽犷或为不靖，每托为潜身灭迹之地，守土者常病焉。嘉靖戊申冬十二月，提兵都御史余姚龚公辉，尝采众议，谓非赭山兑道，莫绝本谋，列以上请，得允……夫辟数十里之山峒，足潜伐奸谋，永妥善类，谓实大实急者非耶？[①]

再如明朝万历二十四年（1596年），诏安人沈铁作《游六峒丈量学田记》一文，该文为观察明代闽南地区畲民情况提供了一个绝佳视角，现加以详细介绍。

该文首先介绍丈量六峒学田的原因及经过两天艰难跋涉后抵达六峒的过程：由于原本就存在争议的六峒田亩被判为学田后，又被当地许氏富豪侵占，因此，官府要求重新丈量六峒学田。进士沈铁以兴学为己任，认为“学田为养士之需，先圣精神命脉系焉”，[②]带领诸生一行人前往勘测，但行程却十分艰难，先是“并辔而驱”骑行，后又“假竹筏以济”溪流，夜宿农家后，再“步山巅”，最后“两人相掖方达山顶”。

六峒所呈现出来的地理、人文特征也与南方少数民族山洞特征相似，首先是群山环抱中、有平坦土地的错落，“二都在万山中，丛谷峭岭，半插天表，至六峒则畲民所居者，峒有田数十亩。”[③]到达六峒后，作者介绍了六峒畲民生产、生活、装饰等族群特征以及六峒的地理边界状况：

迤逦抵枫树岗，盖畲客境界矣……上下山谷皆畲人所种植者。良久至峒，编篱为垣，覆以菅茅，鳞次而居者，仅三四家。男子束发脑后，妇女椎髻于前，与城邑迥别……旦问土人疆界，云：“自峒口赤竹坪起，至桂子寮中，有山腰纸寮、塘岓、横石洞里、桂子寮，前后直至龙漈而

① ［清］曾曰瑛等修，李绂等纂：《汀州府志》乾隆十七年（1752年）修，卷之四十《艺文》，第474页。

②③ ［明］沈铁：《游六峒丈量学田记》，载［清］秦炯纂修：《诏安县志》，卷之十二《艺文志》，康熙三十年（1691年）修，据同治十三年（1874年）刻本影印，第596页。

止，皆六峒境内者。"其云："六峒则山之名也。"峒凡延袤五六里，田凡若干亩，丈勘凡两日始毕事。①

文中称当地土人说六峒乃山的名称，笔者认为六峒的得名应该不是以周边的山峰的数量来命名。就文中所提及的"赤竹坪""山腰纸寮""塘岓""横石洞里""桂子寮""龙漈"，其名称更像某个村落的称呼，或许可以推测六峒实际上就是以上六个村落的合称，有点类似"百家畲洞"之名。作者交代了诸生丈量学田的大概情况，最后并发表六峒之行意义所在：

（学田）原所自盖繇圣道大明，幽谷必照，即六峒虽称荒服僻区乎，而济济衿珮，联翩云集，无论沃土，颗粒得荐清庙，而馨俎豆，俾六峒畲民一旦喁喁从善，将易侏儒而为驯雅之习，固于今卜之矣。语云：君子居之，何陋之有，余且为六峒山灵幸，为六峒畲民幸，不啻为胶庠士私庆耳矣。②

作者沈铁曾任九江知府，官退之后积极倡学，《诏安县志》称其"居家倡置学田以赡儒生，创桥路以便行旅，建文昌公诸祠以兴文学，置亭观以开福田，接引承学，教诲子弟"。③ 所以，他在文中表示，丈量学田是学子庠生的幸事；同时也是六峒山灵的幸事，因为原为"荒服僻区"开始"颗粒得荐清庙"；更是六峒畲民的幸事，因为作者作了大大预测，畲民终会"喁喁从善"，从化外之民变为有着"驯雅之习"的良民。

显然，作者站在汉族士大夫的立场，不仅以重教兴学为己任，更体现出"民胞物与"的国家、民族观念，当然也带有主观的大汉族思想。从历史发展的客观事实来看，沈铁当年所谓的"于今卜之"，后来可谓是"一语成谶"：诏安二都在清代以后，部分地区变成了有名的客家地区，如官陂、秀篆等，如今二都地区少有畲民聚居区存在。从这个角度来看，沈铁确实是有先见之明的。

明清时期，闽粤赣地区的畲民边界逐渐缩小或偏移，这从畲民的族群意识的消长情况可以看出。明清以后的方志，如嘉靖《惠州府志》、康熙《平和县志》均提到畲民与汉人发生冲突，而且族群意识非常强，所谓"一人讼，则众人随之，一山讼则众山随之"，并以"客""河老"互称，当然其中存在这些地方志

① ［明］沈铁：《游六峒丈量学田记》，载［清］秦炯纂修：《诏安县志》，卷之十二《艺文志》，康熙三十年（1691 年）修，据同治十三年（1874 年）刻本影印，第 596 页。

② 同①，第 597 页。

③ 同①，卷之十一《人物志》，第 573 页。

相互抄袭的情况。[①] 但不可否认，在一段时间内，闽粤赣地区的畲民族群意识十分强烈，到了清代以后，畲民的族群意识变得消沉，道光《平和县志》道出其中原缘由："今则太平既久，声教四讫，和邑诸山，木拔道通，猺獞安在哉。盖传流渐远，言语相通，饮食衣服起居往来，多与人同。猺獞而化为齐民，亦相与忘其所自来矣。"[②]

经过明中叶以后，国家对地方的治理之后，闽西南地区聚落人文为之改观，如平和县到清代时，"既变寇盗而为衣冠文物，久沐朱紫阳、王文成之化；士好读书，尚气节，不骛声华，间有奔竞者，众咸訾之……国朝以来，休养教化；尚淳朴，重诗书，强悍之俗渐知礼让矣。"[③] 到了清初之后，随着文教的施行，山区道路交通不再闭塞，族群交流语言相通，在文化特征上，饮食起居等习俗相近，以上这些使得畲民族群的特殊性逐渐消失，族群群体的认同感难以被制造出来。

民国《龙岩县志》作者以亲身经历说明畲族人口减少、畲民文化渐渐消失的情况：

> 钟姓：清末从广东梅县迁来，人数约三十人，已传三代，现住白土；蓝姓：从汝南迁来，现住平铁，其他不详；雷姓：清中从广东焦岭迁来，现住白土，已传十代，人口五十八人……查闽南各县，均有蓝、雷、钟三族之记载，本县州志有所谓畲客者，即系此种。但仅在漳平之洋邦峡，及苦竹、归德一带，本境并无此三族，余在儿童时代，蓝雷故事，尚为童话中之时行材料，今则未闻有谈及者，盖式微久矣。[④]

一些原来没有完全汉化的畲民家族也在明清时期慢慢被"王化"，如永春的畲民在万历以前仍记载"无徭役"[⑤]，而到了清乾隆期间，方志记载其"邑有畲民……今具遵制编保甲，从力役，视平民无异"。[⑥] 所谓的畲民"男子衣帽、发辫如乡人……虽峒瑶有亦无异于乡里中编氓也"。[⑦] 这些都说明了随着帝国"华夏

① 谢重光，邹文清：《试论明清粤闽畲民文献源流——从〈猺民纪略〉"中兽立毙"之类描述谈起》，《赣南师范学院学报》，2009 年第 4 期。

② ［清］黄许桂修，曾泮水纂：《平和县志》，卷十一《杂识志》，道光十三年（1833 年）修，第 502 页。

③ 同②，卷十《士习》，第 453-454 页。

④ 郑丰稔纂：《龙岩县志》卷四，《氏族》。

⑤ ［明］朱安期：《永春县志》，卷三《风土志》，明万历四年修。

⑥ ［清］郑一崧：《永春州志》，卷七《风土志》，清乾隆五十二年刊本。

⑦ 黄恺元等修，邓光瀛，丘复等纂：《长汀县志》，卷三十五《杂录·畲客》，上海：上海书店出版社，2000 年。

化"的推行，明清时期"畲"的边界在闽粤赣地区悄然地退缩。

## 二、文化认同转变与明清时期"畲""客"族群身份的分离

随着客家学的兴起，由于与客家之间有着千丝万缕的联系，畲族成为客家研究中重要内容之一。罗香林先生在《客家研究导论》中认为客家曾与畲族发生混化，其结果是越来越多是畲族被汉化，许多畲族的住地成为客家的聚居区。① 对于过去曾有的"畲客"之说，罗香林写信询问翁国樑："到底事实上畲民是不是又称'客家'呢？他们是汉族呢？还是猺族的别支呢？假如是猺族，何以被人称为客家？"② 自罗香林先生之后，有些学者在清末以后客家运动兴起背景下，极力辨明或撇清"畲""客"之间的关系，但随着客家学研究的深入，越来越多的学者关注到畲客的关系，因而涌现出一大批的研究成果。

学术界一般认为，客家是南迁汉人与盘瓠蛮、百越互动的过程而形成的新的族群。在较长的历史时间中，畲汉融合，并形成密切的共生③关系，客家与畲族在历史上曾达到"你中有我、我中有你"的紧密关系。那么，是什么导致了"畲""客"之间的分离呢？笔者认为，文化在其中起着不可替代的作用，正如谢重光先生所指出的："客家是一个文化的概念，而不是一个种族的概念。"④ 在客家形成的过程中，除了北方汉人南迁的因素起作用外，赣闽粤边原住民的历史与文化等多种因素也在起作用，以上多种文化因子共同促使了客家文化的最终形成。那么"畲""客"的分离同样也是因为文化的原因，也就是说，正是因为不同的文化取向导致了"畲""客"的最终形成两个独立的族群，而历史上出现的"畲"变"客"，或者"客"变"畲"，也均是文化认同在起主要作用。

明代以来，特别是明中叶王阳明巡抚南赣以后，随着国家加强对闽粤赣地区

---

① 客家学的开创者罗香林先生在《客家研究导论》中写道："这可知当时客家和畲民接触的繁多了，惟其接触繁多，所以免不了要发生混化的作用，而那些畲民亦因须与客家盛营贸易的缘故，渐渐习染客人的语言和文化，久而久之，遂把他们固有的语言都消失了。今日浙江括仓一带的畲民，据说是从广东福建搬了去的，他们的语言，几乎十之七八和客语相同，这可知他们所受客家民系的影响了。"参见罗香林：《客家研究导论》，上海：上海文艺出版社，1992 年，第 74-75 页。

② 翁国樑：《福建猺民误称"客家"考》，《福建文化》，1948 年第 3 期，第 1 页。

③ 王东认为，畲汉存在共变关系。他认为赣闽粤边的畲汉融合过程，并不是一方取代另一方的过程，而是双方在血缘与文化两个层面上形成互动与共变的过程。伴随着这种互动与共变，畲、汉双方在各自改变自己的同时，也在改变着对方。这种共变体现在如汉族接受畲族的巫文化，畲族为了摆脱社会边缘和地理边缘的双重边缘状态，对自己的族谱进行篡改或杜撰，等等。参见王东：《那山那水那方人：客家源流新说》，上海：华东师范大学出版社，2007 年，第 55 -57 页。

④ 谢重光：《客家源流新探》，福州：福建教育出版社，1995 年，第 12 页。

的管理，许多畲民完成了身份的转变。谢重光先生曾高度评价王阳明巡抚南赣对畲民汉化的推动，这种变化体现在族群格局是原为畲族住区的赣闽粤交界地区，“如今几乎清一色是客家人的住区”。[①] 与以畲族外迁来解释此现象观点不同的是，谢先生认为更重要的因素应是畲民大部分转化为客家人了[②]。陈永海在《一个山区的族群标记：畲“贼”之例》一文中指出，畲民与客家人出现分化的原因主要是文化转向的不同：“有一部分畲瑶人群坚持其盘瓠信仰仍为‘畲’，另一部分人群则接受儒家的礼仪，转为客家人。”[③] 这也再一次印证文化认同在族群边界中所起的重要作用。

此时，闽粤赣的族群格局也发生了重大变化，正如谢重光所说：“明代以前，福建畲族、客家、福佬三大族群的分布态势是：客家处在西北部的汀江流城，福佬处在西南部的九龙江流域，两者之间的玳瑁山、博平岭东西麓是畲族的天下。”[④] 而明中叶以后，随着社会经济的急剧变迁，畲民的边界的移动产生影响，其中畲、客的分离正是社会转型时期的其中一个表现。

明清时期，“畲”“客”经常合称均指蓝、雷等畲民，在闽西南地区，与“畲”“客”相区别的，则是福佬，如道光《平和县志》：“和邑深山穷谷中，旧有猺獞，椎髻跣足，以槃、篮、雷为姓……闽省凡深山穷谷之处每多此种，错处汀、潮接壤之间……土人称之曰“客”，彼称土人曰“河老”。[⑤] 再如漳州南靖县南坑高港村《曾氏崇本堂世谱》中，也记载“畲”（客）与汉的区别：

> 蓝、雷者，即传记所称猺人是也，乃盘瓠之后，楚粤为盛。闽中唐宋以前亦在在有之。然多在深山穷谷中，又迁徙无常，故土人称之曰“客”，而彼称土人为其“河老”，为其自河南光州来，畏之也。凡三团左右有曰“畲客营”者，有曰“客仔寮”者，有曰“番仔寮”者，皆

① 谢重光曾考证，元代文献记载畲寇陈吊眼主要根据地，如峰山即大峰山，在今平和县九峰、大溪等乡镇；水篆今称秀篆，在今诏安县西部；梅泷长窖即今南靖县梅林乡长窖村。包括陈吊眼的老家太平乡白叶村，这些后来都变成客区。参见谢重光：《客家文化述论》，北京：中国社会科学出版社，2008 年，第 141 页。

② 谢重光：《新民向化——王阳明巡抚南赣对畲民汉化的推动》，《赣南师范学院学报》，2004 年第 1 期，第 36-37 页。

③ 转引自温春香：《文化表述与地域社会：宋元以来闽粤赣毗邻区的族群研究》，厦门：厦门大学博士学位论文，2009 年，第 33 页。

④ 谢重光：《明代畲、客、福佬在闽西南的接触及客家势力的发展》，《漳州师范学院学报》（哲学社会科学版），2005 年第 4 期。

⑤ ［清］黄许桂修，曾泮水纂：《平和县志》，卷十一《杂识志》，道光十三年（1833 年）修，第 502 页。

其旧址也。[①]

顺治年间，潮州地区社会动乱中有称"客贼"的，乾隆《潮州府志》记载：

> 顺治元年甲申，客贼通福建，闽王老统数千人，突至揭阳县西关，知有备，遁去。三月，山贼邱文德寇兰田，蓝霖寇打石山，官兵御之。贼佯走，弃所劫之物于路，官兵争取之。贼突出，官兵败绩。[②]

参照对"客"的定义，蓝霖的姓也颇符合畲族的特征，可以断定客贼部分指的是畲民。清人顾炎武在《天下郡国利病书》也记载道：

> 傜人楚粤为盛，而闽中山溪高深之处，间有之。漳傜人与虔汀潮接壤错处，亦以槃、雷、蓝为姓……常称城邑人为河老，谓自河南迁来，畏之，繇陈元光将军始也。[③]

以上说明，福佬（河老）族群作为"畲客"的他者出现。文中称畲民"常称城邑人为河老"，可见"河老"最初应该是他称的。有的学者认为，"河老"或"福佬"是因为北方汉人南迁，以操河洛话，因而被称为河洛人。[④] 笔者认为，这种观点颇有附会的嫌疑。实际上，"老"或"佬"是在南方特定生态、文化环境下的产物，而非"洛"的变音。在南方除了"河老"，还有"斗老""大佬"等，如傅衣凌在《福建畲姓考》列举宋元史料中关于闽、粤、浙、赣中出现的"大老"[⑤]，认为大老为畲傜酋长尊称，他说："凡称大老者，均在闽赣粤诸省，适合肴族之居地，且与蜒族有关，即上引广东黎德为元时著名蜒'贼'，其同盟军有唐大老等，亦可见两族间之联系。脱欢同漳州路高傈讨平之……盖僮僚民族好称佬，故两粤人民喜欢称人为佬，例如广东佬、广西佬、广佬、白话佬、外江佬之类。又尊称别人为大佬，自己谦称为细佬，称有钱人为财主佬，称有学

---

① 《曾氏崇本堂世谱》，清末抄本，不分卷，现藏漳州南靖县南坑高港村。转引自陈支平，周雪香主编：《华南客家族群追寻与文化印象》，合肥：黄山书社，2005年，第418页。

② ［清］周硕勋：《潮州府志》，卷三八《征抚》，乾隆二十年（1755年）修，中国方志丛书第46号，据清光绪十九年（1893年）重刊本影印，台北：成文出版社，1967年。

③ 顾炎武：《天下郡国利病书》，第廿六册《福建·防闽山寇议》，第256页。

④ 黄典诚认为："西晋末年，胡羯入侵，怀愍亡尘，晋室东移。难民南奔，多如过江之鲫。当时，有陈、林、黄、郑、詹、丘、何、胡八姓，扶老携幼，逾岭越江，远征闽地。这批人带来的是3世纪的河洛官音，因被称为'河洛话'，而操其语的人也被呼为'河洛人'。"黄典诚：《闽南方音中的上古音残余》，载《语言研究》，1982年第2期。

⑤ 傅衣凌称："宋元时代闽粤浙赣起事，多自称大老或大獠，以为号召，颇饶兴味，特附志于此，以待研究"，并列举了十余条有关宋元南方畲民"大佬"的史料。见傅衣凌：《福建畲姓考》，《傅衣凌治史五十年文编》，厦门：厦门大学出版社，1989年，第173-175页。

问人为读书佬。这佬字即獠字的异写。”①

陶希圣曾注意到在元代华南地区起事的徒众之中，有许多首领被称为“大老”②。“大老”的出现，是由于群众间歃血为盟的结拜，进而推举出领袖，即所谓的大哥。

再如，嘉靖《广东通志初稿》记载当时潮州地区的佃户“率依山逞蛮，结党肆志。”首领称“斗老”，当地主下乡收租时，“各佃户必告之斗老”结党抗拒佃租。③ 在广东方言“大”和“斗”谐音，二者或有联系。《石窟一徵》就指出在广州常称“大哥”为“大老”。④ “大佬”这种称谓在今天的广东、台湾等地区仍作为常用词使用，意为群体中的首领、头目等。

历史上，畲、客具有密切的共生关系，曹树基也指出汉畲融合形成客家民系，在其后移民过程中与土著抗争导致客家意识的出现。⑤ 实际上，畲民与客家的分离与华夏化的进程是相同步的。相对福建、广东而言，江西地区的畲瑶等非汉人群更早进入华夏边缘之内，显示出王朝中心向边陲扩张的一个延伸过程。正如王东指出：“就赣南的情况来看，由于其境内的民族成分比较单一，汉族自东汉以来就已成为当地的主体民族，故而，以莫徭为主体的苗瑶族先民在迁入赣南以后，很快融入到汉民族之中，从而成为政府的编户齐民”⑥。

王天鹏根据萨林斯有关历史人类学的理论，提出用“文化界定历史”来探讨畲族与客家的形成。作者认为，客家与畲族有着千丝万缕的联系。随着历史的发展，二者因为分别采取了“攀附”与“逃离”截然不同的策略，所以分离成为客家和畲族两个不同的族群。具体来说，畲民族群通过《高皇歌》等载体强化逐渐“逃离”国家统治的历史记忆，并在实践中播迁到中央政府控制相对薄弱的山区，游离于编户齐民之外；而一些畲客通过“攀附”努力保持与中央王权的关系，摆脱边缘地位，而成为客家族群。⑦

直到清代后期，“客”才开始成为客家族群的专用名词，主要因为当时社会

① 日本学者藤田丰八、国内学者徐松石也对“大老”考证，也认为其为大獠之异写。傅衣凌：《福建畲姓考》，《傅衣凌治史五十年文编》，厦门：厦门大学出版社，1989 年，第 173 页。

② 陶希圣：《元代长江流域以南的暴动》，《食货半月刊》，1935 年第 3 期，第 42 页。

③ ［明］嘉靖《广东通志初稿》，卷 18《风俗》，21b。

④ 黄钊：《石窟一徵》，卷 1《征抚》，民国十九年（1930 年）岭南黄睦重刊本，第 3a–b 页。

⑤ 曹树基：《赣闽粤三省毗邻地区的社会变动和客家形成》，《历史地理》第 14 辑，上海：上海人民出版社，1998 年，第 123–135 页。

⑥ 王东：《那山那水那方人：客家源流新说》，上海：华东师范大学出版社，2007 年，第 140 页。

⑦ 王天鹏：《逃离与攀附：从“文化界定历史”论畲族与客家的形成和“土客”之争》，载《族群迁徙与文化认同人类学高级论坛 2011 卷》，2011 年，第 521–529 页。

经济的急剧变迁，促使闽西、粤东的客家人加强了这种自我意识认同的紧迫性。[①] 这又涉及"畲"（客）与广府、潮汕人族群边界冲突的历史，在族群危机下，客家精英通过不断建构历史记忆，试图证明中原正统文化传承的合理性。

到了民国时代，客家意识进一步觉醒，加速了"客家"与"畲民"在社会定义上的剥离。如当时发生了学者王斤役谈论《云霄厅志》重刊情况提到"客"与"河老"的关系时称："云霄厅志修于嘉庆廿一年十一月，蠹鱼吞蚀，残肃不完，去年据以重刊，始得复与世学人相见。益'民元废厅改县议案及呈批各件'为第二十一卷，余仍旧贯。卷三有猺獞一节，猺獞即今之客族：土人称之曰客，彼称土人曰河老。"[②]

这种将"客"与猺獞相提并论的表述引起了海内外客家对王斤役不满，后《逸经》编辑部妥协，只好再次声明"客"指的是畲民，而非客家，其文称："但细查王君原文所载，乃引用《云霄县[③]志》，文中所称'客族'，乃指当地之畲民，系与土人相对之称，并非泛指其他各地之'客家人'而言，其义至明，不容误会。"[④]

从这里也反映了客家与畲的分离，除了族群本身的文化取向、文化认同不一样外，其与本族精英的努力争取族群身份也是分不开的。

可见以上所述的"畲区"变为"客区"，确实不能单纯以人口实质性迁移来解释，而应将其视为在汉文化认同的过程中，汉族的边界逐渐扩大、华夏边缘在东南的进一步扩张的结果。借用王明珂关于"羌在汉藏之间"[⑤] 的概念，我们似乎也可以用"客在畲汉之间"[⑥] 来解释这个历史现象。

## 第三节　闽西南地区畲民的"儒化"与"王化"

如果说唐代闽西南地区，特别是汀州地区还处于"蛮风蜑雨"中的话，那

① 陈支平，周雪香主编：《华南客家族群追寻与文化印象》，合肥：黄山出版社，2005 年，第 419 页。

② 王斤役：《福建云霄之猺獞》，《逸经》，1936 年第 13 期，第 13 页。

③ 原文为"县"，或为"厅"之误。

④ 《紧要启事》，《逸经》，1936 年第 18 期，第 24 页。

⑤ 王明珂提出"羌在汉藏之间"用以说明华夏西部族群边界的变迁，以及中华民族融合的过程。参见王明珂：《羌在汉藏之间：川西羌族的历史人类学研究》，北京：中华书局，2008 年。

⑥ 陈文红曾提出"客在畲汉之间"，与本文用注重用族群边界与文化认同解释该概念有所不同。参见陈文红：《当代赣南畲族与客家族群关系研究》，北京：中央民族大学硕士论文，2010 年，第 59-60 页。

么，从宋代以后，汉族势力逐渐在汀州扩大，不仅体现在越来越多的非汉民族通过获得版籍成为编户齐民，而且体现在汉文化在整个地区的传播与扩散，这也使得越来越多的畲民在文化认同上发生改变。

## 一、闽西南地区畲民的“儒化”

宋明时期，在地方官和文人的推动下，闽西儒学慢慢得到发展。以上杭一地为例，在宋朝淳熙年间之前，上杭文教落后，上杭县令鲍粹然上任后，开始推行儒学，乾隆《汀州府志》记载道：“鲍粹然，字淳文，龙泉人，淳熙中令上杭。邑文风固陋，聘宿儒教导之，士始知学。邑多剽刼，富豪为之窝藏，粹然穷惩之。”①

可见，地方官在地方儒学的推动中扮演了重要的角色。到了明朝，上杭俨然成为文物大邦，乾隆《汀州府志》引明清方志称：

> 明志云：士勤学问，女守贞烈；衣冠文物，颇类大邦；礼乐诗书，实多济美。漳南志云：尚文近侈。邑志云：士则崇儒重道，民则尚义奉公。男耕女织，各安其业。婚姻丧葬，邻保相助。国朝，文物类于大邦，科名甲于诸邑，家家建追远之庙，户户置时祭之资，其渐摩于熙朝之德化者，良深也。②

笔者查阅地方志材料，发现闽西汀州地区蓝、雷、钟三姓在科举文教上取得较大成绩，其中较著名的有宁化的雷鋐、上杭庐丰的蓝正春，当代学者一般将其认为是畲族。③ 按照科举类别，将乾隆《汀州府志》出现的三姓人物制成表格，罗列并分析如下：

第一类：宋到清乾隆时期汀州进士中，蓝、雷、钟三姓共有 21 位，见表 4-2。

第二类：明到清乾隆时期汀州举人中，蓝、雷、钟三姓共有 27 位，见表 4-3。

第三类：明到清乾隆时期汀州贡生中，蓝、雷、钟三姓共有 114 位，见表 4-4。

---

① ［清］曾曰瑛等修，李绂等纂：《汀州府志》，乾隆十七年修，卷之二十《名宦》，第 267 页。

② 同①，卷六《风俗》，第 70 页。

③ 如福建省少数民族古籍丛书编纂委员会所编的《家族谱牒——畲族卷》（上、下），将宁化茜坑雷姓、上杭庐丰蓝姓归为畲族，按照这种分类方法，宁化雷鋐、上杭蓝正春等人也均为畲族。

**表 4–2　汀州蓝、雷、钟姓进士（宋—清）**

<table>
<tr><th>朝代</th><th>姓名</th><th>县</th><th>年榜</th><th>任职</th></tr>
<tr><td rowspan="9">宋进士</td><td>雷尧</td><td>宁化</td><td>元丰二年（己未）时彦榜</td><td>改名行，调江州户曹，泉州教授，改京秩，终连州通判</td></tr>
<tr><td>雷协</td><td>宁化</td><td>政和二年（壬辰）莫俦榜</td><td>以《易》学知名，终兴化军教授，有善政</td></tr>
<tr><td>雷靖</td><td>宁化</td><td>绍兴十五年（乙丑）刘章榜</td><td>南丰主簿</td></tr>
<tr><td>雷彦国</td><td>宁化</td><td>隆兴元年（癸未）木待问榜</td><td>恭城尉</td></tr>
<tr><td>雷硕</td><td>宁化</td><td>隆兴元年（癸未）木待问榜</td><td>嘉川文学</td></tr>
<tr><td>钟迪</td><td>宁化</td><td>淳熙二年（乙未）詹骙榜</td><td>宁都主簿</td></tr>
<tr><td>钟遂</td><td>宁化</td><td>淳熙二年（乙未）詹骙榜</td><td>湘乡主簿</td></tr>
<tr><td>钟秀颖</td><td>长汀</td><td>淳熙八年（辛丑）特奏名</td><td>广州司理，升南安军判官</td></tr>
<tr><td>雷倬</td><td>宁化</td><td>嘉泰二年（壬戌）傅行简榜特奏名</td><td></td></tr>
<tr><td rowspan="2">宋进士</td><td>钟自强</td><td>武平</td><td>嘉定十六年（癸未）蒋重珍榜特奏名</td><td>龙岩县尉</td></tr>
<tr><td>雷观</td><td>宁化</td><td>靖康元年特赐出身</td><td>雷观，宁化人，靖康间在太学。时朝廷用张邦昌为相，观愤然曰："此何等时，不拔擢豪杰，而递迁贵臣耶!"遂上书极论："白时中尫庸悖谬，从公屏斥，朝野快心。不意宣麻，乃用邦昌，士民失望。昔陈龟有言：三辰不轨，擢士为相；四夷不共，拔卒为将。今金戈指阙，铁骑饮汴，岂但'不共'而已。乃不闻宣猷考相，弥变迎祥，而进尸位冒宠之伦，以塞贤路，岂不殆哉?"书入，朝廷虽不听，犹与陈东等皆特赐出身①</td></tr>
<tr><td>元进士</td><td>雷缟</td><td>清流</td><td>正二年（壬午）乡试中式</td><td>任江西湖东道</td></tr>
</table>

① ［清］曾曰瑛等修，李绂等纂：《汀州府志》乾隆十七年（1752 年）修，卷之三十《人物》，台北：成文出版社，1967 年，第 341 页。

**续表**

| 朝代 | 姓名 | 县 | 年榜 | 任职 |
|---|---|---|---|---|
| 明进士 | 雷迅 | 长汀 | 永乐四年（丙戌）林环榜 | 雷州知府 |
| | 蓝必宁 | 长汀 | 永乐四年（丙戌）林环榜 | |
| | 钟文俊 | 长汀 | 弘治六年（癸丑）毛澄榜 | 钟文俊，字舜臣，长汀人。弘治癸丑进士，授户部主事，转吏部员外，升广东参议、湖广参政。廉谨宽厚，所至卓有贤声① |
| | 钟文杰 | 长汀 | 弘治十五年（壬戌）康海榜 | 钟文杰，字邦臣，文俊弟。弘治壬戌进士，授户部主事，转工部员外郎，擢广州知府，有政声。时太监潘忠横恣，每非礼相凌，文杰不少屈，忠亦愧服。卒于官② |
| 清朝进士 | 雷殷荐 | 宁化 | 康熙五十四年（乙未）徐陶璋榜 | 松滋知县 |
| | 蓝正春 | 上杭 | 雍正二年（甲辰）陈德华榜 | 安仁知县 |
| | 雷鋐 | 宁化 | 雍正十一年（癸丑）陈倓榜 | 翰林院庶吉士，历通政使司 |
| | 钟高翥 | 上杭 | 乾隆七年（壬戌） | 武进士 |
| | 雷鹏 | 清流 | 乾隆十三年（戊辰） | 武进士 |

资料来源：根据［清］曾曰瑛等修，李绂等纂：《汀州府志》，乾隆十七年（1752年）修，卷之二十一《选举》。台北：成文出版社，1967年，第279–283页、第304–305页、第315–316页。

**表4–3　汀州蓝、雷、钟姓举人（明、清）**

| 朝代 | 姓名 | 县 | 年榜 | 任职 |
|---|---|---|---|---|
| 明举人 | 蓝必宁 | 长汀 | 永乐三年（乙酉）杨端仪榜 | 府学，丙戌进士 |
| | 雷迅 | 长汀 | 永乐三年（乙酉）杨端仪榜 | |
| | 雷汝康 | 长汀 | 永乐六年（戊子）杨慈榜 | 道州知州 |
| | 雷亨 | 清流 | 宣德四年（己酉）李蒲榜 | 蠡县教谕 |
| | 雷瑶 | 清流 | 天顺三年（己卯）杨琅榜 | 兖州同知 |
| | 钟文杰 | 长汀 | 弘治二年（己酉）傅鼎榜 | 壬戌进士 |
| | 雷世鸣 | 清流 | 弘治五年（壬子）林文迪榜 | 新会、遂溪二县知县 |

①②　［清］曾曰瑛等修，李绂等纂：《汀州府志》乾隆十七年（1752年）修，卷之三十《人物》，台北：成文出版社，1967年，第345页。

续表

| 朝代 | 姓名 | 县 | 年榜 | 任职 |
|---|---|---|---|---|
| 明举人 | 雷衡 | 清流 | 弘治五年（壬子）林文迪榜 | 梧州同知 |
| | 雷蒙恩 | 清流 | 正德十一年（丙子）朱淛榜 | |
| | 钟有容 | 长汀 | 万历四十三年（乙卯）甘汝挺榜 | |
| | 钟应明 | 上杭 | 万历四十六年（戊午）戴国章榜 | |
| | 雷羽上 | 宁化 | 崇祯十五年（壬午）何承都榜 | 明亡，发狂死 |
| 清举人 | 蓝学鑑 | 上杭 | 顺治十一年（甲午）熊臣忠榜 | 全椒知县 |
| | 钟尚志 | 上杭 | 康熙十九年（庚申）补科曾炳榜 | |
| | 钟荃 | 武平 | 康熙二十六年（丁卯）萧弘樑榜 | |
| | 钟嘉禬 | 长汀 | 康熙三十八年（己卯）张远榜 | 授内阁中书，汉川知县 |
| | 蓝曰聪 | 上杭 | 康熙四十四年（乙酉）施鸿纶榜 | |
| | 钟梦瀛 | 长汀 | 康熙五十三年（甲午）林廷选榜 | 房县知县，治事勤敏，有廉干声，著有《房陵政略》 |
| | 雷殷荐 | 宁化 | 康熙五十三年（甲午）林廷选榜 | 乙未进士 |
| | 雷鋐 | 宁化 | 雍正元年（癸卯）恩科廖学信榜 | 癸丑进士 |
| | 蓝正春 | 上杭 | 雍正元年（癸卯）恩科廖学信榜 | 甲辰进士 |
| | 雷定淳 | 宁化 | 乾隆十七年（壬申）恩科蔡庭芳榜 | |
| | 钟奇颖 | 长汀 | 康熙二十九年（庚午） | 武举人 |
| | 钟秀异 | 武平 | 康熙五十九年（庚子） | 武举人 |
| | 钟紫湘 | 武平 | 雍正十年（壬子） | 武举人 |
| | 钟高翥 | 上杭 | 乾隆六年（辛酉） | 武举人、壬戌进士 |
| | 雷鹏 | 清流 | 乾隆九年（甲子） | 武举人、戊辰进士 |
| | 钟雯 | 武平 | 乾隆十二年（丁卯） | 武举人 |

资料来源：根据［清］曾曰瑛等修，李绂等纂：《汀州府志》，乾隆十七年（1752年）修，卷之二十一《选举》，台北：成文出版社，1967年，第284-291页、第305-310页、第317-320页。

**表 4–4　汀州蓝、雷、钟姓贡生表（明、清）**

| 朝代 | 贡生 | 人数 | 姓名任职 |
|---|---|---|---|
| 明贡生 | 府学 | 11 | 蓝瑛（州判）、钟成（州判）、雷荣（照磨）、雷复（上杭人，肇庆照磨）、雷务（宁化人，主簿）、钟文会（长汀人，临水知县）、钟易（上杭人，灌阳教谕）、钟希龙（武平人，安州州判）、钟铎（长汀人，浦田训导）、雷应春（清流人）、雷同升（清流人） |
| | 长汀县 | 5 | 雷宗元（训导）、钟正（博罗教谕）、钟宏（训导）、钟铉（英德教谕）、雷世元 |
| | 宁化县 | 7 | 雷汝霖、雷务（吏目）、雷瑶、雷廷照（饶州经历）、雷时祚（楚府教授）、雷元复、雷动鳌 |
| | 清流县 | 23 | 雷子恭、雷应（英德知县）、雷祉（主簿）、雷璧（开建训导）、雷宙宽（乐清知县）、雷庆（恩贡，新会县丞）、雷璘、雷世懋（余姚训导）、雷世瑄、雷镃（德清主簿）、雷国用（常山训导）、雷万硕（岷府教授）、雷元龙、雷瑄（学正）、雷泽（贵县训导）、雷监（邵武教授，有传）、雷增美（漳州训导）、雷经龙（瓯宁训导）、雷用龙（泰宁训导）、雷应春（永福教谕）、雷同升（南城知县）、雷同鸣、雷礼门 |
| | 归化县 | 3 | 雷应春、雷克声（训导）、雷世熙 |
| | 连城县 | 0 | |
| | 上杭县 | 8 | 蓝以清（浮梁教谕）、雷东阳（莱芜训导）、蓝遇、钟文纪（荆州学正）、钟煦（英德教谕）、雷朝辅（陵水教谕）、钟龠（徐闻训导，连江教谕）、雷有复（成都府经历） |
| | 武平县 | 18 | 钟源清（淮安仓副使）、钟文广（青州同知）、钟永、钟弘（霸州学正）、钟遂（乐安县丞）、钟享（县志“享”作“亨”）、钟琏、钟鸿（上饶县丞。正德间，悬绳寇发，三省协攻，鸿力辩其受诬者，全活甚众）、钟凤（湖口知县）、钟佩（香山训导）、钟天爵（有传，平乐推官）、钟文表（选贡，令梁山、石城，以抗直告养归）、钟希夔（邵武教授）、钟希龙（安州州判）、钟文泮、钟三聘（福州教授）、钟仁宠（饶平教谕）、钟映张（衡州府通判） |
| | 永定县 | 0 | |
| 清贡生 | 府学 | 8 | 雷恂（清流人）、蓝芝室（上杭人）、钟元德（长汀人）、钟甸夏（武平人）、钟霈（武平人）、钟远鸣（长汀人）、钟益（长汀人，恩贡）、蓝实（上杭人，副榜） |

续表

| 朝代 | 贡生 | 人数 | 姓名任职 |
|---|---|---|---|
| 清贡生 | 长汀县 | 1 | 蓝天开（将乐训导） |
| | 宁化县 | 11 | 雷动化（有传）、雷风恒、雷联（恩贡）、雷起晖、雷一鸣（莆田训导）、雷先应（浦城训导）、雷动聘、雷立允、雷起旸（将乐训导）、雷定志（拔贡）、雷嗣恒（恩贡） |
| | 清流县 | 2 | 雷揆（恩贡）、雷行章 |
| | 归化县 | 0 | |
| | 连城县 | 0 | |
| | 上杭县 | 4 | 钟琳、钟用志、钟燦、雷高翥 |
| | 武平县 | 13 | 蓝化春（诏安训导）、蓝炯（恩贡）、钟奋鹏（政和训导）、钟乔捷、钟叶宫（恩贡）、钟珽、蓝兰、钟藻、钟嵋、钟奕皋、蓝梦熊、钟甡、钟万瞻 |
| | 永定县 | 0 | |

资料来源：根据［清］曾曰瑛等修，李绂等纂：《汀州府志》，乾隆十七年（1752年）修，卷之二十一《选举》，台北：成文出版社，1967年，第292-291页、第311-315页。

以上表格对宋明代以后疑似畲族的蓝、雷、钟三姓人物进行统计。这些知识分子接受汉文化，大都隐去畲民身份，在科举、儒学等方面有所作为，也是后面雷鋐、蓝鼎元等人才辈出的原因所在。所谓"冰冻三尺，非一日之寒"。畲民科举人才的出现，与当地文教事业慢慢兴起有关系，同时也与本家族势力的发展有关。

陈支平等在整理闽台畲族族谱时指出，在畲族研究中，应重视钟大焜等畲族士大夫"如何处理自己的畲民认同和所谓的作为强势文化的汉族认同"这一问题①。在清代畲族士大夫中，除了钟大焜以外，佼佼者当属福建的雷鋐和蓝鼎元。民国《永春县志》曾对此问题作一番论述：

> 按永春旧时土族有钟雷而无盘蓝，或以迁徙之故。又钟姓闻亦有改为章者，今皆与齐民无别，足见一道同风之盛。而汉族之同化力最强，能融铸无数民族而成大国者，又不仅同洲同种已也。且天之生材，固无畛域，微论拓拔呼延中古久登仕籍，即吾闽翠庭、鹿洲，谁敢复以畲民

① 陈支平，刘婷玉：《闽台畲族族谱搜集整理札记》，《人民论坛》，2011年第12期，第26页。

视者夫，亦生聚而教训之以达一视同仁之准则而已矣！[①]

文中所提到的“翠庭、鹿洲”分别为宁化的雷鋐和漳浦的蓝鼎元，二人均为清代知名学者。作者认为，雷鋐、蓝鼎元是经过生聚而教训后的杰出代表，不能再以“畲民”看待。依此看来，关于“畲”与“非畲”界限判断，显然与“生聚教训”程度的深浅有关。假如以上论者是以客观的角度来看待畲族士大夫阶层的文化认同，对于畲族士大夫本身，其因身份特殊，显然更加纠结与撕裂。那么，这些知识分子阶层是如何看待畲民的文化认同呢？我们且以闽西宁化雷鋐家族进行分析。

根据宁化茜坑《冯翊郡雷氏家谱》记载，福建宁化之有雷氏始于唐代中后期，始祖为雷甫，“由进士任洪州刺史。因人诽谤，移居抚州，随迁宁化。宁之有雷姓，自公始也。”[②] 雷甫生雷祥，雷祥生八子，开衍八房，散居周边，即后来著名的宁化雷氏八大祖。传至三十世雷鋐祖父一代，雷姓已是宁化一大姓。族谱所载“汀郡宁化之雷氏，聚而居者数千家，邑巨族无与为比。”[③] 雷氏家族不仅人丁兴旺，而且登科第者众多，“雷为宁望族，户数千，科第衣冠林立。”[④]雷鋐就是在这样的巨家大族中长大的。

《冯翊郡雷氏家谱·世系图》简要概括雷鋐生前身后事：

三十世　鋐（鸣高长子）派名上辉，乡试名铉，字贯一，改名鋐，号翠庭。清晋赠通议大夫。雍正癸卯恩科乡试中式举人，癸丑会试进士，翰林院庶吉士改编修。历官至通政使司通政使，都察院左副都御史，浙江、江苏两任提督学院。嘉庆十四年奉旨崇祀乡贤祠，国史馆纂入理学名臣列传。道光二十九年奉旨纂登忠义大臣列传。复奉谕旨嵬查，子孙几人蒙各大宪申覆达部。生康熙三十六年二月初四日，卒乾隆二十五年十月廿五日。[⑤]

---

① ［民国］郑翘松纂：《永春县志》，卷十五《礼俗志》，据民国十九年（1930年）铅印本影印，中国方志丛书华南地方第231号，台北：成文出版社，1975年，第518-519页。

② 雷定国：《族谱源流存徵》。宁化茜坑《冯翊郡雷氏家谱》民国三年芳饮堂藏版，载《家族谱牒——畲族卷》（上），福州：海风出版社，2010年，第221页。

③ 《清貤赠文林郎、翰林院庶吉士慎庵雷府君，貤赠孺人张太君墓志铭》。宁化茜坑《冯翊郡雷氏家谱》民国三年芳饮堂藏版。载《家族谱牒——畲族卷》（上），福州：海风出版社，2010年，第292页。

④ 《清貤诰赠雷处士慎庵府君墓志铭》。宁化茜坑《冯翊郡雷氏家谱》民国三年芳饮堂藏版，载《家族谱牒——畲族卷》（上），福州：海风出版社，2010年，第291页。

⑤ 宁化茜坑《冯翊郡雷氏家谱》民国三年芳饮堂藏版，载《家族谱牒——畲族卷》（上），福州：海风出版社，2010年，第234页。

在清嘉庆十七年（1812年）姻亲黎高嵩[①]为雷鋐作的传记中，更详尽地记载了雷鋐生平事迹及身后影响等：

> 忆自少时尝闻里中雷翠庭先生为圣朝理学名臣，心恒向慕……公年十七入泮，受业于鳌峰书院蔡文勤公门下，读其学约知造道入德之方……丙子，陈情终养，归里……待族党，由亲及疏恩谊周笃，有匮乏者量力佽之。倡修大宗祠，复建祀三带祠，置产以丰祭祀。己卯冬，丁母忧，执丧毁瘠感疾，弥留时惟诲子孙孝友读书，不及家事，寿六十四而卒，乡里绅士皆叹悼。
>
> 所著《校士偶存》《自耻录》《经笥堂集》俱已刻行，《读书偶记》蒙恩采入《四库全书·子部·儒家类》。嘉庆十三年七月，邑中绅士原任扬州府太守伊墨卿先生、孝廉方正吴清夫先生、广东候补县伊彩峰先生与张荐和孝廉等，以公之学术醇正，践履端方，化导乡人，转移风俗，朝右靡有闲言，闾左皆所矜式，应祀入乡贤祠。造具事实册结呈两学，加结牒呈邑侯通详，具督抚题礼部议奏：已故都察院左副都御史雷鋐，系大臣从祀，应遵例专折具奏，可否准其入祀乡贤祠，恭候钦定。奉旨，雷鋐准其入祀乡贤祠，钦此。遵即制牌祀于祠中。[②]

雷鋐在《清史稿》另有立传，该传对雷鋐的理学成就予以高度赞扬，认为"闽之学者，以安溪李光地、宁化雷鋐为最。"[③]《清儒学案》概括其学术渊源："闽中学派，安溪、梁村皆宗朱子，翠庭亲受学于梁村，立朝建白，多持大体。督学吴越，以理学维风化，不愧醇儒。闽峤后进，多依归焉。"[④]《冯翊郡雷氏家谱·世系图》说得更清楚："宋道学肇自濂溪，伊洛承之，而盛于闽。圣朝崇儒重道，安溪李文贞公、漳浦蔡文勤公得程朱薪传，漳浦门人雷谕德鋐称首。"[⑤]

上文所提到的安溪李文贞公、漳浦蔡文勤公分别是理学名家李光地和蔡世

---

① 按传记介绍，黎高嵩之子娶雷鋐曾孙雷绍宗的次女，雷黎两家结为姻亲，因此黎高嵩自称为"零姻晚学生"。

② 《清晋赠通议大夫、都察院左副都御史、乡贤雷公翠庭先生传》。宁化茜坑《冯翊郡雷氏家谱》民国三年芳饮堂藏版，载《家族谱牒——畲族卷》（上），福州：海风出版社，2010年，第247-249页。

③ （民国）赵尔巽，柯劭忞等撰：《清史稿》第34册，北京：中华书局，1977年标点本，第10281页。

④ 徐世昌编纂：《翠庭学案》，见《清儒学案》（第四分册），北京：人民出版社，2010年版，第1720页。

⑤ 《清敕封文林郎、待赠奉直大夫、日讲官起居注、左春坊左谕德兼翰林院修撰雷惕庐先生墓志铭》宁化茜坑《冯翊郡雷氏家谱》民国三年芳饮堂藏版，载《家族谱牒——畲族卷》（上），福州：海风出版社，2010年，第295页。

远，而雷谕德鋐是漳浦蔡世远的“门人”，即雷鋐师承于蔡世远。蔡世远又跟李光地有关系，《清史稿》称：“蔡世远，字闻之，福建漳浦人……康熙四十八年进士，改庶吉士。大学士李光地以宋五子之书倡后进，得世远，深器之……五十年……巡抚吕犹龙延主鳌峰书院，以正学教士。”①

雷鋐与李、蔡两位理学名家的学术渊源颇深。关于蔡世远的生平事迹、学术成就，学者已多有研究②，此不赘述。然而，关于蔡世远与雷氏家族的密切关系，却少有人提及，我们可以从宁化雷氏族谱看出一些端倪。蔡世远曾应雷氏家族之请，为雷鋐祖父雷世守撰写《清待浩赠雷处士慎庵府君墓志铭》，其文曰：

> 宁化有处士雷君慎庵，敦孝睦，重礼法，用训厥族，式穀厥子若孙也。康熙丁酉岁，余主鳌峰书院，其孙鋐来就学，年少有志，尚跬步一范于礼，体察宋儒之书省克若不及。余固疑其或得于祖父渊源所渐，因询知君之为人……鋐之来学也，君以书勖之，曰：濂洛关闽正学也，有倡之者，汝其勉乎！鋐举于乡，君曰：吾故甚喜，然此未足以云也，吾闻师友之所望于若者与乃祖券矣。故鋐志道专且笃。③

从墓志铭中也可以看出除了师承外，雷鋐家庭环境也是其理学有所成就的重要因素。关于雷鋐祖父的影响，另一则墓志铭更描述得更为详尽：

> ……公生有大志，好读书，凡天文地利（理）兵阵律数以及百家技术家言靡不究悉，然一以孔孟程朱为归。曰：学得其正，则百家皆吾用，不然非道而行小慧，只足杀吾身。当是时吴逆倡乱，五岭外多和之，其以闽叛者为精忠，布伪劄诱致群不逞。或以谋诸公，公叱曰：与犬狂噬旦夕醢耳，果有才将为国用，宁为贼用。告者急走遁。迨耿逆平，而公尊人以他事为仇所诬，公代讯，昼夜走二百里，呕血数升，庭鞫词慨理直，事大白而室则已罄悬矣。乃屈首为里塾童子师，训诸弟子，以邪正义利辨日严……今鋐力强仕受圣天子特达之知，且素学于蔡

① 赵尔巽，柯劭忞等撰：《清史稿》列传七十七，第34册，北京：中华书局，1977年标点本。

② 如赫治清：《蔡世远生卒年》，《中国史研究》，1996年第4期；黄大林：《略论清初教育家蔡世远》，《漳州师范学院学报》（哲学社会科学版），2003第2期；张则桐：《蔡世远与清代文风》，《闽台文化交流》，2009年第4期；阮莉：《蔡世远年表》，《闽台文化交流》，2010年第2期；李海洋，田杰：《清初教育家蔡世远的性理教育思想浅析》，《兰台世界》，2014第4期；阮莉：《蔡世远古文研究》，漳州师范学院，2010年硕士学位论文。

③ 《清貤诰赠雷处士慎庵府君墓志铭》，宁化茜坑《冯翊郡雷氏家谱》，民国三年（1914年）饮堂藏版，载《家族谱牒——畲族卷》（上），福州：海风出版社，2010年，第291页。

文勤，他日不负所学，其大确为者，庸非即公之有为乎！祖孙一气，翕张一机，固可以公卜之也。①

雷鋐父亲雷鸣高也是有学识之人，后人撰写的墓志铭称：

> ……奋志读书，夙夜罔懈，年二十二补弟子员，旋食廪于庠……会蔡文勤先生主教鳌峰书院，以宋五子书倡导后进，遣谕德（雷鋐）就学，勖之曰：汝知程伯温使二子受教周茂叔故事乎？后蔡公奉旨内召，时谕德已举贤书，亦计谐赴都，蔡公留之读书邸第。先生亟寄书谕以登实行，取益友，息标榜，杜奔竞……是得程朱家法者，谕德之学其由于庭训乎！②

文章很客观地评价雷鋐家庭环境“庭训”，对其“得程朱家法”的重要作用。

除了雷鋐父祖的直接影响，雷氏整个宗族崇文重教、热心向学，很有关系，谨从族谱罗列几则：

> （十八世）仁寿：“少读书莲芜山馆，虽凄风苦雨，旦夕不辍，有昔人绿满窗前草不除之乐。年十六补弟子员……著有《孝友传家录》《宦游杂记》《经史撮要》诸书，今郡云嚷阁尚载公记焉。”
>
> （二十世）神保：“公赋诗自乐，手录马援教子书于壁，日督诸子弟以诗书。曰：‘吾家良田惟此耳！所积产甚厚，将田一顷五亩，递年会其租银责送军卫，为义子赡差。”
>
> （二十二世）汝霖：“刚介有气性，为文探极理奥，析缕丝发，有不欲索人解者。其时执经请业者无虚日，邑诸名俊多游其门。年六十由明经考授训导，未仕而卒。”
>
> （二十三世）务：“字智先，以郡明经肄业。北雍时理学名儒国子监祭酒、翰林院大学士丘琼山先生授公为第一，谓公根抵深厚，能发宋儒未发之旨，卓乎，有先正风味焉。”
>
> （二十四世）浩通：号明斋。年十七补邑诸生，二十汽（食）于庠，由岁贡生授永定县教谕。冬一裘，夏一葛，苜蓿一盘，悠然自乐。

① 《清貤赠文林郎、翰林院庶吉士雷公慎庵，暨配貤赠孺人张太君墓表》，宁化茜坑《冯翊郡雷氏家谱》，民国三年（1914年）饮堂藏版，载《家族谱牒——畲族卷》（上），福州：海风出版社，2010年，第294页。

② 《清敕封文林郎、待赠奉直大夫、日讲官起居注、左春坊左谕德兼翰林院修撰雷惕庐先生墓志铭》，同①，第295页。

教生徒以经术为先，艺文为末，谓坐明堂非沿习故事已也。甫至集宋儒语录为人士劝，与诸生较艺凡明晦风雨，娓娓不倦。邑令罗君以甲科高才为公屈服，谓司铎如公，其设法科条不减湖州也。

（二十五世）文积：字冲吾，浩通公子也。好古力学，能继父志，屡冠诸生。年五十余而列明经。是亦善绳祖武也。

瑶：字国用，号玉泉。读书勤苦，闭户不与外事。家无檐石，口不言贫。自为诸生，至岁荐贡生，从未诣公庭。常谓松竹吾友也，生平诗赋自乐，教子义方。

显凤：字腾吉，号泉州，邑庠生。生性澹定，刻志读书。累科未第，遂隐居不出。工于诗，曾作《宁阳八景》，前志录之。

第：字声希，号玉关，国继祖也。读书晨夕以针，计凡经史子集靡不淹贯胸中。与温泉李元仲先生为同年诸生，元仲语人曰：某吾畏友也。邑镌十六子集，公居首。赴秋闱，房荐者二。

宣：字起潜，国生祖。读书目不加再，与兄弟动同列十六子集，邑号三彪。①

随着雷氏宗族的强大，族人也逐渐重视鼓励本族子弟读书。如康熙五十一年（1712年）雷鋐祖父雷世守的第三次纂修的宗谱亲自定了十二条族规。有两条对鼓励读书做了规定：

一后学之宜励也。吾族诗礼传家，向来人文彪炳，至今不无少衰，亦父兄之教不先耳。嗣后递年春夏秋冬，每季命族中凡行文子弟作文会一次。先于清明算数日抽出，赏银若干，以备酒饭，交先达者，严较其优劣。如子弟不赴会作文者，罚其父兄银三钱。

一学田之宜设也。吾族向未立学田，一时创设势所甚难。今议从前已入泮者，不论嗣后族中凡入泮者，于族众尝银出三钱，于其本房祖尝银出一两，与之作顶带之货。至赴乡试者，亦于族众尝银出三钱，与之作卷资，于其本房祖尝银出一两，作舟资。至子姓中有叨祖灵中乡榜者，出喜银十两。中甲榜者，出喜银二十两。若恩、拔、岁、副，出喜银三两。入衣冠会内，递年存积，以为置买学田之资。如不出者，祖宗共诛殛之。即族中有犯从前所议规例者，其罚银亦存此内，一以示戒。

① 宁化茜坑《冯翊郡雷氏家谱》，民国三年（1914年）饮堂藏版，载《家族谱牒——畲族卷》（上），福州：海风出版社，2010年，第232-244页。

一以示劝也。[①]

由此可见，随着雷氏宗族强大，其家族子弟的汉文化与周边汉族不相上下，甚至在某些方面可能略胜一筹。族人的汉文化习得水平越高，其在文化认同上将与周边汉族越来越接近。闽北光泽大禾山《石城雷氏重修族》认为本族与雷鋐有关系，该族谱录有明嘉靖二十九年（1550 年）宁化知县潘时宜为《雷氏重修族谱》作的序，对宁化雷姓的情况做了许多溢美之词：

> 予往政宁化历年八载，所治百里，经理粮赋，丁苗无有过千。雷户者且人物清雅，行止端庄，役则趋赴，赋则早输，睦乃戚，和乃里，咸率醇厚，治年久而罕丽（古通"罹"）法志。予喟然叹曰，雷籍庶而且富而益醇，诚良族也，必有所由始。因即其谱观焉，自始祖宪至七世甫，皆居显宦，自八世详迄今时廷等辈，二十余世尚承殷富，丁苗踰邑，斯知其从来也远矣。[②]

潘时宜在《宁化县志》中有传，[③] 该序中的"役则趋赴，赋则早输"说明早在明中叶以前，宁化雷姓早已成为编户齐民，是当地纳税及时、不违法令、富庶醇厚的"良族"。然而潘时宜在考察族谱的时候对雷姓的读书取士情况提出疑问，他写道：

> 特惜自甫以后显宦不继，毋亦风土所阻，气数未还耶？如局风土均一，宁邑士有状元，官有朝绅，古何其盛；如以气数，脱科以来百有余岁，运之将复，非其时乎？予自下车，庠士未满四十，今则已至百矣，非将盛之机乎？天行德复无闭不开，况雷氏自甫以至时辈已二十有余世矣，其间聪明俊伟者志虽多，而入泮者寥寥无几。噫，十室必有忠信，巨族岂无贤才！肆今如廷辈十一、二生，力学游庠，彬彬凛饩，是盖气运将兴，而甫以上之踪可企矣。且英彦迭生，继志者众，他日如张公及

---

① 宁化茜坑《冯翊郡雷氏家谱》，民国三年（1914 年）饮堂藏版，载《家族谱牒——畲族卷》（上），福州：海风出版社，2010 年，第 217 页。

② 光泽大禾山《石城雷氏重修族》《雷氏重修老谱序》，清乾隆二年（1737 年）刻本，载《家族谱牒——畲族卷》（下），福州：海风出版社，2011 年，第 48 页。

③ 民国《宁化县志》卷七《职官》载："潘时宜，永丰举人，嘉靖二十二年任，升儋州知府，入循吏传。"卷十七《循吏传》载："潘时宜……由举人令宁，修县治，建义塾，创书院以萃士，谷学田以饩士，改大忠祠，祀李忠定以风土，其用意阔远，固去俗吏霄壤也。"参见黎景曾，黄宗宪纂：《宁化县志》，卷七《职官》，民国十五年（1926 年）修，中国地方志集成 · 福建府县志辑，上海：上海书店出版社，2000 年，第 576 页、第 749 页。

第者有也。[①]

潘时宜敏锐察觉宁化雷姓从祖上宋代雷甫当了大官以后，此后长久的时间里竟无显宦，“自甫以至时辈已二十有余世矣……而入泮者寥寥无几”，于是他提出难道是因为风土被阻或气数仍未还回？但是又一一被反驳，如果说风土被阻隔，为什么宁化自古以来，为官的不少？如果是气数，可是又面临着“脱科”的好机会。待潘时宜上任后，庠生开始增多，他因此认为雷姓的气数已至，后来因为宁化“学门”迁到鼓楼，潘时宜命术士卜算地理方向，潘以风水术士的预言，再一次说明雷姓必出人才：

> 兹因迁学门鼎鼓楼，命术士以卜方向，就与语曰：“愚观宁邑祖坟，惟雷家冢多葬秀丽山龙，后世必有名世者，其灵气之逼今将盛矣。”然则风土又岂少乎？指日飞腾，连绵甲第，余于诸子有厚望焉。岁因雷生廷照、廷科等腆仪币恳求为序，遂笔之于谱云。[②]

根据该序文，后世雷姓果然出了大人物，到清雍正十一年（1733年），宁化雷鋐果然殿试二甲第九名高中进士，入翰林院，历任浙江、江苏学政，官终都察院左副都御史，其道德文章备受世人推崇，成为一代理学大师。

然而，对于该序文，在宁化雷姓族谱中未记录，却只见于光泽雷氏族谱，颇觉可疑。另外，关于雷氏族人如何看待自雷甫之后几十代无显宦的情况，笔者认为修撰族谱的人用所谓“风土”“气数”为理由，可能只是托词而已，我们应从族谱“攀附”现象去理解，即所谓的“帝王作之祖，将相为之宗”，宗族攀附一些名人，进行历史记忆建构，而此后的选择性失忆。

不管明嘉靖年间，宁化雷廷照、廷科等请知县潘时宜作序之事实是否为真，至少可以表明，在明清之际，随着宗族的发展，宁化、光泽等地的雷姓畲民注重文教的作用，并开始对汉族著名祖先、祖坟风水传说等一系列历史记忆进行建构，目的都是为了提升本族群的地位。

除了宁化雷氏外，上杭雷氏也是当地较有影响力的家族，该家族在明清以后出现了不少读书致仕者。如上杭雷姓七世雷东阳，据族谱记载：

> 升之公，讳东阳，号考履。公生性聪颖，文笔斐然。明嘉靖间由岁贡生补授山东太安州莱芜县训导，历任二十年，造就甚众。致仕回籍训

① 光泽大禾山《石城雷氏重修族谱·雷氏重修老谱序》，载《家族谱牒——畲族卷》（下），福州：海风出版社，2011年，第48-49页。

② 光泽大禾山《石城雷氏重修族谱·雷氏重修老谱序》，载《家族谱牒——畲族卷》（下），福州：海风出版社，2011年，第48-49页。

诲子侄，多有声庠序间。寿至七十八岁而卒。①

雷东阳事迹载于民国《上杭县志》，该志卷十《选举志》载："雷东阳，（嘉靖）十九年任莱芜县训导。"② 其弟雷宾阳为明代四川重庆府合州州判，民国《上杭县志》称："雷宾阳……合州仕宦。"③

再如上杭雷姓八世：

> （雷铁），肃夫公，讳铁，号畏斋。公为德夫胞弟，幼年随兄从季父读，天性聪颖，一目十行俱下。弱冠进浮，屡试优等，补增广生。明嘉隆间由附贡任湖广宝庆府经历，恭遇覃恩赠父中之官如其阶，旋署浦城县，升江西王府贰尹。回籍后乐育子弟，多有成就，季子与垣后以附贡供职殿廷，诚盛事也。④

> （雷铁的兄弟雷钺），嘉靖季年，由附贡历任典仪之职。考《明史·职官志》，典仪为部属官，秩八品，其清贵可知。⑤

上杭雷姓九世：

> （雷与垣），枢汉公，讳与垣。公为华汉胞弟，从兄读书，力求上进。明万历间由附生奉例报捐中书，供职武英殿。⑥

> （雷甘雨），汝济，讳甘雨。明广西归顺州吏目，奉议州判宫，署奉议州知州。⑦

上杭雷姓十世：

> （雷有复），明天启间由岁贡补授四川临水县主簿，成都府经历，均有政绩可纪。⑧

以上所举人物如雷铁、雷钺、雷与垣、雷甘雨、雷有复在县志中皆有传。如民国《上杭县志》载雷铁，"肃夫，讳铁。明湖广宝庆府经历，署浦城县知县，

---

① 雷熙春，雷国瑞纂修：《上杭雷氏梓福公家谱》，民国元年（1912 年）刻本，载《家族谱牒——畲族卷》（下），福州：海风出版社，2011 年，第 171 页。

② 丘复等纂：《上杭县志》，卷十《选举志》，民国二十七年（1938 年），中国地方志集成，上海：上海书店出版社，2000 年，第 131 页。

③ 丘复等纂：《上杭县志》，卷十《选举志》，民国二十七年（1938 年），中国地方志集成，上海：上海书店出版社，2000 年，第 186 页。

④ 雷熙春，雷国瑞纂修：《上杭雷氏梓福公家谱》，第 158-159 页。

⑤ 同④，第 158-159 页。

⑥ 同④，第 160 页。

⑦ 同④，第 160 页。

⑧ 同④，第 161 页。

升江西王府二尹。”①

还有一些上杭雷姓畲民甚至开始学习西方的一些文化，如十四世雷泰有，“天性聪敏，精通百艺，能运巧思仿造西洋日晷及自鸣钟表”② 十五世雷鸣盛，“公于乾隆癸未年考进郡庠，试辄高等，师事同邑李梦登先生，精习西洋格算并通诹吉家言，在学宫右畔开设常初堂日馆。”③ 这些都说明读书之风在闽西畲民家族中颇为盛行。

闽南漳浦县蓝姓畲族，是当地望族，有功名显赫的蓝理、蓝廷珍，也有文功著称的蓝鼎元，儒家思想在该族群体现得更为明显，蓝炯熹写道：“历代军人的坚甲利兵装饰了‘新城’蓝氏家族兴盛和自豪，皇恩浩荡的政治权势已经把‘新城’主人和乡村一般的畲民家族割裂开来，使之和同代的名门望族、达官贵人平分秋色。在‘新城’主人的意识中，占主导地位的是封建王法与宗法的正统思想”。④

## 二、闽西南地区畲民的“王化”

按照帝国王朝的观念，是否被纳入国家管理体系，纳税服役，成为编户齐民，是一个地区的居民是否被“王化”的标准。笔者前文论述说明，随着“华夏化”进程加快，越来越多“山洞”被开发，许多边陲地区的非汉民族被“华夏化”，成为帝国的子民。明代中叶以后，特别是王阳明巡抚南赣以来，在闽粤赣边区，越来越多“新民”向化，这部分“新民”中有很大一部分是畲民。我们可以从一些畲族族谱来分析畲民的“王化”过程。闽西南的畲民较早进入国家管理系统，早在明代就成为编户齐民。根据《闽杭庐丰蓝氏族谱·杂录》中记载该族的田赋情况：

> 族自子荣公建基庐丰后开垦莲塘，大明定鼎，遂承充胜运里二园四甲里长，后归长房袭顶……清代完粮规则，每田载税一斗即该完民米一合，而民米扣算每升则该完银三分六七厘。时分两忙，上忙于秋收后完，下忙于冬收后完。至于业权转移，则须印契割米。永清公裔米经别立户记，每岁定于元月初五日会集核册，自行推收过割，九富户粮额多

① 丘复等纂：《上杭县志》，卷十《选举志》，第187页。

② 雷熙春，雷国瑞纂修：《上杭雷氏梓福公家谱》，第164页。

③ 同②，第165页。

④ 蓝炯熹：《畲族家族文化》，福州：福建人民出版社，2002年，第357页。

冠全杭。①

明初蓝氏族人即承充里长，明清以来缴纳粮额"多冠全杭"，族谱又记载清代族人担任里长或"多习吏事"②，上杭庐丰乡族谱录有江西梓山谱的《族约十四则》其中一条称：

早输纳以免催科：纳税本国民义务，田赋乃国家正供，既践土而食毛，合急公而奉上。若迁延逾限难免胥吏之追乎，诖欠株连更增额外之需索。为之语曰，乌言尚修职责，牛蹄亦知享王，曾居中土可怠玩而不早完国课乎？③

族约中认为本族"居中土"，所以需要"完国课"，这与传统畲民文本中宣扬的"免差徭"思想截然不同，造成这种区别的是所处的历史情境不同，即是否已经编入齐民，并且形成国家认同。

上杭钟氏《钟氏念二公派族谱卷之一乡约》要求族人"清税谷"和"戒异服"④，即要求及时完粮，不准奇装异服，这都与免差徭、衣斑斓的传统畲民族群特征相去甚远，也从另外一个角度说明该地钟姓畲民的文化认同的完全转变。

"王化"的另外一个表现就是国家认同的形成。早期畲民参与地方事务被政府征调为本地武装力量，实际是因为畲民具有善武、长于射猎的特性。招募畲客是一个普遍现象，如嘉靖《惠州府志》"猺本盘瓠种……久之稍稍听征调，长枪劲弩，时亦效功。"⑤ 之所以被征调，同治《景宁县志》解释最为详细，其文曰：

国初，山寇猖起，剿掠无宁。岁时乡兵按家抽取，县尹统之汛兵防弁，统之进剿则汛兵先，而乡兵继，鸟枪技击颇有擅优。旧志，民兵斧銛而外无长物，耕耨之外无余技。景邑民居散在岩谷，尝持鸟枪以角禽

① 上杭种玉堂《闽杭庐丰蓝氏族谱·杂录》，民国三十三年（1944 年）刻本，载《家族谱牒——畲族卷》（下），福州：海风出版社，2011 年，第 496-497 页。

② 同①，第 497 页。

③ 同①，第 364 页。

④ 清税谷："富者，贫者之父母也。一邑有富民，则一邑缓急可恃；一乡有富民，则一乡缓急可恃。时当有事，平粜发仓，富者恒多抚字；时当无事，纳谷输粟，贫者岂容久逃乎！至若水旱为灾，收成实歉，则宜及早与田主商酌，方为周至。而不力田不耕种，徒藉是以欠谷者，不可也。愿告族人当清税谷。"戒异服："《诗》曰'彼其之子，不称其服'，盖异服与异言同警，服之不衷，身之灾也。世有一等人，立异矜奇，衣冠不正，最令人厌。不知为工者，只知各勤其业，奚容外慕！夫纷华即绸缎纱罗，服有等级，草野编氓何敢上拟缙绅之贵也！家无斗米，服值千缗，非其所衣而衣之，亦自与异服同罪。愿告族人当戒异服。"上杭《颍川郡坵辉钟氏族谱》光绪三十一年（1905 年）上杭至德堂刻本，载《家族谱牒——畲族卷》（下），福州：海风出版社，2011 年，第 541-542 页。

⑤ ［明］姚良弼修，杨宗甫纂：《惠州府志》，卷十四《外志·猺蛋》，明嘉靖三十五年（1556 年）蓝印本，天一阁藏明代方志选刊，上海：上海古籍书店，1982 年，第 14b-16b 页。

兽，而戒穿窬，故俗颇谙乎此设一且搀枪示警，集而用之，亦守御之有技也。近奉私庄之禁，用者统限以尺七寸为制，不能施远。而业者鲜矣，惟善猎，畲民犹为习者。①

清代《惠安丰山蓝氏族谱》中对本族来源进行追叙，其文写道：

大明永乐二十二年，福建漳州府南靖县贼人朱晚反。总兵官都指挥姓赵，征之不克，乃出榜张挂四方，招募畲人精于弓弩者，相与讨诚。蓝友禄、雷三叔等，在浙江省闻知，方率子孙下闽与赵指挥助战，用计擒朱晚缚送军营。赵指挥大喜，赏蓝友禄、雷三叔白金五十两、绢帛五十匹，又令蓝友禄、雷三叔招会稽山等处子孙下闽聚居。

又遇正统七年，龙岩州永福县盗起，漳州同知招募蓝氏、雷氏畲众去龙岩界。苦竹营屯驻，拨隶总兵官金大人帐下，逐日出战，搜山捉贼。每战有功，赏赐叠加，贼惧畲民神弩，不敢再动，偃旗息鼓而退，自此贼平民安。蓝、雷子孙不回浙江会稽山，而在福建省漳州府聚集安处矣。居数世子孙昌炽，星散四方，或兴化，或仙游，或南安，或永春，难以悉数。②

上文所提及的明永乐年间南靖县朱晚起事，查现存的明清《南靖县志》，作为地方重大事件的兵灾，该事件在方志中却没有记载。可以推定此事并非历史事实，但从中却反映了明代以来，畲民因勇猛善战，被官府招募参与镇压贼寇的事实。到了明代，一些畲族仍被征用，作为地区武装力量之一，如明代张本余在成化十三年（1477 年）任南靖知县时，“南靖上杭溪南寇至，乃团集民快，招募畲客，以扼险隘，贼不敢犯。招募畲客，以扼险隘”。③ 明嘉靖三十八年（1559 年），倭寇进犯福安，福安知县李尚德“复令晓阳快手并民壮召畲人协战。”④ 如果畲民被招募还是被动参与地方事务的话，明清以后，许多闽西宗族则是主动参与镇压寇乱，显示了畲民国家认同的转变。乾隆《汀州府志》记载明代武平人钟运捷：“团练把总。时流寇犯境，运捷捐资招募义勇，偕胞弟元捷、云捷统众追击至永平寨，冲锋陷阵，兄弟血战而死。邑令义之，祀忠烈祠。时有程可正

① ［清］周杰：《景宁县志》，卷六《武备·兵制和保长》，清同治十一年（1872 年）刊本。

② ［清］陈雪观：《惠安丰山蓝氏族谱》，乾隆二十八年（1763 年）手写本，载《家族谱牒——畲族卷》（上），福州：海风出版社，2010 年，第 317-318 页。

③ ［清］姚循义修，李正曜等纂：《南靖县志》，卷六《名宦》，中国地方志集成，福建府县志辑 32，上海：上海书店出版社，2000 年，第 380 页。

④ ［明］陆以载修纂：《福安县志》，卷九《杂纪志》，万历二十五年（1597 年）刊本，日本藏中国罕见地方志丛刊，北京：书目文献出版社，1991 年，第 212 页。

者，武平哨长，亦以永平寨阵亡，受旌。"①

再如宁化雷姓畲民：乾隆《汀州府志》记载宁化县城池时称"明正统间，两遭沙寇，垣墉刬平。正德五年，知县周楹请筑土城。九年，邑民雷文琳等，状言甓砖已久，知县何鉴以闻，得请郡丞唐淳与鉴共成之。"②

邑民雷文琳是宁化雷氏家族成员，属于当地较有地位之人，掌握一定的话语权，参与当地地方建设。可见至少在正德年间以前，宁化雷姓家族已经在宁化成为地方重要组成部分。

雷鋐的祖父雷世守："字卫天，宁化人。康熙甲寅，耿藩叛，招致世守。或劝其受伪职，为庇族计。"世守叱之曰："若为贼作说客耶?!"挈家遁入山中。子鸣高，捐金购祭田，建八宗祠。相国张廷玉额以"八宗永世"。③

再如上杭蓝氏畲民："蓝桢，字孕和，武平诸生。顺治丙戌，粤寇犯境。桢募乡勇，守金鸡大岭隘，贼不能攻。解围后，乡民乏食，出粟以赈。子灏春，有擒林耀祖功；沐春，当耿逆平时投诚，授教谕。"④ 蓝灏春、蓝沐春都是当地精英，在族谱有传。

上杭蓝姓、雷姓宗族中有一些人因为经商而积累一定资金，随着家族经济实力的增强，这些族人积极参与地方诸多事务处理。之所以有这样的行为发生，一方面是族人受到古代儒家"修齐治平"思想的影响；另一方面也是现实的需要，只有更多地参与地方事务，才能获得更多的政治资源和文化资源，从而获得地方各方势力的认同。如在明宣德年间，上杭雷氏四世雷应生："督同侄豫侄孙宽等独立捐收城垣，事详邑乘。"⑤ 正统十四年，沙尤邓茂七攻破上杭县城，上杭雷氏五世雷豫积极参与本县事务，受到朝廷的封赏，族谱载：

> 时县令岑嵩从公与邑人郑仕敬、孔文昌及堂侄宽等所议，申请上奏复筑城垣。至天顺六年，县令黄希礼申详各大宪，奏告成功，奉旨谕布政司石瑁临邑，后蒙奏奖，赏给以顶戴省民。又于成化三年，县令胡钺

① ［清］曾曰瑛等修，李绂等纂：《汀州府志》，乾隆十七年（1752年）修，卷之三十一《孝义》，台北：成文出版社，第358页

② ［清］曾曰瑛等修，李绂等纂：《汀州府志》，乾隆十七年（1752年）修，卷之三十一《孝义》，台北：成文出版社，卷五《城池》，第58页。

③ ［清］曾曰瑛等修，李绂等纂：《汀州府志》，乾隆十七年（1752年）修，台北：成文出版社，1967年，卷之三十一《孝义》，第362页。

④ 同③，卷之三十一《孝义》，第359页。

⑤ 上杭雷氏《梓福公家谱》，民国元年（1912年）刻本，载《家族谱牒——畲族卷》（下），福州：海风出版社，2011年，第154页。

改建谯楼五间，高五丈，公创捐粟四百石，后经申详奏奖，赏给七品冠带。事均载邑乘。①

六世雷宽："天顺八年，独立捐修城垣。成化二年，修筑谯楼并捐粟四百石，以资赈济。"② 再如，清乾嘉时期，上杭十六世雷大行经商致富后，"邑中有大兴作，公辄命子弟以兼金资助。西津创建罗星，公与邑人郭斯秀等七人独力担任，各费数百金，在城儒考两庄捐助亦及千金。经手创建大屋三间，分与三男各自居住。"③

说明经营靛业等生意的上杭雷姓积累了大量的资金，不仅回乡本族进行建设，还积极参与当地地方事务建设。咸同间上杭叠遭匪扰，人心惶惧，十七世雷发彰"与邑绅襄办团练，屡保危城，俱详邑乘"④ 同治甲子年，十七世雷发谟"以全城功保升游击，封赠如例。"⑤ 十八世雷高飞："中年后渐臻富有，乐行义举，咸同间粤匪扰杭，屡捐军需。"⑥ 还有亲自抗敌的，如十九世雷松：

咸丰七年春，粤匪陷建、邵诸郡县。四月初七日，自宁化陷汀州，二十有二日匪抵河田，官军败绩，上杭戒严。知县程尚埙、游击彬昌与邑绅会议，团练兵少恐寡不敌众。时候补都司邱廷健率精勇数百名次峰市广福练局，众议乞援廷健，匪离县百余里日夜可至，人多畏避。公素负勇敢，佥举往峰求援，慨然就道，乘夜抵峰。于五月五日遂率勇二百名赴援，抵县东萝首岭，匪半途要击，公奋勇直前杀敌数十，至南冈力竭阵亡，闻被匪尸解七断。后兵退安乡，于初九日乘间入城，城赖以全。⑦

咸丰时期的"粤匪"指的是洪秀全等的太平军，清光绪三十二年（1906 年）雷熙春在《万年公家传》中称：

洪杨发难以来，蹂躏遍十七行省，印累累而绶若若者，弃城资敌比

① 上杭雷氏《梓福公家谱》，民国元年（1912 年）刻本，载《家族谱牒——畲族卷》（下），福州：海风出版社，2011 年，第 155 页。

② 同①，第 156 页。

③ 同①，第 166 页。

④ 同①，第 168 页。

⑤ 同①，第 167 页。

⑥ 同①，第 171 页。

⑦ 同①，第 177 页。

比皆是。其至杭也，连陷建邵诸郡县，由汀州南下，势焰正炽。[①]

该文比较详细地说明雷氏家族族人为了保卫桑梓而牺牲的事例，更加证明已经融入地方社会。这与宋元时期畲民"贼""寇"的形象简直就是天壤之别，这也再次证明畲民边界由于文化认同的转变而发生了变迁。此时的闽西畲民将本族视为国家的一部分，与原来畲民宣扬的"不税不役"超脱的心态是不同的。

我们再来看看闽南畲族的情况。光泽积谷岭雷氏畲族与南安、建安、丰城雷姓均有联系，光泽积谷岭雷氏六世孙雷世彤记载光泽司前村《积谷岭雷氏族谱》卷首《积谷岭雷氏重修族谱新序》："（同治壬戌元年）时予年七十有五，老且病，闻之喜，不敢辞，即将前后旧谱细心披阅，复出所得南安、建安、丰城各处世系实录校对。"[②] 光泽司前村《积谷岭雷氏族谱》录有《泉州诗山雷氏宗谱旧序》，大抵可以了解雷氏家族的闽南的基本状况：

> 若吾宗之以雷为姓，派所自出，耆旧有传。政公家于泉之西隅，生子三：长思颜，次思斌，幼思文。政公既殁，兄弟拮据维艰，乃或守或赘，各随所志。于是颜公赘于南安李氏，洪武十六年，始入南安籍。斌公仍居金权巷。文公赘于奈坑许氏。斌子仙与迁于南之三十五都白石乡。仙与生保福，保福生德甫，德甫生元及魁。魁徙于南之城山，其乡曰"石门坑"，颇谙公务，于是族人推为户正。[③]

从以上说明元末明初时期，居住在泉州雷氏家族三兄弟由于"拮据维艰"，乃"或守或赘，各随所志"。其中，次子思斌"仍居金权巷"，以后雷姓主要为二子的后代，家族开始兴旺，有被推选为"户正"者；而长子思颜入赘于南安李氏，三子思文入赘于奈坑许氏，二人因入赘改为他姓，光泽司前村《积谷岭雷氏族谱》摘录的《泉州南安雷氏族谱旧序》与上文记述基本相同，关于长子和幼子入赘的表述为："长思颜，赘于南安李；幼思文，袭姓于奈坑许。"[④]二人"袭姓"的事例，再一次说明了元明以来，有许多畲民融入汉族，成为汉族的一分子。

---

① 上杭雷氏《梓福公家谱》，民国元年（1912年）刻本，载《家族谱牒——畲族卷》（下），福州：海风出版社，2011年，第183页。

② 光泽司前村《积谷岭雷氏族谱》，清同治元年（1862年）刻本，载《家族谱牒——畲族卷》（下），福州：海风出版社，2011年，第3-4页。

③ 同②，第11页。

④ 同②，第33页。

除了畲姓融入汉族，也有汉族融入畲族，光泽司前村《积谷岭雷氏族谱实录》载始迁祖雷若卿："祖居泉州南安县十六都雷厝坑，后徙居邵武光泽二十四都积谷岭。当公播迁之时，正郑蛮倡乱之日，时值清明之候，兵役交征，泉之人民奔窜遑遑。公乃慨然曰：'大丈夫何处不可为家，而必依依居此乱离之地。'乃决志达引，竟赴杭北，既离祖地，卜筑于斯。又窃念独力难以建立家室，遂招谢姓，聿来胥宇，亲亲莫逆，凡事必指引依托……生女三，长适谢廷赞，次适水竹巢戴，三适镇岭黄。"①

文中记载雷若卿考虑到"独力难以建立家室"，于是"招谢姓，聿来胥宇，亲亲莫逆，凡事必指引依托"，招谢姓汉人入赘，且关系良好，从文后长女嫁给"谢廷赞"可以得到印证。

关于雷姓家族在地方的作用，《泉州南安雷氏族谱旧序》记载比较详细："洪武五年，调戍镇东卫，募人效役，合族照丁津贴。洪武十六年（1383 年），任十六都八甲里正。十年，例应子孙策应军民二役至今。"②该记载则从另一个侧面说明，至迟在明初，泉州雷姓融入地方社会，成为当地国家秩序的维护者。

可见，在闽西、闽南，蓝、雷、钟等姓的族人没有将自己视为畲民，其他当地百姓也没有将其视为异类。评判标准为读书取仕、宗族势力等情况如何，如雷鋐、蓝鼎元家族都是当地望族，具有聚族而居的居住特点和并拥有一定的身份地位。在与国家的关系中，闽西、闽南，蓝、雷、钟等姓的族人以"臣"的身份出现，忠心为国，表现为积极参与国家、地方事务，如抗匪御寇、修建城池，并且积极参与公益事业等。

刘志伟认为，到明中叶，中国南方的福建、广东等地区出现了大量的士大夫家族，地方进入士大夫主导的社会秩序。③ 我们可以将上杭、宁化等地方社会，看成一个乡豪支配的社会，庐丰蓝姓、宁化雷姓畲民是当地较有影响力的宗族。这些乡豪通过社会公共事业与王朝国家发生联系，从而成为地方上具有正统性身份的政治势力。另一方面，明清政府也希望将这些地方乡族势力纳入帝国的权力体系中，从而加强封建王朝的统治。

---

① 光泽司前村《积谷岭雷氏族谱》，清同治元年（1862 年）刻本，载《家族谱牒——畲族卷》（下），福州：海风出版社，2011 年，第 33 页。

② 同①，第 11 页。

③ 刘志伟：《从乡豪历史到士人记忆——由黄佐〈自叙先世行状〉看明代地方势力的转变》，《历史研究》，2006 年第 6 期，第 69 页。

## 第四节　明清时期闽西南地区畲民宗族社会的形成

一些闽西南畲民家族慢慢成为当地的巨家大族，随着定居慢慢加强家族、宗族建设，如修撰族谱、修造祠堂、积累族产。与此同时，随着地方化的加强，逐渐融入地方社会，其族群边界由"畲"、汉边界转换为宗族姓氏间的边界。

### 一、闽西南地区畲民宗族势力的发展

明中叶以来，随着人口流动的频繁，闽粤边地区基层社会的关系也相对松弛化；而明中期以来长期的社会动荡，更是扰乱了日渐松弛的基层社会的运作。许多畲民在该地聚族而居，形成了强大的宗族力量。闽西南一些畲民家族成为地方大户。以上杭蓝姓、雷姓为例，民国《上杭县志》卷八《氏族志》分别记载了上杭蓝氏、雷氏家族兴旺的情况，其文曰：

> 蓝氏，县城户口数十，清初举监举人任知县，县东庐丰乡族最大，人才辈出，清代正春进士，任知县，曰聪、斗南举人，武科尤盛，有中进士、解元、举人者，县南下都长岭乡桂以进士，宰江苏、安徽有政声，县西官庄乡户数五百，文学典盛，又上登乡户百数，利田中式举人，县北石圳、潭角坑等乡各烟灶数十。①

> 雷氏，始祖明中叶自宁化徙杭，县城户口数十，清季熙春拔贡，庭瑞侍卫，任统领，均负城中人望，县东崇厦，县南奖坊，县北苏家陂、大坪等乡，各教十户牌，县西才溪乡户百数，赞明光绪末中式举人。②

雷赞明，雷庭瑞为清举人，民国《上杭县志》选举志有载。③ 又如中华民国三十三年前清举人、福建省议会议员丘荷公为《闽杭庐丰蓝氏族谱》作序写道：

> 吾杭东袤百里，广数十里，一村聚族数百家，文武科名人才辈出，以庐丰蓝氏为最。忆予游泮之岁，葆初同年县试冠军，其族补学官弟子员者同榜五人，彬彬乎其盛己④。

再如中华民国三十二年包树棠《闽杭庐丰蓝氏族谱序》载：

①② 张汉等修，丘复等纂：《上杭县志》，卷八《氏族志》，民国二十七年（1938 年）修，《中国地方志集成》，上海：上海书店出版社，2000 年，第 99 页。

③ 同①，卷十六《选举志》，第 192 页、第 193 页。

④ 上杭种玉堂《闽杭庐丰蓝氏族谱》，民国三十三年（1944 年）刻本，载《家族谱牒——畲族卷》（下），福州：海风出版社，2011 年，第 338 页。

上杭治东三十里，乡曰庐丰。土地旷衍，云龙马鞍水山匆，老虎峒诸山宫其表，东西两溪之水汇流人于汀江，聚此以居者十余姓，凡千有余户，而蓝氏踰其半，吾包氏次之。始迁祖蓝氏曰子荣公，包氏曰万五郎公，吾祖又为其子婿焉。厥后世相姻娅往来不绝，蓝氏子姓已蕃，又或外迁……①

说明蓝姓居住在离县治不远庐丰，此地畲汉杂居，共有十多个姓氏，其中蓝姓占一半以上人口。另外畲汉通婚，“世相姻娅往来不绝”，如作者的祖上就是蓝姓的女婿。

为了争夺农业资源与地方利益，畲民家族同其他家族一道，以各种手段来强化本族的内聚力，增强自己的实力。这期间，大量宗祠的建造，坟墓的修建，族谱的编撰，义庄族田的设置，使家族组织日益强化。随着宗族的发展，汀州各地重视宗祠的建设，乾隆《汀州府志》称清代上杭县“文物类于大邦，科名甲于诸邑，家家建追远之庙，户户置时祭之资，其渐摩于熙朝之德化者，良深也。”②上杭蓝氏建庙正是在这种社会背景下兴建的。《闽杭庐丰蓝氏族谱》卷末之二《祠祀志》载：

吾族聚处庐丰，每逢岁时祭荐吉凶告祔固皆立有私祠，但向者科举时代，除京都应试有汀州会馆外，若乡试、院试、府县试率皆赁庑散居，族先哲难之。于是，先后商议，无论闽垣、汀郡、杭城概行建祠，以为多士之试寓，此固一举而三善备者，尊祀先灵孝也，联合宗好亲也，而嘉惠士林则仁也，至于今即凡游宦、升学、经商者亦得公资托荫……至于平川祠、潮城祠以及东山祠，亦足藉以纪宗功、敦族谊。③

上杭庐丰蓝氏由于族群势力发展，并且经商、致仕的人多，所以除了私祠还在福州、长汀、上杭、潮州、平川、东山等地建了一些公祠，达到“一举而三善备”，一是尊祀祖先，二是凝聚宗亲，三是嘉惠士林，即为游宦、升学、经商的族人提供方便。这些是要建立在本族实力极大发展的基础上，才有可能建设这么多的宗祠（见表4-5）。

---

① 上杭种玉堂《闽杭庐丰蓝氏族谱》，民国三十三年（1944年）刻本，载《家族谱牒——畲族卷》（下），福州：海风出版社，2011年，第339页。

② ［清］曾曰瑛等修，李绂等纂：《汀州府志》，乾隆十七年（1752年）修，卷之六《风俗》。台北：成文出版社，1967年，第70页。

③ 上杭种玉堂《闽杭庐丰蓝氏族谱》第十六册卷末，《祠祀志》，民国三十三年（1944年）刻本，载《家族谱牒——畲族卷》（下），福州：海风出版社，2011年，第383-389页。

**表 4-5　上杭庐丰蓝氏公祠一览表**

| 建立时间 | 宗祠 | 地点 | 建设者 | 筹款方法 | 主祀 | 主祀神位世系① | 宗祠固定活动 |
|---|---|---|---|---|---|---|---|
| 康熙四十三年（1704 年） | 杭城东门祠 | 上杭县城东门中街之南 | 上杭蓝氏族人 | 配享每名出银一两一钱；每家派银三钱，每丁三分，粮米一石，派银二两 | 念七郎公 | 一百二十八世祖，开基庐丰 | 每岁春秋分日致祭 |
| | 杭城南门祠 | 上杭县城南门上士巷之东 | 上杭四邻族人共建 | | 太一郎公 | 一百二十七世祖，生七子：念一郎移武平白渡，念二郎分居武平大一图大禾，念三郎分居武平上保章丰，念四郎分居上杭官庄朴树下，念五郎分居武平大禾，念六郎分居武平中保林坊，念七郎分居上杭庐丰 | 每岁春秋分前一日致祭 |
| 雍正七年（1729 年） | 汀郡祠 | 长汀县城福寿坊新街巷 | 长、杭、武三邑族人共建 | 一为家银，一为配享银。每房除以六十两作买正厅地基外，余则每房屋一间作价八十五两分配 | 熙三郎公 | 一百二十五世祖，开基长汀 | 每岁春以农历二月初十日，秋以八月廿五日会祭，事毕即同往祭三代坟墓 |
| 乾隆十一年（1746 年） | 东山祠 | 庐丰乡东山之麓 | 上杭庐丰蓝氏共建 | | 念七郎公 | 一百二十八世祖，开基庐丰 | 每年于清明前三日、秋分后三日致祭 |

① 《闽杭庐丰蓝氏族谱》将神农后代蓝昌奇为始祖，表格中主祀神位的世系以蓝昌奇为一世计算。参见上杭种玉堂《闽杭庐丰蓝氏族谱》《蓝氏宗谱前志》《蓝氏宗族谱后志》，民国三十三年（1944 年）刻本，载《家族谱牒——畲族卷》（下），福州：海风出版社，2011 年，第 374-383 页。

续表

| 建立时间 | 宗祠 | 地点 | 建设者 | 筹款方法 | 主祀 | 主祀神位世系 | 宗祠固定活动 |
|---|---|---|---|---|---|---|---|
| 道光十年（1830年） | 武平平川祠 | 武平城西兴盛坊 | 合七房族人所共建 |  | 熙三郎公 | 一百二十五世祖，开基长汀 |  |
| 道光十九年（1839年） | 福省祠 | 福州南街郎官里 | 董事者为蓝炳东，劝捐者六十人 | 族人义捐：中配一百四十六名，每名捐一十元；昭配九十三名，每名捐五元；穆配七十名，捐额与昭配同 | 念七郎公 | 一百二十八世祖，开基庐丰 | 每逢科场则备礼一祭 |
| 同治十年（1871年） | 汀郡庐丰别业 | 长汀熙三郎公祠右 | 庐丰合族独建 | 中配计有一百七十二名，每名义捐三元；昭穆配计有一百十六名，每名义捐二元 | 庐丰蓝氏始祖五代 | 始祖五代分别为：念七郎公、伯三郎公、三世祖伯、伯十郎公、子荣公 |  |
| 民国四年（1915年） | 潮城祠 | 潮州府海阳县治金山之麓 | 蓝姓族人 | 族人义捐：上层主位第一到第四位捐从五百元到二百元不等；中龛下层主位二百尊，每名捐边一百二十元；旁龛主位四百尊，每名捐边五十元 | 明德公 | 一百零八世祖：唐武后年间为扬州节度使，卜建康家，蓝姓北地南迁始祖 | 每年春秋祭祀 |

资料来源：以上表格根据上杭种玉堂《闽杭庐丰蓝氏族谱》，（民国三十三年刻本）第十六册卷末《祠祀志》整理而成，载《家族谱牒——畲族卷》（下），福州：海风出版社，2011年，第384-389页。

（1）根据表4-5，首先从时间和地域上看，自康熙四十三年（1704年）到民国四年（1915年）二百年时间里，上杭庐丰蓝氏陆续在各地，或独建或与临邑本姓族人合建宗祠；随着时间的推移，慢慢地地域从本县（乡），到本府，到省城，甚至到外省延伸，即：上杭—长汀（武平）—福建省城（福州）—广东潮州的趋势。这种变化的原因主要有三个：

一是宗族逐渐壮大，本乡本县建立宗祠说明需要凝聚本地区族人；康熙四十七年蓝正春在《杭邑东门蓝氏宗祠记》载："康熙四十三年，岁在甲申，合族起建祠之议，人心鼓舞……夫汝南一姓派衍闽粤，即今萃处于杭之庐丰者不下千余烟……祠堂之设，上以致祖考之来格，下以萃子姓之欢心。"[①]

乾隆十一年（1746年）蓝正春《庐丰蓝氏宗祠记》："杭邑最重祠堂，故名宗大姓皆必建祠。吾族于邑有二祠，于郡有一祠，惟庐丰所居之乡各立私寝，而未尝有合飨之总祠。辛酉岁，萃人心之涣，议立祠于东山之下，一倡众和，踊跃从事，而祠以成。"[②] 说明当时有一些所谓"私寝"的小祠堂，东山祠就是要成立一乡合飨的总祠。

道光十年（1830年）《蓝氏平川祠引》："武邑非即桑梓之地乎？乃瞻望城阙，他族皆勤垣墉而蓝氏独无堂构，向亦屡有成议，辄多龃龉……异时科名燕喜，甲第蝉联……则所云尊祖敬宗睦族之道诚莫大于是矣。"[③] 一则说明宗祠在武平的其他宗族都有建立，蓝氏希望通过宗祠的建立来达到尊祖敬宗睦族兴学等目的。

二是当时蓝姓族人读书取仕的人不少，而在上杭、长汀、福州设立宗祠，设立祠堂的目的就是为了使子弟出色，科甲蝉联。如道光十九年《蓝氏福省祠新建序》道出缘由：

> 榕城风水分一派于杭川，宗祖英灵萃三山而庙享。他时财丁蜂盛，科甲蝉联，不可于斯预卜哉！……但愿自兹以往，贤哲挺生，于万斯年承休勿替，此固列祖在天之灵所阴慰，亦予与诸父老劝捐之苦心，同为厚望也夫。[④]

同治十二年（1873年）的《重修省祠小引》也称：

> 福建省祠购自道光十九年，前辈创议以为赴科士子试寓，其培养之心深且远矣。赴试者千里还往，一到其地即得驻息之所，免租税之劳，何便如之？[⑤]

畲民各家族为了提高本族的声望与地位，开始重视本族、本乡子弟的教育，广泛筹集资金投向扶持和资助家乡士子参加科举考试，以此促进本族教育和科举的发展，前文所举的进士雷鋐即是一例。

三是随着商品经济的发达，上杭蓝氏经商者较多，族谱记载到广东经商，赚

---

① 上杭种玉堂《闽杭庐丰蓝氏族谱》《杭邑东门蓝氏宗祠记》，民国三十三年（1944年）刻本，载《家族谱牒——畲族卷》（下），福州：海风出版社，2011年，第416-417页。

② 《庐丰蓝氏宗祠记》，同①，第418-419页。

③ 《蓝氏平川祠引》，民国三十三年（1944年）刻本，载《家族谱牒——畲族卷》（下），福州：海风出版社，2011年，第417-418页。

④ 《蓝氏福省祠新建序》，同③，第410-411页。

⑤ 《重修省祠小引》，同③，第411页。

巨大财富的族人比比皆是，宗祠的设立再一次说明蓝氏在潮州等地势力的强盛。

（2）从主祀神位和建造者分析，根据各祠堂主祀神位的按世系排列分别是：潮城祠（明德公，北地南迁始祖）—汀郡祠、武平平川祠（熙三郎公，始迁长汀）—杭城南门祠（太一郎公，生七子，派分各地）—福省祠、东山祠、杭城东门祠（念七郎公，庐丰蓝氏始祖）—汀郡庐丰别业（庐丰蓝氏始祖五代）。结合祠堂性质、建造者以及主祀神我们会发现，一地一族所独建的祠堂，如汀郡庐丰别业，其主祀神为本族五代始祖，年代近，世系亲；而随着建造者的蓝姓族支外延的扩大，其主祀神世系也越靠前，如上杭四邻族人共建杭城南门祠主祀，其主祀神为生念七郎等七子、派衍武平等地的太一郎公；长汀、上杭、武平三邑族人共建汀郡祠，主祀神为始迁长汀的熙三郎公，雍正七年《汀郡建祠跋》载：

> 我祖熙三郎公迁居坪岭水口，传至三世太一郎公后分派七房，或仍居祖宅，或移上杭、武平，至今五百余年，户几数千，丁几数万。人文济美，科甲蝉联……但以星散异地，人至涣也；支派各分，情至涣也。涣者不可以不萃，而萃之之道莫若建祠，而建祠之道又莫若郡城为之会归。①

《汀州建祠小引》则认为可以“合七房之众建祠于汀郡，以隆昭报，以联族谊。”② 而潮城祠的主祀神则为蓝姓北地南迁始祖明德公，这就意味着，不仅仅可以凝聚各地闽西的蓝姓，甚至南方各地的蓝姓均可以奉祀。民国四年蓝登流《潮城祠》中写道：“天下事无关痛痒者不远而远，素怀爱敬者远而不远，况潮郡为英豪荟萃之区，往来冠盖络绎不绝。”③ 显示了一种胸怀天下、汇集英豪的气概。

## 二、资源竞争与宗族边界

在地域社会开发的历史进程中，常常伴随着自然资源的争夺和破坏。明中叶以来，闽粤赣地区的社会动乱，各族群对资源竞争更加激烈。在这种背景下，华南地区的许多乡村社会均体现出军事化特征，其中一个表现就是原来由官方修建的军事防卫建筑转由民间修建。顾炎武在《肇域志》记载漳浦县的“赤湖城”，“在县东十七都，元季土人曾仁礼筑。正德间重修，周一千二百尺。西林城，在

① 《汀郡建祠跋》，民国三十三年（1944 年）刻本，载《家族谱牒——畲族卷》（下），福州：海风出版社，2011 年，第 412 页。

② 《汀州建祠小引》，同①，第 414 页。

③ 《潮城祠》，同①，第 420 页。

县南六都，旧有石城，正德五年寇乱，乡民重筑。"①

赤湖为明清以来漳浦蓝姓的重要聚居地。按《肇域志》记载，在元末就有曾姓"土人"建筑城堡，这里的"土人"二字值得玩味，相对"客"而言，应与土著相同。清代梁章钜在《称谓录》中称："土著《汉书·张骞传》：'其俗土著'。谓常居不迁徙也。著音酌，读如字非。"② 蓝姓畲民并非一开始聚居于赤湖、西岭等地，其中必定经历了由族群迁居—宗族发展壮大的过程，随着族群势力的壮大，蓝姓畲民在当地由"客"转为"主"。

到了清代，闽南民间乡村械斗盛行，漳州为械斗的重灾区，一些畲民卷入民间械斗，如姚莹描述龙溪县各地的械斗中有浦南芹里钟姓在列：

> (龙溪）东北则鳌浦扶摇之吴、杨等姓，浦南芹里之梁、宋、钟、林等姓……各社接连，大者数十，小者十余，频年以来，仇怨相寻，杀夺不已。其焚掠截掳、死伤破败之惨，概不可胜言矣。③

这里的浦南芹里钟姓应属于畲族，但估计已然汉化。而漳浦蓝姓则与其他姓氏发生冲突，如康熙五十年（1711 年)，福建提督杨琳在《奏报闽省营务并各营所食空粮等情折》写道：

> 蓝理在提督任内官兵尚无异言，独于亲戚乡党之中多结仇怨，及其离任之始，被施姓族人以及地方光棍于各处市口，折其房屋，抢其铺面，掘其海田堤岸，淹没田地。奴才于十一月初二日至泉州多出告示严行禁谕，始获稍平。④

漳浦蓝姓与其他姓氏族人"多结仇怨"，导致房屋被拆，铺面被抢，海田堤岸被掘，田地被淹。《浯洲金门城蓝氏族谱》虽是金门蓝氏族谱，记载了漳浦石椅种玉堂之事颇详，在《蕃公祖之墓图形体（图略）》中载康熙年间吴、蓝家族之争，而蓝氏家族最终取得这次宗族争斗的胜利：

> 蕃公讳纯憋，寿九十五岁，生于仁宗七年戊午（仁宗戊午年为仁宗五年，原文恐有误，笔者注)，即延祐元年（应为延祐五年，笔者注）戊午三月廿三日辰时，卒于明永乐十年壬辰三月三十日卯时。石碑字

① ［清］顾炎武撰，王文楚等校点：《肇域志》，《福建一》，第 345 页。

② ［清］梁章钜撰，王释非，许振轩点校：《称谓录（校注本）》，卷二十八《土民》，第 529 页。

③ ［清］姚莹：《中复堂全集·东溟外集》，卷 4《召乡民入城告示》，沈云龙主编：《近代中国史料丛刊续辑》51-60，台湾：文海出版社，1966 年，第 418 页。

④ 康熙五十年十一月二十日，福建陆路提督杨琳奏折，第一历史档案馆编：《康熙朝汉文朱批奏折汇编》第 3 册，南京：江苏古籍出版社，1984 年，第 889 页。

书：处士蓝蕃公墓。时吴家强盛，意欲混图，石碑竟为埋没。至康熙三十一年壬申二月，吴人自相竞出首，公之派下众子到墓理会，蒙本县主到地勘验，归蓝家掌管。及至乾隆十六年辛未二月初四日竖解元旗。①

以上均可以看出当时族姓冲突之严重，在其中更多是宗族发展中各族群为了争夺资源而产生的矛盾，而不能将其视为畲汉间的矛盾。我们还可以再从清代一些宫中档案资料也可以看出：

(漳浦县) 道光七年八月二十四日具奏：黄姓牧牛践食蓝姓瓜藤起争，黄姓疑蓝姓牧牛越界，彼此争闹，伤毙一人。

(漳浦县) 道光七年八月二十四日具奏：黄、蓝两姓山场相连，界址不清，因砍伐坟木起衅，黄姓控官究理，杨姓冒认山主，助蓝姓控管挟制。

(漳浦县) 咸丰二年四月三十日具奏：蓝姓同族，一方因阻止另一方偷窃地瓜殴斗，殴毙一妇 。尸亲一方以纠众抢劫，差役受贿舞弊等情京控。

(诏安县) 乾隆二十一年九月十二日具奏：钟姓田园与许姓田亩相近，因填筑园岸起争 。②

以上说明当时蓝、钟等漳州畲姓族人与黄、许、杨等族人因争夺山场、田园等资源而起冲突，另外有一些则是本姓族人之间的冲突；这些冲突因鸡毛蒜皮等小事引起，却多有死伤，由此引发的诉讼甚至惊动了朝廷。从元代以后可能为“客”的蓝姓等畲民，到清代时期，其在当地显然不再以“客”的身份出现，而是与其他汉族无差别的宗族。

再如，明清闽西畲民也参与了各种土堡、寨的建设。上杭钟姓《颍川钟氏族谱》保存的《久泰上村乡村寨寨规》记载道：

为立寨规事。考究天地之间，万物均有御侮之本能，何况人乎？吾族为求自卫安民，经在全村众议，本村四周主要山头设立村寨，即村东、村南、村西、村北，以抵御外侮之入侵，诚属吾族之善举也。兹为固防保民，爰立寨规为后，望吾族乡民众所共遵之。

一、议村南之马安寨为主寨，村东之青龙寨、村西之白虎寨、村北

① 石椅种玉堂《浯洲金门城蓝氏族谱》，清光绪十八年（1892 年）手写本，载《家族谱牒——畲族卷》（上），福州：海风出版社，2010 年，第 39-40 页。

② 以上材料见《军机处档 · 月折包》057001 号、057001 号、084703 号，台北故宫博物院：《宫中档乾隆朝奏折》，第 15 辑，1982 年，第 347 页。

笠（麻）寨为副寨。盖马安寨者近于吾村，居高临下，可环视全村之动静，上可睹岭头之来路，下可观庵边之往返。如遇外犯入村，寨上鸣锣为号，俾使乡勇集结，共御外侮，男女老少则速避入山寨，免受荼毒。

一、议立寨务必守寨，若不守寨，何异乎之虚设也！故平时主寨应有二人之专守焉。副寨则遇紧急之时着人守望，相互配合，共护吾村之平安。青龙寨则寨顶平旷宽阔，宜于平时训练乡勇。练武守纪，亘遇有外侮入侵，始善于防守之也。

一、议凡避入山寨躲避之男女老幼，均为全村至亲骨肉，除着人专管人寨安置外，全村父老均须相互扶持，尊老爱幼，男女不得犯律。粮草、衣被、贵重物均应随带入寨，免受外侮洗劫一空之苦。

一、议各寨均应备好刀、枪、铳、雷、垒石、垒木。如遇外患攻寨，凡编入乡勇之男丁，均应奋力抵御，不得退却、反叛。副寨应听从主寨号令指挥，副寨不得犯律。

一、议如有未及入寨之人，一旦被害，均由全村料理善后。盖被害着亦系吾族之骨肉，能不共悲乎？①

可见上杭钟姓畲民设立山寨的目的是为了“自卫安民”“固防保民”，寨规具体规定了守寨避寨、训练乡勇、物资装备、组织管理以及遇害族人善后等事项。另外，上杭钟姓《颍川钟氏族谱》还保存一份《为岁值扰乱商议乡勇事规定列后》，总共九条：

一、吾乡之勇以十六岁上丁至四十五岁，均应踊跃参与乡勇事。

一、四方每日着人巡逻，如遇有匪类入乡，即时通告四处，给发米一升，又钱八十文正。

一、凡守寨乡勇均应注意匪类入侵行踪，即时鸣锣为号，稗吾乡民避人马案寨边，或四周深受之内，以免荼毒害。

一、乡内预备硝药、火炮、枪刀镜箭，分给乡勇备用。一时通知，即便起行，不得延迟。

一、匪类入乡，聚集本坊乡勇同心协力隘口拦截赶逐。

一、本坊有入匪类引贼掳掠本乡者，同心合力赶逐之。

① 上杭树槐堂《颍川钟氏族谱》，清道光八年（1828年）手抄本，载《家族谱牒——畲族卷》（下），福州：海风出版社，2011年，第570-571页。

一、杀贼匪一人，乡内赏银三两正。

一、为贼所伤者看伤痕轻重，乡内酌量出银调治。

一、为本坊米谷通流，不得阻籴。共议七三边每圆价三桶八升正，于茶地方园内为止，外人不得于籴。①

从《为岁值扰乱商议乡勇事规定列后》的“岁值扰乱”字眼中，说明当时社会出现动乱，如果考察正史、方志，我们会发现明中叶以来，闽粤赣地区社会动乱频繁、族群矛盾不减。畲民山寨的修建、乡勇的组织与训练皆是这种社会历史背景下的产物，是畲民保护家园、保卫族人的需要。这种坚守家园的情况，显然也与传统意义上的畲民“有病殁则并焚其室庐而徙居焉”② 的情况截然相反。

另外，随着生齿日繁，关于资源的争夺也日趋激烈，然而，明清时期的闽西南地区，部分汉化的畲民与汉族矛盾更多的是宗族大姓之间的矛盾。如《闽杭庐丰蓝氏族谱》载：

吾乡四山环抱，然以云龙山为主脉，由源里凹来，雄踞东方，丰伟高耸，支则分左右翼，乡民多分居其麓……惜中间腴田屋所占者几三之一，以故粮食缺乏，恒恃外运接济。而四山童秃，又无竹木之饶，纵议严禁，无如烟灶繁密，樵采被罚屡起纠纷。③

随着上杭雷氏家族的壮大，与地方的资源冲突也产生，如族谱记载与郭姓的风水之争。《上杭雷氏梓福公家谱》的《行述》中记载十八世雷荣宗公元配吴太夫人时称，“（上杭）邑中郭某延江西堪舆徐先生择吉壤，至南冈仙香公坟得之，惜其山向不吉，苟改筑之必大昌。某料太夫人贫乏，许以多金易坟，太夫人力拒却之。”④

应该说，越到封建社会后期，闽西南地区的畲、汉族群间的矛盾显示为宗族的矛盾，畲汉间的矛盾反而不是很明显，这也说明了畲民在文化认同上与汉民趋同，族群边界模糊或消失，而代表不同姓氏的宗族在这个时候凸显出来。宗族之间的资源竞争代替了原有的畲汉族群间的竞争。

---

① 上杭树槐堂《颍川钟氏族谱》，清道光八年（1828 年）手抄本，载《家族谱牒——畲族卷》（下），福州：海风出版社，2011 年，第 583-584 页。

② ［明］戴璟，张岳等纂修：《广东通志初稿》，卷之三十五《猺獞》，明嘉靖十四年（1535 年）刻本，四库存目丛书史部第 189 册，第 576 页。

③ 上杭种玉堂《闽杭庐丰蓝氏族谱·杂录》，民国三十三年（1944 年）刻本，载《家族谱牒——畲族卷》（下），福州：海风出版社，2011 年，第 503 页。

④ 雷熙春，雷国瑞纂修：《上杭雷氏梓福公家谱》，民国元年（1912 年）刻本，载《家族谱牒——畲族卷》（下），福州：海风出版社，2011 年，第 171 页。

## 第五节　小结

本章探讨了明中叶以后闽粤赣地区畲汉族群格局变迁的情况。

（1）以王守仁为代表的朝廷势力成功平息闽粤赣地区的地方动乱，并大量设置新县，加强国家教化，促使新民向化。随着交通线路的开辟，越来越多的畲族聚居区也在地方基层管理的范围之内，许多原来畲乱盛行的“盗区”转变为“治区”。

（2）进入社会转型时期的闽粤赣地区，越来越多的畲民住区卷入华夏化浪潮中，畲民不断被“儒化”或“王化”。这是一种接受汉文化认同以及接受国家认同的行为。在这种“儒化”和“王化”过程中，畲汉的族群界线进一步模糊或偏移。

（3）由于畲族与客家在文化取向上的不同，使得两个本来关系十分紧密的族群走向分离。也就是说“畲”“客”发展为两个比较独立的族群，文化认同起主要原因，而后二者在族群关系中出现的所谓“畲变客”，或者“客化畲”等，也均是族群在一定历史联系的基础上，通过文化认同来实现该历史过程。

（4）一些闽西南畲民家族慢慢成为当地的巨家大族，随着定居慢慢加强家族、宗族建设，如修撰族谱、修造祠堂、积累族产。随着地方化的加强，逐渐融入地方社会，实际上与当地客家居民在文化认同上无甚大差别，该区域的族群边界由“畲”汉边界转换为宗族姓氏间的边界。

# 第五章　明清时期闽浙赣地区畲汉族群格局的变迁

明中叶以后，闽浙赣地区继闽粤赣地区之后，渐渐成为畲民新的核心聚居区，这种族群格局的变化是在特定历史背景之下形成的。明清时期中国的商业化进程加剧了地区分工的趋势，大量从事经济作物种植的流动人口活跃于闽浙赣地区，当地的族群格局发生重大变动，由此引发的“土”“客”矛盾也使得“畲”汉的族群边界进一步凸显。早期迁入闽浙赣地区的“畲”和“客”在族群身份上并无明显区别，显示了畲族与客家所具有的密切共生关系。随着族群互动的加深，畲民在新居地的经济文化等方面均发生了变迁，这是族群社会整合的结果。

## 第一节　明清时期畲民迁入闽浙赣地区的经济政治背景

明清以后，畲民的核心聚居区从闽粤赣地区转移至闽浙赣地区，这种族群格局的变化是在特定的政治、经济、文化历史背景下形成的。林校生曾指出，“倭乱”和“迁界”带来的特殊历史机缘，使得畲族在闽东浙南扎根，[①]“嘉靖倭难”在宏观上对嘉靖初以来陆续进入闽东北滨海山区租山栽菁的汀州畲、客逐渐落地生根是有利的。[②] 特殊的历史事件，包括明中叶以后王阳明平定闽粤赣“畲乱”、明末以后的“倭乱”以及清初“迁界”，都为大量畲民进入闽浙赣地区提供了重要的契机。但是，这些重要的历史事件无法完全解释畲民迁徙的动因，正如法国历史学家费尔南·布罗代尔研究所指出的，政治事件只是历史长河腾起的浪花，要了解涌动的暗流，应该对对经济社会文明以及地理环境进行考察，即总体历史

---

① 林校生：《“滨海畲族”：中国东南族群分布格局的一大变动》，《福州大学学报》（哲学社会科学版），2010年第5期。

② 林校生：《闽东北“畲”“倭”关系初识》，《福州大学学报》（哲学社会科学版），2012年第6期。

研究不能仅仅局限于短时段的历史研究，应该对中时段、长时段的历史进行考察。[①] 就迁徙至闽浙赣地区的畲民而言，闽浙赣地区合适的生态人文环境、明清时期中国经济结构的变化均为其提供了内在和外在的驱动力。相对于一些显著的历史事件，这些驱动力应该是更为基础的因素，犹如一只无形的手指挥着畲民迁徙的方向。就此而言，将畲族的历史放在大的历史背景下考察，尤其注重生态环境、经济社会变迁、族群互动等因素在畲民族群社会发展中的作用，远比单纯就畲族论畲族更具说服力。

## 一、明清时期商业化进程对山区经济结构的影响

自明中叶起，中国一些地区出现了农业商品化的趋势。[②] 美国学者马立博甚至认为华南地区社会经济进入了所谓的"商业化进程"[③]，越来越多的土地用于商品性经济作物的生产，形成了具有地方特色的商品。就发展阶段而言，明清时期的商品经济还算不上发达，但相对于前代，越来越多的地区卷入商品经济浪潮中却是历史事实。在明代，福建各地山区经济有被卷入商品化浪潮之中的趋势，明人王世懋在《闽部疏》一书中曾记载了福建各地的物产及其商品流通情况：

> 凡福之绸丝，漳之纱绢，泉之蓝，福、延之铁，福、漳之橘，福、兴之荔枝，泉、漳之糖，顺昌之纸，无日不走分水岭及浦城小关，下吴越如流水，其航大海而去者，尤不可计。皆衣被天下。所仰给它省，独湖丝耳。红不逮京口，闽人货湖丝者，往往染翠红而归，织之。闽山所产，松杉而外，有竹、茶、乌桕之饶，竹可纸，茶可油，乌桕可烛也，福州而南，蓝甲天下。[④]

文中所说的"下吴越如流水，其航大海而去者，尤不可计"，说明到了明代，福建与江南和海外经济交流密切，成为中国市场网络体系中的一部分，是地

---

① ［法］费尔南·布罗代尔著：《菲利普二世时代的地中海和地中海世界》（上、下），北京：商务印书馆，1996年。

② 张海英：《明清江南地区与其他区域的经济交流及影响》，《社会科学》，2003年第10期，第94页。

③ 美国学者马立博主要以广东为研究区域，实际上在宋代闽粤地区的经济、政治、文化等有许多相似之处，尤其是汉民族在该地区的扩张应该视为同步进行的。他认为从16世纪中期起，华南地区开始了商业化进程，并一直持续到了18世纪和19世纪。［美］马立博著，王玉茹，关永强译：《虎、米、丝、泥：帝制晚期华南的环境与经济》（凤凰文库·海外中国研究系列），南京：江苏人民出版，2010年，引言第3页、第12页。

④ ［明］王世懋撰：《闽部疏》，明宝颜堂订正刊本影印本，台湾：成文出版社，1975年，第47-48页。

区分工中的不可缺少的一环。[①]“福州而南，蓝甲天下”则说明福建的蓝靛生产在全国的重要地位。

明代中叶以后，江浙地区成为全国纺织业的中心，该地区的丝棉制品输往全国，如同治《上元江宁两县志》的《食货志》中详细记载该地的丝织品销往全国各地的盛景。[②]而清代钦善在《松问》书中称江浙地区的棉织品成为全国商贩历经千辛万苦所需要的商品，其文称：“冀北巨商，挟资千亿。岱陇东西，海关内外，券驴市马，日夜奔驰。驱车冻河，泛舸长江，风餐水宿，达于苏、常。标号监庄，非松不对。”[③]

明清时期，江南地区发达的纺织业带动了周边地区蓝靛贸易业的发展。明清时期，福建的蓝靛种植在全国具有一定地位，长期成为江南纺织业染料的主要来源。闽东、浙南山区由于地缘优势，成为蓝靛种植的中心区域之一，大量的从事经济作物生产的流动人口卷入商品经济的浪潮之中，从而成为帝国商业化进程中的重要一环。清代叶梦珠《阅世编》记载道：

> 青靛，初出闽中。夏、秋两次之间，取其叶淘汁澄清，用染蓝青色，此地所无也。自顺治初年，八闽未平，福靛难致，有觅得其种者，按其法而种之，获利数倍。其后八闽尽归版图，福靛既多，本地所产又众，利亦微矣。况所染之色终不若福靛，故土靛价亦日贱，近年（指康熙年间，引者注）来，种者亦少。[④]

叶梦珠《阅世编》一书主要记载明清之际以松江一带的自然、政治、经济、文化、风俗、人事各方面情况，从以上所引材料可以说明，虽然松江一带有人仿照福建人种植蓝靛，但可能是因为地理、气候等自然条件不如福建，其蓝靛生产不论在数量上，还是品质上都无法与福建生产的蓝靛相匹敌，以至于种植越来越少，江南一带染织业的原料还是需要仰靠闽浙地区输入。

明中叶以后，闽西一带的汀州人之所以到福州府的永福县、兴化府属境内和

---

① 张海英研究指出，明中后期以后，中国已经形成了一个比较完整的市场网络体系，江南与其他地区形成了明显的地区分工特征。张海英：《明清江南地区与其他区域的经济交流及影响》，《社会科学》，2003 年第 10 期，第 94 页、第 96 页。

② ［清］陈作霖：《上元江宁两县志》卷七，《食货志》，中国地方志集成，南京：江苏古籍出版社，1991 年，第 163 页。

③ ［清］钦善：《松问》，载［清］贺长龄，魏源：《清经世文编》，卷二八《户政三 · 养民》，北京：中华书局，1992 年。

④ ［清］叶梦珠撰，来新夏点校：《阅世编》，（明清笔记丛书），上海：上海古籍出版社，1981 年，第 166-167 页。

福宁府的宁德县等沿海地区种植蓝靛，是因为蓝靛等商品可以通过海上交通运销至当时的纺织中心——江南地区，从而节约运输成本，并获得比在当地更高的利润。到了明代末期，汀州人又在浙江南部山区找到了一个生产蓝靛的基地，并延及浙、赣、闽三省交界地区，浙南因其山区荒地资源丰富、有便利的水道交通且靠近江南地区，成为汀州移民理想的接收地。浙南山区生产的蓝靛通过富春江进入钱塘江，再经过京杭大运河，远销至苏州、松江、常州、镇江等棉布生产的中心。①

商业化社会经济潮流引起了区域经济格局的变化，不仅使得本地区商业化进程加快，也导致了大量人员流动，其中，包括从事山区经济作物种植和部分商品经济流通环节的人员。许多山区居民也卷入其中商业化进程中，如汀州府各地"挟货生殖间处有人"，② 上杭各地从事工商业活动者多，史称该地"百货具有，竹篁可以贾"③"质鲁者出远方贸易，皆有机权善筹划，与人交易亦和蔼，以故动辄致富"。④ 另外，从一些畲民族谱也可以反映。《闽杭庐丰蓝氏族谱》收录旧谱遗训十则，除了君臣、父子、夫妇、昆弟 、朋友、教子、读书、治家、处世九条外，还特意提及生意一条，其文写道："除却读书之外，商贾休论本微。要求足食与丰衣，生意般般皆美。日进分文有益，千金坐吃无几。不为赌博不为非，家业自然渐起。"⑤ 这正是明清以来，闽西商品经济比较发达在思想领域上的具体表现。⑥

这种商品经济的发达还可以体现在蓝靛的生产种植与销售流通上。由于闽西等地受限于地理交通，本地产品输入江南一带纺织业中心较为困难，所以闽西虽然也是山区，但本地区种植蓝靛却获利不多，到靠近江南一带的闽东、浙南种植蓝靛反而获利更多，早在成化年间，即有汀州人往浙南"贩卖蓝子"。如《泰和县志》记载明代成化年间，"有自福汀贩卖蓝子至者，于是州居之民，皆得而种

① 周雪香：《明清闽粤边客家地区的社会经济变迁》，福州：福建人民出版社，2007年，第330-331页。

② ［明］邵有道：嘉靖《汀州府志》，卷一《风俗》。

③ ［明］何乔远纂：《闽书》，卷三八《风俗》，福州：福建人民出版社，1996年，第945页。

④ ［清］杨澜：《临汀汇考》，卷三《风俗考》。

⑤ 上杭种玉堂《闽杭庐丰蓝氏族谱·杂录》，载《家族谱牒——畲族卷》（下），福州：海风出版社，2011年，第494-496页。

⑥ 除此之外，李世熊的《钱神志》也被看作商品经济发达在思想领域上的又一表现。参见［清］李世熊：《钱神志》，卷七《说余第十二》，《中国钱币文献丛书》第2辑，上海：上海古籍出版社，1992年，第1266-1268页。

之，不数年，蓝靛之出与汀州无异，商贩亦皆集焉。”①

汀州人在全国染料市场中占有重要地位，道光《永安县续志》载永安的“木商本处人，汀州亦多……靛青客，汀州人，采蓝亦汀州人”。② 其中，尤以上杭人最为活跃，民国《上杭县志》卷十《实业志》记载道：“前清嘉道以前，邑人出外经商，以靛青业为最著，据赵志《物产》云：‘本邑之种蓝者，其利犹少，杭人往南浙作靛获利，难以枚数，此乾隆初年事也。故江西、浙江、广东及上海、佛山、汉口等处于省郡总会馆外，皆有上杭会馆，当时商业发达可知。’”③ 当时上杭商业发达，蓝靛业在其中扮演着重要的角色。从事与靛业比较有关系的染工，属于汀州地区的人也比较多，《上杭县志》记载道：“邑人以靛青业致富者甚众，而在外作染工业者如浙赣粤等省亦夥。在昔粤之羊城、佛山皆邑人专利，每一埠俱数百人，民国后破除此□业者，已不及如前之盛矣。”④ 庐丰蓝氏作为上杭县的一个大姓，该家族在这场商业运动中也表现突出，《闽杭庐丰蓝氏族谱》记载该族族人遍及多省，“虽不忍轻去其乡，然地方生产有限，因而择地再迁，力图拓展亦势也。予遍阅各家钞谱，不但赣、粤、浙省之接壤，即远而湘、鄂、皖、黔，亦多吾族人发展地。”⑤

在闽东，蓝靛种植业在清代乾嘉时期达到鼎盛，直到民国时期，由于受到西方商品的冲击，靛业逐渐衰弱，民国《霞浦县志》记载：“西区平原之农业常种靛，清乾嘉间最盛，其货能通于浙温，乡民有以贩靛而致巨富者，同光而远，台湾之靛输，而靛业衰，近时西洋之靛竞进，力比土靛强二十倍，土靛每十二斤仅当彼之十两，色较鲜而价较廉，而土靛遂一败涂地。然洋靛日久色退，土靛永不退色，厥有特长，改良制法，而恢复销路是在乎研究者。”⑥ 可见当时闽东所种之靛主要输往浙江地区，许多乡民因此致富，而到了同治、光绪以后，则受到台湾、西洋靛业的冲击，土靛销售每况愈下。而闽西的靛业同样受到外来商品的冲

---

① ［清］冉棠修，沈澜等纂：《泰和县志》，卷五《食货志·物产》，据乾隆十八年（1753年）刊本影印，中国方志丛书，台北：成文出版社，第25页。

② ［清］陈树兰，刘承美纂：《永安县续志》，卷九《风俗志》，上海：上海书店出版社，2000年，第127页。

③ 张汉等修，丘复等纂：《上杭县志》，卷十《实业志》，民国二十七年（1938年）修，中国地方志集成，上海：上海书店出版社，2000年，第127页。

④ 同③，第131页。

⑤ 上杭种玉堂《闽杭庐丰蓝氏族谱》，《闽杭庐丰蓝氏族谱卷末之五迁移志》，民国三十三年（1944年）刻本，载《家族谱牒——畲族卷》（下），福州：海风出版社，2011年，第457页。

⑥ 罗汝泽：《霞浦县志》，卷十八《实业》，民国十八年（1929年）铅印本，台北：成文出版社，1975年，第169页。

击，上杭县"自色料由外输入，而此种工业益不如前"[①]，武平县"自洋靛由外输入，而土靛不销，种蓝者少矣"[②]。

总之，蓝靛在一段时间内发达有其历史原因。正是因为对原料的需求，蓝靛生产收益较高，在山区移民尤喜种植，这对他们改变落后经济作用巨大。[③] 因此，大量汀州百姓迁往闽东、浙南、江西等地山区，基本上一开始都是专门从事蓝靛等经济作物的种植。如赣州兴国，由于"土满人稀，东北多旷地，粤闽流寓耕之，种蓝栽苎亦多获利，而土著弗业巢焉。"[④] 经济作物的种植对"闽粤流寓"这些移民具有重要作用，并有许多人因此而致富。乾隆《宁德县志》载宁德"西乡几都，菁客盈千……凡菁客佃作之山，皆深岩穷谷，非平原旷野可树桑麻者也。"虽然不种植桑麻，但种植菁靛等作物获利不减于桑麻，除了种植菁靛外，西乡地区"其地山陂洎附近民居旷地，遍植茶树，高冈之上，多培修竹……其无茶竹之地，亦舍桑麻而种地瓜，利反较胜于桑麻。故宁邑未富者少，如所云贾众小业而致千万，洒削薄技而得富饶，此类不少概见。"[⑤]

卢美松在《太姥传说与畲族渊源》一文中指出，远古时期，闽东北存在着以太姥（母、武）为首领的母系氏族社会。太姥夫人的部族是闽族的先民，他们与后世的山越、畲族有渊源关系。[⑥] 卢美松先生还认为蓝太姥与明清畲族种蓝制靛有十分重要的渊源关系，其主要根据为宋代王象之《舆地纪胜》关于"尧时有老母，以蓝染为业"文献的记载。《舆地纪胜》称："太姥山三十六峰，在长溪县。王烈《蟠桃记》：'尧时有老母，以蓝染为业，后得九转丹砂法，乘九色龙而仙。汉武时，名曰太姥山，凡有三十六奇。'"[⑦] 这种将蓝太姥"以蓝染为业"的传说与明清畲民种蓝制靛结合起来研究，对研究畲族的经济生活方式具有启发意义。然而，二者并非历史的必然联系，笔者认为，明清以后，畲民种菁者数量众多有其特定的历史背景，与当时的自然生态情况、商品经济发展、族群

① 张汉等修，丘复等纂：《上杭县志》，卷十《实业志》，民国二十七年（1938年）修，中国地方志集成，上海：上海书店出版社，2000年，第126页。

② 同①，第127页。

③ 何炳棣著，葛剑雄释：《1368—1953年中国人口研究》，上海：上海古籍出版社，1989年，第200页。

④ ［明］谢诏撰：《赣州府志》，卷三《舆地志·土产》，天启元年（1621年）刻本，第40b-41a页。

⑤ ［清］卢建其修，张君宾纂：《宁德县志》，卷一《舆地志·物产》，乾隆四十六年（1781年）修，第613页。

⑥ 卢美松：《太姥传说与畲族渊源》，载《畲族文化研究》（上册），北京：民族出版社，2007年，第1-10页。

⑦ ［宋］王象之：《舆地纪胜》卷一二八，北京：中华书局，2003年，第3660页。

社会整合等因素息息相关。换句话说，在当时的社会情境下，即使不是畲民也有其他族群从事该类型的经济作物生产。如江南一带的经济情况曾一度影响了闽浙赣地区的蓝靛生产，明代熊人霖在《防菁议上》称："岁辛巳（笔者注：崇祯十四年，1461 年），菁民震于邻……惟汀之著民，刀耕火耨，艺兰（蓝）为生，编至各邑，结寮而居。近江北兵荒，青布不行，靛贱谷贵，此辈无以自存，遂出掠山旁村落。"① 在崇祯末年，由于明朝气数已尽，江北（主要指苏州、松江一带）兵灾使得纺织业受到影响，这使得闽浙赣地区一带的菁民生活失去来源，只好聚众剽掠，这间接说明了明末区域间经济的紧密联系，可以说，经济社会中任何一环的缺失，都有可能引起社会的连锁反应。

## 二、明清时期闽浙赣山区经济的开发

唐宋时期，福建等地的开发主要以沿海或平原地区的农业开垦为主。南宋以后，随着汉族移民对瘴气免疫能力的提高以及通过水利设施建设而对环境的改变，使得南迁汉人能够逐渐深入华南地区河谷地带。及至明代，山区丰富的资源以及政府优惠政策推动，广大沿海平原地带得到较全面的开发，如有诗歌形容明代建宁府"水无涓滴不为用，山到崔嵬犹力耕。"②

商品的生产、加工获利更多，是山区开发和经济作物得以广泛种植的主要利益驱动因素。《八闽通志》称："民惟邦本，而食货所以养其生，资其用者也。闽地负山滨海，平衍膏腴之壤少，而崎岖硗确之地多。民之食，出于土田，而尤仰给于水利；民之货，出于物产，而尤取资于坑冶。凡是数者，非独民赖以生，而土贡财赋亦由是出焉。"③ 福建的平原肥沃土地少，山区贫瘠山地多，这样的地理环境，百姓主要从有水利灌溉的土田获得粮食；另外，从矿冶出产物资成为许多百姓赖以谋生、地方借以赋税纳贡的重要来源。特别是在水利灌溉条件差、土地贫瘠的山区，经济作物生产远比粮食种植获利更多，因此被广泛种植。如清代汀州烟草的种植，"因其所获之利息数倍于稼穑……八邑之膏腴田土，种烟者十居二四"，过多的烟草种植造成了汀州"每年少收米谷，不下百余万石"，"以致米价倍增""民情惶惑"，知府王廷抡批评种烟者"止知图利以肥私"之人。④

明清山区的普遍开发吸引了大批的流动人口，如康熙《瓯宁县志》曾记载

① ［明］熊人霖：《南荣集文选》，卷一二《防菁议上》。

② ［明］黄仲昭：《八闽通志》，卷之三《地理 · 风俗》，福州：福建人民出版社，1990 年。

③ ［明］黄仲昭：《八闽通志》，卷二十《食货》，福州：福建人民出版社，1990 年，第 389 页。

④ ［清］王廷抡撰：《临汀考言》，卷六《请访利弊八条议》，北京：北京出版社，2000 年。

当时闽东北山区不仅有丰富的资源，还有大量无主荒地，又不征税，因而吸引了大量流寓百姓参与开发山区，其文曰："吾尝闻吴越之民童而出，白首犹未归者，此又何说哉？大率建利在山，不主而不税，木、竹、矿、铁、笋、纸、茶、苎、菰、蕈、榛、栗之属，有力者自为之，故流寓者往往不返。安土重迁，亦利在则然也。"① 可见，经济作物种植在流动人口的经济生活中占有重要地位。

早在明初，一些地方官就在粤北地区招徕百姓，"相地所宜，教植苎麻，民获其利。"② 苎麻因获利较高，成为招徕百姓、吸引移民的重要因素，苎麻的生产，也使得区域间的人口流动愈加频繁。以闽东北的寿宁县为例，明代冯梦龙在《寿宁待志》中，对本县苎麻产业记载尤为详细，各个里甲种植麻、苎的情况如表5-1所示。

**表5-1 明末寿宁里甲麻、苎种植情况简表**

| 里 | 甲 | 村落（地理位置） | 经济特征 |
|---|---|---|---|
| 政和里八都二鄙 | 六甲 | 南门，离城五十里，住下党村 | 耕绩。民往苎山。粮少 |
| 政和里十都一鄙 | 二甲 | 南门，离城四十里，住张广地村 | 民次外种麻，男耕读，女绩 |
| | 八甲 | 南门，离城五十里住沙潭村 | 民耕田种麻。粮易 |
| 政和里十都二鄙 | 一甲 | 南门，离城五十里，住曹坑 | 出竹。男往苎山，女绩。粮易 |
| | 四甲 | 南门，住芹洋舟溪桥，离城二十五里 | 民贫，做麻山。粮易 |
| | 五甲 | 南门，住托溪上村，离城三十里 | 民贫，做麻山。粮少，易完 |
| | 六甲 | 南门，住托溪，曹坑，离城三十五里 | 民做麻山。粮少，易完 |
| | 七甲 | 南门，住芹洋溪源，离城三十里 | 民做麻山。粮少，易完 |
| | 十甲 | 南门，住九岭新田下，离城二十里 | 民做麻山。粮易 |
| 政和里十都三鄙 | 十甲 | 城南，住漈底，离城二十五里 | 民半苎山，半耕田。粮稍多，难 |

资料来源：[明]冯梦龙著，陈煜奎校点：《寿宁待志》，卷下《都鄙》，福州：福建人民出版社，1983年，第80-85页。

可见，苎麻生产非常普遍，往往整个甲的居民都在从事苎麻种植，而相对来

① [清]邓其文纂：《瓯宁县志》，卷七《风俗礼文》，据康熙三十二年（1693年）刊本影印。台北：成文出版社，1967年，第84页。

② [清]孙可训修：《新修翁源县志》，《稀见中国地方志汇刊》44，清康熙刻本，卷4《职官志·良吏·熊本诚》，第22b页。

讲，粮食生产较少，居民经常是通过苎麻生产的收获来“完粮”，所以方志中有“粮少，易完”记载，侧面说明苎麻生产对当地百姓经济来源的重要性。种植麻山，与粮食生产相比较而言，需要一个生产周期，往返于各地，有时候“历年不归”，直接在种麻的地方定居。《寿宁待志》卷上《风俗》称：

寿民力本务农，山无旷土。近得种苎之利，走龙泉、庆元、云和之境如鹜，田颇有就芜者，此不可不责之田主也。苎山亦曰麻山，一年三熟，谓之“三季”，富者买山，贫者为佣，中人则自力其地。力薄则指苎称贷，熟而偿之。怀妻子者，鬻苎则一归，归日必联袂同行，备不良也。冬削草毕，逼岁还家。凡完粮、结讼必候苎熟，荒则否。或失利而历年不归，或得利而携孥久住，寿民之土著者少矣。奸民之在外为非，必托言麻山，然不可诘也。间有鄙民举发，而其党互蔽。民首一盗，无何，首者被讼。官捕一盗，无何，捕者亦被讼。非强有司力为担持不可，令人益思汉吏耳。

又称：

寿民取材于山，立屋颇省。四围垒土，或用木板，亦不甚费……屋成亦不甚惜，若移家苎山则空之，还复葺焉。久者一二十年不返，盗卖傍侵，遂生雀角。①

可见，经济作物加快人口的流动，寿宁乡闽浙、闽赣的一些周边县域来回流动，有的一年一归，有的甚至直接长住移民的县份；另外，经济作物打破了原本稳定的社会结构，商业因素增加，另外社会人口的流动使得一些“奸民”成为社会不稳定因素。蓝靛种植与苎麻种植一样，对一个地区社会流动人口的影响颇大，我们从这些经济作物的种植，大体了解了从汀州到闽东、浙南流动人口的概况。

商品经济的浪潮下，不仅仅是汀州人到闽东浙南种植经济作物，本地也有一些人在利益的驱使之下参与了这种运动，一些记载说明漳州、泉州、延平等地居民也参与其中。如民国《南平县志》称：“依山傍谷，诛茅缚屋而居，曰棚民，携山禾、山芋、桐、茶、杉、漆、靛、苎、番薯之种，携眷而来，披荆棘，驱狐狸种之，率皆汀、泉、漳、永之民”②。

---

① ［明］冯梦龙著，陈煜奎校点：《寿宁待志》，卷上《风俗》，福州：福建人民出版社，1983 年，第 47-48 页、第 51 页。

② 蔡建贤：《南平县志》，卷一一《礼俗志·杂俗》，民国八年（1919 年）修，台北：成文出版社，1967 年，第 961 页。

经济作物打破了原本稳定的社会结构，随着移入客民越来越多，闽浙赣地区的族群格局出现了变化。康熙初人记载，赣西北的"袁州接壤于南，为吴楚咽喉重地，百年以前，居民土旷人稀，招入闽省诸不逞之徒，赁山种麻，蔓延至数十余万"①。明末，在赣西北种植麻和蓝靛等经济作物的福建流民正是以闽西流民为主体。康熙年间江西宁都的一些地区也有许多来自福建汀州的移民，"阳都属乡六，上三乡皆土著，故永无变动，下三乡佃耕者悉属闽人，大都福建汀州之人十七八，上杭、连城居其二三，皆近在百余里山僻之产。"② 明代末期，从浙江括苍到金华（括婺）一带的深山老林间，"山林深阻，人迹罕至，惟汀之菁民刀耕火耨，艺蓝为生，遍至各邑，结寮而居"。③ 而在浙江泰顺县，"自康雍以后，多汀州人入山种靛，遂至聚族而居，今皆操汀音"。④ 嘉庆《南平县志》称："入山种菰，土人畏其寂寞艰险，强半山汀人和孤客担任"。⑤ 古田地区畲民也有种菁的，民国《古田县志》记载："畲民相传为盘瓠之后。深居幽谷，其素艺则开垦荒山，自耕自食，并有栽靛者。其田弃瘠就腴，每耕三年后，则又徙而之他处耕种，又三年亦如之。"⑥ 说明古田的畲民原来较早生活在深山，并有以种菁为生的，后来慢慢与附近"民居各村与民往来交易"，租赁汉人田地，"能自变易其俗"说明随着汉畲交往的加深，畲民风俗开始改变，这种改变是自发的，而不是外力强加的。这些居民常常数百为群，有的是春来冬去，有的直接留在迁居地过冬种植经济作物。⑦

在迁移到闽东浙南的一些畲族家族族谱也载有关于先祖种植菁靛的情况。如根据罗源县天堂村钟姓畲族族谱记载，钟姓族人福建长汀大坪迁入连江县保安里真茹村，后在明隆庆年间（1567—1572 年），由钟文齐携家眷迁入罗源县西兰乡天堂村定居，并"炼山垦荒"，种植菁靛，修建山路以便运送青靛出售。⑧明清以后，罗源菁靛种植业发达，是当地重要经济来源，其生产的菁靛作为印染原料物资主要输往江浙一带。

---

① ［清］程国观等纂：《宜春县志》，《田赋》，道光三年（1823 年）修。

② ［清］魏礼：《与李邑侯书》，载［清］黄永纶，杨锡龄等纂修：《宁都直隶州志》卷三，据道光四年（1824 年）刊本影印，台北：成文出版社，1984 年。

③ ［明］熊人霖：《南荣集文选》，卷一二《防菁议上》。

④ ［清］林鹗纂，林用霖续纂：《泰顺分疆录》，卷二《风俗・方言》，清光绪四年罗阳林氏望山堂出版。

⑤ ［清］杨桂森修，应丹诏纂：嘉庆《南平县志》，卷八《风俗志》。

⑥ 余钟英：《古田县志》，卷二一《礼俗志・畲民附》，民国二十九年（1940 年）铅印本。

⑦ ［明］熊人霖：《南荣集文选》，卷一二《防菁议下》。

⑧ 福州市畲族志编委会：《福州畲族志》，福州：海潮摄影艺术出版社，2004 年，第 441 页。

应该来讲，这个时期的畲民活跃在闽浙赣地区绝非历史的个案，其在经济特征上与同一时期的“棚民”有许多相似之处。明中叶以后，中国南方省份出现一种山区移民叫棚民，其中又以闽、浙、赣、皖、湘、鄂等地为最多。史称：“棚民之称，起于江西、浙江、福建三省。各山县内，向有民人搭棚居住，艺麻种箐，开炉煽铁，造纸制菇为业”。[①] 又称：“棚民乃民人搭棚山旷居住，或种麻种箐，开炉煽铁、造纸、作菇为业。”[②] 这些棚民给当地社会带来的重要的影响，引起了许多学者的关注。[③] 在社会不稳定因素方面，畲客与棚民有相类似的地方。道光年间，严如熤在《规画南巴棚民论》一文中称陕西、湖北、四川等地的山区，“不当徭纳粮，但给地主数贯，亦可赁种数沟数岭。故川楚粤黔安徽无业之民，侨寓其中，以数百万计。依亲傍友，垦荒种地，架数椽栖身。地薄不收，则徙去，统谓之棚民……人聚既多，则良莠莫辨，不安本分者，时有攘窃之行。”[④] “各厂必年谷丰登，粮价平贱，则匠作得以多雇，一遇旱涝，粮食昂贵，厂商停工，则佣作无资以生。一二奸民倡之以吃大户为名，而景附者多矣”[⑤] 清代武英殿大学士卓秉恬的疏陈，上述三省交界的山区，“纵横千余里，辽阔而硗瘠，叠嶂重峦，深林密箐。厥种三品，苞穀荞豆燕麦。三省无业游民，出钱数百，赁种一沟一岭，侨居其中。迁徙无定踪，谓之棚民。屯聚既多，良莠莫辨，攘夺矫健，所在多有。遇凶饥，一二奸民为之倡，蚁附蜂起。三省地方官辄以华离交错，互相隐讳。酿成大案，莫职其咎。”[⑥] 容易生乱是这一类流动人口较为显著的特征，这也引起了各地政府重视，各地官员建议加强棚民的管理，如承认棚民在当地居住的合法性，另外，在棚民中建立保甲之类基层组织，陶澍在《查办皖省棚民编设保甲附片》一文中称：“御史郎葆辰奏请饬查棚民保长以重地方。据称《会典》内载：乾隆四

---

① 《清史稿》卷120《食货一》。

② 《文渊阁四库全书》，卷八十五《食货略》，上海：上海古籍出版社，1987年，第645册，第234页。

③ 如刘敏：《论清代棚民的户籍问题》，《中国社会经济史研究》，1983年第1期；刘秀生：《清代闽浙赣皖的棚民经济》，《中国社会经济史研究》，1988年第1期；谢宏维：《生态环境的恶化与乡村社会控制——以清代徽州的棚民活动为中心》，《中国历史》，2003年第2期；谢宏维：《清代徽州外来棚民与地方社会的反应》《历史档案》，2003年第2期；赵赟：《强势与话语：清代棚民历史地位之反思》，《中国历史》，2007年第3期；赵杏根：《清代棚民问题侧论》，《南京林业大学学报》（人文社会科学版），2014年第1期；谢宏维：《清代棚民及其对社会经济的影响》，《历史教学》，2004年第3期。

④ 贺长龄：《清经世文编》卷八十二兵政十三载严如熤于道光元年作《规画南巴棚民论》，沈云龙主编：《近代中国史料丛刊》，台北：文海出版社，1966年，第731种第6册，第2929–2930页。

⑤ 贺长龄《清经世文编》卷八十二兵政十三载严如熤于道光元年作《规画南巴棚民论》，沈云龙主编：《近代中国史料丛刊》，台北：文海出版社，1966年，第731种第6册，第2929–2930页。

⑥ ［清］冯桂芬：《显志堂稿》卷七，《赠太子太保武英殿大学士华阳卓公神道碑铭》。

年，户部议准江南福建浙江各府州县内棚民，照保甲例编排户口。"[①] 而在乾隆五年，在闽东北的各县，政府也将畲民纳入编户，时间也与棚民纳入保甲管理大体相同，政府在制定针对棚民、畲民政策时，具有一定相似性。关于畲民纳入编户问题，笔者在下文再详细论述。

由此可见，"畲客"迁入闽东浙南一带，并非历史的偶然，这与全国的社会、经济背景有着密切的关系，此外，明清之际的倭乱与迁界等重大政治事件为畲民的迁徙提供了良好的历史契机。

## 三、明清之际的倭乱与迁界

明清之际，闽浙赣地区的倭乱和迁界对地方社会影响很大。闽东社会频遭倭乱之祸，尤其以嘉靖年间最为严重，倭乱造成闽东浙南沿海地区人口大量减少，急需进行社会整合。如福安地区，嘉靖三十八年（1559 年）"倭陷县城……（注：……初九日倭去，计男妇死者三千余躯，而去者七百余，溺水坠崖死者莫计。）"[②] 又载"嘉靖己未倭入城横戮，从北门遁者数万。贼驱其后，忽道旁古树无风自拔，贼惧不敢追。"[③] 嘉靖三十八年的倭乱，给福安带来巨大的打击，死者不下三千多人，战中逃亡者七百余人，倭乱带来的持续影响是瘟疫的流行，又死两千余人；嘉靖己未年逃离数万人。由此可见，战乱对地方社会的人口带来了很大的冲击。

经过倭乱之后，闽东等地居民大量逃离，有的地方变为绝迹之地，一些建堡自卫的地方幸免于难。如在霞浦地区，顺治十三年（1656 年），"海寇陈文达焚劫塘里，汀州人王拉夫、寿宁人马兴等剽掠桐山。居民绝迹者数年。"民国《福鼎县志》[④] 记载顺治十七年"海寇登陆，逼民助饷。水郊、阜坪各乡大姓人家半为杀伤。"直达"复以巡司汛官守焉"，福鼎"民始渐挈眷而归"。[⑤] 该志《义行传》又载嘉靖三十八年时"倭陷桐山……时桐山一带几成焦土，

---

① 《清代诗文集汇编》，上海：上海古籍出版社，2009 年，第 529 册，第 521 页。

② ［清］张景祁等纂修：《福安县志》，据清光绪十年（1884 年）刊本影印，第 397 页。

③ 同②，第 409 页。

④ ［民国］《福鼎县志》为残卷整理，计十一卷。民国二十一至二十五年（1932—1936 年）、民国三十五年，福鼎县政府曾两度修纂《福鼎县志》，但均只有稿本未曾付印，且历经时日，稿本亦渐散失，现仅存三分之一，后经县文化馆整理存稿 280 页。参见福鼎县地方志编纂委员会编：《福鼎县志》，北京：中国统计出版社，1995 年，第 796 页。

⑤ 福鼎县文化馆整理：民国《福鼎县志》，卷三《大事记》。

民居寥寥，权与其族人议筑堡御寇。”[①] 在这种倭乱的社会背景下，乡民纷纷建筑堡、寨用以自保，民国《霞浦县志》记载的土堡共43个，大部分都是当时兴建的。[②]

罗源地区也出现了大量逃亡的居民。道光罗源知县卢凤棽记载：“明季倭寇内讧，罗之被祸最烈。我朝列圣相承，声教四讫，罗以介居南土，久享休养生息之恩。”[③] 康熙县令王楠写道：“此一时也，邑之下里，多有人逃业荒，虚悬额征之累，为之查荒招垦，收存豁亡，而向来之驮赔包荒，亦自是一清。”[④] 从中可以看出，在康熙以前逃荒之人较多，政府通过招垦，其中一些畲民得以在罗源生存与发展。

清初的迁海政策也给闽浙赣地区的社会带来巨大冲击。顺治十八年（1661年），朝廷颁布迁海令，三十里以外悉墟其地，迁海的目的是为了断绝沿海地区与郑成功集团的联系，此举却给沿海居民造成很大的冲击，史书称从江浙到闽粤一带的土著流移者不可尽数。康熙《罗源县志》就记载道：“（康熙）十年，总督姚启圣请尽复原迁沿海居民，时边民之仅存者不过十之二三，巳一自复回故土，刈茅为舍，以佃为渔，皆姚公开复台岛，廓清鲸鲵之赐也。”[⑤] 倭乱以后，特别是迁界禁海，“边民之仅存者不过十之二三”，说明当时该地确实空出许多地方来，这些地方需要招徕百姓。迁界后田庐荒废人民生活极度困苦，几十年后和平后才得到休养生息。民国《霞浦县志》载：“……郑成功又据台湾，勒令沿海居民出赀供饷。至（康熙）十八年督抚苏尚书、李部院疏请移民以绝接济之根，编篱立界，滨海人民悉迁界内，越界者斩。田庐荒废，鱼盐失利，百姓流离，惨不可言，至康熙二十二年总督姚启圣巡抚吴兴祥将军施琅平定台湾，郑克爽归顺，海氛始靖，下诏开界，民归故土，沿海居民竞绘姚吴诸公遗像祀之。”[⑥]

---

① 福鼎县文化馆整理：民国《福鼎县志》，卷二十七《义行传》。

② 松山、赤岸、牙城、云阳、横山、东安新（堡）、南屏、上洋、沙洽（东、西堡）、古县、沙塘、下村（方厝城）、涵江、洪江、渔洋、武曲、传胪、小马、临江、武崎、长溪、积石、罗湖、间峡、棠源（长春）、竹屿、霞江、龙湾、塘边、文星明、砚江、下浒、塘头（北港）、赤崎（上屿）、大金、青湾、台江、柘洋、西庵、高罗、北堡、长头、北壁等43个堡。参见［民国］徐友梧纂：《霞浦县志》，卷四《山川》，《中国地方志集成》，上海：上海书店出版社，2000年，第47页

③ ［清］王楠修，林乔蕃、王世臣纂：《新修罗源县志》，序一，道光九年（1829年）修，《中国地方志集成》，上海：上海书店出版社，2000年。

④ 同③，序四，第239-240页。

⑤ 同③，卷十《杂事》，第367页。

⑥ 罗汝泽：《霞浦县志》，卷三《大事》，民国十八年（1929年）铅印本，台北：成文出版社，影印，1975年，第24页。

直到康熙二十二年（1683年），迁界结束，许多百姓回到沿海地带，其他非土著的居民也进入原迁界地区。而根据闽东许多畲族族谱的记载，本族迁入起始的时间，也基本上在明末清初这一阶段，说明倭乱迁界为畲民的迁入此地提供了一个历史契机。

由于战乱和政策等因素，闽浙地区出现了人口骤减、田地荒芜等现象，政府实行招徕人民的优惠政策，包括开垦田土、免一定年限租税等，因战乱形成的无主荒地也吸引了大量的流动人口，其中有一部分人群就是畲民。吴楚椿在《畲民考》写道："又按《浙江通志》顺治十八年，浙江巡抚朱昌祚，因闽海交讧，迁海滨之民于内地，给田给牛俾安本业，是由交趾迁琼州，曲琼州迁处州。"① 民国《龙游县志》则称："经明末清初之乱，继以耿精忠之乱，旧族丧亡不少，而迁来者福建长汀人占十之七八。"② 在一些畲族族谱中，也反映了畲民移入闽浙赣地区的历史事实，如福鼎贡生松菊主人陈观墀在同治《冯翊郡雷氏修谱源流序》中称："我国朝定鼎之初，缘海氛迁界，合族移居平邑北港、章山、朱山、九岱、莒溪等处，厥后分为数派以及泰顺、福鼎之乡，蒲门、苍头之所，济济不乏，自昔一脉相传至今。"③

民国《平阳县志》记载了清代以来平阳县的族群分类情况："明时倭寇之扰，平阳被害最巨。清顺康间，以郑成功之难，沿海徙界，民族变迁，此时尤甚。今以言语分别约有五派：曰瓯语，曰闽语，曰土语（俗称蛮话）、曰金乡语、曰畲民语……若畲民则散居南北港蒲门各山奥，其语亦居小数，相传先世自闽广来，盖本苗种，俗称畲客，谓为客民也。其言语习俗不与土民同，妇女向不裹足，勤耕作，杂庸保。男子亦有读书入学者……可见，迨降元后，处之旁近州郡后渐流入浙，与宁绍之堕民、丐户，志称为宋俘之遗，仿佛相类，其族则有雷、蓝、李、钟四姓云。"④

以上说明清末民初，人们对倭患与迁界对当地族群社会的重要影响有了清醒的认识。作者以平阳的五种语言将当地居民分为五类，畲民是其中一类。当然这里的"民族"二字不应被理解为当代的民族概念，或许应该"民、族"分开，即百姓及宗族。另外，作者认为畲民是在元代以后从福建等地州县流入浙江，身

① ［清］周荣椿：《处州府志》，卷二九《艺文志中·文编三》，清光绪三年（1876年）刊本。

② 余绍宋：《龙游县志》，卷四《氏族考·畲民附志》，民国十四年（1925年）版。

③ ［清］雷云：福鼎岭兜《冯翊郡雷氏族谱》，清同治五年（1866年）刻本，载《家族谱牒——畲族卷》（下），福州：海风出版社，2011年，第372页。

④ ［清］符璋：《平阳县志》，卷一九《风上志·民族》，民国十四年（1925年）刊本。

份与“堕民”“丐户”等相类似。

闽北地区的畲族迁徙的时间大约在明清之际。明清以后，关于畲族的记载在闽北等地的方志中逐渐增多，畲民作为区别于汉人的族群出现在人们的视野。《浦城县志》记载：“正德七年，徭僮洞寇乱，调民兵以防守。”[①] 这里所记“徭僮”应是指畲族。清同治光泽《积谷岭雷氏重修族谱新序》记载道：“我雷氏系出黄帝，派衍丰城，族启泉州。国初，始祖若卿公自泉携戚谢某避寇，依杭川有年。复临北乡，陟老山巅……卜积谷之原居焉。”[②] 光绪《重纂光泽县志》称移入光泽“杂处此土者”，有“畲民（居山谷种山）”，有“泉州民（北乡多族居成村落）”等，并占有很大数量的人口[③]。可见，该族在明末清初之际，为避“郑寇纷扰”，从泉州迁往上杭，后又迁到光泽，这种族群迁徙应该有其历史根据。笔者推测，该族很有可能是在迁界过程中，从泉州迁到闽西、闽北等地。另外，该族谱以风水的观点来阐述移居，这种叙事模式只能作为畲民迁徙的自我解释，其中隐含了畲民从一个地方迁徙到另一地方并定居的历史事实，但这种迁徙不一定都是由于风水原因引起的。

综上所述，畲民大量迁入闽东、闽北、浙南等地，是在特定历史条件下形成的，而倭乱和迁界就是此历史事件重要的历史背景。

## 第二节　明清时期闽东北地区畲民地方化

明清时期，大量畲民从闽粤赣等地区迁入闽浙赣地区，许多畲民逐渐定居下来，一些家族通过购买当地土著的田、山、园产，并广泛地与当地汉人产生互动。随着福建各地畲民与当地居民交流的加强和山区农业生产的开发进步，政府对于畲族民众的管理也随之加强，许多地方的畲民已经同当地的居民没有太大的差别，闽浙赣地区的一些州县在此期间形成了数量众多的畲族聚落。[④]

---

① ［清］吴渭英修，翁昭泰纂：《续修浦城县志》，卷一四，《兵制》，清光绪二十六年（1900年）修。

② 光泽司前村《积谷岭雷氏族谱》卷首《积谷岭雷氏重修族谱新序》，清同治元年（1862年）刻本，《家族谱牒——畲族卷》（下），福州：海风出版社，2011年，第3页。

③ ［清］何秋渊：《重纂光泽县志》，卷八《风俗略》，清光绪二十三年（1897年）刊本。

④ 如在光绪年间，福安县安的35个都中，有200余处畲民村居。参见［清］张景祁等纂修：《福安县志》，卷三《疆域·各都畲民村居附》，据清光绪十年刊本影印，台北：成文出版社，1967年，第39-40页。

## 一、畲民经济方式的转变

宋代以来，文献中常称畲、瑶、僮等一些非汉民族的佃耕、丐耕土地，这是华夏民族的"天下观"一种表现。如《宋史·许应龙传》记载潮州"距州六七十里曰山斜，峒獠所聚，匄耕土田，不输赋，禁兵与哄，应龙平决之。"① "不输赋"是畲、瑶的标榜特权的一个文化传统，其中深层次的原因是朝廷对偏远地区人群控制的无力感。一些与华夏杂居的蛮夷也慢慢承担赋役，说明国家统治波及这部分蛮夷身上，而偏远的地区仍实行羁縻政治。"匄（丐）耕土田"，则显示了华夏民族的传统国家观念或"天下观"，即所谓的"普天之下莫非王土，率土之滨莫非王臣"。在这种观念下，纵使是一些国家暂时没有办法控制的地区，它仍然是国家的土地，非汉民族在此耕田，名义上是需要纳税服役，需要对国家尽义务，因此，虽然不输赋，但在记载的时候仍要清楚地注明是"匄（丐）耕"。

明清时期，方志中经常有畲民"佃耕"土地的记载。明代熊人霖《南荣集》记载，有的畲民接受二地主寮主雇用种菁为活，"菁民者，一曰畲民，汀、上杭之贫民也。每年数百为群，赤手至各邑，依寮主为活，而受其庸值。或春去冬来，或留过冬为长雇者也。"② 乾隆《宁德县志》引明旧志（万历志）记载菁客受雇于土著的情况，"居山者不事锄畚，听从菁者佃作，如西乡几都，菁客盈千，利归他人，而已则袖手坐观。"③ 清朝乾隆《福州府志》引《连江县志》中，描写了连江一带的畲民："连深山中有异种者曰畲民，五溪盘瓠之后也……亦受民田以耕，谓平民曰'百姓'。"④ 民国《南平县志》称："里图榆枌之外，有蓝、雷之族，是谓畲民，莫源（一作'言'）其始。言语各殊，而质朴，鄙俚男女力作，垦山为业，租庸不及焉。自为婚姻，罕为外人酬酢，世际升平。亦佃民田耕耨间有一二读书者。"⑤

再如清代《广东通志》也有关于"猺""僮"经济方式的记载："猺本盘瓠之种，产于湖广溪峒间，即古长沙、黔中五溪蛮也。其后生息繁衍，南接二广，

① ［元］脱脱：《宋史》，卷四百一十九《列传第一百七十八·许应龙》，第12554页。

② ［明］熊人霖：《南荣集·文选》，卷12《防菁议下》。

③ ［清］卢建其修，张君宾纂：《宁德县志》，卷一《舆地志·物产》，乾隆四十六年修，第613页。

④ ［清］徐景熹主修：《福州府志》，卷七十六《外纪二》，清乾隆十九年（1754年）刻本，第735页。

⑤ 蔡建贤：《南平县志》，卷一一《礼俗志·杂俗》，民国八年（1909年）修，台北：成文出版社，1967年，第961页。

右引巴蜀，绵亘数千里，椎髻跣足，衣斑襕布褐，刀耕火种……僮性质粗悍，露顶跣足，花衣短裙，鸟言鹄面，自耕而食，又谓之山人。出湖南溪洞，后稍入广西古田等县，佃耕荒田。聚种稍多，因逼胁田主，占据乡落，遂蔓延入东省。其初来，尚以听招为名，佃田纳租，种类与猺人不同，时相雠杀。故有司及管田之家颇赖其力以捍猺人。厥后众聚势强，犹猺人矣。”①

在该文献中可以看出，明清以来，大部分的“僮”“畲”“瑶”等非汉人群，在耕作土地均称为“佃”。如上所称，原来“僮”“自耕而食”，所以也被称为“山人”，后来“佃耕荒田”“以听招为名，佃田纳租”，以上说明广东僮人，即使是无人耕作的荒山、荒田耕作，理应“输王租”，所以“佃”字常出现在文献中，先验地认为土地为国家所有；另外，也说明这些土地是国家经略的，已经纳入统治范围，非汉人群虽然在文化身份上仍是非华夏人群，但要耕作土地，需要交租。

随着社会的发展，部分畲民的经济方式发生了转变。如一些族谱记载保护山林的记载，如闽北畲族制定家谱宗规，光泽司前村《积谷岭雷氏族谱》②《琴江上坑雷氏重修家谱宗规》③都有保护风水为由，规定不能乱砍树木、破坏龙脉的规定。这种守护家族田产、山林的做法正说明了畲民定居生活的完成。畲民作为一个独立的族群称谓，最早出现于南宋末期，畲民常以“免差徭”“烧山种畲”“食尽一山则它徙”④ 等社会文化特征见诸历代文献中，是南方少数民族游耕社会经济的典型特征。畲族禁止砍伐，显然与传统畲民“食尽一山则它徙”⑤ 游耕经济有重大差异。另外，能够获得地权等资源，对畲民定居、提升本族社会地位

① ［清］郝玉麟纂修：《广东通志》，卷之五十七《岭蛮志》，清雍正九年刻本，据广东省立中山图书馆藏本影印。广东省地方史志办公室辑：《广东历代方志集成》，广州：岭南美术出版社，2007 年，第 1778 页。

② 《禁后龙条规》：“我村后龙，本一乡气脉之所关，至水口又一乡保障之所系。往者树木丛杂，茂林阴翁，以故家给人足，户口熙熙。迩来人心不古，取便目前，伐木掘蚓，伤残地脉。”光泽司前村《积谷岭雷氏族谱》卷首《禁后龙条规》，清同治元年（1862 年）刻本，载《家族谱牒——畲族卷》（下），福州：海风出版社，2011 年，第 26-28 页。

③ “屋宇地基、远近坟山尺寸皆先人殚心竭力始得遗我子孙，即贫窘切不可卖与他姓。苟贪一时之财，获戾祖宗，罪莫大焉！违者重罚。若地基前后左右水口山石土木，宜常时蓄植照管，不得擅自砍伐，恐伤龙脉，致生灾祸，违者重责。”光泽大禾山《石城雷氏重修族》清乾隆二年（1737 年）刻本，载《家族谱牒——畲族卷》（下），福州：海风出版社，2011 年，第 57-58 页。

④ ［明］姚良弼修，杨宗甫纂：《惠州府志》，卷十四，《外志・猺蛋》，上海：上海古籍出版社，1981 年。

⑤ ［明］姚良弼修，杨宗甫纂：《惠州府志》卷十四，《外志・猺蛋》，上海：上海古籍出版社，1981 年。

具有重要意义。除了"种树还山，种菁为活"，部分畲民通过向官府或汉族大姓租山垦殖，也有部分购买土地，渐渐实现本土化。畲民经济方式的转变，最突出的表现定居生活的开始，畲民开始强调对土地的占有。如道光《建阳县志》称畲民"亦购华人田产"①，说明畲民开始与汉人在经济上平等地位。许多族谱均保存有向当地居民购买土地山林的契约文书，如在闽北松溪畲、汉之间有着频繁的经济交易活动，田产在畲汉两族人民之间的频繁转移。② 福安春雷云村《冯翊雷氏宗谱》收录清代"山场园坪产业"40件买卖契约以及多次地产交易的情况。③ 畲民族谱修撰时，之所以不厌其烦地将这些契约文书载入其中，目的在于宣称自己在本地区居住的合法性。

闽北光泽雷氏族谱保存30余份契约文书，其中可以看出雷姓家族与汉族多个姓氏家族进行比较频繁地山场、田园、屋宇、墓地等资源买卖。根据族谱记载，福建光泽县大禾山村雷姓畲民将祖先追溯至黄帝，石城雷氏一世祖雷舁郎于南宋绍兴年间迁居江西赣州石城县石上里，元末明初六世祖雷元祯定居石上里上坑村，"广置田园山冈以及创建屋宇"，成为当地巨族。康熙十四年，石城雷氏第十六世雷茂琳带领子侄迁居福建，并成为光泽雷氏的始祖。④在族谱中，收录从至正三年（1343年）到雍正十三年（1735年）买卖契约35件，在光泽地区契约文书从康熙年间开始出现，根据族谱内容将整理如下（表5-2）。

**表5-2　石城雷氏契约一览表**

| 时间 | 契约名称 | 购买地点 | 交易金额 | 立卖契书人 | 购买人 |
|---|---|---|---|---|---|
| 至正三年（1343年） | 《上坑雷氏祖堂屋基契》 | 石城上坑 | 钞一百二十贯 | 何仲信兄弟 | 雷元祯兄弟 |
| 洪武六年（1373年） | 《元祯公买枫树嘴乌泥口及金坑里山契》 | 石城调上下里 | 钞二十八贯 | 赖宗文兄弟 | 雷元祯 |
| 洪武九年（1376年） | 《元显公买大坪里枫树窝荷畲嵊海螺形窑背窝山契》 | 石城调下里 | 银八两五钱 | 何永志兄弟 | 雷元显 |

① ［清］江远青，江远涵：《建阳县志》，卷二《舆地志·附畲民风俗》，道光十二年刊本。

② 蓝美芬：《闽北畲族社会经济文化变迁考察——松溪民间契约文书研究》，厦门大学硕士学位论文，2009年，第69页。

③ 林校生：《闽东北"畲""倭"关系初识》，《福州大学学报》（哲学社会科学版），2012年第6期。

④ ［清］雷国泮等修：光泽大禾山《石城雷氏重修族》，清乾隆二年（1737年）刻本，载《家族谱牒——畲族卷》（下），福州：海风出版社，2011年，第56页。

**续表**

| 时间 | 契约名称 | 购买地点 | 交易金额 | 立卖契书人 | 购买人 |
|---|---|---|---|---|---|
| 洪武九年（笔者注：原书为正统，恐有误）（1376年）① | 《元祯公买杉木案地山契》 | 石城调上下里 | 钞五十六贯 | 夏良珪 | 雷元祯 |
| 永乐八年②（1410年） | 《汝才公买湖田垅山契》 | 石城石上里 | 钞二十五贯 | 熊伯常兄弟 | 雷汝才 |
| 永乐十年（1412年） | 《汝才公买毛源里山契》 | 石城石上里 | 银二十五两八钱 | 曾应兆 | 雷汝才 |
| 永乐十一年（1413年） | 《汝才公买下坑口古塘源石节嘴长坑里山契》 | 石城石上里 | 银七两五钱 | 何永志兄弟 | 雷汝才 |
| 宣德元年（1426年） | 《昇旺公买坑车口长山含窝山契》 | 石城石上里 | 银三两二钱 | 李万言 | 雷昇旺 |
| 宣德四年（1429年） | 《昇旺买铁扫嵊山契》 | 石城石上里 | 钞九贯 | 熊伯常兄弟 | 雷昇旺 |
| 正统四年（1439年） | 《昇显公买坳上窝湖田垅山契》 | 石城石上里 | 银三两 | 熊宗亮兄弟 | 雷昇显 |
| 天顺六年（1460年） | 《昇发公太位下山契》 | 石城石上里 | 银七两五钱 | 郭宗旺叔侄 | 雷昇发 |
| 嘉靖三十七年（1558年） | 《廷祥公太位下山契》 | 石城石上里 | | 福祖兄弟 | 雷廷祥 |
| 顺治十年（1653年） | 《宽吾婆太鹅形地契》 | 石城石上里 | 银五两 | 李茂纯叔侄 | 雷宽吾 |

① 根据族谱记载：六世祖“元祯……生元泰定元年甲子于月十五寅时……于至正三年用钞创置上坑屋宇、山冈、田业，至洪武五年壬子由阳和营移居于上坑，迄今子孙蕃衍，永其家焉。公享年六十有六，殁明洪武廿二年己巳九月。”可见雷元祯生活于元泰定至洪武年间，不可能在正统年间置业。参见光泽大禾山《石城雷氏重修族》《赣州石城石上里上坑雷氏重修族谱世传》，清乾隆二年（1737年）刻本，《家族谱牒——畲族卷》（下），福州：海风出版社，2011年，第97页。

② 根据《赣州石城石上里上坑雷氏重修族谱世传》雷汝才为石城雷氏第九世，“生明永乐七年己丑岁二月初八午时。公有季然之能而汪孺人内相，于是恢创先绪，振起家声。惜天不假寿，创业未周，中道而殂。享年四十有七，殁景泰六年乙亥正月丙子日。”然而契约则写永乐八年购买，二者必有一处为误。参见光泽大禾山《石城雷氏重修族》，《赣州石城石上里上坑雷氏重修族谱世传》，清乾隆二年（1737年）刻本，《家族谱牒——畲族卷》（下），福州：海风出版社，2011年，第101-102页。

续表

| 时间 | 契约名称 | 购买地点 | 交易金额 | 立卖契书人 | 购买人 |
| --- | --- | --- | --- | --- | --- |
| 顺治十六年（1659年） | 《用我公太位下山契》 | 石城石上里 | 银五两 | 温天经兄弟 | 雷用我 |
| 至正三年（1343年） | 《上坑雷氏祖堂屋基契》 | 石城上坑 | 钞一百二十贯 | 何仲信兄弟 | 雷元祯兄弟 |
| 洪武六年（1373年） | 《元祯公买枫树嘴乌泥口及金坑里山契》 | 石城调上下里 | 钞二十八贯 | 赖宗文兄弟 | 雷元祯 |
| 康熙四年（1665年） | 《用我公太位下山契》 | 石城石上里 | 银一十六两 | 温朝宣 | 雷用我 |
| 康熙十二年（1673年） | 《文岐公山契》 | 广昌金砂里 | 银九两 | 张华宇叔侄 | 雷文岐 |
| 康熙五十七年（1718年） | 《友则、克辉二人买冈泽县十四都坟山契》 | 光泽十四都 | 银一两八钱 | 何文秀叔侄 | 雷友则兄弟 |
| 康熙六十年（1721年） | 《友则买冈册县十四都乍口坟山契》 | 光泽十四都 | 银二两四钱 | 何文秀 | 雷友则 |
| 雍正元年（1723年） | 《士攀续置江泽十四都上坑屋墓契》 | 光泽十四都 |  | 危文弘兄弟 | 雷士攀 |
| 雍正元年（1723年） | 《雷亦常续置地契》 | 光泽二十七都 | 银一两五钱 | 黄家庄黄国显之妻林氏 | 雷亦常 |
| 雍正五年（1727年） | 《友则买冈泽县十四都何姓坟山契》 | 光泽十四都 | 银二两四钱 | 何文秀叔侄 | 雷友则 |
| 雍正六年（1728年） | 《友则公买在城官姓荒畲山契》 | 光泽十四都 | 银五钱 | 官日生 | 雷友则 |
| 雍正八年（1730年） | 《雷亦常续置屋契》 | 光泽二十七都 | 银二十八两六钱 | 黄家庄黄登北兄弟、黄右人兄弟 | 雷亦常 |
| 雍正八年（1730年） | 《雷亦常续置屋契》 | 光泽二十七都 | 银一十二两 | 黄熙北兄弟 | 雷亦常 |
| 雍正九年（1731年） | 《友则买冈泽县十四都白羊寺山地契》 | 光泽十四都 | 银一两 | 僧汉章 | 雷友则 |
| 雍正九年（1731年） | 《士攀续置江泽十四都上坑屋墓契》 | 光泽十四都 | 银九两 | 张氏母子 | 雷士攀 |

续表

| 时间 | 契约名称 | 购买地点 | 交易金额 | 立卖契书人 | 购买人 |
|---|---|---|---|---|---|
| 雍正十二年（1734 年） | 《士攀续置江泽十四都上坑屋墓契》 | 光泽十四都 | 银一十六两 | 何振先 | 雷士攀 |
| 雍正十三年（1735 年） | 《弼贤兄弟买二十七都傅宅坟山契》 | 光泽二十七都 | 银三两二钱 | 傅叔隆兄弟 | 雷弼贤兄弟 |

注：光泽大禾山雷氏家族迁自江西石城，康熙十四年开始迁居光泽，以上契约所体现的冈泽县、冈册县、江泽均指的是光泽。资料来源：以上表格根据光泽《石城雷氏重修族》（清乾隆二年刻本）所收录的契约整理而成。详见：《石城雷氏重修族》，载《家族谱牒——畲族卷》（下），福州：海风出版社，2011 年，第 69-89 页。

通过表 5-2 可以大体了解雷氏家族从江西到福建迁居过程中的一系列经济活动，雷姓家族与汉族多个姓氏家族进行比较密切的山场、田园、屋宇、墓地等资源的买卖，特别从福建光泽的一些契约文书，更可以直观地说明该家族如何通过购买土地房屋而在一个地方定居的情况。现以以下三则契约为例。

契约一：雍正元年（1723 年）的《雷亦常续置屋契》

> 江邑二十七都黄家庄黄国显之妻林氏，今因孤苦无倚，日食难度，情愿将夫手所遗荒地一片，坐落地名本里上村郭堂前……将四至界内尽行出卖与赣州府石城县石上里雷亦常位处近前承买。①

契约二：雍正五年（1727 年）的《友则、克辉二人买冈泽县十四都坟山契》

> 何文秀同侄茂尔有老祖遗坟山一障，土名本村厥下鱼塘案……今文秀情将鱼塘案、今踏定土塱一穴，议定穴内方圆八尺，出卖与石城上坑雷友则、克辉兄弟，当议价纹银一两八钱正。②

契约三：雍正六年（1728 年）《友则公买在城官姓荒畲山契》

> 官日生今因无银使用，情愿将祖遗阄书分内荒畲一窠，坐落十四都白羊土名下塔……出卖与十四都雷友则位处近前承买。③

以上三份契约，前两份在说明雷姓自称或他称为“赣州府石城县石上里”“石城上坑”人；而第三份也有把雷姓视为本县“十四都”的人。在同一个时期

① 光泽大禾山《石城雷氏重修族》，清乾隆二年（1737 年）刻本，《家族谱牒——畲族卷》（下），福州：海风出版社，2011 年，第 88 页。

② 同①，第 82 页。

③ 同①，第 84 页。

这种身份的交换也说明了雷姓畲民家族逐渐实现所谓的"本土化"。

## 二、闽东北畲汉族群的互动与融合

明清时期，畲民从闽粤赣等地区迁入闽浙赣地区，随着经济实力的提升，畲民家族通过购买当地土著的田、山、园产，并广泛地与当地汉人产生互动。

### （一）部分畲民开始成为编户齐民

前文指出，早在明代之前，闽西南地区就有部分畲民成为编户齐民，而闽东北等地的畲民应该是在清初才慢慢进入国家统治范围之内。闽东北畲民居住区在清前中期开始实行"编图隶籍""编甲完纳"政策，根据康熙《罗源县志》记载，政府早在康熙年间就已经对罗源的畲民进行清查，希望通过严保甲的措施，以利于对社会进行整合。① 而根据《华美报》记载，畲民早在雍正年间就曾"奉谕旨，准其一体编入民籍，况此种山民充粮纳赋，与考服官，一切齐民相民"。② 蓝美芬则根据族谱中记载的契约文书，将闽北松溪畲族被编籍隶图的时间推到顺治年间或更早。③ 而根据大部分闽东、闽北方志的记载，畲民主要在乾隆期间被纳入国家户籍体系，民国《南平县志》卷五《田赋志》称："乾隆五年，编钟、蓝、雷三姓，立普顺图，合为九十三图。"④ 该志卷十一《礼俗志》又载："乾隆五年，编图隶笈（籍），亦有入庠者，烝烝然染华风矣。"⑤ 民国《古田县志》称："清乾隆十七年，督抚绘畲民图册以进奉"。⑥ 以上几则材料都足以说明，至迟在清中期以前，大部分闽东北地区的畲民已经开始承担国家赋税，即所谓的"畲即承赋如居民"。⑦ 另外，在许多畲民族谱也载有《世祖圣谕十六条》，宣扬

① 康熙《罗源县志》，卷九《沿革》载："保甲昉自周礼，钦奉圣谕严保甲之颁，遵行已久，务选谨厚之人承充，每年编查烟册，遍告乡民，谨守条约，于点烟之日稽其户口，核其田亩，即令保甲谕催纳粮而□村粮□所由设焉。又有畲民□（雜?）处境内，历世相仍，与民一□，其稽查奸良，□之畲总。每年取具册结存案。其深山□处有汀州、江西等处人居搭寮种菁，势难尽驱。康熙五十八年，奉文每年冬季一并查点，取具地主各结填入循环簿，申院查考，并将地方利弊、民生急务，刊列谕册计二十八条，分发各村，实力劝谕，遵行日久，庶几俗美风清。"［清］王楠修，林乔蕃，王世臣纂：《罗源县志》卷九《沿革》，道光九年修，《中国地方志集成》，上海：上海书店出版社，2000年，第359页。

② 福州《华美报》，乙亥1899年第17号，第15页。

③ 蓝美芬：《闽北畲族社会经济文化变迁考察——松溪民间契约文书研究》，厦门：大门大学学位论文，2009年，第86页。

④ 蔡建贤：《南平县志》，卷五《田赋志》，民国八年修 。

⑤ 同④，卷十一《礼俗志·杂俗》，第961页。

⑥ 余钟英：《古田县志》，卷二一《礼俗志·畲民附》，民国二十九年铅印本。

⑦ ［清］杨澜：《临汀汇考》，卷三《风俗·畲民附》。

“完钱粮”“联保甲”，这也再次印证了畲民已进入国家赋税、统治体系。①

以上所举例子可以看出，各地的畲民纳入保甲制度、成为编户齐民时间有所不同，这是因为，在不同区域的畲民，其华夏化并非整齐划一地进行，而是根据各地的历史发展情况而定，其中经济发展、社会变迁都深刻地影响了国家政策在族群中的施行情况。而由此展现出的畲民文化，在各地也是因时、因地而变化，甚至不同姓氏的畲族之间也存在较大差别，展现出不同区域特色和历史风貌。这给我们的启示是，不能以单一的、静止的文化特征来概括多样化的、复杂多变的畲族文化的全貌。纵使是一省、一府、一县的方志在描述畲民文化上也经常是“标本式”描述，甚至抄袭他地畲民文化作为本地畲民的文化特征，这些都值得我们注意。

有的学者认为“明代在粤东普遍推行赋役制度的情况下，畲族仍能凭借盘瓠传说免除部分徭役。”② 笔者认为这种认识是有待商榷的。应该来讲，畲族原先是不纳税的，随着社会的发展，国家开始在畲族地区实行羁縻政策，部分地区还设有土官，协助官府加强对畲民的统治，一些畲民“稍稍听征调”，即开始向国家纳税，相对于其他汉人来讲，其赋税较少，有时候可能是象征性的。这与国家统治深入程度与收税成本有关。换言之，对于偏远山区的畲民来说，由于国家统治鞭长莫及，收税成本更高，羁縻政策可能更为合适。然而，畲民一旦成为编户齐民，他们就慢慢地承担赋税；国家在“用夏变夷”主导思想引导下，只要能将畲民纳入统治范围内，国家更希望对同个地区汉民、畲民实行无差别的收税的，这是一个主要历史趋势。

至于清初一些地区，如康熙四十一年，由“福宁知州董鸿勋立石勒碑，永禁各都、保滥派畲民差徭。”③ 但必须注意的是，这里只是说不能“滥派”，而非免差徭。实际上清初顾炎武在《天下郡国利病书》论及福建的瑶人（畲民）时，就称：“后抚者不得其人，或索取山兽皮革，遂失赋，官随亦废。往往聚出为患。若往年南胜李志甫辈之乱，非猺人乎？今山首峒丁，略受约束，但每山不过十许

① 其中民国四年福鼎枇杷坑《钟氏族谱》录有：“敦孝弟以重人伦，笃宗族以昭雍睦。和乡里以息争讼，重农桑以足衣食。尚节俭以惜财用，隆学校以端士习。黜异端以崇正学，讲法律以警愚顽。明礼让以厚风俗，务本业以定民志。训子弟以禁非为，息诬告以全善良。戒逃匿以免株连，完钱粮以省推科。联保甲以弥贼盗，解仇忿以重身命。”李绳祖：福鼎枇杷坑《钟氏族谱》民国四年刻本，第496页。

② 曹大明，马信强：《历史记忆的张力：盘瓠传说对畲族游耕农业的延续》，《黑龙江民族丛刊》，2009年第6期，第156页。

③ ［清］宋绍源：福安春雷云村《冯翊雷氏宗谱》，清光绪元年（1875年）手写本，载《家族谱牒——畲族卷》（下），福州：海风出版社，2011年，第384-385页。

人，鸟兽聚散无常所，汉网当宽之尔。"①

所谓"汉网当宽之尔"显示了统治阶级需要采取的态度：一是峒丁分散居住，略受约束，管理成本高；二是"往往聚出为患"，采取宽松的税收政策可以减少矛盾，更有利于统治。

（二）畲汉文化开始趋同

随着畲民成为编户齐民，在文化特征上越来越与汉人趋同，如古田畲民"近则附近民居各村与民往来交易，亦有承耕民田，能自变易其俗。惟疏远者则相沿旧习如故。"② 由于在生产、生活、风俗等文化上与周围汉民存在区别，同时畲汉之间民族隔阂仍或多或少地存在，因此，移民初期的畲民大都聚居在一起，而较少与汉民混杂居住。如闽北畲民分布情况，总体为分散居住，人口不多，与闽西南连城一片，大家巨族有明显区别，道光《建阳县志》载："今兴贤里塘窠，崇政里茶垱，崇化里书坊，禾平里南山顶，嘉禾里黄坑间有是种。所居在丛箐邃谷，或三、四里或七、八里始见一畲，无比屋而居者。"③

这种几乎与世隔绝的状态使得畲汉之间的互动较少，汉人想象中的闽北畲民性格具有上古的遗风。道光《建阳县志》记载："自汉元封迄今凡二千年，犹淳淳闷闷，有太古遗风。性甚驯，不至如楚粤之僮瑶好乱喜杀，以自戕种类，大抵食贫作苦。闻见囿于深山穷谷之中，虽与汉人交接历有年所，仍安朴陋，不稍染浇诈之习。"④

说明畲民的族群性格既不同于汉人，又不同于"楚粤之僮瑶"，这部分畲民处于深山穷谷中，虽然平常与汉人接触，但仍在较长时间里，保留着自己的民族性格。在清中叶以后，随着畲汉之间互动的加深，畲民社会文化变迁加快，如道光《建阳县志》记载："近惟嘉禾一带佘民，半染华风。欲与汉人为婚，则先为其幼女缠足，稍长，令学针黹坐闺中，不与习农事，奁资亦略如华人，居室仍在辟地，然规模亦稍轩敞矣。妻或无子也娶妾，亦购华人田产，亦时作雀角争，亦读书识字，习举子业。嘉庆间有出应童子试者，畏葸特甚，惧为汉人所攻，遽冒

① ［清］顾炎武：《天下郡国利病书》（下册），第26册，《福建备录·防闽山寇议》，第256页。

② 余钟英：《古田县志》，卷二一《礼俗志·畲民附》，民国二十九年（1940年）铅印本。

③④ ［清］江远青，江远涵：《建阳县志》卷二，《舆地志·附佘民风俗》，清道光十二年（1832年）刊本。

何姓。不知彼固闽中旧土著也，不许其与试则无籍可归矣，是亦邑绅士所宜留意者。”①

可以看出，畲民在婚姻上开始与汉族通婚，婚礼习俗渐渐与汉族文化同；在经济上开始从租赁田地到“购华人田产”，这是畲民地方化的标志；在文化上已经逐渐争取科举考试权利。为了摆脱畲民的不利族群地位，“惧为汉人所攻，遽冒何姓”。关于畲民冒用汉姓问题，傅衣凌早已有研究，傅先生所谓的三大姓只不过是历代文献互相抄袭的结果：“畲与福建民族因缘关系之切如是，故关系论究畲民氏族之文字，颇有发见，惟其间类皆剿袭陈说，非云槃、雷、蓝三姓，即雷、槃、蓝、钟四姓。”② 傅衣凌早已发现，“在福建畲族活动史上，其构雄活跃于一时者，雷、槃、蓝诸族反多不与，而为汉化极深之陈、李、黄诸姓，不亦大可异乎?”③

傅衣凌认为历史上的畲姓比较复杂，而畲姓之所以复杂，主要是由于畲民汉化，许多畲族改用汉姓，他说：“畲与汉人往来之频繁如是，自多沾染华风，改用汉姓，亦喜自托于中原仕族之列。如《太平寰宇记》卷一百引《开元录》云：‘闽县越州地，即古东瓯，今建州亦其地，皆夷种，谓林黄是其裔’。畲中黄、陈、李、刘诸姓之多，与此似有相当关系。”④

关于畲民的姓氏问题，除了傅衣凌之外，何子星⑤、管长墉⑥也对该问题进行探讨，郭志超和董建辉在《畲姓变化考析》⑦ 再次对畲姓进行研究。以上学者基本上承袭畲姓“汉化”说法。温春香则以文化表述的理论角度分析，她认为

---

① ［清］江远青，江远涵：《建阳县志》，卷二《舆地志·附余民风俗》，清道光十二年（1832年）刊本。

② 傅衣凌：《福建畲姓考》，《傅衣凌治史五十年文编》，厦门：厦门大学出版社，1989年，第170页。

③ 同②，第171页。

④ 同②，第180页。

⑤ 何子星在《畲民问题》一文中指出，畲姓除了盘、蓝、雷、钟四大姓外，还有苟、娄、胡、侯、刘、林、李七姓。参见何子星：《畲民问题》，《东方杂志》，第30卷第13号，1933年。

⑥ 管长墉在《福建之畲民》一文指出，畲民姓氏除盘、蓝、雷、钟四姓之外，还有章、邱、鼓、患、陈、罗、李、何、许、篓等十姓。参见管长墉：《福建之畲民——社会学的研究与史料的整理》，《福建文化》，第1卷第4期，1941年。

⑦ 郭志超和董建辉在《畲姓变化考析》一文指出，除盘、蓝、雷、钟四姓之外，畲姓还有：苟、程、潘、吕、篓、李、吴、韩、朱、林、陈、杨、连、赖、魏、孔、冯、洪、邓、邱、黄、谢、刘、罗、晏、许、张、余、袁、聂、辜、章、何、廖、蒙、胡、伍、温、叶、盆、黎、栏、来、毕、高、卯、娄、丘、周、千、羊、王、宗、世、爰、曹、方、康共58个姓氏。参见郭志超，董建辉：《畲姓变化考析》，《民族研究》，1998年第2期，第104-110页。

造成畲民四大姓的说法流行是"书写"或"表述"的缘故。①

笔者认为，关于"冒用汉姓"这一问题，我们需要从社会情境来分析当时畲民的一种心态和一种价值取向。畲民通过冒姓这种方式选择性地失忆，然后建构自己的文化，以争取文化资源。《建阳县志》作者认为，畲民原来就是闽中最早土著，所谓的不准予参加考试、不能入籍，这些都是"邑绅士所宜留意者"，即汉族精英分子用来宣扬的结果。通过《建阳县志》这则材料，我们认为，一方面是汉族知识分子"严夷夏之防"的心态，限制畲民考试的权利；另一方面是畲民通过"冒姓"，即建构自己的汉人身份来达到科考的权利。这两种力量在当时社会形成一种张力，这种张力随着畲民逐渐融入地方社会而慢慢松弛，文化认同慢慢趋于汉文化认同，族群边界慢慢消失后，新的文化建构就会产生。

明清时期，较早接受汉族文化的畲族社区，其畲民读书取士已与汉族无别。清代《侯官县乡土志》载："近数十年来渐与土人同化，雷、蓝二氏间或侨居省城，且有捷乡会试登科第者。"② 清代之后，随着福建各地畲民与当地居民交流的加强和山区农业生产的开发进步，政府对于畲族民众的管理也随之加强，许多地方的畲民已经同当地的居民没有太大的差别，这促使了清代闽东大量畲族聚落的形成。③

## 第三节　明清时期闽浙赣地区土客矛盾与畲汉边界的维持

明清时期，迁入闽浙赣地区的"畲"和"客"并无明显区别，他们不仅在生计方式相同，其文化习俗差别也不大，这也间接地说明了"畲""客"在某种程度上有着紧密的共生关系。与迁往两广地区"畲客"坚持客家文化认同有所差异，在闽浙赣地区的"畲客"被他者认定为畲，同时许多"畲客"也坚持认同为"畲"，这种情况的发生与当时的历史环境及特殊社会情境是紧密相关的。

---

① 温春香：《文化表述与地域社会：宋元以来闽粤赣毗邻区的族群研究》，厦门：厦门大学学位论文，2009 年，第 141 页。

② ［清］朱景星修，郑祖庚纂：《侯官县乡土志》，版籍略一《人类和地形略》，福州市地方志编纂委员会整理，福州：海风出版社，2001 年，第 383 页。

③ 如光绪十年《福安县志》，该书卷之三《疆域》中罗列了福安 35 个都，200 余处畲族自然村村名。

## 一、土客矛盾与族群冲突

明中叶以后，闽粤地区的大量移民迁入闽浙赣地区。在这些流动人口中，有部分人被称为“客”，他们与“土著”在人文性格上有很大区别。谢肇淛于万历年间修纂的《永福县志》记载当时永福县（今永泰）有两种截然不同的人群：

> 邑居万山之中，地之平旷者不得什一……至于引水不及之处，则漳、泉、延、汀之民种菁种蔗，伐山采木，其利乃倍于田，久之，穷冈邃谷，无非客民。客民黠而为党，辚轹土民，岁祲揭竿为变者，皆客民也。土民好礼守法，安土重迁，敦朴款诚，不事夸诩。君子重名节而薄声利……小人男耕女织，不事商贾，山谷之中有至老未入城市者。①

清乾隆《永福县志》基本沿袭万历志书记载：

> 永邑皆山田，火耕水耨，陇莳崖锄，用力勤矣……至若穷冈邃谷，多漳、泉、延、汀之氓，种畲栽菁，伐山采木，其利乃倍于田，故永多客氓，黠而为党，凌轹土著，岁祲揭竿而呼者，皆客氓也。土著之民好礼守法……②

对比万历、乾隆两方志材料，我们发现二者在一些记载中，稍微有所不同：前者称流动人口为“客民”，后者写为“客氓”；前者记载为“种菁种蔗”，后者写为“种畲栽菁”；前者称“土民”，后者为“土著”。两则材料总体来说，其区别不大，二者记载的目的均在于反映来自漳、泉、延、汀地区、一些被称为“客”的人群的情况。这批流动人口与当地土著相比，具有追逐商业利益以及更易动乱的族群特性。

这些流动人口，主要从事经济作物种植。其中，苎麻因其具有较大的经济效益，而成为流动人口种植的主要经济作物。清代施闰章记载袁州（今江西宜春）从事苎麻生产，其在《麻棚谣》中称：“山陬郁郁多白苎，问谁种者闽与楚，剥麻如山召估客，一金坐致十石黍。此隰尔隰原尔原，主人不种甘宴处。客子聚族恣凭陵，主人胆落不敢语。嗟彼远人来乐土，此邦之人为谁苦？”③

---

① ［明］唐学仁修，谢肇淛纂：《永福县志》，卷一《风俗志》，万历四十年（1612年）修；中国史学丛书三编第39号，台北：学生书局，1987年，第78-79页。

② ［清］陈焱等修，俞荔等纂：《永福县志》，卷一《风俗》，据乾隆十四年（1749年）刊本影印，中国地方志丛书第84号，台北：成文出版社，1967年，第85-86页。

③ ［清］施闰章等著，吴家驹等点校：《施愚山先生全集·诗集》，卷一九《麻棚谣》，《清名家诗丛刊初集·施闰章诗》（下册），扬州：江苏广陵书社有限公司，2006年，第363页。

这里描述了来自闽地或楚地的"客子"到江西"山陬"地区种植苎麻的情况，"剥麻如山召估客，一金坐致十石黍"说明了当地苎麻基本上都是作为商品进行流通，种麻的"客子"因此获利甚多。另外"客子"有着较强的族群认同感，在土著看来，他们聚族行动，恣意妄为，土、"客"矛盾开始突出。

在清初移入江西的"客子"中，有一部分人群被称为"山民户"，这些"山民户"以蓝、雷等姓居多，一般认为是畲民。康熙末年兴国知县张尚瑗编修《潋水志林》，这部兴国县地方志记载了当地畲民的一些情况：

> 太平乡崇贤里，有山民户。国初兵燹，土旷人稀，流遗争集。闽、广之侨户，自为党类，势遂张，来自郴、连间者，相率摈而孤之，号为'山野子'，其人多雷、蓝、毕三姓，占耕其土，自为婚姻，不敢出里巷。既久，力农蓄积，属籍输赋。邑人之狡者，笼其田于已籍中。而蚀其盈羡。遇有逋粮，辄归之山民。官欲为清厘，不可得也。甲寅寇孽既平，某巡简指为余盗负固，欲请兵禽狝之，乃号哭，泥首丐死，而畏匿益甚，邻郡皆哂兴邑山民为异类，与猺、獞、狼、黎比。黄君惟桂始诱化之，俾自立户。黄去则仍匿迹，诡寄笼田之徒，愈恐喝，使不敢出。又二十余年，予因编册审丁，广为劝谕，按户核其诡寄，重惩之。三阅月，始就厘正，削去山民之名，与土著一体。有名之丁，悉造庭听唱，鱼贯抃踊。盖迩年来其人固益驯习晓畅，就其初特为奸民所愚，岂真狉狉野鹿哉！予之术，非有加于黄君，不过踵而行之。但黄君著《治兴异迹》，作山民图，环目鴃舌，出入必挟刃，妇稚皆能搏生，与予所见大有径庭焉。①

从这段记录中，大体可以看出当时移入江西畲民的一些情况：

（1）清初江西一些移民中，形成了明显的族群边界。由于战乱，导致江西一些地区土旷人稀，来自闽、粤、湘地区的一些移民大量移入。《潋水志林》记载兴国县户口，在明末时为一万四千九百左右，清初顺治年间因为"奉诏豁除兵燹死亡，遗黎民数四千余，以实在七千五百七十五丁，为本朝初政之额。"所以清初兴国县令黄惟桂"以招徕流遗及山民补之。"② 一些地区，如"岭峤四冲土著少，而客籍多"③，在一些山区，如江背峒，由于清初发生了石昭、朱明动乱，

① ［清］张尚瑗纂：《潋水志林》，卷之十七《志事近录》，康熙五十年（1711年）修，2001年重印本，第187页。

② 同①，卷之十《志政·田粮》，第117页。

③ 同①，卷之十一《志政·保甲》，第126页。

导致当地“至今编户，绝无土著。闽、广流民，杂耕其地，黠悍难驯。”① 来自福建、广东地区的移民，他们形成一个群体，势力逐渐壮大；来自郴州、连州之间的一些移民，则对这些来自闽粤的“山民户”采取孤立政策，并蔑称其为“山野子”。

另外土著惧怕“山民”，将其视为“异类”，并出现了官吏嚎哭不敢出兵擒拿发生动乱“山民”的情况。除了将畲民视为异类，一些来自汀州等地的移民也被认为拥有“蓄蛊”的习俗，给当地带来了巨大社会恐慌。② 这些都表明了，一个移民社会形成的初期，该社会中的各类人群因文化差异或利益之争，族群边界也比较明显。

（2）土、客之间的族群界线因赋税情况发生微妙的变化。“山民户”在江西地区占耕土地，慢慢地定居下来，逐渐地编入户籍，承担赋役。一些土著为了获得利益，将“山民户”的田地并入自家的户籍中，逃避田赋，等到清查逃税情况时，则将这些土地归为“山民”。这种情况，连官府也无法厘清。

（3）清初江西的畲民总体上呈现汉化的趋势。兴国知县黄惟桂当知县时，曾作山民图，这些山民“环目缺舌，出入必挟刃，妇稚皆能搏生”。黄惟桂对畲民进行教化，并使其编入户籍。在二十余年后，张尚瑗担任兴国知县时，对户籍重新“编册审丁”，用了三个月，完成厘清户籍工作，并“削去山民之名，与土著一体”。几年后，畲民表现为“驯习晓畅”的习性，作者认为之所以之前畲民被视为“异类”，主要是“其初特为奸民所愚”。

除了官方教化，一些畲民也主动融入地方社会，如《潋水志林》记载当时“山野子”蓝子明的事迹：

> 蓝子明，明末自郴、连间避乱，与雷、罗二姓携族来邑中，邑人呼为山野子者也。子明貌壮伟，骁勇多力，乐赴公义。善鸟铳，平居搏生自给，所获兼数人。或遇猛鸷不为惮。甲寅（康熙十三年，1674）韩大任之据吉安也，兴邑村鄙钞劫无宁宇。子明独奋先御贼，以少击众，辄胜。于是白石、密石、竹管峒、枫边、箬坑皆连结保聚，推子明为约长。尝击贼于回龙嶂，其子死焉。同伍走告之，子明不应，战逾力。贼

① ［清］张尚瑗纂：《潋水志林》，卷之一《志地·道里考上》，第 5 页。

② 根据《潋水志林》卷之十六《志事·遗闻》记载，从福建地区移民至江西客户赵如瞻父子蓄蛊，导致当地百姓曾起周等人致毒，因而控告于官府，这个谣言“传达于邻境，自旅店、酒肆、烟馆、茶亭，行者忍饥渴不敢饮食。而黠民之挟仇者，因以诬其所憎，蛊牒纷然，”引起了社会的恐慌。详见［清］张尚瑗纂：《潋水志林》，卷之十六《志事·遗闻》，第 187-188 页。

> 退乃集众于前，责告者曰："方事之殷也，使吾气少衰，吾属无种矣。诸君独不为身家计耶。乃以子死挠我乎。"黄令惟桂闻而嘉之。后寇警，登城北望，叹曰："宝城有蓝子明在，隐若一敌国矣。"①

可以说，这些所谓的"客"既有畲民也有汉人。明崇祯《兴化县志》记载正统以来，一些"汀漳流徙"过来的靠"插菁为活"的"畲人"来到兴化："明正统省入广业里，并隶于莆，则地旷人稀，荡然虎豹之屈也。彼汀漳流徙，插菁为活，畲人异种，寮居火耕，与诸廛氓杂处，稍不相协，啸呼挺击，莫之谁何？"②

这些"畲人"被当地人视为"异种"，其有着与当地百姓不一样的文化，除了种菁以外，还表现在"寮居""火耕"，这很符合畲民"搭棚为輋""开山种畲"的两个文化特征。另外畲民还与一些所谓的"廛氓"，即流动人口杂处，表现出一哄而起、容易叛乱的特性。这些人群的存在是当地社会的不稳定因素之一。

这种不稳定因素在一定条件下爆发，成为地方动乱，如明崇祯《兴化县志》记载万历年间雷五叛乱：万历十七年己丑正月十五日，逆贼曾廷邦（兔洋人）、柯守岳（下溪人）、雷五（畲客），妄言海上游天王，饰以鬼面长髯大耳，倡惑乱民，谬窥神器。竖黄旗，上书："游天王定江山，定万民。"于是一里皆震。佥都御史周采遣把总王子龙平之。遂以游洋僻壤之地，跨二郡而带三县，率多流寓，里有典史刘茂者奏于朝，请建寨以镇之，诏以为可。③

雷五被认为是畲客，其叛乱借用"巫术"作为煽动、号召民众的工具，并且打出旗号，"谬窥神器"（即反抗朝廷，僭越礼仪）。明崇祯《兴化县志》引用了郑嵚《纪变漫言》来描述雷五等人起事的情况，该文献在"民变"不久后的万历年间写就，具有比较高的可信度和史料价值，其文曰：

> 皇帝十有七年（即万历十七年）己丑春正月，岁稍歉，斗米几四十钱，原广业黠（原书作"黔"字）盗柯守岳、曾廷邦、畲夷（原书作"番吏"）雷五，与异郡菁紫、诸邑客人何南山、陈元泉、许一溪、丘汝夫、何西泉、颜玉湖等百余人，谋叛伏诛。先时，广业为兴化治之东偏……迨明永乐正统间，经灾瘴，疆苗靡芜……仅存庶孽，整顿荒畦，百不及一。莆大姓遂跨有四方，并其附田山地，影射侵凌。然产去

① ［清］张尚瑗纂：《潋水志林》，卷之七《志人·行义》，第79页。

② ［明］周华：《兴化县志》，卷八，《大洋巡检司碑记》，崇祯间修。

③ 同②。

粮浮，宰广业里者率荡，破流移计，穷窝僻谷，菁黍纤微，亦足赠饷，莆大姓利之。遂相招结畲丁异客，茶布以为利谋，盖利兴则庸不负，庸不负则免敲朴荡移，时盖甚称焉。畴知客性，黠□鸷而强猛，侏儒鸟语，诸族不啻矣。①

该文献更详细地说明了当时叛乱的原因过程及结果。根据上文，我们可以了解以下三点：

（1）莆田一些巨家大族借着势力侵占吞并附田山地，导致“产去粮浮”②，在广业里的人，很多都破产流徙，到更偏僻的地方，栽种“菁黍”；巨家大族趁机纠集“畲丁异客”，从事茶、布、菁等经济作物生产；由于这些经济作物不用缴纳“庸”税，使得这些巨家大族获利更多。在以农为本的帝国时代，这种经济结构是非常不利于朝廷统治的，然而作为一种经济发展趋势，朝廷是没有办法一时予以扭转的。

（2）明正统以来灾荒导致米价上涨，导致叛乱产生。以叛乱分子的成分分析，主要有当地广业“黠盗”，还有迁移而来的“畲夷”“异郡菁紫”“诸邑客人”，这些主要为从事经济作物以及其他流动人口，不直接参与粮食生产，市场上的粮食供应及价格对这部分人影响很大，在万历年间，灾荒时米价上涨导致原本就不稳定的人口更易爆发动乱。

（3）“畲客”的性格特征被描述为“黠□鸷而强猛，侏儒鸟语，诸族不啻矣。”可见当时的族群矛盾是非常严重的。

明代熊人霖也记载闽浙地区菁民与百姓的矛盾，他在《南荣集文选》写道：“窃惟处州、建宁，古瓯越地，错壤连山，篁竹深昧。菁民茧跰，上下山如飞，群盗诱搆剽掠，恃险抗逆颜行。戊寅迄今躏三省者五年，百姓骚然靡敝。”③

按照熊人霖生活年代，戊寅④应指的是崇祯十一年（1638年），可见在崇祯年间，菁民在三省（闽、浙、赣）区域分布，给地方秩序带来破坏，族群矛盾较深。关于这种族群矛盾，熊人霖的《平菁寇凯歌叙》记述了在崇祯十三年时，

① ［明］郑嵚：《纪变漫言》，周华纂修：《福建兴化县志》，卷八，崇祯间修。

② “产去粮浮”指一些农户土地被兼并，仍需承担纳粮义务。历史上一些农户由于失去地产，为逃避本来应该承担纳税的义务，采取了诸如避难迁徙，流离失籍，或者托庇于大姓豪族门下的手段，使自己不在国家户口簿和田籍簿上登记，成为不受国家控制的游食之民。这些人被称为“流人”“流民”“浮客”“佃客”等。

③ ［明］熊人霖：《南荣集文选》，卷一一《附录：会剿纪成揭》，崇祯十六年刻本。

④ 按照干支纪年，明朝共有五个“戊寅”年，分别是洪武三十一年（1398年）、天顺二年（1458年）、正德十三年（1518年）、万历六年（1578年）、崇祯十一年（1638年）。

浙江、江西部分地区"菁民未靖"，朝廷任命夏来潘派兵镇压的情况。崇祯十四年，由于"菁民弗恭"，"公（夏来潘）躬率郡邑兵震荡之。先以文告，渠歼胁允，穑人成功。秋大有年，菁民复取民家之禾，躏及村落。公严兵疏捕之，寇乃遁，民其维□。"①

对于防御菁民寇乱，熊人霖描述了兰亭于曾询问稽亭子的建议，稽亭子提出了两种建议：一是采用孔明治蜀的方法，实行开屯编户政策，通过招抚使其归于山下土豪，从而实现菁民的治理；二是采用虞翊三科的方法，擒拿其首领，通过用兵将菁民控制在军事边界之外，在边界之内则安排军事防守设施，边界之外则"深山地利，自宜听其垦辟，所谓寮民亦吾民，保障不必在抚守外也。"② 然而，该建议未能得以实施，到了第二年（崇祯十五年，1642 年），此地"山寇益剧"，书中记载二人的对话：

> 兰亭于谓稽亭子曰："惜也：于之议未之有能行也，以及此。夫今子试为事筹之。"稽亭子曰："惟。疑山寇非尽寇也。越山吾山，汀人亦吾人也。山主与菁户，或相激而互斗，或相煽而分利，兵至则避，兵去复出，往来闽浙江右，若诸路以邻为壑，蔓将难图。然遽合三省之兵，草剃禽弥，民将益摄，且寇转徙不与兵值．徒旷日耳。"③

稽亭子提出了"山寇非尽寇"，该说法颇值得玩味。笔者前文已经论述，在明代以后，山寇泛指"亡命乌合"④之众，既可泛指"猺""獠"等非汉族群，也可能包含汉族，是否为山寇主要以其是否受国家控制或服从国家管理为判断标准。因此，稽亭子所说的"山寇"应该是那些生活在"越山"、不受国家控制的流民，这些流民主要为"菁民"；第二个"寇"则是起事作乱、到处剽掠的叛乱分子。从以上分析，我们可以进一步解读当时士大夫阶层关于菁民与山寇关系的理解，也验证了本书第三章关于官方"贼""民"分类的论点。

另外，从上面的材料我们也可以看出菁户—山主—朝廷三者之间的关系：菁户与山主有时矛盾激化，互相争斗；有时则互相煽动，联合起来与朝廷对抗，而后各自分得利益。这种反映了"土"与"客"、地方土著与中央朝廷之间既斗争又合作的微妙关系，是根据特定情境下产生变化的，利益导向在其中起作用。实际上，在"土""客"间还有一层中间势力，其被称为"寮主"，《防菁议下》

① ［明］熊人霖：《南荣集文选》，卷一《平菁寇凯歌叙》，崇祯十六年（1633 年）刻本。
② ［明］熊人霖：《南荣集文选》，卷一二《防菁议上》。
③ ［明］熊人霖：《南荣集文选》，卷一二《防菁议下》。
④ ［清］吴震方：《岭南杂记》，丛书集成初编，上海：上海商务印书馆，1936 年，第 28 页。

一文写道：

> 俾山主约束寮主，而寮主约束菁民，可不烦而定也。山主者，土著有山之人，以其山俾寮主艺之，而征其租者也。寮主者，汀之以居各邑山中，颇有资本，披寮蓬以待菁民之至，给所艺之种，俾为锄植而征其租者也。菁民者，一曰畲民，汀上杭之贫民也。每年数百为群，赤手至各邑，依寮主为活，而受其庸值，或春来冬去，或留过冬为长顾者也。今之五七人私出作贼者，畲民也，寮主未必知。若二三十人出掠者，则寮主实使之。①

可见，“寮主”也是来自汀州的移民，其凭借着资本租用“山主”土地，并雇佣“菁民”种植；在规模稍大一点的菁民之乱中，“寮主”实际上起着幕后指使或领导的作用。由此可见，在族群边界的划分上，寮主与菁民作为“客”的身份联合起来对抗本地土著。

寮最初指“寮蓬”的意思，随着历史的变迁，也被用来称呼一些从事经济作物的流动人口，如南明隆武帝时，曾命金衢巡抚刘中藻在浙江等地的流动人口中选练精兵，这些流动人口被称为“三寮”。《思文大纪》写道：“上谓金衢巡抚刘中藻曰：‘选练精兵，可取于苎寮、菁寮，畲寮三项，此议诚是。取用之后，即当给示，免其差徭；仍勉令与百姓相安。兵数准一千名，衣甲银两准于该州动支二千两正项。务期兵精而饷不糜。’”②

朝廷在苎寮、菁寮，畲寮人群中选用了一千名精兵，并对被选用后的这三类人予以免除差徭的优惠政策。朝廷要求军方仍然要勉励这部分“三寮”兵要“与百姓相安”，间接说明此前“三寮”人群与普通百姓曾存在一定的矛盾，这种矛盾显然是族群间的矛盾。这种土客矛盾在闽中的兴化地区也广泛存在。乾隆《仙游县志》记载了兴化地区畲民：

> 畲民不知所始，或谓槃瓠，其说近诞。大略与浙之棚民，云广之苗猺相类。而畲民独穷而拙，中以雷、蓝、盘、钟四姓为众，相为匹配，不得与齐民齿。赁舂佃山，率为服役。语言自为一种，亦不与郡国同。邑之兴泰诸山多有之。③

① ［明］熊人霖：《南荣集文选》，卷一二《防菁议下》。

② ［明］陈燕翼撰：《思文大纪》，卷六《台湾文献史料丛刊》第五辑第111种，台北：台湾大通书局，1987年，第118页。

③ ［清］胡启植：《仙游县志》，卷五三《摭抚志下·丛谈》，清乾隆三十五年（1770年）修，《中国地方志集成·福建府县志辑》第18册，据同治十二年（1873年）刊本影印，上海：上海书店出版社，2000年，第662页。

从《仙游县志》我们可以得到以下四点信息：

(1) 认为盘瓠传说为怪诞之说，持怀疑态度。

(2) 认为畲民与棚民、苗猺具有共性，说明当时这部分族群的一些族群文化特征比较相类似，一方面支持了畲瑶同源的理论；另一方面也说明棚民在一定程度上就是畲民。

(3) 畲汉族群边界明显，一是不通婚；二是语言不同；三是生产方式不同，这些归结起来就是文化融合还不完全。

(4) 说明仙游畲民的分布地带主要在山区。

随着移入客民越来越多，许多地区的族群格局出现了变化。如《肇域志》称福宁州："自隆万之间……因兵而聚食者众，城外竟成他乡。重以漳、汀流寓之民辟地种菁，弥漫山谷，客倍于主，米价踊腾，偷盗昌炽，淫讼烦拏矣"①

说明自隆庆万历以来的兵乱，使得"因兵而聚食者众，城外竟成他乡"，另外"漳、汀流寓之民辟地种菁，弥漫山谷，客倍于主"，闽东的人口格局发生了重大转变，尤其土、客之间的势力消长发生重大变化。康熙《罗源县志》也记载道："顺治四年，土寇尤元表招集汀州无赖及邻邑乡民为盗，攻陷县城，勒索殷实助饷，一时聚财累万，甫入城内，即焚烧东门一带故家大屋。"②

汀州无赖许多是客家或畲民，他们多为经济作物佃耕的，往来于汀、宁间，成为当时社会不稳定因素之一，烧毁"东门一带故家大屋"只是众多原有的土著家族被冲击的一个例证。同治间，卞宝第出任福建巡抚，对福建、台湾地区进行民情调查，编成《闽峤輶轩录》一书，该书记录当时的福安"山居多畲民，亦知耕作，惟隆冬间出剽窃，宜查缉。"③ 也间接说明了畲、汉之间存在着明显的族群边界。民国《霞浦县志》卷二十二《礼俗》称："霞浦城居多客籍，聚族至数百年，发族数千人者极鲜，故宗祠无多，城中建祠者止一二姓，各乡稍有旧族，然宗祠亦不遍设。"④ 一些新迁入闽东的居民称为"客"，这种社会整合在霞浦的体现就是宗族进行重建。民国《霞浦县志》记载："客岁有新丧者，元旦日于灵前设牲醴果品，孝男等以次行礼，各戚友于初三日重来拜奠，俗称拜新年，

① ［清］顾炎武：《肇域志》，《福建一》，续修四库全书 595 史部地理类，据上海图书馆清抄本影印，上海：上海古籍出版社，1995 年，第 356 页。

② ［清］王楠修，林乔蕃，王世臣纂：《罗源县志》，卷十《杂事》，《中国地方志集成》，上海：上海书店出版社，2000 年，第 365 页。

③ ［清］卞宝第：《闽峤輶轩录》，卷一《福安县》，清刻本，厦门大学古籍室藏。

④ ［民国］罗汝泽：《霞浦县志》，卷二十二《礼俗》，民国十八年（1929 年）铅印本，台北：成文出版社，影印，第 184 页。

初四日午餐即饗以祭余，俗称食新年饭，此两日系与丧假应酬，俗忌不贺，岁不会亲。”① 这里的“客”未具体指迁自何地的人群，按照历史一般应该主要来自汀州的客家或畲族人，土人将其称作“客”，说明这些居民来霞浦定居不算久远，还保留着一些特有的习俗。我们对“畲”“客”的共生关系会更进一步了解。也更进一步说明了族群边界视野下，文化认同如何影响一个族群的形成与发展。

实际上，在明清时期闽西南人口流动中，进入闽东浙南地区的除了大量的畲民外，有许多是客家人。② 谢重光等人通过实地调查发现，在浙南云和、遂昌、松阳等县区，至今生活着一个仍保留着比较明显客家文化特征的族群，当地人称之为汀州村。③ 然而，在族群自我表述和他者对这些族群的定义中，以及参照学术界研究的成果，我们似乎得到更明显的信息：迁往两广、台湾、东南亚和“倒迁”入江西的“畲客”为客家，而迁往闽东、浙南的“畲客”多为畲民。这种表象有更深层次的原因，我们可以从族群边缘的角度予以分析。一个族群迁往不同地区，之所以成为（或主观认为、被认为）不同族群，更主要的原因是该族群在与不同族群接触时，本族所持的文化认同有着本质的区别。另外，在与本族互动的“他者”对本族的认识也一定程度上影响了族群的认同。正如黄向春《赣南畲族研究》中所言：“明末清初是闽粤客家大量流迁赣南的时期，这一时期的移民构成了赣南客家人口结构的主体，在地方史志中他们被称为‘闽广侨寓’‘流寇’‘流贼’‘新民’‘棚民’‘客籍’，其中也包括蓝、雷、钟诸姓，但他们或因为在闽广之时，已融于客家，或因为他们与客家人均属外来人口，流入后均经营相同的生计，且均以家庭为迁移单位而非以族群身份出现，因此他们在迁入赣南后大多并没有被土著当作一个特异民族看待。”④

《松溪文史资料》记载清乾隆年间本地建设汀州会馆，有大布村的兰（蓝）木匠师徒帮忙捐工修葺，蓝姓家族并未被认为是畲民，而认为是汀人。蓝美芬研究也发现，畲族迁入闽北后，在当地居民眼中，更多的是把松溪畲族看作汀州人，是以地域为标准而非族群的概念，而松溪畲族人民自己也是这么认同的。⑤

① ［民国］罗汝泽：《霞浦县志》，卷二十二《礼俗》，民国十八年（1929 年）铅印本，台北：成文出版社，第 184 页。

② 曹树基：《清代前期浙江山区的客家移民》，《历史教学问题》，1997 年增刊，第 1-13 页。

③ 谢重光，兰俏梅：《浙南汀州村考察记》，《嘉应学院学报》（哲学社会科学），2007 年第 1 期。

④ 黄向春：《赣南畲族研究》，厦门：厦门大学学位论文，1996 年，第 32 页。

⑤ 蓝美芬：《闽北畲族社会经济文化变迁考察——松溪民间契约文书研究》，厦门：厦门大学学位论文，2009 年，第 82 页。

由此可见，族群边界的划定，是在一定历史情境下的形成的，族群边界内外既可以血缘为区分，也可以用地域、文化、政治身份等标准来划分，至于采取何种区分标准，主要看双方族群的利益需要，这种利益导向影响了族群边界的维持与消弭。

## 二、畲汉族群边界的维持

明清时期，大量移民不断迁入闽东北、浙南等地区，有的地区移民在当地人口中占有相当大的比重。仅迁入光泽县的移民几乎占当地土著人口的三分之一，光绪《重纂光泽县志》记载道："光泽……杂处此土者，有畲民（居山谷种山）、有泉州民（北乡多族居成村落），有新城、泸溪，铅山、贵溪民（城居极多），视土著者不啻十之三。"①

土"客"族群间既存在合作关系，也存在竞争关系。一般来讲，由于迁入时间早，土著往往占有当地较多的资源，而作为后来者，"客"民或者向土著租赁土地佃耕，或者寻求一些无主之地用以耕种。清同治《云和县志》载："畲（音如蛇）民不知其种类。或云出粤东海岛间，自国朝康熙初迁处郡，依山结庐，务耕作，无寒暑，俱衣麻……土著不与通婚姻，而耕耨佃田咸藉其力。"②一般来讲，向当地土著租赁土地的畲民，其势力无法与土著抗衡。清光绪《遂昌县志》称："遂邑之有畲民，盖于国初时徙自广东，散处于衢、处、温三府者。力田佣工，不敢与本地人抗礼。"③ 畲民之所以不敢与本地人抗礼，与其移民初期经济实力不足有关，更与其政治、文化地位不高有关。这也是随着畲民经济实力的提升，一些畲民家族迫切要求提升本族文化地位的原因。

土"客"族群间的竞争关系常集中在土地资源上，作为后到的畲民一般会寻求一些无主之地。一个地区的无主之地，其形成原因有多种。如在地理上，一些地区地势险要，交通不便，人迹罕至，人烟稀少，自然成为无主之地；又如一些地区虽然不属于偏远地区，但由于该地不适合主流农、副业生产而为当地土著所遗弃，这些地区成为后续迁入人群所聚居的地方。再如政治上的原因，如前文所说的倭乱、迁界等历史事件造成了当地土著人口的流移，从而形成了短时间的

① ［清］何秋渊：《重纂光泽县志》，卷八《风俗略》，清光绪二十三年（1897 年）刊本。

② ［清］伍承吉等修，王士鈖纂：《云和县志》，卷十五《风俗·畲民》，据清同治三年（1864 年）刊本影印，台北：成文出版社，1970 年，第 850 页。

③ ［清］胡寿海等修，褚成允纂：《遂昌县志》，卷十一《风俗·畲民附》，据清光绪二十二年（1896 年）刊本影印，台北：成文出版社，1970 年，第 1195 页。

无“主”之地[①]，这些无主之地并非真的无主，只不过主人逃离罢了。

部分被称为“客”的居民，或通过购买山林田园，或在文化上向土著靠拢，不断争取身份的转变，如明末惠州与兴宁部分“砍树为者”，则“今皆化为土著”[②]。少数“客”民发展成为当地比较有势力的家族，甚至有可能在势力上超过当地土著。这种对资源的竞争关系势必加剧土“客”双方的矛盾。

当地土著为了在资源竞争中获得优势，就必须严格区分“土著”与“客民”。可能在未移民到闽浙赣地区，“畲客”本身就被称为“客”，在移入闽浙赣地区后，土著继续强化对方“客”的身份，说明以当地汉民为代表的“土著”对当地资源占有的合理性和合法性。

区分土“客”的族群界线，还在于从事经济作物种植的“客”民，其作为一种流动人口，给当地社会秩序的维持造成极大的威胁。根据傅衣凌研究，这些山主募入山的流民，具有“自然经济与商品生产的二重性，春来冬回”[③]。正是由于这种流移性甚高的特性，一旦作物的收成不好或市场出现问题，流民的生活困难，便容易生乱。这些生乱的流动人口数量众多，确实给当地百姓带来巨大的威胁。在这种社会情境下，“土”与“客”两个族群间根深蒂固的矛盾势必促使当地土著严格区分土客关系，警惕“客民”作乱，极力维护族群边界。

明清之际“倭乱”“迁界”等社会变局造成许多土地成为无主之地。这对于畲民争取当地地权，具有重大意义。清同治五年（1866 年），浙江平阳贡生雷云为福鼎岭兜雷姓畲民撰修《冯翊郡雷氏族谱》，该谱载有《仓头地名记》一文，其中记述了明清之际浙南等地部分地名的变化情况，从这篇文章中我们可以间接看出不同宗族（族群）对地权的掌握情况。其文曰：

> 尝思宇宙之江山不改，古今之称谓各殊。盖世有治乱，人不古处，历一朝所以有一朝之名焉。缘我国初之际，海氛将作，界迁人移，无复稽考，难以实指。迨雍正时世治人良，复拓疆土，爰居爰处者不止一家，同沟同井者复非一姓。厥名曰李家山，之谓何山？乃李氏徵报，总地名曰李家山。山既有所主矣，而方一内之土田尚属未定也。厥后蒲庄

① 林校生指出，“倭乱”造成的影响一方面体现在土著人口减少上，另一方面体现在战乱中档案簿籍亡佚散乱而造成了地权的变动上，这两个方面的原因使得大量畲民聚居于闽东北地区成为可能。参见林校生：《闽东北“畲”“倭”关系初识》，《福州大学学报》（哲学社会科学版），2012 年第 6 期，第 5-13 页。

② ［明］刘熙祚修，李永茂纂：《兴宁县志》，卷 6《杂纪》，《稀见中国地方志汇刊》44，明崇祯十年刻本，第 13b-14a 页。

③ 傅衣凌：《明清封建土地所有制论纲》，上海：上海人民出版社，1992 年，第 129 页。

徐氏申明徵纳垦佃，种积粟盈蓄藏之处，爰立仓厂以储租谷。谷乃民宝，非仁厚之乡不可存，非善俗之地不可藏。于是图念我姓先人诚实淳朴，可任付托，故建立仓厂于我地。斯仓也，何仓也？乃昔徐氏所积储之仓也。民到于今名之曰"仓头"，其所由来也久矣。迨我先祖孔兴公闻有宗族者在相其阴阳，观其流泉，遂徙居于此。世远年湮，业更仓坏，仅存古址而已。余生于斯，长于斯，聚国族于斯，故为之记云耳。①

按该族谱记载，福鼎岭兜雷姓畲民先祖在明末由罗源迁至浙江温州、平阳等地，后在清初顺治年间又有一些分支迁居至泰顺、福鼎，闽东与浙南的雷姓畲族在血缘上有较紧密的关系。根据族谱记载，雷云在福鼎族谱世系图中排行第十世，正因为福鼎、平阳的雷姓畲民的关系密切，故在福鼎族谱中也记有一些平阳雷姓家族的事。雷云称他"生于斯，长于斯"，故推定仓头乃是浙南某一地名，此文反映的是浙南雷姓畲民占有土地的一些情况。

该文反映的是，明末清初，朝代更替，兵燹不断，迁界造成了一些无主之地，即所谓的"海氛将作，界迁人移，无复稽考，难以实指"。而在迁界前后一段时期内（明季至清初），雷姓畲民其中的一支从罗源迁入浙南等地。雍正时期，社会渐渐安定，一些原来土著回归故土，另外也有部分是非原土著居民，于是出现了一个地区不止一家一姓的情况，即所谓的"爰居爰处者不止一家，同沟同井者复非一姓"。这也再一次说明了迁界等历史事件对沿海地区族群格局（或宗族格局）带来的巨大冲击。一些族姓通过向政府"徵报"的形式，对地区土地进行命名，并对外宣称对该区域地权的占有情况。如李姓申报"李家山"，徐姓申报李家山内一些田地耕作并纳税。雷姓族人认为，徐氏在本族的土地上建造用来积储粮食的仓库，名叫"仓头"。后来雷孔兴公，"闻有宗族者在相其阴阳，观其流泉，遂徙居于此"，重新对仓头的土地所有权进行控制。

在作者雷云看来，本族现居住于"仓头"，是由于当时徐姓族人占用了本族的土地，后来重新夺回。实际上，如果结合区域历史及该族迁徙历史，我们会发现，雷姓所谓的对仓头的占有权，最早只能从明末本族迁入该地算起，当时正值战乱、迁界等，出现了许多无主之地；而从清初到雍正年间大约一百年时间里，可能是各宗族争夺土地占有权的时期。最终，雷姓取得仓头的占有权，并"聚国族于斯"，定居并发展成为一个较有势力的宗族。

① ［清］雷云：福鼎岭兜《冯翊郡雷氏族谱》，清同治五年（1866 年）刻本，载《家族谱牒——畲族卷》（下），福州：海风出版社，2011 年，第 349 页。

族际间的关系除了有对立的一面，也有融合的一面，族群融合是历史的主流，其往往在族群交流中潜移默化地进行。明清以来，畲汉交流进一步加深，许多畲民的文化特征逐渐与周围的汉民趋同。如道光《龙岩州志》载："今畲客固安分，而汉纲亦宽，许其编甲完粮，视土著之民一例"①。畲民不仅在饮食服饰生活习俗上与汉民族无差别，在思想观念、仪式传统等也与汉族相近，甚至一些畲民通过读书取仕进入社会上层，这引起了一些汉人的恐慌，他们试图以种族观念来区分畲、汉之间的界限，目的在于控制社会资源。《侯官乡土志》称："畲之种，畲亦作邪，不知其何所祖，或为槃瓠后也……礼俗不通，言语不同，久已化外视之矣。近数十年来渐与土人同化，雷、蓝二氏间或侨居省城，且有捷乡、会试，登科第者。然其种界划然，族类迥异，大抵与两粤之猺，滇、黔之苗同一血统，乌得不区而别之？"② 作者认为畲民"种界划然，族类迥异"，可能与广东广西的"猺"、云南贵州的"苗"是同一血统的种族。因此必须"区而别之"。之所以要区别对待，原因是有一些畲民通过科考使从"化外之民"上升为士民，不仅与土人同化，还"侨居省城"，对原来资源优势和文化心理优势的汉人造成了恐慌。因此将畲民的族源与汉人区别开来，一是与盘瓠发生关系，二是与西南苗瑶产生关系。③

又如周邃然《永泰乡土志》称："闽人本蛇种。其栖止岩穴间者。言语啁哳，所谓南蛮鴃舌也。永之畲种与滇黔之苗瑶略同，若畲洋、畲村两乡，其旧窟也，雷、蓝、钟三姓其遗族也。今则出入相东，婚嫁相通，与汉种无分彼此焉。"④ 将畲民认为是"蛇种"，即闽越后裔，其具有"南蛮鴃舌"语言特征，其种族与西南苗瑶略同。书中称在永泰主要有畲洋、畲村两个畲族"旧窟"，这里的"旧窟"说明该族群在此生活较长的时间，而后由于本族"与汉种无分彼此"，使得"旧窟"成为一种历史记忆流传至今。

清代梁章钜也将"畲"与"闽"联系起来论述，他认为"畲"或许是"蛇"的谐音，是七闽之后。《归田琐记·闽蛮互称》称："窃思今之连江、罗源及顺昌诸邑山谷间，有一种村氓，男女皆椎鲁，力作务农，数姓自相婚姻，谓之畲民，字亦作佘，意即汉书所云：'武帝既迁闽、越民於江、淮间，虚其地，其

① ［清］彭衍堂修，陈文衡纂：《龙岩州志》，卷一二《杂记志·畲客》，据清道光十五年（1835年）修，光绪十六年（1890年）重刊本影印，中国方志丛书第85号，台北：成文出版社，1967年。

② ［清］朱景星修，郑祖庚纂：《侯官县乡土志》，版籍略一《人类和地形略》，福州市地方志编纂委员会整理，福州：海风出版社，2001年，第383页。

③ 黄向春：《〈闽都别记〉中的福建畲族》，《华南研究资料中心通讯》，2004年第34期，第15-19页。

④ 周邃然：光绪《永泰乡土志》，第七课《土著种族》。

逃亡者自立为冶县。’此即冶县之遗民，而畲之音与蛇同，岂许氏承讹遂以为蛇种欤？许氏说文云：‘闽，东南越蛇种，从虫门声。’所指东南，较濮之在西南为得其实。然蛇种之言，实不知所据。近人有据说文谬称闽人为蛇种者，先叔父太常公笑驳之云：‘汉书明言迁其人於江、淮间，则今江、淮间民乃真蛇种，而今之闽产无与焉。’最为痛快，近人无以难之。"[①] 梁章钜对"闽人蛇种"的说法表示怀疑，并且举汉武帝迁徙闽越族到江淮地区的记载，以此辩称闽地无蛇种，反倒是江淮地区的才存在真的蛇种。这种急于将本地区族群与"蛇种"脱离关系的辩解，实际上是对原有的华夷地区分布结构的重新审视。也就是在此之前，中原地区将"四方"皆视为夷狄，原来的闽地属于比较落后的南蛮地区。随着汉文化在该地区的兴起以及知识分子的觉醒，特别是宋代以后政治、经济重心南移，南方的汉文化普遍比较发达，一项摆脱文化身份的运动随之进行，这种运动的实际操作体现在两方面：一方面通过教化，使得各地成为所谓的"海滨邹鲁""文化名区"等；另一方面，就是去"蛮夷"，这种有可能是蛮夷本身的自我文化建构，也有可能是其他族群为蛮夷摆脱身份，目的就是使本地区作为华夏的一部分，而远离蛮荒的称谓。说明当时知识分子对畲族来源的看法，也体现了一种知识分子承袭了"华夷有别"的民族观。这与历史上的"衣冠南渡""八姓入闽""陈元光平獠"等历史记忆一样，都是地区文化转型时的一种建构。明清以来，汉文化认同成为地方社会主流话语，这也或多或少促使畲民对本族群的历史进行建构，如通过修谱重构了祖先来源迁徙的传说，创立了标榜"中原"认同的"堂号"。[②] 这既是受地方社会主流话语和强势文化影响的结果，也是部分畲族人有意向汉人、汉文化靠拢，以图改变社会身份和地位的表现。虽然在闽东浙南的许多畲民家族在强势汉文化语境中顽强地保留了本民族的特色，但随着族群交往互动的加深，各地畲民的族群文化变迁仍在或多或少地进行着。

## 三、学额之争与畲汉边界的强化

如果说在日常接触中，汉人以蔑称称呼畲民是习以为常、司空见惯的现象，那么在学额之争中，汉人对畲民的蔑称则将这种畲汉矛盾推向新的高度，引起了社会的广泛关注。

---

① ［清］梁章钜：《归田琐记》，卷三《闽蛮互称》（清代史料笔记丛刊），北京：中华书局，1981年，第40-41页。

② 蓝姓为"汝南堂"，雷姓为"冯翊堂"，钟姓为"颍川堂"。

古代科举是社会阶层流动的重要途径，许多百姓希望通过科举实现所谓的“由贱而贵”。换言之，一旦掌握了文化的话语权，就可以提高身份，家族也有可能成为当地望族。因此，科举作为一种文化资源，不仅培养了大量人才，加强了王朝的统治，对于统治者而言，科举所及之处，也是帝国王化的表现，尤其是在边陲地区的非汉民族中实行科举，常常被视为帝国强大，皇恩泽被天下，四方“夷狄”归化的象征。因此，一个地方科举的推行情况常常成为地方治理、官员业绩的重要考核标准之一。明清时期，随着闽东畲民社会的稳定，越来越多的畲民知识分子希望通过科举进入主流文化圈，并实现社会阶层流动。这种文化资源的竞争引起了汉人的警觉，他们通过“种族”区分排除畲民，历史上在闽浙赣地区出现了几次的学额之争，畲民通过抗争，更加强化本族的凝聚力。

吴楚椿在《畲民考》称清初移入浙江的畲民起先多从事佃耕、轿夫等行业，较少有读书者，随着畲民生活的稳定以及家族的发展，也出现了部分读书的畲民。该文称：“顺治间，迁琼海之民于浙，名畲民。而处郡十县尤多，在青田者分钟、雷、蓝、盆、娄五姓，力耕作苦，或佃种田亩，或扛抬山舆。识字者绝少，土民以异类目之，彼亦不能与较。我国家休养生息，人文蔚起，畲民有读书者，入衙门充书吏，未敢考试。间出应试，土人辄攻之，曰：‘畲民系盘瓠遗种’。”①

但这些读书的畲民不敢考试，主要是因为土人的攻击。光绪《处州府志》又称：“近有读书通文义者，巡抚学使谓于朝，得注民籍与考试之列矣。括人顾嗤鄙之，不与通婚姻，辄目为盘瓠遗种。”②

乾隆时期，官府开始对这种族群矛盾进行干预。由于畲民陆续纳税服役，在政治身份上成为编户齐民，所以官方不主张对畲民区别对待，如吴楚椿《畲民考》：“今夫习俗之弊莫甚于党同伐异……我国家中外遐迩，一视同仁，导民为善，惰民乐户皆准改业。僮瑶荒徼，增设苗学，况畲民本属琼海淳良，奉官迁浙，力农务本，已逾百年。合处属计之奚啻千户，而一任土民谬引荒诞不经之说，斥为异类，阻其上进之阶，是草野之横议也。乾隆四十一年秋，署府宪梁命余查办，余已备详在案。又据处属各县均查明，实系农民亦在案，因试期太迫，未暇详请，谨慎为著其大略如此。”③

嘉庆、道光年间，闽东、浙南等地的学额之争达到顶峰。如清嘉庆七年，“福鼎童生钟良弼呈控，县书串通生监诬指畲民不准与试。”时任福建巡抚的李

①②③　［清］周荣椿：《处州府志》，卷二九《艺文志中·文编三》，清光绪三年（1876年）刊本。

殿图"饬司道严讯"，并且详细回复，"张示士林"，对"诬指畲民不准与试"的言论进行反驳："尔等将版图之内曾经输粮纳税，并有入学年分确据者，以为不入版图，阻其向往之路，则又不知是何肺腑也！婚优隶卒三世不习旧业，例尚准其应试，何独畲民有意排击之？……本部院为世道人心风俗起见，不惮与尔等覼缕言之。"①

钟良弼，原名钟鸣云（1780—1842年），福宁府学生员，福鼎丹桥钟氏士田公派下第二十三世。清嘉庆七年（1802年）因民间歧视畲民，钟良弼赴考受阻，遂典卖家产顽强上诉，得福建巡抚李殿图主持正义，终于第二年考取府学生员，名动全省。嗣后其事迹被畲族歌手编成歌谣，在闽、浙畲民中广为传唱。清道光十九年，钟良弼年届六十"闲暇在家"，受家族推崇主持纂修宗谱。其事迹记载在族谱中，并通过小说《钟良弼》等传播，不断强化畲民族群意识，使得原来存在的族群边界维系得更加牢固。畲民外将一些科举得名者不断地记录在族谱，强化该历史记忆，凝聚人心。福鼎枇杷坑《钟氏族谱》的《本文小引》：

> 始祖士田公由九都新丘迁二十都王佳洋单桥……臣公在单桥创大厦，置膏腴。嘉庆七年，曾孙良弼、良材训闻诗书，志矢上进，廪生陈希尧保结，在岳邑尊与考，八年科试蒙恩宗师取进钟良弼府学生员第二十名，廿一年蒙翰宗师备进佾生钟良材第二名。道光廿一年，王府尊岁试取录前列第六名钟熙，年科试取录前列第八名，廿二年蒙温宗师取进福鼎县学第五名，咸丰己未年乡荐中式贡元第一名，钦加州同知衔候补直隶州。②

另一个例子为平阳人雷云。他在为福鼎岭兜《冯翊郡雷氏族谱》撰谱时，自述了为争得考试资格的过程，其文曰：

> 予甫七岁则就外傅，累年不辍，学文诵诗，志切上进，弱冠之年遂赴童子之试。溯我祖自明季之徙平也，天荒尚未见破，临场之际竟被妒诬抑阻，缠讼三载，往府造省，涉水陟山，日夜奔驰，风尘劳瘁，经受多少艰辛，子孙方得赴试。抚台提奏此案，载入《学政全书》，云路有自。我系次嗣也，名虽不登于泮水，身既入贡于天家，一门之内，继继

① ［清］陈寿祺等撰：《重纂福建通志》，卷百四十《国朝宦绩》"李殿图条"，道光九年（1829年）修，同治十年（1871年）重刊本，台北：华文书局股份有限公司，1968年，第2475页。

② 李绳祖：福鼎枇杷坑《钟氏族谱》民国四年（1915年）刻本，载《家族谱牒——畲族卷》（下），福州：海风出版社，2011年，第490页。

绳绳，咸知耕读实我先君之尊师重道有以报也。①

以上的《学政全书》于嘉庆八年（1803 年）所作，记录在福鼎岭兜《冯翊郡雷氏族谱》中，该文详细记载了“浙江巡抚臣阮元会同浙江学政臣文宁咨称，处州府属青田县有畲民钟正芳等呈请与土民一体应试一事。”认为畲民意为农民，本来不是恶称，而且畲民在青田等地“置有粮祠庐墓，素行并非秽贱”，只因“畲妇头戴布冠与本处妇女稍有不同，土著者指为异类，廪生等惑于俗说不敢具保，致畲民不得与试。”作者作此《学政全书》目的在于使畲民不因“其妇女服饰稍异，概阻其向上之心”，因此，“咨请部示期明立章程，以免无识愚民藉词攻讦”。②

《学政全书》颁发后，并未能完全消解学额之争。在光绪《处州府志》曾记载温州畲民求考受阻之事，其文曰：

> 嘉庆八年，仪征阮文达公抚浙，会同学使文宁，咨准一体考试。其（畲民，笔者注）散居温州者，于道光六年援例求考，诸生禀于学使宝应朱文定公云：“照例身家不清白者，不准与考。”泰顺畲民皆作舆台为人役，身家未为清白，奉批不准与考。丽邑畲民亦有与之相类者，当分别观之一也。③

在清代，闽浙等地区的百姓耻于从事轿夫、仆隶等职业，如福安诸生陈上储在《呈福宁府志事实序》说道：“福宁负山环海，浙尾闽头……以风俗言之，五邑淳漓相半，而皆质直好义。富者不与贫争利，贫者矫语贫贱而傲富贵。即室如悬磬，甘守其穷，耻为舆夫、仆隶。”④ 在这种观念下，一些汉人将泰顺、丽水等地区畲民从事轿夫等下等行业作为阻止畲民应考的借口。官府以客观的立场出面澄清，认为此事不能以偏概全，即部分畲民从事轿夫职业不能等同于所有畲民的身份。

这种争论在随后数十年中仍在持续进行着。道光廿七年（1847 年），官方颁布《温州府谕禁阻考告示》，说明当时畲汉学额之争引起了较大的社会反响，畲汉族群矛盾也达到了较深的程度。因此，不得不由官方出面发布告示，希望通过

---

① 雷云：福鼎岭兜《冯翊郡雷氏族谱》，《文和公传》，清同治五年（1866 年）刻本，载《家族谱牒——畲族卷》（上），福州：海风出版社，2010 年，第 367 页。

② 《学政全书》全文载雷云：福鼎岭兜《冯翊郡雷氏族谱》，清同治五年（1866 年）刻本，载《家族谱牒——畲族卷》（上），福州：海风出版社，2010 年，第 363-364 页。

③ ［清］周荣椿：《处州府志》，卷二四《风土》，清光绪三年（1876 年）刊本。

④ ［清］朱珪修，李拔纂：《福宁府志》，卷四十《艺文·序》，乾隆二十七年（1762 年）修，光绪六年（1880 年）重刊本，台北：成文出版社，1976 年，第 643-644 页。

告示抑制畲汉矛盾的继续激化。根据《温州府谕禁阻考告示》记载，当时平阳县有廪生及各童"阻挠攻讦"畲民雷云等人赴考。告示做出公允判断，认为"该县各童阻挠显违定例，自应严行查禁"，虽然"县、府两试均已考过"，但是允许"该童雷云并请准其分别补考"。发布此告示，"示仰平阳县廪保生童人等知悉，嗣后如有畲民赴考，应照定例准其一体考试，毋许再行阻挠致滋事端。"①

这个阶段，畲民的抗争得到官方的重视，官方通过一些文告一定程度上保护了畲民的部分利益。此外，畲民的抱团抗争行为激发了族群的凝聚力，确实增强了畲民的族群认同。蒋炳钊先生认为，畲民在迁徙到闽东后，需要加强内部的团结，而传统文化是"反抗外族统治者的压迫和剥削，强化本民族内部团结，加强民族的凝聚力"的一个重要纽带。② 然而，文化资源的争取对畲民认同来讲，实际上是一把双刃剑，因为一些畲族知识分子在吸收了儒家文化后，开始对本民族的族源传说进行反思，在他们的推动下，畲汉的族群边界再次发生漂移。

## 第四节　明清以来畲民族群历史的建构

王明珂在论述近代"苗族"与"瑶族"形成问题时指出："与世界其他各'民族'之形成一样，皆经由一'历史化'过程——包括华夏知识分子对'苗、瑶'的历史建构，也包括'苗、瑶'族群中知识分子之我族历史建构。"③ 在汉族强势优势文化下，畲族通过改造盘瓠形象、建构族源记忆、塑造本民族英雄等手段，对本民族的历史进行建构，用以加强或淡化族群边界。

### 一、畲民精英分子的反思与"非畲化"思潮

盘瓠传说或盘瓠信仰对于畲族来说极其重要。畲民关于盘瓠迁徙传说的历史记忆与叙事，一定意义上属于王明珂所说的"英雄徙边记"。④ 也就是说，盘瓠

---

① 《温州府谕禁阻考告示》全文录于雷云：福鼎岭兜《冯翊郡雷氏族谱》，清同治五年（1866年）刻本，载《家族谱牒——畲族卷》（上），2011年，第364-365页。

② 蒋炳钊：《畲、汉文化互动与融合——福建漳浦赤岭和宁德金涵的例子》，载《东南民族研究》，厦门：厦门大学出版社，2002年，第316页。

③ 王明珂：《英雄祖先与弟兄民族——根基历史的文本与情境》，北京：中华书局，2009年，第168页。

④ 王明珂：《英雄祖先与弟兄民族——根基历史的文本与情境》，北京：中华书局，2009年，第233页。

及三公主作为高贵血统以及高贵地位的祖先，迁徙到各地，成为畲瑶的祖先。清光绪元年（1875年）福安春雷云《冯翊雷氏宗谱·谱序》："雷氏先世，非即高辛所封之盘瓠我王乎！……而敕封立国侯之巨祐公即雷氏开基之鼻祖。"①《冯翊雷氏宗谱》载有《御偈》曰："念尔祖宗德泽深，名垂万古受封荣。原为前朝除匪寇，莫将券牒视非真。享镇名山多乐趣，何烦鸟语动幽情。自从敕赐恩膏厚，世代相承及古今。"又有《御赐封联》曰："功建前朝，帝譬高辛亲救赐；名垂后裔，皇孙公子免差徭。"② 这些所谓御赐的偈子或对联应该是畲民根据《开山公据》等传说二次加工。

日本学者村松一弥在《中国的少数民族——历史、文化和现状》一书中，分析畲民的文献和传说，并判断称："据说居住在罗源县（福建省）山地的畲族（畲民），是自尊心非常强，富有优越感的集团，而且自信惟有本部族才是高贵民族，蔑视周围的汉族，决不与汉族通婚。"③

这在一定程度上反映了一些畲民在与汉族交流过程中，借用盘瓠传说以维持本民族的边界，其具有强烈自尊心和族群优越感，夸耀本族为"高贵民族"，蔑视周围民族，这正是族群认同感强，族群意识高涨的说明。这种自尊心和优越感同清代以后客家运动中体现出来的优越感有着历史的相似性，正是由于本族群在与其他族群交往中产生的摩擦，促使族群激发出强烈的自我认同感，这种认同感主要表现为以己为是，而以他族为非，具有强烈的排他性。

在闽东浙南地区，除了部分地方志记载畲民为盘瓠后裔外，还有一些畲族谱也宣称本族为盘瓠后裔者。在福鼎市牛埕下《冯翊雷氏宗谱》中，录有《纂修雷氏族谱序》，该序中作者以本族为盘瓠后裔为荣，认为霞浦、福安以及福鼎等地的畲民均为盘瓠后裔。该序文称："……他如霞浦是居者瑞发，福安是处者孔亲以及福安之鼻各穆洋溪塔、岩前、老虎岩井白路三坪等处。地名孔多，难以枚举，均是盘瓠王后裔。"④ 民国四年（1915年）福鼎枇杷坑《钟氏族谱》中载有钟氏后人对盘瓠祖先的追述，如：

> 藐躬生幸太平时，谱帙未修最系思。莫学崇韬忘己祖，盘瓠以降即宗支。裔孙鸣登谨志。

① ［清］宋绍源：福安春雷云村《冯翊雷氏宗谱》，清光绪元年（1875年）手写本，载《家族谱牒——畲族卷》（下），福州：海风出版社，2011年，第377页。

② 同①，第378页。

③ 转引自［日］竹村卓二著，金少萍朱桂昌译：《瑶族的历史和文化——华南、东南亚山地民族的社会人类学研究》，北京：民族出版社，2003年，第93页。

④ 福建省福鼎市牛埕下《冯翊雷氏宗谱·纂修雷氏族谱序》，清同治六年（1867年）。

家乘由来贵晰详，程门旧训最堪尝。本源我溯高辛氏，谱学何须美盛唐。裔孙起勉谨志。①

由此可见，闽东地区的畲民家族倾向于宣扬盘瓠信仰为核心的传统文化，并不断宣称本族高贵的血统以及免差徭的政治权力，以此来凝聚族群。清同治九年(1870年)，福鼎《蓝氏宗谱》载："现在闽省连江、罗源、侯官等俱蒙示禁勒石永革，畲黎得安耕凿。"② 因此，有学者指出，即使到了清中期以后，各地畲民均纳税服役，畲民还不断通过盘瓠传说及其文本或实物宣称"免差徭"，这可以认为是畲民对政治身份的一种追求，用以与汉人相区别。③

随着畲汉族群交流的加深，族群间关于社会资源的竞争更加激烈，因此，一些畲民家族希望通过传统文化来维持族群边界。如一些畲民希望通过盘瓠传说及其相应的一些文本、实物及口述材料，如《高皇歌》《开山公据》、龙头杖、祖图等，来维护及合理化畲人对华夏边缘资源之拥有与使用，并以此成为解释族群来源、姓氏构成的重要依据。④ 但是，在强势的汉文化中，一些汉人将畲民的盘瓠传说污名化，使其成为汉人贬低、排斥畲民的工具。而实际上，关于族群的起源，基本上都加入神话的成分，这种神话成分在现实社会中有时会显示出幼稚、夸张、荒谬等特性。正如陈登原在《国史旧闻》所论："槃瓠之说……至于此事，自属荒昧之记。如太昊蛇形，炎帝蛇首（原注：《北堂书钞》卷一），汤之先世，出于燕卵（原注：《诗·玄鸟篇》郑氏注），可知即在汉族，固亦往往而有，存而弗论可也。"⑤

因此，即使是汉族，也有"蛇首""燕卵"的祖源传说。在人类社会演进中，每个民族均会创造出一些神话或传说，其中包含了人类"童年时代"的思想，这种认识是在特定历史背景下出现的特定产物。盘瓠之所以被污名化，不在于其故事的荒谬性，更多的原因在于汉人掌握着话语权。反过来说，假如畲族掌握主流文化的话语权，那么汉人可能因为"蛇首""燕卵"的祖源传说而被讥笑，当然，这种假设只能是推论而已。

---

① 李绳祖：福鼎枇杷坑《钟氏族谱》，民国四年刻本。

② 福鼎《蓝氏宗谱》，清同治九年（1870年）；蓝炯熹：《畲民家族文化》，福州：福建人民出版社，2002年，第345页。

③ 蓝炯熹：《畲民家族文化》，福州：福建人民出版社，2002年，第345页；温春香：《明清以来闽粤赣交界区畲民的族谱书写与族群意识》，《贵州民族研究》，2015年第1期，第178-179页。

④ 赵海瑛：《论盘瓠神话与畲族族群认同的中间环节》，载《畲族文化研究》（上册），北京：民族出版社，2007年，第295页。

⑤ 陈登原：《国史旧闻》第一册，北京：中华书局，2000年，第10页。

在一些南方非汉族群中，对待“盘瓠”的祖源故事，其情感是比较复杂的。一方面，受到历代汉族文字记载的影响，他们接受“盘瓠”的祖源传说并神圣化“盘瓠”的形象；另一方面，相对汉族而言，南方非汉族群政治、文化处于劣势地位，在强势汉文化下，非汉族群中的精英分子，特别是一些深受汉文化影响的知识分子，纷纷对本族的“盘瓠”传说进行辩证，并试图对此现状进行改变，有“去盘瓠化”的思想倾向。另外，有一些族群，如瑶族①等，采取与盘瓠有联系②、但又有区别③的“盘古”作为本族始祖，用以宣称自身有比华夏之“黄帝”更古老的起源。④

因此，畲民家族对盘瓠传说进行了有意识地改造、理会与解说，如突出盘瓠的，龙与麒麟或麒麟与凤凰的形象。⑤ 杨正军认为造成盘瓠形象改变的原因与畲、汉在科举领域的竞争，以及畲族知识分子对本族文化的反思有关。⑥

有些出身畲族的文人开始批驳“盘瓠遗种”说的荒谬无稽，在文字书写的历史记忆重构中表现出强烈的“去盘瓠”意识。钟大焜，福州府侯官县人，同治九年（1870 年）中举，光绪三年（1877 年）成进士，曾任四品衔刑部主事。光绪二十年（1894 年）钟大焜试图纂修《颍川钟氏总谱》。《颍川钟氏支谱》谱成，曾请广西太平府知府吴徵鳌作序，该文对钟姓的畲民身份进行考辨，其文曰：

> ……余维其先出于颍川四长皓公，后徙于各省，以闽之汀州为盛。其由粤复迁于闽之福宁者，揆其所自，亦由汀而来。福宁族亦繁盛，咸以明洪武进士知浙江天台县音公为始祖。音公后六七传，多山居力农，

① 有的盘瑶支系认为自己源出于盘古，故自称为盘古瑶。《南越志》记载“以盘古为始祖，盘瓠为太宗”。李筱文：《盘古、盘瓠信仰与瑶族》，《清远职业技术学院学报》，2014 年第 2 期，第 24 页。

② 许多学者认为盘古与盘瓠存在较为密切的关系，“盘古”或为“盘瓠”的转音，参见夏曾佑：《中国古代史》第 1 篇第 1 章，石家庄：河北教育出版社，2000 年，第 14 页；袁珂：《中国古代神话》，北京：中华书局，1960 年，第 36-37 页；顾颉刚：《与钱玄同先生论古史书》，载徐中舒：《先秦史论稿》，成都：巴蜀书社，1992 年，第 15 页；等等。

③ 还有一些学者认为，盘古是创世主神，盘瓠仅是蛮夷民族的始祖神，二者存在较大区别。参见刘起釪：《古史续辨》，北京：中国社会科学出版社，1997 年，第 89 页；王晖：《盘古考源》，《历史研究》，2002 年第 2 期，第 3-19 页；彭官章：《盘古并非盘瓠》，《中央民族学院学报》，1989 年第 5 期，第 56-59 页。

④ 王明珂：《英雄祖先与弟兄民族——根基历史的文本与情境》，北京：中华书局，2009 年，第 168 页。

⑤ 蓝炯熹：《盘瓠传说的理解、曲解和误解——畲民图腾文化再研究》，载《畲族文化研究》（上册），北京：民族出版社，2007 年，第 276-290 页。

⑥ 杨正军：《从盘瓠形象变化看畲族文化变迁》，载《畲族文化研究》（上册），北京：民族出版社，2007 年，第 236-247 页。

只与蓝、雷二姓联姻，而人遂称为畲民。考《说文》烧榛种田为畬，入六麻韵音斜，其人七虞韵者为畄，畬之畲音佘，本一字二音，并无畲字。今福宁土民俗书为佘，即官府案赎亦从俗为畲。然考其字义并非恶劣之称，不过为山居农民而已。①

明清以来，闽东蓝、雷、钟三姓多"山居力农"，并且三姓相互通婚，比较好地保留了畲民的文化传统，正是有这些文化差异，于是"人遂称为畲民"。说明畲民与"土民"之间存在族群边界，"土民"对畲民的称谓，影响到官方对畲民的界定，所谓的"官府案赎亦从俗为畲"。吴徵鳌称畲民只不过是山居的农民，从字、义上说并非"恶劣之称"，这恰恰说明了当时有很大一部分"土民"或官府以"恶劣之称"对"畲"进行认识。

吴徵鳌在"序"中又对畲民中广泛流传的盘瓠传说进行考辨，他认为盘瓠传说是"荒远无稽之言"，因为旧谱中明代之前的世系尚且不能说明详尽，突然将四千余年的祖先源流置于谱端，因此不能令人信服，并对福宁府中畲民攀附盘瓠传说进行批评，他说：

考福宁府属妇人皆裹脚，不裹脚者则髻上加流苏，或加冠，有高及尺余者。即衣服亦与平民稍殊，以为此当时高辛所赐也，初不知外人转因此而目为畲。且近日妇人为此妆饰者不独蓝、雷二姓，渐延及十余姓，所以乐为此者，皆以妇人不裹脚利耕作耳。乃因耕作之便，遂不恤他人之称为畲，又因其先有联姻高辛之荣，遂忘其有盘瓠之辱，且尽将盘瓠事实弁于谱端，复绘图立说张为屏幛，以自别于平民。岂知联姻帝室事属无稽，而盘瓠之辱则已群指而目之，而平民反不与联姻矣。置近代洪武进士天台知县子孙之荣于不顾，而独有取于四千年以前盘瓠之辱以为荣，非由于山民无知不识字不读书，何以至此哉！②

裹脚，亦称缠足，是古代中国特有的一种社会文化现象，在明清时期最为兴盛③，上至士大夫，下至编户百姓人家，皆有裹足，这是儒家文化成为主流思想的结果。清代钱泳《履园丛话》就曾议论道："大凡女人之德，自以性情柔和为第一义，容貌端庄为第二义，至足之大小，本无足重轻。然元、明以来，士大夫

①② ［清］钟大焜修纂：《颍川钟氏支谱》，《谱序》，清光绪二十七年（1901年）刻本，载《家族谱牒——畲族卷》（上），福州：海风出版社，2010年，第415-416页。

③ 关于缠足的起源，自明清时期起便众说纷纭，据费仲《中华妇女缠足考》统计，至少八种说法；彭华则认为有十一种说法。现代学术界一般认为缠足起源于五代，发展于两宋，鼎盛于明清，取缔于民国。参见彭华：《中国缠足史考辨》，《江苏科技大学学报》（社会科学版），2013年第3期，第6-10页。

家，以至编户小民，莫不裹足，似足之不能不裹，而为容貌之一助……（裹足）并无益于民生，实有关于世教。”①

可见，在明清时期，女子裹脚符合主流文化的审美标准，在某些场合成为区别百姓是否得到教化的一个标准。显然，在福宁府中，不裹脚者不在少数，这些不裹脚者装束与“平民”有较大差别，因此，外人（主要是汉人）将这些装束作为畲民的一种文化特征，实际上，因为不裹脚且服饰适合耕作，所以不仅蓝雷钟三姓为此妆饰，这种衣着装束习俗“渐延及十余姓”，说明许多汉人也采用这种装束，甚至不担心其他人“称之为畲”。从以上材料，不仅可以看出畲民文化影响闽东汉人的文化，甚至可以推及唐宋时期，南迁汉人进入闽粤赣地区时，采借了土著居民的文化习俗，可能在认同上也如闽东汉人，“不恤他人之称为畲”。

就畲族而言，此时他们采用盘瓠传说，作为现有文化习俗的存在作合理的解释，如上文所称的“髻上加流苏，或加冠，有高及尺余者”。关于这种头饰的来源，一些畲民根据盘瓠传说将其与三公主联系起来，或称为“凤冠”。如此看来，这种不裹足、类似“凤冠”的头饰，虽然在外人看来不符合主流文化，却可以成为畲民自我标榜曾联姻高辛帝、有着“自别于平民”的高贵血统，这种历史记忆成为一种对抗主流文化的资本。

还有一些畲族族谱的作者也对盘瓠传说的来源表示怀疑。如修于民国九年（1920 年）的霞浦县青皎畲族村《冯翊郡雷氏宗谱》将始祖追溯至轩辕赐姓的西陵氏螺祖，本姓因“雷电而受姓”，认为盘瓠传说是不合理的，该文写道：“谬传帝以女妻盘瓠者，岂不碍于圣门，而同别类乎？能无污蔑古帝，妄读圣经？当人犁舌地狱，以为狂谬无知极矣！……杜君卿《通典》与范蔚宗《后汉书》论沙黔中，五溪蛮僻处苗、徭、黎、壮西南蛮界。东南何所考据以‘畲民’为‘畲民’？亦指盘瓠之后裔也耶？致令无识之徒，借资口实，群相诟骂，漫侮圣经。”②

修谱者认为，盘瓠之说有污蔑圣贤，另外认为，盘瓠之说原属于五溪地区以及西南蛮界，而将东南地区的畲民称为“盘瓠之后裔”，是他者用以互相诟骂的一种说法。依作者看来，盘瓠实际上是外人强加给畲民的，这不符合事实，应该重新审视。作者目的是为了澄清雷氏的祖源，虽然关于畲民的盘瓠祖源传说来源解释不一定符合事实，但从另外一个侧面也说明了盘瓠传说的其中一个途径是由

① ［清］钱泳撰，张伟点校：《履园丛话》（清代史料笔记丛刊），《丛话二十三·裹足》，北京：中华书局，1979 年，第 629 页。

② 雷玉卿：霞浦县青皎畲族村《冯翊郡雷氏宗谱》，《解盘瓠说》，民国九年（1920 年）本。

汉人传入非汉人群中，从而固化为一个族群的印象。

当然，以上只是闽东部分畲民关于本族文化的解释，体现了本族的文化认同。然而畲民文化在汉文化犹如海洋中的孤岛，一些汉族知识分子认为主要原因是教化不够，如吴徵鳌认为钟姓族人将盘瓠事实全部写在谱端，并且“绘图立说张为屏幛”，主要是“由于山民无知不识字不读书”的结果，所以他在谱序中提出设想，这也反映了当时士大夫阶层的普遍思想观念。他说：“宗族既盛则殷实或多，何如广兴乡塾，倡设书院，率子弟而教之。庶他年文教大兴，科名鼎盛，方知前此之愚陋，而有以敦劝其乡人，而渐改其敝俗，以继绳天台公之祖武，且克振颍川之家声，是则余之所厚望也夫。”①

在强势的儒家文化，一些畲族识分子也开始反思，并力图重新建构文化，以扭转外人对本族的偏见。如光绪二十四年福建提刑按察使司的告示，该告示实际上是应钟大焜的要求而发布，称“古来槃弧之说本属不经”，要求畲民改变服式乖习俗，以免“授人口实”。其全文为：

署福建等处提刑按察使司兼管骚传事盐法道余为示谕事

光绪二十四年八月十二日，据家丁林添禀称，家主刑部主事钟大焜因修谱到福宁所属各县，见有一种山民，纳粮考试与百姓无异，惟装束不同，群呼为畲。山民不服，时起争端。家主向山民劝改粧束与众一律，便可免此称谓，无不踊跃乐从。惟各山民散处甚多，禀请出示晓谕，等情到司。

据此本署司查，薄海苍生莫非天朝赤子，即闽粤之蛋户、江浙之惰民，雍正年间曾奉谕旨，准其一体编入民籍，况此种山民完粮、纳税、与考、服官，一切与齐民相同，并非身操贱业者。比在国家有包含遍覆之仁，在百姓岂可存尔诈我虞之见。但其粧束诡异，未免动人惊疑，且因僻处山陬，罔知体制，子仪节亦多僭越，自非剀切晓谕，则陋俗相沿不革，即群疑亦解释无由。除禀批示并通饬外，合亟示谕，为此示仰阖省军民诸色人等知悉：

古来槃弧之说本属不经，当今中外一家，何可于同乡并井之人而故别其族类！自示之后，该山民男妇人等务将服式改从民俗，不得稍涉奇衺。所有冠丧婚嫁，应遵通礼及朱子家礼为法，均无稍有僭踰，授人口

① ［清］钟大焜修纂：《颍川钟氏支谱·谱序》，清光绪二十七年（1901年）刻本，载《家族谱牒——畲族卷》（上），福州：海风出版社，2010年，第416页。

实。百姓亦各屏除畛域，等类齐观，勿仍以畲民相诟病。喁喁向化，耦俱无猜，以成大同之治，本署司有厚望焉。其各凛遵毋违，特示。[①]

从文告可知三个信息：

一是告示的缘由为钟大焜所见所感，根据告示，当时存在族群间因文化差异而产生的冲突，钟大焜在同宗族的感情驱使以及士大夫教化一方的使命下，力推改良风俗。

二是清雍正以后，闽、浙、粤的“化外”族群，基本上已“编入民籍”，“完粮、纳税、与考、服官，一切与齐民相同”，然而，因为畲民“僻处山陬，罔知体制”，所以“陋俗相沿不革”，以至“妆束诡异”，畲民应“将服式改从民俗”，以免“授人口实”。

三是认为流传在闽东的“槃弧之说”荒诞不经，百姓应当消除偏见，“屏除畛域，等类齐观”“以成大同之治”，反映士大夫所提倡的“民胞物与”的思想。

钟大焜发布此文告是为了给闽东畲民正名，然而，正如蓝炯熹所指出的，单纯地改变装束等，以机械同化并不能改变当时的汉、畲的族群态势。[②]

从上述文告可知，钟大焜一方面认为，闽东畲族已经是国家编户齐民了，不能因为其服装和礼仪的不同，就视他们为异类。同时，也劝说闽东畲族改装易服，同时以朱子家礼为礼法，即接受儒家文化传统。我们会发现，随着与汉人接触更多，随着畲族社会变迁，其对盘瓠的理解以及对盘瓠的态度呈现出不一致的地方，表现出复杂的感情。

可以看出，在吴徵鳌的《序言》和文告放置于谱牒之中，对崇奉盘瓠先祖的闽东畲民带来了相当大的思想观念冲击，其文化认同必定受到动摇。

再如福安溪塔村《蓝氏宗谱》畲族知识分子雷一声认为盘瓠之说“历代史籍均无考”，是“腐儒因之，遂以弁诸谱首作鼻祖，并杜撰三代以下之官职而指为三代上之头衔与历朝敕赠封诰，俚言鄙词一串，迂腐卑劣，令人喷饭不已。斯谱之作，本拟删之，但以误传误已深入脑根，牢不可破，姑依原谱存之，虽属鲁鱼亥豕，不胜其弊，然夏王郭公仍阙其文，以符春秋之遗旨。于是，有感而为之，构缀数语，以弁其首云”。[③]

随着畲民学习更多的汉文化，儒家思想也对畲民的日常行为起了约束的作用。

---

① 本告示也见于《华美报》，第17号，第15页。

② 蓝炯熹：《畲民家族文化》，北京：民族出版社，2007年，第148页。

③ 福安溪塔村《蓝氏宗谱》，转引自蓝炯熹：《畲民家族文化》，北京：民族出版社，2007年，第24页。

如罗源松山镇上土港村蓝氏支谱纂修于清咸丰八年（1858 年），由该家族蓝大奎的家塾教师、连江县丹阳林光灿撰修并手书，他在《附录议约于后》写道："……且治家男女更须分别，男正乎外，女正乎内，齐家有道而家道兴焉。即在田园山场耕种，决不许男女无别，与乡人唱和俚歌，语多污秽，恐贻败伦乱俗之讥。"①

这段话反映当时在田园山场耕种时，畲民"男女无别，与乡人唱和俚歌"。所谓俚歌，应该就是畲族或客家山歌。修谱者站在儒家知识分子的角度，认为山歌"语多污秽，恐贻败伦乱俗之讥"。这种观念与当时儒家社会主流思想是分不开的，同时也反映了儒家知识分子改造畲族文化的愿望。

可见，畲族知识分子在面对本族的传统文化时的矛盾心理：一方面由于该人群深受汉文化影响，有去盘瓠化的意愿；另一方面，盘瓠传说已经深入畲民人心，难以一时改变，只能默认该事实的存在。在本族群的文化建构中，不管是畲民还是汉人，都有一部分精英分子在其中起作用，他们的目的就是通过文化建构以本族群在资源竞争中取得优势地位。

## 二、畲民对本族群历史的建构

许多学者认为关于畲族族谱追溯远祖的文字记载实际上是汉化以后的产物。② 宋代以来家族修谱之风逐渐渗透到中国边缘底层社会，族谱几乎成了每个家族、宗族的"标配"。前文已经论述到，明清以后，定居后的畲民家族已经向宗族社会发展，有的甚至成为当地的巨家大族。此时大量出现的畲民族谱正是这种社会背景下的产物。宋明以后族谱编撰，一般以苏洵、欧阳修所撰之谱为典范。正如王明珂指出正史、方志、族谱均可以视为"规范化的书写、阅读与编辑体例"的文类。而这种文类大量出现了"范式化情节"，这些都是在特定的社会情境和历史心性下的产物。③也就是说，族谱的修撰及其内容与当时的历史背景及社会思潮是分不开的。苏洵在其《嘉祐集》对族谱论述曰："盖自唐衰，谱牒废绝，士大夫不讲，而世人不载。于是乎，由贱而贵者，耻言其先；由贫而富者，不录其祖，而谱遂大废。"④ 谱牒在苏洵生活的时代发生了重大的变化，这

---

① ［清］林光灿：罗源松山上土港《汝南蓝氏支谱》，清咸丰八年（1858 年）手写本，载《家族谱牒——畲族卷》（上），福州：海风出版社，2010 年，第 181–182 页。

② 杨彦杰：《闽西畲族的女性崇拜及其意义》，《福建论坛·经济社会版》，2003 年第 6 期，第 70 页。

③ 王明珂：《英雄祖先与弟兄民族——根基历史的文本与情境》，北京：中华书局，2009 年，第 15 页、第 236 页。

④ ［宋］苏洵：《嘉祐集》，卷十四《谱例》，文渊阁四库全书本。

应该视作唐宋的社会变革在文化上的一个表现，其中反映了庶人出身的新兴士大夫家族关于先祖的历史记忆。可以想见，“由贱而贵”或“由贫而富”的家族在本族的族源具有很大的虚构成分。后世族谱基本上会用较大篇幅来追溯祖源，形成了“帝王作之祖，将相为之宗”一种社会风尚。[①]

畲族族谱也常将历史上同姓氏的历史人物载入本族族谱。福鼎岭兜《冯翊郡雷氏族谱》在记述盘瓠传说之后，又按照时间顺序，记载了本族的历史人物，该谱的《加敕历代世祖荣封列左》称：

> 敕封盘护忠勇王；受姓始祖、立国侯雷巨祐；夏太康，雷孟初，安阳太守；少康，雷施震，持（特）科侍郎；帝槐，雷俨誉，镇国将军；帝不降，雷金声，巡游御史；商成汤，雷起龙，都督使；太甲，雷行伟，内阁主事；太戊，雷纲厉，安定太守；祖丁，雷遇震，京兆大夫；殷盘庚，雷四勤，黎阳太守；武丁，雷共文，御史大夫；帝乙，雷通奋，宝定太守；周文王，雷勃然，上大夫；东周惠王，雷横，真定太守；汉高祖，雷腾廷，蜀郡太守；高祖，雷义，京兆尚书并仕黎州太守，雷知时，雷州太守；平帝，雷无我，尚书、左仆射；章帝，雷动雨，博州太守；晋，雷炳五，濮阳太守；晋孝武，雷焕，沂州太守；陈太建，雷发嵩，镇国将军；陈，雷霆，中牟令；开皇，雷荣，京兆大夫等。奉任德清传递部本，赴各处分存，俾我族人按籍观览，以不忘其祖耳。
>
> 大清乾隆五十二年丁未桂月 谷旦
>
> 钦命礼部左侍郎、浙江督学部院雷鋐顿首谨录[②]

族谱的修撰者记载了从夏、商、周直至隋代开皇年间[③]二十三位被荣封官爵的祖先。主要是由于如族传说在开皇年间盘瓠之后从有名有姓，时间人物官名。以上将历代如作者十分精确地描述了历代祖先的生活时代、姓名、官职，这种过于精确的描述，恰恰说明了该本族族源的虚构成分。且不说一些地名、官职错漏百出，比如秦朝才开始设置御史大夫，明朝才开始设置内阁等，这些官名不可能

① 刘志伟：《从乡豪历史到士人记忆——由黄佐〈自叙先世行状〉看明代地方势力的转变》，《历史研究》，2006年第6期，第50-51页。

② ［清］雷云：福鼎岭兜《冯翊郡雷氏族谱》，清同治五年（1866年）刻本，载《家族谱牒——畲族卷》（上），福州：海风出版社，2010年，第344-345页。

③ 本段文字之所以以开皇年间为时间截点，是因为在这段文字前，该族谱先记录了《广东盘瓠氏铭志》，其中写道大隋开皇五年朝廷重给券牒事宜。实际上，在畲族的《敕书》《开山公据》，瑶族的《评皇券牒》《过山榜》中，均将本族获得朝廷敕赐券牒的时间追溯到隋文帝开皇年间。

出现在夏商周之际;就连《加敕历代世祖荣封列左》的撰述者也可能是伪托:族谱称该段文字为理学名臣雷鋐在乾隆五十二年(1787年)所录,然而按宁化《冯翊郡雷氏家谱-世系图》记载,雷鋐“生康熙三十六年(1697年)二月初四日,卒乾隆二十五年(1760年)十月廿五日。”[①] 因此,雷鋐不可能在去世二十余年后还能撰述文字。出现这种谬误,或者是族谱抄录文字时出错,或者是族谱借用雷鋐的影响力,伪托制造了以上的文字。[②]

该族谱在随后又载有《附列历代名人》,将本族的名人系谱从隋唐时代连接到修谱时代,其文如下:

> 唐贞观,雷观,京兆大夫、雷州京兆大夫;开元,雷万春,欧州刺史;开元,雷汝升,南郡太守;雷可敬,尚书左仆射;雷纲,洪州都督使;雷建,洪州刺史;后唐同光,雷震兴,军功守府;后汉乾祐,雷琳,黎州太守;雷仁,汴州都御史;后周显德,雷玉光,内阁主事;宋大中祥符,雷应春,吏部侍郎;雷次宗,大学士;雷德逊,理问;南宋绍定,雷石进,奉政大夫;雷化雨,镇国将军;元皇庆,雷尚腾,军功守府;明洪武,雷玉霖,礼部左侍郎;永乐,雷厥因,举人;嘉靖,雷在天,军功守府;崇祯,雷朝斗,进士,雷起云,提督军务;国朝顺治,雷有祥,军功守府;康熙,雷魁,进士;雍正,雷文招,军功守府;乾隆,雷鋐,浙江督学政;嘉庆,雷泽远,福宁州镇州;道光,雷轮,进士、仕江西镇州道;道光,雷学海,任处州府。
>
> 道光乙酉科举人雷声华谨录
>
> 咸丰,雷云,例授文林郎;雷榜荣,进士;同治,雷天兴,壬戌科举人,浙江处州;雷嘉澍,丙午举人,任衢州府县使。
>
> 儒童雷宗功、庠生宗显、宗洲谨录[③]

从史学的角度来看,越接近作者写作年代的内容可信度相对越高一些,如雷云本人就是该谱的撰修者,例授文林郎也是史实。但是,远至唐代的雷万春,族

① 宁化茜坑《冯翊郡雷氏家谱》,民国三年芳饮堂藏版,《家族谱牒——畲族卷》(上),福州:海风出版社,2010年,第234页。

② 雷鋐生活于清康乾时期,在各地畲民中也具有一定影响力,闽东、浙南的许多畲民族谱中均有伪托雷鋐的序文。如福安春雷云村《冯翊雷氏宗谱》有雷鋐作于乾隆五十九年(实际上其时雷鋐早已去世)桂月的《帝喾高辛氏敕封盘护王铭志》见[清]宋绍源:福安春雷云村《冯翊雷氏宗谱》,清光绪元年(1875年)手写本,载《家族谱牒——畲族卷》(下),福州:海风出版社,2011年,第378-382页。

③ [清]雷云:福鼎岭兜《冯翊郡雷氏族谱》,清同治五年(1866年)刻本,载《家族谱牒——畲族卷》(下),福州:海风出版社,2011年,第345页。

谱称其曾任欧州刺史，正史并无此方面内容的记载，《新唐书》仅提及雷万春是睢阳守城将领张巡的一位偏将。① 雷万春本人也被闽东等地畲民纳入本族祖先系谱之中，成为一位家族的保护神，笔者稍后将详细论述。

明清以来，一些家族祖源记忆在具体情节虽然存在许多的虚构成分，但刘志伟认为这种历史的虚构“却与历史大势的真实是统一的，这是明代中期以后知识分子的历史记忆渐次模式化的一种表现”。② 正是在这种背景之下，畲民家族在修撰族谱时，也必定遵循了这种“规范化的书写体例”。

首先，是将本宗族与“黄帝后裔”直接或间接牵上了血缘关系。如闽西上杭蓝氏族人认为本族先祖因有熊国君贡秀蓝一株而得姓，一世祖蓝昌奇为炎帝神农氏之后。这种传说颇为流行，也引起本族族人对此种联系的怀疑，如民国时期上杭庐丰蓝氏族谱撰稿人蓝映奎对本族旧谱关于姓氏来源表示怀疑，他引证《辞源》《尚友录》《氏族笺释》《百家姓考略》等关于蓝姓源流的记载，“均以旧谱所载异”。他在《闽杭庐丰蓝氏族谱卷末之——溯源志》称：“考我族旧谱称，受姓自昌奇公始，公即炎帝十一世孙，乃帝榆罔之子也。族先哲溯源及此远矣……旧谱称‘昌奇公生，适有熊国以秀蓝入贡，遂赐蓝姓，封汝南郡，火旺公。’按我国分郡自秦始皇始，旧谱所称未知何据？但遍查各谱都经详载，累累如贯珠，只得疑以传疑，留待后贤之考定，作溯源志。”③

也就是说，汝南郡在秦以前不存在，然而旧谱却言之凿凿，“累累如贯珠”，作者虽生疑惑，仍“只得疑以传疑”。这种矛盾心态显示了历史记忆建构在族人中一些精英分子的反思，然而却无力转变，从另外一个角度说明畲民攀附现象的普遍性。还有一些畲民族谱叙述先祖时，罗列了唐宋以来有官职的祖先，这些都说明畲民家族在文化认同上，有向主流文化靠拢的趋势。

既然每个家族均将先祖归于“黄帝后裔”，因此，不论是汉族还是畲族，这种具有“规范化书写”模式的族谱在祖源上就具有很大的相似性，并且社会环

---

① 《新唐书》记载：“雷万春者，不详所来，事巡为偏将。令狐潮围雍丘，万春立城上与潮语，伏弩发六矢著面，万春不动。潮疑刻木人，谍得其实，乃大惊。遥谓巡曰：‘向见雷将军，知君之令严矣。’潮壁雍丘北，谋袭襄邑、宁陵。巡使万春引骑四百压潮，先为贼所包。巡突其围，大破贼，潮遁去。万春将兵，方略不及霁云，而强毅用命。每战，巡任之与霁云钧……巡之遣霁云、万春败贼于宁陵也，别将二十有五。”［宋］欧阳修，宋祁：《新唐书》卷192，列传第一百一十七《忠义中》，《张巡、许远传》附《雷万春传》，北京：中华书局，1975年，第5543页。

② 刘志伟：《从乡豪历史到士人记忆——由黄佐〈自叙先世行状〉看明代地方势力的转变》，《历史研究》，2006年第6期，第69页。

③ 上杭种玉堂：《闽杭庐丰蓝氏族谱》第十六册卷末《溯源志》，民国三十三年（1944年）刻本，《家族谱牒——畲族卷》（下），福州：海风出版社，2011年，第370页。

境描述、先祖人物言行等具有高度的一致性，也就是王明珂先生所指出的所谓的"范式化情节"。于是，在社会上以统谱来"联天下为一家"的企图与实践。如明代凌迪知在《万姓统谱》序言中称："夫天下，家积也，谱可联家矣，则联天下为一家者，盍以天下之姓谱之……岂知万干一本、万派一源，考之世谱，曰五帝三王，无非出于黄帝之后，黄帝一十五子而得姓者十四，德同者姓同，德异者姓异。则知凡有生者，皆一人之身所分也，分而以嗣以续，愈远愈繁，由一人而百姓而千姓而万姓。"①

在此序言中，作者将万姓的一家之起始归于黄帝。在这种"黄帝后裔"历史心性的指引下，"愈来愈多华夏之域的社会中、下层人群，由于获得一些'历史'（家族史）而成为'黄帝子孙'。"②

以客家族群为例。原来与畲族有密切关系的客家族群，其在族谱中均将本族的历史与中原发生联系，如出现大量的"石壁"迁居地传说正是这种历史现象的反映。在南方地区同一个姓氏的族谱在祖源的记载出现了惊人的一致性，这是由于移民需要建构新的集体记忆的结果。③

正是以上这种历史背景下，在清代光绪年间，福州府侯官县人钟大焜在查阅数地族谱后，产生了全国钟姓联谱的想法。光绪二十年钟大焜试图纂修《颍川钟氏总谱》，他在《谱序》中写道："苟遍考各府县直省，或更得善本谱帙为往时所不经见者，博考周稽，期于精审，则远祖名字世系必可彼此同符，而此之始祖某由某迁来，即彼之裔孙某由某迁去，抄录既广，考核随之，知于支分派衍中必能蝉联巧合，脉络贯通，而世次长幼乌有不别哉！惟远省骤难传抄，兹先以闽省为始，聘请同宗某某负笈遍历抄录，再加修辑、期以二岁藏事，再以余力兼及他省。"④

可见，钟大焜希望通过对各府县谱牒中先祖名字世系来贯通脉络，从本省入手，然后遍及外省，从而形成全国性的钟姓总谱。由于工程过于浩大，力不从心，延至光绪二十七年（1901 年）只汇集了福建福州府和福宁府以及江西萍乡的数十部家谱，编成五卷本《颍川钟氏支谱》刊行面世。

其次，将本族与中原在地域上发生联系。在南方地区，汉族将本族姓氏与

① ［明］凌迪知：《万姓统谱·自序》，载中国谱牒学研究会，山西社科院家谱资料研究中心，巴蜀书社联合汇纂：《中华族谱集成》（第一册），成都：巴蜀书社，1995 年，第 1-2 页。

② 王明珂：《英雄祖先与弟兄民族——根基历史的文本与情境》，北京：中华书局，2009 年，第 8 页。

③ 王明珂：《华夏边缘——历史记忆与族群认同》，北京：社会科学文献出版社，2006 年，第 32 页。

④ ［清］钟大焜修纂：《颍川钟氏支谱·谱序》，载《家族谱牒——畲族卷》（上），福州：海风出版社，2010 年，第 415-416 页。

某一郡望发生联系，其逻辑为先祖曾是中原地区迁来，畲族的这种“攀附”显然受到汉族的思想观念影响，是典型的“门第观念”“中原正统观念”[①]的体现。乾隆《龙溪县志》论述闽人中原认同时称：“陈元光光州固始人，王审知亦光州固始人，而漳人多祖元光，泉人多祖审知，皆称固始。按郑樵家谱后序云：吾祖出荥阳，过江入闽，皆有源流，孰为光州固始人哉！夫（今）闽人称祖，皆曰光州固始来。实由王潮兄弟王绪入闽，审知因其众，克定闽中，以桑梓故，独优固始。故闽人至今言氏族本之，以当审知之时，重固始也，其实谬滥。”[②]

从宋代郑樵起就对闽人“光州固始”情结提出疑问，到了清代在一些知识分子中更是对这种“文化建构”有了清醒的认识，然而在大部分的群众中，却以此为文化资本，“重固始”——即将本族祖先与中原联系——成为争夺文化资源的重要策略。正如学者指出，福佬人的“河南光州固始”、客家的“宁化石壁”、广府人的珠玑巷，再包括明清壮族土司谱牒中的南京传说，畲族中的凤凰山传说等，这些都可以被称之为“祖先同乡说”。[③]

畲民在此思想观念影响下，也将代表华夏地缘符号的“郡邑”与本族联系起来，具体为冯翊雷姓、汝南蓝姓、颍川钟姓，这种符号广泛出现在畲民的宗祠、族谱上。如福安坂中井口《汝南郡蓝氏宗谱》《咏蓝族历代显宦》称：“汝南德望久称隆，食采曾分楚地中。东莞余芳繁子姓，西征伟绩纪凉公。宾师位重衡文选，蹇直人传御史风。缅厥芳徽均足述，固应流泽永无穷”[④]《跋蓝氏宗谱后》又记载到：“汝南蓝氏昔本望族，自迁闽疆，事耕乍者多，业诗书者少，故其宗谱久未订正。”[⑤]

族谱说明了本族的郡望所在，并先验地认为本族原来也是官宦世家，只不过到了闽疆以后，主要从事农业，而知识分子少，故而宗谱久未订正。实际上应该是相反，主要从事农业，随着少部分知识分子或族内精英提倡，加上汉族修谱风

① 谢重光：《客家文化与畲族文化的关系》，《理论学习月刊》，1996年第6期，第53-54页；刘冬：《闽东畲族传统文化特征》，《宁德师专学报》（哲学社会科学版），2008年第2期，第48页。

② ［清］吴宜燮修，黄惠，李畴纂：《龙溪县志》清乾隆二十七年（1762年）修，卷二十一《杂记》，《中国地方志集成·福建府县志辑》第30册，上海：上海书店出版社，2000年，第294页。

③ 邓晓华：《论客家话的来源——兼论客畲关系》，《云南民族大学学报》（哲学社会科学版），2006年第4期，第145页。

④ 雷培卿等：福安坂中井口《汝南郡蓝氏宗谱》，民国二十六年（1937年）手写本，载《家族谱牒——畲族卷》（上），福州：海风出版社，2010年，第165页。

⑤ 同④，第174页。

气的影响，所以宗谱才兴盛起来。

再次，通过攀附某些历史人物间接说明本族来源。如闽东浙南的族谱常有盘王漂失的记载。从严格意义上说，盘王漂失并非历史的真实，应该将其视为畲民对本族群早期迁徙的一种历史解释。[①] 在这个传说中，其中将本族与闽王王审知联系起来，如福鼎《蓝氏宗谱》写道："唐光启二年（886 年），盘、蓝、雷、钟、李有三百六十余丁口，从闽王王审知为乡导，由海来闽，至连江马鼻道登岸，时徙罗源大坝头居焉。盘王碧一船被风漂流，不知去向，故盘姓于今无传。"[②]

再如修于清光绪元年（1875 年）的福安春雷云村《冯翊雷氏宗谱》，其《谱序》写道："山东巢贼作乱，士民咸归，惟王审知不从，率河南之众入闽。雷氏祖正礼公同审知入闽，为闽王乡导官，乃迁福州府罗源县大坝头，遂为通闽之祠祖。闽中雷氏由祖而兴，越传至雷公斌，遭兵燹之迫，由罗源转迁本邑穆洋牛石坂，再传至赐公，迁西院，继由西院迁坑下楼，乃讳起凤行香五公是也。"[③] 以上材料均写道本族祖先作为王审知的乡导官。

按照清代梁章钜在《称谓录》中称："乡导，《宋史·太宗纪》：'自将伐契丹，次金台，顿募民为乡导者百人。'《孙武子》：'不用乡导者，不能得地利。'"[④] 乡导主要为当地居民。族谱中常表述为"随王审知入闽"，应该是王审知"率河南之众入闽"中的一员，然而其身份却是乡导官。从以上表述，我们似乎可以推理，如果王审知等代表的是唐末南下的中原汉人，那么，畲民显然不是与王审知从迁居地一道出发的族群，否则就不可能成为熟悉当地情况的乡导官。如何解释畲民这种矛盾的表述呢？我们似乎可以从《资治通鉴》的记载看出一些端倪，该书《唐纪》曰："（昭宗景福元年）王潮以从弟彦福为军统、弟审知为都监，将兵攻福州。民自请输米饷军，平湖洞及滨海蛮夷皆以兵船

---

① 蓝岭（郭志超），姚乐音：《盘王碧渡海漂失传说的辨析》对认为盘王碧渡海漂失传说透露了畲族先民早期迁徙的重要信息。郭志超先生按文化的解释观点，提出了比较合理的解释，并为我们解答畲族瑶族关系提供了一个崭新的视角。蓝岭（郭志超），姚乐音：《盘王碧渡海漂失传说的辨析》，载《畲族文化研究》（上册），北京：民族出版社，2007 年，第 303 页。

② 福鼎《蓝氏宗谱》《冯翊雷氏宗谱》也有相类似记载，时间非唐光启二年，而作隋文帝二十七年。引自中国科学院民族研究所，福建少数民族调查组编：《福建省福鼎县畲族调查报告》，1962 年 10 月，内部资料，第 2 页。

③ ［清］宋绍源：福安春雷云村《冯翊雷氏宗谱》，清光绪元年（1875 年）手写本，载《家族谱牒——畲族卷》（下），福州：海风出版社，2011 年，第 377 页。

④ ［清］梁章钜撰，王释非，许振轩点校：《称谓录（校注本）》，卷三十《奸细》，第 563 页。

助之。"①

如果从文化学传播的角度来看，"蛮夷兵船相助"的记载应该对畲民族谱中的"闽王乡导官"传说有一定的影响，其中均反映了在华夏化进程中的某一历史时段，华夏族与非华夏民族之间曾有的合作关系。区别在于：前者为宋代汉族知识分子记载，后者则是宋代以后，确切来讲应该是在明清以后畲民的一种历史记忆。汉族知识分子称这些"他者"为"平湖洞及滨海蛮夷"，在明清时期的社会环境下，畲民在表述这段历史时，肯定不会以"蛮夷"自居。因此，如果说"同审知入闽"显示其攀附王审知中原正统身份的话，那么"乡导官"则间接暗示了畲民关于本族为"土著"的一种思维模式。这种复杂心态，正是文化建构中畲民关于本族不同历史来源思想激烈碰撞的产物。

再如，平和县部分钟姓畲族中流传本族祖先钟法兴的故事，也可以将这个故事视为建构的族群历史。在1986—1987年间，福建、广东、江西等省重新识别了一批畲族，平和县南胜、山格、芦溪、九峰、崎岭等乡的蓝姓、钟姓族人正是在此时被恢复为畲族的。为了顺利被恢复为畲族，当地族人特别是一些精英分子奔走其中，如钟姓畲民撰写并向上级递交了《关于迫切要求吾钟氏汉族恢复为畲族申请报告》，该报告介绍了当前的民族政策背景时称："松州大庙……建庙的目的，在于当时朝廷为纪念杨文广平南时阵亡的所有大小将领。因此，在庙中雕有大小神像四十多尊，其中一尊便是法兴（即钟氏字招，名法兴）系平南有功之臣。为了光宗耀祖，钟氏定以每年正月十四至十六日为祭祖。"②

《平闽十八洞》书中记载，杨文广代表中原王朝平定南闽诸洞"蛮夷"，即叛乱的南方非汉族群。叶国庆先生认为杨文广平闽历史上虽无其事，但该书"演唐陈元光平闽之事无疑。"③ 郭志超不同意该观点，认为"所谓早唐陈元光在漳州地区平蛮之事不曾发生。"④ 显然，不管历史上陈元光漳州平蛮是否发生，但杨文广平闽乃是虚构的历史。因此，可以肯定的是，畲民将钟法兴与杨文广平蛮

① ［宋］司马光：《资治通鉴》卷259，《唐纪》七五，北京：中华书局，1956年，第8457页。

② 平和县部分钟姓畲族《关于迫切要求吾钟氏汉族恢复为畲族申请报告》。转引自牛玉西：《畲族与客家的文化互动研究——以平和县秀峰乡龙岭村为例》，北京：中央民族大学硕士学位论文，2010年，第13-14页。

③ 叶国庆：《平闽十八洞研究》，《厦门大学学报》，1935年第3卷第1期，见叶国庆：《笔耕集》，厦门：厦门大学出版社，1997年，第97页。

④ 郭志超：《〈平闽十八洞研究〉的再研究》，载《论闽南文化：闽南文化学术研讨会论文集》，2005年，第570-582页。

相联系肯定是一种历史的建构。

应该来讲，这种历史建构具有其特殊意义。在明清以后，漳州当地普遍流传着陈元光漳州平蛮的传说。当地畲民被称为"蓝雷仔"，其中也包括钟姓，这些畲民常常被表述为被征服的对象，其后世显然在政治身份和文化身份皆不同于汉人。该历史建构的逻辑推理是：既然钟法兴为杨文广的部将，钟也是平蛮的主角之一，本族乃征服者，而并非被征服的对象。因此，钟姓畲民通过这个历史建构，来回应"陈元光漳州平蛮"对本族带来的文化压力。

畲民还将雷海青、雷万春、南霁云等历史人物，纳入本族崇拜神灵系谱，这也是畲族文化建构的结果。应该说，以上三个历史人物或虚构人物，最初都不是畲族人物，但畲民通过历史建构而成为本族的英雄祖先。

田都元帅雷海青，是广泛流行于闽粤台等地区的戏剧神。关于雷海清的乐工身份，主要见于唐郑处诲的《明皇杂录·乐工忠死》一文[①]，但在正史没有其名。有部分学者认为《旧唐书·王维传》中记载王维所作的《凝碧诗》是唐代雷海青的证据[②]，但《旧唐书》并未提及雷海青之名。一个可能的原因就是：后人根据唐宋史料，不断枝叶其说，"层累"地丰富了雷海青的人物（神格）形象。叶明生先生曾指出："把田公元帅信仰与唐乐工以忠烈骂贼被安禄山杀害的雷海青联系在一起，大约是明末清初的事。而这种衍变也是在福州、兴化、泉州之间形成。"[③] 雷海青的人物形象随着时间的推移逐渐丰满，不仅从乐工变为神灵，而且被赋予了司音乐、御敌寇、保百姓等多种功能。

雷万春、南霁云为张巡部将，同于睢阳城陷后遇难，历史上确有其人，《新唐书》[④] 有其记载。也有学者认为雷万春就是田公元帅[⑤]，其从唐代名将到宋代时变为地方保护神，而且有一个从中原到江南一带传播的过程。叶明生也指出，雷海青与雷万春是同庙奉祭的，形象不同，一文一武，但都被民间称为田公帅。[⑥] 总之，以上三人均为在全国或者区域内较有影响的人物，其开始并非以畲民的身份出现。

---

① ［明］陶宗仪纂：《说郛》卷三十二，北京：中国书店出版社，1986年，第29页。

② ［后晋］刘昫等：《旧唐书》，卷一九〇（下），列传第一四〇（下）《王维传》。

③ 叶明生：《福建南北两路田公戏神信仰述考》，见叶明生，杨榕编：《福建戏曲行业神信仰研究》（未刊本），2002年，第32-56页。

④ ［宋］欧阳修，宋祁：《新唐书》，卷192列传第一百一十七《忠义中》，《张巡、许远传》附《雷万春、南霁云传》，北京：中华书局，1975年，第5542-5543页。

⑤ 毛礼镁：《江西傩及目连戏》，北京：中国戏剧出版社，2004年，第316页。

⑥ 叶明生，杨榕编：《福建戏曲行业神信仰研究》（未刊本），2002年，第88页。

在明清以后，畲民渐渐将以上人物纳入本族祖先系谱。雷海青、雷万春与畲民雷姓同姓，畲民通过小说歌《锦香亭》等，将雷万春塑造为本族的打虎英雄，成为畲村也是家喻户晓的故事。再如民间传说将“三月三”吃“乌饭”的习俗来源而与雷万春联系起来，这种说法认为：“祖先雷万春困守睢阳区，‘乌饭’充军粮，以此欺敌兵，免为所劫”。① 关于“乌饭”的起源，许多地方民众将其与佛教、道教联系起来②，如浦城畲民中流传着乌饭与“目连救母”的故事。③在畲民的乌饭传说众多版本中，较多的是以唐代畲、汉交战为历史背景进行叙述。④

南霁云则被畲民以“南”“蓝”谐音之故，写作“蓝霁云”。如白露坑村神宫中亦有蓝（南）霁云神像。⑤畲民还塑造了文武双全的畲族英雄钟景期，与雷万春等人有紧密的历史联系。畲民不但在钟姓的祠堂中有专门祭祀钟景期的牌位，甚至很多畲村还建庙祭拜，如蕉城区的忠烈庙也有此钟景期、雷万春、蓝（南）霁云三人的塑像。⑥ 至今在福安的一些村庄，凡是供奉田公元帅的畲族人家，都要在农历八月二十三日过“元帅节”，即为田公元帅雷海清过生日，当日杀大公鸡一只，连同其他供品摆到元帅坛前供祭。祭罢，全家人喝“元帅酒”以祈平安。⑦

① 除了雷万春的传说外，闽东畲民另一个传说为：“某朝有少数民族为反抗统治者的压迫被皇帝判罪下狱，狱卒不许送饭，百姓想法用‘乌饭’骗狱卒是‘蚂蚁蛋’送给被禁者吃。”参见《闽东畲族情况调查报告》，载《福建畲族档案资料选编》（1937—1990年），第99页。

② 闽西地区将乌饭与佛教、道教联系起来，如乾隆《汀州府志》引《旧志》称：“汀俗：四月八日，僧为乌金饭，即青精饭也。杜诗：‘岂无青精饭，使我颜色好。’一名南天烛，又曰‘黑饭草’，以其可染黑饭也。道家谓之青精饭。故仙经云：‘服草木之正气，与神通。食青烛之津，命不复陨。’盖谓此也。（旧志）”载［清］曾曰瑛等修，李绂等纂：《汀州府志》，乾隆十七年修，卷四十五《杂记·丛谈（附）》，第652页。

③ 畲民中有关乌饭习俗来源的版本主要有三种：版本一，古代时候畲民与敌兵交战，为防止敌兵抢夺畲民米饭，畲民因此故意将米饭染黑，敌人惧怕中毒，不敢来抢；版本二，畲族英雄雷万兴被关入牢房，雷万兴的母亲为其送饭，却被狱卒所食，其母因此将米饭染黑，狱卒惧怕中毒，不再抢食；版本三，唐总章二年（669年），雷万兴率兵抗击官兵时被困于大山中，以乌饭果充饥关取得胜利，后命人用乌饭果制作乌饭，于是相沿成习。罗承晋：见《从乌饭看民族习俗的影响和嬗变》，载陈国强主编：《畲族民俗风情》，福州：海峡文艺出版社，1997年，第143页。

④⑤ 钟雷兴主编：《闽东畲族文化全书（民间信仰卷）》，北京：民族出版社，2009年，第9页。

⑥ 钟雷兴主编：《闽东畲族文化全书（民间信仰卷）》，北京：民族出版社，2009年，第9页。

⑦ 蓝如春主编，福安市地方志编纂委员会编：《福安市志》，北京：方志出版社，1999年，第223页。

## 第五节　小结

本章论述了闽浙赣交界地区畲汉族群格局变迁的状况，重点探讨了闽浙赣畲民聚居区形成经济政治背景以及族群边界的冲突、加强与模糊。本章主要论点有：

(1) 明清以后闽东、浙南成为畲民重要的聚居地，该地区族群格局的变化是特定历史背景下的产物，一方面，明代中叶以后，江浙地区成为全国纺织业的中心，对染料等原材料需求，拉动了周边，地区蓝靛贸易业的发展。闽东、浙南山区由于其地缘优势，而成为蓝靛种植的中心区域之一；另一方面，经过社会动乱后的闽西汀州等地成为人口输出地区，在经济利益的驱使下，大量的从事经济作物生产的流动人口，卷入商品经济的浪潮之中，从而成为经济结构与地区分工中的一环。明末清初，出现的倭乱、迁界等重要历史事件，从而导致了闽东浙南原住人口的逃亡，这也为"畲客"进入该地区提供契机。

(2) 迁入闽东北地区的"畲客"起先大都是佃耕汉人土地，随着经济实力的增强，慢慢有畲民家族购买山林、田园，逐渐的地方化，实现了定居生活，在经济方式上与周围汉民并无太大差别，这也使得畲汉的族群边界发生变化。

(3) 由于存在资源竞争关系，在一定历史阶段，闽东浙南地区的土"客"矛盾比较突出，这使得双方极力维持族群边界。一方面，土著严格区分土、"客"界限，目的是为了表明对本地区资源占有的合理性和合法性；另一方面，"畲客"维持本民族的传统文化，并在特定场合突出本民族的文化特色，目的就是为了区分族群，以增强族群凝聚力。特别是在"学额之争"等一些特殊情况，畲汉族群冲突更加严重。明中叶以后，在社会形态上，相对来讲，闽粤赣地区的畲民社会更趋于稳定，由于山区开发的重点转移到闽东北地区，生态资源的争夺上闽浙赣地区则更为激烈一些。因此，虽然都是"华夏化"的趋势，然而，闽浙赣地区的族群矛盾比闽粤赣地区更大一些。显然，在这种生态冲突与族群冲突下，畲汉族群边界转移，因此，闽东、浙南等地畲民社会的族群特征更容易被观察到。

(4) 在强势的汉文化下，畲民建构本族族群历史以适应社会发展的需要。

其中一些畲民知识分子开始对本民族的历史文化进行反思，他们不仅积极吸收汉文化的价值观，如在族谱中宣扬汉文化，而且表现为族群认同意识上否认自身为“盘瓠之后”等心理现象。与其他族群一样，畲族也参与了本民族的族群历史建构，如重新塑造盘瓠形象、建构本族族源历史、引入历史人物并塑造为本民族的英雄等。

# 第六章　余论

现代族群理论认为，一个族群的形成，离不开“他者”族群的存在，也就说，如果没有“他族”的存在，就谈不上有“我族”的族群意识，族群认同也就无从说起。正是基于这种认识，本书从族群边界理论的角度，探讨了“畲”的形成、变迁历史以及“畲”汉族群的关系，重点说明以下四个问题。

## 一、生态文化语境与族群分类

在古代中国，由于受到大一统观念的影响，不论是汉族还是少数民族的民族史的撰述，都体现出了诸如“夷夏同祖认同、华夷一家认同、共属中国认同、华夏文化认同”的大一统意识。[①] 在这种观念指导下，华夏文化在几千年的民族史撰述中一直处于被表述的中心，四方“夷狄”则处于从属地位。而在具体实践中，华夏民族自春秋战国以后，在与周边非华夏民族的互动过程中处于绝对的优势地位，表现为华夏族及其文化不断向边陲扩张，最终使得各个非华夏民族淹没在华夏族的“海洋”中，或者成为“华夏海洋”中的“非华夏孤岛”。

因此，在重新审视我国古代民族史时，我们必须将历代有关于“非华夏”族群的文字记载置于当时的社会情境来分析，具体来说：一是在汉文化语境下，这种记载多大程度反映了文字记载者的立场、态度及情感，而作为文本的历史记忆，其又反映了当时什么样的历史心性？二是这种记载中的文化特征，是否能够反映“异族”的实际情况，即这种客观的文化特征描述能否与“异族”的实际认同情况相一致？或者说，对“他者”只是文字记载者单方面的认同？

本书认为，“畲”作为一个南方非汉族群，其在历史上出现并非偶然，需要在生态语境和文化语境下对其作一番考察。

首先，自然生态是任何一种族群和文化产生的最基础因素。正如我国历史上形成的游牧—农耕文明的生态界线，自然生态上差异导致了文化的差异，从而形成了文化特色截然不同的游牧民族和农耕民族；“畲”作为原始的、粗放的耕作

① 马卫东：《大一统与民族史撰述》，《史学集刊》，2011 年第 6 期，第 53 页。

方式，与精耕细作的汉族农业也存在一条若隐若现的生态边界，这种自然生态的差异在族群文化特征上打上鲜明的烙印，这种迥异于“他者”的文化特征，成为“他者”族群观察另一个族群的切入点。根据英国人类学家泰勒给文化所作的定义，文化应该包含了人类经历的各个方面①。按照这种定义，一个族群的文化特征应该包罗万象，而作为文字记载的族群，其呈现给后人的文化特征，充其量不过是一些静态的、被认为的诸多特征中较为典型的、有异于他者的特征。

笔者通过梳理中国古代农业的变迁认为，“畲（畬）田”的耕作方式广泛存在于人类社会中，历史上除了那些被称为“畲田”民族外，包括汉族在内的其他民族在某一历史阶段，也都曾经从事“畲田”农业“畲（烧）田”农业。之所以有“畲田”民族的称谓，其主要原因在于：随着汉族农业技术的发展，在汉族社会中，“畲田”的耕作方式逐渐被精耕细作农业所取代；而在一些非汉族群中，“畲田”农业作为一种技术要求不高、较易实施的粗放农业，仍一直被沿用。

随着代表农业文明的汉族文化不断扩张，“畲田”农业与精耕细作农业在一定的区域内遭遇，由此产生了生态的冲突。这种冲突首先发生在两种生态文化的锋线，即在两种生态文化的边界地区是生态矛盾最集中的地方。在中国古代，长城沿线被视为游牧文化与农业文化冲突最集中的地方，长城的分布与走向基本上反映了两种不同生态系统的分界线。生态的冲突带来族群文化的冲突，游牧民族和农业民族在历史上曾发生过族群冲突，长城正是这种族群文化冲突中的历史产物。“畲田”农业与精耕细作的冲突在唐宋时期成为一个显著问题，其中的一个表现是唐宋时期，许多有关“畲（畬）”的诗文中大量出现。这种现象的产生，与唐宋时期中国经济文化重心南移不无关系：随着帝国华夏化进程加快，中国南方各个地区得到不同程度地开发，北方汉人带来的先进农业与被认为是原始农业残余的“畲田”农业遭遇时，这种文化冲击（culture shock）使得“畲（畬）”作为一种猎奇、述异、诗化见诸汉人知识分子的笔端。

尽管也有大量诗人对“畲（畬）”不吝溢美之词，但无法改变整个主流文化对“畲（畬）”及从事该经济方式人群的看法，特别是当“畲田”农业与精耕细作农业在资源上发生冲突且有所加剧时，“畲（畬）”作为一种文化标签常贴在那些从事“畲（畬）”田农业的非汉族群身上，目的就是将其边缘化，从

① 1871 年，英国人类学家泰勒提出了著名的文化定义，他说：“文化……是一个复合的整体，它包括知识、信仰、艺术、道德、法律、风俗以及作为社会成员的人所获得的其他任何能力和习惯。”载庄孔韶主编：《人类学通论》，太原：山西教育出版社，2002 年，第 19-20 页。

而使其在生态、文化资源分配中处于弱势地位。正如韩起澜（Emily Honig）在研究上海的苏北人时指出，历史上许多苏北人是移居上海的难民，棚户区居民或苦力劳工，但并不是每个被称为苏北人的都是来自江苏北部，精英集团曾对苏北人这个社会类别进行建构，"对于江南人来说，苏北身份的建构和归属部分地确立了一个类别，对照这个类别，他们就能界定自己并最终以上海人身份自诩。"①当然，也有一些苏北人不断建构自己在上海的身份，并有一些人对这种地域歧视进行抗争和抵制。刘志伟在对珠江三角洲"沙田—民田"族群格局的研究中也有类似的结论。② 可以说，这种类似由"农村—城市"籍贯而产生的社会分层，并以某类人作为标签贴在一个族群上的社会现象，在各个时空中均能发现。需要指出的是，这种标签并不是刚开始就存在，我们以"农村—城市"分析：

第一，甲群体和乙群体刚开始均在农村地区，二者的经济文化特征差别不大，二者不存在较大的资源竞争关系；第二，甲群体所在区域由于自然生态、社会经济、政治文化等原因，区域经济发展，成为城市；乙群体所在区域经济社会变迁不大，仍是延续着农村的经济社会形态；第三，大量的乙群体进入甲群体所在区域，占用了甲群体所在区域的资源，并对甲群体资源占有造成一定的威胁；为了将乙群体边缘化，削弱其竞争力，甲群体建构乙群体的"标签"身份。这种构建其他群体社会类别的行为，目的在于提升甲群体的族群认同，从而达到对乙群体的控制。

具有讽刺意味的是，甲群体对乙群体分类是基于其籍贯。殊不知，在本群体的数代或更早以前，自己的先祖也是与乙群体同类。当然，可能存在甲群体对本族先祖进行建构的问题，关于这点笔者将在稍后论述。

通过"农村—城市"结构转换的分析，反观"畲田农业—精耕细作农业"结构，我们就可以更好地理解生态文化语境对于人群分类的重要性。掌握了发达农业技术的汉人，早已经将先祖曾从事的"畲田农业"选择性地失忆了，将南方一些非汉族群称之为"畲"，是汉文化语境下的产物。同样的，将聚落形态的"洞（峒）"作为一种族群分类，同样是文化建构的产物。

① ［美］韩起澜（Emily Honig）著，卢明华译：《苏北人在上海 1850—1980》（上海史研究译丛），上海：上海古籍出版社，2004 年，第 111-112 页。

② 刘志伟：《地域空间中的国家秩序——珠江三角洲"沙田—民田"格局的形成》，《清史研究》，1999 年第 2 期，第 14 页。

## 二、族群边界与文化认同

在生态边界冲突激烈地区，族群互动更为频繁，历史上许多新的族群，往往是在族群边界地区中孕育产生的。张之恒将中国划分为四个截然不同的经济文化区，除四个经济文化区之外，还存在着三个过渡地带或称文化交汇地带。① 张之恒的“过渡地带”理论不仅仅在考古学上有创新意义，对族群理论研究也有借鉴意义。如张氏所提出的三个史前文化过渡地带，一直是各民族文化互动比较频繁地方，如阴山南侧及河套地区是农耕民族和游牧民族的交汇地带，后来著名的河湟民族走廊地区即产生于此。而本书研究重点区域闽粤赣交界地区，其处于南岭以北和武夷山以西地区过渡地带，在该区域中，多种族群文化交流频繁，这使得该地区成为新族群孕育的温床。从历史上看，唐宋时期的闽粤赣地区，其族群结构变化最为明显，学术界普遍认为，福佬、畲族、客家等族群均是在这一时期孕育形成的。②

按照传统的民族史观点，随着族群互动与融合，各个族群吸收对方的文化，继而形成了迥异于原族群组成部分的新族群。实际上，新的族群诞生于族群边界互动地带，不仅仅在于各种族群文化的融合的客观结果，还在于族群间主观认同的情况。这里包含两方面的内容：一是“我群”对“他群”认识程度与情感；二是“我群”如何通过“他群”看待本族群。

春秋以后，华夏族形成了“天下—四方”“华—夷”的民族观。在这种观念的指引下，华夏族经历了漫长的华夏化进程。华夏族对外扩张的过程，同时也是对“异族”不断接触与认识的过程。在以往研究中，学者常以某个族群出现于某文献中的时间作为该族群存在的标志，确切来讲，各类族群称谓的出现，更多的体现以华夏族为代表的主流人群对周边非主流人群的认识程度。因为，早在记载之前，这些族群的实体人口可能已经存在，但作为“异己”的共同体，是以华夏族为参照物后才形成的。

笔者以闽粤赣边区的一些非汉族群为例。如文献中曾载，在西晋至唐的闽粤

① 四个截然不同经济文化区分别为：一是武夷山至南岭一线以南地区，即狭义的华南地区；二是长江流域；三是黄河流域；四是北方沙漠草原地区。以上各个区域由于生态环境不同，其经济文化也因此截然不同。在以上各个不同经济文化区还存在着三个过渡地带或称文化交汇地带：一是南岭以北和武夷山以西地区过渡地带；二是秦岭南侧至淮河一线过渡地带；三是阴山南侧及河套地区过渡地带。参见张之恒：《生态环境对史前文化的影响和中国史前文化的三个过渡地带》，《考古与文物》，2008 年第 2 期，第 33-37 页。

② 谢重光：《客家文化述论》，北京：中国社会科学出版社，2008 年，第 49-129 页。

赣地区，活跃着一类被称为“山都”“木客”的人群，这类人群在文献中的出现时间顺序，恰恰与中原王朝开疆拓土的时间顺序相一致。就当时的各种记载而言，“山都”“木客”作为一种“异类”而存在，其具有神秘的特性，按现在人种学观点来看，几乎可以将其归为“非人类”中。但是，作为文本记载中的文化事象，“山都”“木客”却是华夏族向南扩展时对一些非汉族群的一种历史记忆，其中可能包含着对“异族”的想象，这种想象是南下汉人对土著真实情况的一种误读，是对异族的不了解，或者接触后的形成的恐惧、厌恶等心理的一种投射。唐代以后“山都”“木客”的消亡，客观原因是其族群实体融入华夏族；而从主观认识角度看，其原因则为：随着华夏族对闽粤赣非汉族群认识水平的提高，原来一些想象的部分已无从考究，故不予记载。

因帝国深入边陲以及南方次第开发而引起思想认识变迁，这种现象多有存在，其中一个典型例子就是古人关于瘴气、蛊毒等文化事象的认识。学者认为，文献中大量记载瘴气与区域开发程度有关，瘴气与其说是一种病理现象，不如说是一种文化现象，其中体现的是以汉人为代表的中原文化对南方各地区的认识情况。张文认为，所谓的“瘴气”或“瘴病”，更多反映的是中原文化对南方地区的地域偏见与族群歧视，[①] 左鹏则认为“各地区瘴情的轻重差异，反映了此地为中原文化所涵化的深浅程度。”[②] 再如“蓄蛊”现象，于赓哲认为关于“蛊毒”流行地的记载，其经历了从中原地区到南方土著地区移动的过程，并且，开发程度越早的南方土著地区越早脱离“蓄蛊之地”的恶名。[③] 这种现象同样存在于中原地区对“南土卑湿”认识的变迁上，“南土卑湿”作为一个文化符号，其反映的是族群边界的动摇与移动。[④]

以上的研究说明，作为主流文化话语权的华夏族群，其对周边族群的认识程度是随着帝国开发而逐渐深入。不同族群开始接触后，族群意识渐渐产生，族群的自我认同由此增强。一般来讲，在族群接触较多地区，不同族群文化带来的文化冲击（culture shock）使得双方族群意识到对方与我方差异的存在。这种意识普遍存在于人类社会当中，能被文献记载下来只是其中一小部分。我们发现，文献记载在描述“他者”的文化特征时，总是要体现其与“我者”差异，而这种

① 张文：《地域偏见和族群歧视：中国古代瘴气与瘴病的文化学解读》，《民族研究》，2005 年第 3 期，第 68-77 页。

② 左鹏：《宋元时期的瘴疾与文化变迁》，《中国社会科学》，2004 年第 1 期，第 194-204 页。

③ 于赓哲：《蓄蛊之地——一项文化歧视符号的迁转流移》，《中国社会科学》，2006 年第 2 期，第 194-204 页。

④ 于赓哲：《疾病、卑湿与中古族群边界》，《民族研究》，2010 年第 1 期，第 63-71 页。

差异往往会被放大。这种以“他者”之“异”，来反衬“我者”之“同”的描述，体现的是族群的自我认同，是在华夷之别的民族观指导下的一种自觉的实践。

笔者在书中探讨了“畲”作为一种族群称谓首先出现在漳州、潮州地区的原因。南宋时期的漳州与潮州等地以“畲”为代表的溪洞种类活动的场所，但这些区域应该不是溪洞种类（与省民相对）的中心区域，而是族群边界地区。按照宋人刘克庄的描述，溪洞种类分布在漳、潮、梅、汀、赣等区域，从当时的族群格局看，漳州、潮州等地的溪峒种类位于与省民交错的地带，也就是在族群边界的地区。按照王明珂先生的研究，在族群边界地带，族群意识比族群中心地带更为强烈。漳州、潮州的边界区域地位使其成为“畲”、汉双方观察并认识对方族群的“前哨”；而在溪洞种类的中心地带之一的汀州，这些族群仍沿用唐代以来的对南方非汉族群的泛称，如“（峒）蛮”等称谓。南宋时期的漳州、潮州“畲”的族群文化特色比较明显，而随着族群边界的移动，原来的族群边界地区可能成为某族群的中心地区，明清以后，“畲”汉族群边界转移到闽东、浙南等地区，此时该地区的畲民族群意识比漳州、潮州等地畲民强烈得多。

可见，族群边界并非一成不变，其呈现出多变性、复杂性、重合性等特点。判断族群边界变化的情况，可以从族群边界双方的族群认同的变化的情况进行考察。宋元以后，闽粤赣地区的“畲”汉边界呈现飘忽不定的状态：其中既有畲民通过获得版籍成为编户齐民的情况，也有汉人通过“入山洞”，脱籍成为“畲”“瑶”族群的情况。这种族群边界的流动，一方面是社会人群的政治或文化身份发生变化，体现了官方关于族群分类的标准，以及如何对非汉族群进行社会定义；另一方面也是社会各族群自我认同变化的一种结果。具体来讲，就官方而言，“峒”与“非峒”“畲”与“非畲”的主要区别在于是否纳税服役，是否接受教化，以及是否编入国家版籍。因此，在许多历史语境下，“畲”与“非畲”并不是严格的种族区分标准，其中更多体现的是一种政治身份、文化身份的差别。

笔者在文中还以宋元以来的“畲乱”记载为例说明官方社会分类标准问题。实际上，在众多的“畲军”“畲寇”中，并不是全部由非汉族群组成，其中有不少人群通过打着“畲”的旗号，以此号召人群、凝聚人心、增加认同。也就是说，这群人在种族特征中，并非都是刘克庄的《漳州谕畲》文中所指的溪洞种类，但是，在特定社会情境或历史语境中，这个群体的人或者被官方以一定标准——通常是不纳赋税，不服从国家管理——认定为“畲”，或者这个群体的人在文化上转变了族群认同，从而自我认同为"畲"。

当然，在宋元"畲乱"中，畲民在与国家互动中，其文化认同常常出现反复性：或者归顺朝廷、被收编军队、安排屯田、获得版籍以及融入汉族等；或者反抗或归降后复叛，"依山险阻""亡入畲洞"。以上两种选择显示了在华夏化运动过程中，以畲民为代表的南方非汉族群的不同文化认同取向。文化认同取向不同，其族群边界也会发生变化：其一，成为编户齐民的畲民，即所谓的"日山獠将化编氓"，这些原被称作"山獠"的非汉族群，久而久之成为了国家子民，这些成为"编氓"非汉族群与汉人之间的族群文化差别随着族群的融合慢慢缩小，这种趋势使得"汉"与"非汉"的族群边界开始变得模糊甚至消失殆尽；其二，那些不与政府合作的非汉族群，国家仍以"化外之民"视之，将其与"化内之民"严格区分开来，而这些非汉族群通常也以"化外之民"自居，或退守"山洞"，或迁移到更偏远的山区，这种情况下，"汉"与"非汉"的族群边界也因这类群体而存在，并随着这些非汉居民的活动轨迹而发生移动。

明中叶时期，华南地区进入了社会转型时期。该阶段畲汉边界的显著变化，成为畲族发展史中值得关注的内容。从明中叶开始，畲民的核心聚居区逐渐从闽粤赣地区转移至闽浙赣地区，这种变化是在特定的政治、经济背景下形成的。王阳明成功平定"畲乱"，闽粤赣地区开始由"乱"入"治"，大量的畲民或迁徙外地，或融入当地汉人之中。除了王阳明平定"畲乱"的推力外，明清时期的商业化进程起了拉力作用，区域经济分工使得大量的"畲客"在此期间迁入闽浙赣地区进行经济作物种植。另外，明末清初的"倭乱"与"迁界"为畲民迁居并扎根于闽东浙南地区提供了又一历史契机。

林校生根据畲民的历史记忆（主要以歌谣、族谱为载体）和畲民现代人口分布现状，将畲族族群的核心集居地按时间顺序分为"潮州中心期""汀、漳中心期""福宁府中心期"三个重要阶段。[①] 实际上，这种所谓的"地区中心说"，是以某一历史时期该地区的畲族文化特征或者文化认同情况作为判断标准。这里有两个问题值得关注：其一，在明清时期，从闽粤赣地区迁往闽浙赣地区的畲民，这些迁徙的人口占输出地畲民人口总数的比例到底有多大？其二，在明清以后，闽浙赣地区畲民文化特征、族群意识为何比闽粤赣地区畲民更为显著？

首先，在明清以后，在闽西南许多原为"畲区"的地方，后来慢慢变为

① 林校生：《"滨海畲族"：中国东南族群分布格局的一大变动》，《福州大学学报》（哲学社会科学版），2010年第5期，第7页。

"客区"，这种变化不能单纯地以畲民实质性的人口外迁来解释。实际上，汀州、漳州地区在明清时期，仍存在着许多（或疑似）畲民姓氏的巨家大族，有的成为当地望族。一些文献也表明，明清时期有大量畲民融入当地汉人，并逐渐成为土著，许多甚至"忘其所自来"。谢重光先生指出，明中叶以后，原来的赣闽粤交界地区畲族住区，如今几乎清一色是客家人的住区，[①] 与以畲族外迁来解释此现象观点不同的是，谢先生认为更重要的因素应是畲民大部分转化为客家人了。[②] 笔者认为这种现象的产生需通过文化来解释，"应将其视为在汉文化认同的过程中，汉族的边界逐渐扩大、华夏边缘在东南的进一步扩张的结果。"[③] 即：在强势的汉文化语境中，闽西南地区的许多畲民家族或主动、或被动地接受了汉文化，在明清时期，畲、汉族群文化认同趋于一致，导致了该地区的畲汉边界的模糊、偏移乃至消失。

其次，闽浙赣地区畲民的族群意识是在族群边界冲突中凸显出来的。明清时期，许多来自汀州等地的"畲客"大量迁入闽浙赣地区，成为蓝靛、苎麻等经济作物种植的主力军。这种人口的流动是地区社会、经济结构发生变化而导致的必然结果，符合社会发展的规律。对于流动人口输入地而言，大量的移民为本地增加了劳动力，尤其对于未开发地带或战后的地区，移民在地区开发以及恢复地方经济方面作用巨大。而流动人口的弊端在于其可能成为社会秩序的威胁者和破坏者。一方面，在古代中国，官方奉行重本抑末经济思想，大量土地用于经济作物种植可能诱发社会不稳定因素；另一方面，日益紧张的资源竞争使得"土""客"矛盾愈发紧张。"畲客"作为一种流动人口，在某些地区一度受到土著的排挤，当地土著（主要是汉人）中的一些人主张严格区分土客边界，试图将"畲客"边缘化，在清代中期发生在闽东、浙南地区的"学额之争"，标志着土客矛盾达到顶点。与闽浙赣地区有着显著畲汉边界不同的是，在闽粤赣地区的一些畲民家族渐渐融入当地汉人社会之中，一些家族甚至出现了诸如雷鋐、蓝鼎元的知识分子。这些畲民家族在文教上取得的成绩不亚于周边汉人家族，其文化认同也显示出与当地汉人无特别大的差别。因此，在闽浙赣地区，其畲民的文化特色之所以比闽粤赣地区更鲜明，离不开两个因素：一是当地土著的族群分类及对

① 谢重光：《客家文化述论》，北京：中国社会科学出版社，2008年，第141页。

② 谢重光：《新民向化——王阳明巡抚南赣对畲民汉化的推动》，《赣南师范学院学报》，2004年第1期，第36-37页。

③ 李积庆：《族群边缘："畲"汉边界形成、变迁的历史考察》，《福州大学学报》（哲学社会科学版），2016年第2期，第10-11页。

当地畲民的社会定义（体现在对畲民的各种歧视称谓）；二是当地畲民利用族群文化以凝聚人心，并对当地大汉族主义予以反抗与回击。

尽管在明清时期，闽浙赣地区的畲民体现出鲜明的文化特征，但是在强势的汉文化以及华夏化进程的持续影响下，畲民的文化认同呈现出向汉文化靠拢总的趋势。这个趋势直到新的民族政策实行后被扭转过来，国家按照一定的民族识别标准，通过政治权力重新划定族群边界，畲族在1956年成为政治意义上的民族，自此之后，原来一些地区若有若无、若隐若现的畲族族群认同在各方的操作下变得越来越强烈，一度出现了恢复畲族身份的热潮。

畲客的共生关系和族群分野也体现了文化认同与族群边界的关系。竹村卓二引用鲍曼（Baumann Hermann）的民族理论①后认为，畲民之所以被汉族称为"畲客"或"輋客"，说明畲、汉族的关系本来就非同一般。他称："至少在中国对华中、华南非汉民族的称呼中，用'客'这一概念来表示的，别无他例。这一点显示了畲民与边境尚未开化的原住民苗族和彝族略有不同，当然，对于土著汉族（主民）的社会来说，畲民是处于外来客民的地位。畲民对于汉族来说，现在与其说是应征服或驱逐的蛮夷，莫如说是保持一定社会距离，处于互通有无共生关系中的同伴的地位。"② 王东先生也认为，在较长的历史时间中，畲汉族群融合，二者形成了密切的共生关系，这种共生关系同时是一种共变关系。"伴随着这种互动与共变，畲、汉双方在各自改变自己的同时，也在改变着对方。"③

在早期迁入的闽浙赣地区"畲客"中，既有畲民，也有客家人，他们统称为"客"。但是不管是政府，还是当地土著，对"客"的认识比较一致：或者以"客"称之，其中并没有清晰的畲族与客家身份的区分；或者统一以地名称之，如汀州人，借以区分籍贯。另外，也没有证据表明，来自汀州等地区的"畲客"之间形成了严格的"畲族"与"客家"的族群分类关系。这说明在明清之际初迁至闽浙赣地区的"畲客"，其不仅在经济方式等客观文化特征无太大差别，其主观的文化认同也比较一致。而当这些"畲客"慢慢安顿下来并定居，土、客矛盾逐渐升级后，"畲客"中的"畲"特征被凸显出来。

---

① 鲍曼认为民族的共生是一种文化变化的特殊形态，并将其定义为："不同文化类型并且互不触犯的两个民族共同体，以各自生产不同生活必需品的传统性交换为基础的和平的共生。"［日］竹村卓二著，金少萍，朱桂昌译：《瑶族的历史和文化——华南、东南亚山地民族的社会人类学研究》，北京：民族出版社，2003年，第76页

② ［日］竹村卓二著，金少萍，朱桂昌译：《瑶族的历史和文化——华南、东南亚山地民族的社会人类学研究》，北京：民族出版社，2003年，第85页。

③ 王东：《那山那水那方人：客家源流新说》，上海：华东师范大学出版社，2007年，第55－57页。

与以往闽浙赣地区迁徙的“畲客”文化认同有所区别的是，迁往两广等地区的“畲客”，“畲”特征并没有被凸显，其反映的更多是客家文化认同。这种现象的产生既与广府、客文化差异产生敌意有关，如广府人把客家人称为“匪”“犵”“獠”“猺”等，“或是直接在‘客’字上加上污辱性的‘犬’字偏旁，以示客家为野蛮民族，自以为与之水火不容。”① 咸治同丰年间，广东一带爆发了大规模的土客大械斗，此后，客家运动逐渐在广东等地蓬勃兴起，“畲客”中的客家文化认同达到顶点，畲族认同反而不被彰显。直到 20 世纪 80 年代，整个广东地区的畲民文化认同总体仍不是特别强烈，对此周大鸣论述道：

> 广东东部是畲族传说中的文化中心，其凤凰山更被认同为畲族的发源地，可是在这场恢复畲族的运动中，广东反而没有其强烈。究其原因，首先与广东省政府没有强力推行恢复族属相关，其次粤东北是客家文化的中心，对客家文化的认同超越了其他族群的认同。②

我们认为，不同地区的自然生态与人文环境对族群的特质具有重要决定作用。谢重光先生曾指出：“有什么样的生态环境（包括自然和人文两个方面）就会有什么特质的人群，这个人群的文化也会鲜明地打上其生态环境的烙印。”③ 在不同区域中，生态、人文环境不同，族群的认同取向也可能有所不同，正如笔者前文所指出的，不同的文化取向最终导致了“畲”“客”成为两个比较独立的族群。一些特殊的历史事件，如明中叶社会转型加速了“畲”“客”族群的分离趋势。畲族与客家具有“你中有我、我中有你”紧密的关系，由于文化认同的差异，二者之间形成一道鲜明的族群边界，这也再一次证明文化取向对于区分族群的重要性。④

---

① 刘平：《被遗忘的战争——咸丰同治年间广东土客大械斗研究》，北京：商务印书馆，2003 年，第 10 页。

② David Y. H. Wu：Ethnicity，Identity and Culture，The Hmmanities Bulletin，volume 4 December 1995，Faculty of Arts. The Chinese University of Hong Kong. P. 17. 转引自周大鸣：《从“客家”到“畲族”——以赣南畲族为例看畲客关系》，《西南边疆民族研究》，2009 年第 6 辑，第 5 页。

③ 谢重光：《客家文化述论》，北京：中国社会科学出版社，2008 年，第 488-489 页。

④ 早在 20 世纪 40 年代，陈寅恪先生在探讨文化与血统对于区别北朝胡人、汉人各自不同地位时，曾有精到的论述：“汉人与胡人之分别，在北朝时代，文化比血统尤为重要。凡汉化之人，即目为汉人；胡化之人，即目为胡人。共血统如何，在所不论……此为北朝汉人、胡人之分别，不论其血统，只视其教化为汉抑或为胡而定之确证，诚可谓‘有教无类’矣。又此典为治吾国中古史最要关键，若不明此，必致无谓之纠纷。”参见陈寅恪：《唐代政治史述论稿》，上海：上海古籍出版社，2001 年，第 16-17 页。

## 三、历史记忆与文化建构

费孝通先生在论述中国人际关系时，曾提出"差序格局"理论，这种差序格局类似"水波纹"。他说："每个人都是他社会影响所推出去的圈子的中心。被圈子的波纹所推及的就发生联系。每个人在某一时间某一地点所动用的圈子是不一定相同的。"① 水波向外越推越远，一圈比一圈薄。在传统中国，用差序格局理论可以较为有效地解释其中复杂而又独特的人际网络关系。如果将每个族群看作一个人，差序格局理论在一定场合中也起作用，传统的华夏民族观正是这种差序格局的其中一个体现。也就是说，在传统华夏族心目中，以"中国"为中心，越往外层的区域越蛮荒，其所在地区的族群也更难被教化。这种以地理区域作为划分族群类别的标准，在中国历史上的很长一段时间都存在着，诸如对"南蛮"的族群印象曾长期存在于古代中原人历史记忆中。

然而，这种族群印象可能会随着历史的发展而发生移动和变迁。如春秋以前，位于长江中游的楚人、长江下游的吴人和越人均不在华夏集团之内，随着楚、吴、越三个南方政治集团完成华夏化，华夏的边缘移至这三个族群势力的外缘。换句话说，当楚人等族群完成华夏化，华夏边缘外移，原来用作楚人族群称谓的"蛮夷"，此时已不再适用，而是套用于更偏远边陲地区的非华夏人群中。就此而言，华夏边缘的移动，并不一定是华夏族人口实质性的迁移，有可能是非华夏人群通过文化认同的转变成为华夏族成员，从而导致华夏族心目中的"异族"向外扩展。正如王明珂指出，一些非华夏人群通过攀附实现手段，将本族血缘与"黄帝子孙"联系起来，或者是将迁居祖先的地域与中原发生联系，建构出"英雄徙边"或"弟兄民族"的历史。② 就华南地区汉人而言，其历史建构应该包括两个方面的内容：

其一，南方土著或南迁汉人关于"汉人"正统身份的建构。在以华夏为中心的"差序格局"中，华南地区长期处于帝国的边缘，其所在地区的居民在文化阶序上从属于中原地区的人群。为了提升当地土著的族群身份，最重要的是证明自己与中原汉人的联系。在与国家、地方社会的互动中，当地土著通过主动向中原王朝靠拢，协助政府在该地区建立政治机构，使地区完成华夏化进程。于是在帝国"差序格局"中，该地区离帝国的中心又近了一圈，本地居民借此完成

① 费孝通著：《乡土中国》，北京：生活·读书·新知三联书店，1985 年，第 23 页。

② 参见王明珂：《英雄祖先与弟兄民族——根基历史的文本与情境》，北京：中华书局，2009 年。

了从“化外”向“化内”的转变。除了将本地区与中原中心发生联系外，在家族层面，本地土著或南迁汉人还通过“攀附”的手段对先祖进行建构，将本家族的迁居地、迁居祖先与中原发生联系，向本族和外界宣称“黄帝后裔”的中原正统身份，这也是许多南方汉人族谱在追溯祖源时较为普遍的叙述模式。

其二，对本地区的“蛮夷”族群进行分类与建构。唐宋以后，随着中国经济重心南移，福建等南方地区的政治地位较以前的“蛮荒之地”有了大幅度的提升，与之同时进行的是该地区“汉人”意识的觉醒。这种觉醒体现在此时该地区出现了大量关于“蛮”“蜑”等非汉族群的记载，即作为“他者”的“蛮”“蜑”，其出现证明了“我族”意识的存在。南方土著或南迁汉人通过建构“蛮夷”的族群分类，将“蛮夷”边缘化，并与“蛮夷”划清界限，目的也是想证明本族群正统的“汉人”身份，如前文所指出的，陈元光平蛮正是这种族群分类建构的产物。

在华夏化进程中，畲民也通过两种途径维护本族群利益。其一，利用本族文化，增强族群认同，与大汉族主义进行抗争。这种抗争可以体现在畲民关于盘瓠传说以及其衍生物如《开山公据》《高皇歌》、龙头杖、祖图等文化的理解、坚持与传承上。如畲民对历史上的盘瓠传说进行二次加工，认为本族具有三公主高贵的血统，还有王朝恩赐的特权等，借此宣扬本族光辉历史与传统；再如《高皇歌》通过对“阜老”（福佬或汉人）“恶”的形象的塑造，还告诫本族不能与“阜老”交往等，借此建构了“阜老”与本族严格的族群边界。在这种文化解释体系中，畲民通过夸大族群差异，来激发本民族的族群意识，从而增强文化认同感。

另一方面，在强势的汉文化中，特别是在华夏化进程中，畲民不得不进行族群历史的建构，以提升族群地位。如在明清以后，畲民有意识地对盘瓠的形象进行改造，盘瓠以“龙”“麒麟”“凤凰”等形象出现，并回避“犬”的形象；再如，畲民将一些历史人物进行塑造，如雷海青、雷万春、南霁云、钟景期等，使其成为本民族的英雄祖先。随着畲民族谱修撰的流行，畲民同周围汉民一样，对祖源进行建构，使其在血缘上与“黄帝子孙”发生联系，在地缘上打通与中原的关系。通过这种族群建构，一些地区畲民在文化认同上渐渐发生变化，表现出国家的认同与对汉文化的认同。畲汉之间的族群界线进一步发生漂移、模糊化甚至消失。

## 四、近代以来畲汉族群边界的再造

明清以后，定居后的畲民慢慢地融入当地社会，其经济、文化等特征越来越多地与周边汉族没有太大差别。清代至民国，文献对各地畲民记载呈现出减少的趋向，本身也表明了各地畲汉族群边界有移动和消失的迹象。

在民国时期，官方对福建等地的畲民统称为"苗民"或"苗族"，这种族称的转变与当时政府的民族思想与民族政策是分不开的，同时与清末以后的民族主义思潮不无关系。

清末民初，在巨大的民族危机下，许多知识分子寻求"国族"建构，如梁启超提出史学的任务就是要激发民众的国家意识，[①]"炎黄子孙""黄帝世胄""五族统一"成为当时的流行话语。政府和一些学者主张"同化"（所谓的"五族统一"即是该思想的表现），认为"少数民族"的调查和研究不能"刺激国族分化"，因此，当时边疆少数民族的调查主要是以"安边""治边"为要的"边政"研究。[②]

这种"五族统一""五族共和"的思想在当时的知识分子中颇为流行，在民国初期修纂的畲族族谱中体现了这种思想。如上杭《雷氏梓福公家谱》在"凡例"中写道："此谱议修于光复前一年，购工庀材，择吉开雕，越十有五月而告成。五族适于是年统一，是此谱诚为民国成立一大纪念，故于卷首敬刊国旗，用志盛事。"[③] 一些接受新思想的畲族知识分子不遗余力地在族谱中宣扬"五族共和"思想，如上杭雷氏第十九代裔孙雷熙春、雷晓春在"序"中称：

> 岁辛亥（1911年，笔者注），吾族有修谱之举……且此谱之作与民国之成立固有绝大关系者。吾族得姓实在黄帝纪元之世，源流最古。远祖方雷氏佐黄帝南征北伐，纯然民族主义，功德留荫，历世已四千六百余年，虽期间丧乱频仍，叠经变故，而忠孝节义之士犹复昶望于史册。方吾一世祖梓福公之生也，当赵宋末造，时适胡元入主中夏，窃据神

---

① 梁启超：《新史学》，1902年，第7-8页，收入《饮冰室文集》第4册第9卷，第1-11页。

② 如傅斯年曾反对吴文藻、费孝通等人在云南正在进行的边疆民族调查研究。他在写信给朱家骅、杭立武称："此地正在同化中，来了此辈'学者'，不特以此等议论对同化加以打击，而且专刺激国族分化之意识……夫学问不应受政治之支配，固然矣。若以一种无聊之学问，其想影响及于政治，自当在取缔之列。"傅乐成《傅孟真先生的民族思想》，转引自王明珂：《由族群到民族：中国西南历史经验》，《西南民族大学学报》，2007年第11期，第1页。

③ 雷熙春，雷国瑞纂修：《上杭雷氏梓福公家谱》，民国元年（1912年）刻本，载《家族谱牒——畲族卷》（下），福州：海风出版社，2011年，第122页。

器，因挚眷避地卜居于此，优游金山搰水间者九十载。追明太祖定鼎金陵，汉族光复，始考终牖下。迄明、清二代，族中科名仕宦于今为盛，而士大夫博学识能文章者，先后修谱两次，曾未昌言民族主义。为详考吾族得姓之缘，纪以志诸谱牒，知其慑服于专制余威者为已殁矣。乃者五族统一，政更共和，举黄帝手定之锦绣河山悉以还诸黄帝世胄，而此谱适于是年秋月以成。由是濡毫吮墨，畅所欲言，俾吾祖吾宗蒙抱民族思想，得于序录中表白一二。①

该序描述了黄帝征伐异族、胡元入主中夏、明代汉族光复、民国政更共和等历史事件，反映的是清末民初高涨的民族主义思想，这种社会思潮经知识分子的宣传慢慢渗透到一般家族中，逐渐成为国人的共识。民国元年，上杭雷赞明在“序”中称“今民国新立，治尚共和，神明之胄四万万皆同胞矣。”雷庭瑞在《重修梓福公新谱告成序》也称：“今岁五月开局编印，新谱告成值民国新纪元，谨进一言以志盛举。曰，共和成立，五族大同，汉满蒙回藏为一家，是亲爱家族之观念尤当推而远之，不仅在一姓一族也。五族者千万姓之所积，人人各亲爱其同姓，思扶掖而促进之，知非保五族则一族姓不能独立，于是互相扶掖，互相促进，此爱同胞、爱祖国者所不能违之公例也。”②

当时国民政府主张民族同化，鼓励边疆非汉人群汉化。在这种民族政策的指导下，官方并未将分布在福建等地区的畲民视为一个比较独立的、具有政治意义的民族，而是笼统地以苗族称之。实际上，关于对南方民族以“苗”“瑶（傜）”等族称泛称，在明清以前十分常见，这大概类似于更早之前，中原王朝将南方地区的族群泛称为“蛮”“越”“獠”等。应该来讲，这些族群内部存在较大差异，族群间具有一定的族群边界，如“越”又称“百越”，足以说明各个地区的族群是有一定区别的人群集团。将这些族群泛称为“蛮”“越”等，说明对于华夏族而言，或者是由于族群的接触与认识还不够，无法对这些族群内部的差别进行更详细地分，或者即使其群体内部有一些区别，但在华夏族心目中，这些差异可以忽略不计。即在“华夷之辨”的语境中，所谓的“蛮”“越”“苗”等无非是作为“华”的对立面而存在，二者形成了“文明”—“野蛮”的文化政治结构。杨志强在分析近代苗族形成问题时指出，明清以后，常将“苗”“苗种”作为南方各省非汉系族群的泛称，而“作为一种汉民族对于异族的称谓，

① 雷熙春，雷国瑞纂修：《上杭雷氏梓福公家谱》，民国元年（1912年）刻本，载《家族谱牒——畲族卷》（下），福州：海风出版社，2011年，第111页。

② 同②，第111页、第113-114页。

这里所说的'种'代表的是一种'华'与'夷'区别的模糊的文化境界，而并不是现今意义上所看到的'种族'或'民族'。"①

在民国时期，福建各地的畲民在官方上被称为"苗族"，如1937年《各县区苗夷民族概况》描述了连江、福鼎、顺昌三地"苗夷民族"情况，这些"苗夷民族"实际上多为畲民，其中连江有23个畲民村落，主要是迁徙自漳浦蓝、雷畲民，这些畲民在女子服饰上具有与汉族不同的装束特征，"清初与汉人通婚，在咸丰时代，苗族生活颇裕，中有田租收至三千余担者，今则已衰落。"到民国时代畲民业已与汉人同化。②

成立于光绪二十五年（1899年）的山民会馆（后改为三明会馆），是闽东浙南"山民"联络议事之所。1946年，闽东畲族宗人商议重兴三明会馆，蓝玉轩等向所在地霞浦县政府提交申请报告，业经县长刘仇签署，呈报省政府核准在案，成为官方莅册认定的"苗夷民族"（按当时《福建年鉴》之称）"公益团体组织"。③ 由此可见，当时的闽东畲民被官方认定为"苗夷民族"，而不被认为是"畲族"。

1947年12月8日《福建省政府关于送边疆民族及内地生活习惯特殊国民状况调查表给内政部电》关于苗族连江、罗源、顺昌、漳平、周宁等县，人口也相应增加。同时在注明备考注明："苗族俗称畲民，间有与汉人同化者。"④ 需要指出的是，20世纪30—40年代，政府也将水上居民（疍民）作为"边疆民族及内地生活习惯特殊国民"上报国家有关部门。⑤ 苗族作为畲族的称呼在新中国成立后几年时间还在官方的报告中出现，如1952年7月8日写成的《畲族福安县仙岭洋村调查情况》中，认为国民党大汉族主义进行民族压迫、歧视和侮辱，故意歪曲其历史，而另一方面，畲族限于文化，对本民族历史也不甚了解，"只认为苗民称号较臭畲人（臭蛇人）好，这是畲族改称苗族之始。"又称：

解放后来自北方干部，过去接触少数民族不多，对当地畲族未曾

① 杨志强：《从"苗"到"苗族"——论近代民族集团形成的"他者性"问题》，《西南民族大学学报》（人文社会科学版），2010年第6期，第4页。

② 《各县区苗夷民族概况》（1937年），载福建省档案馆、福建省民族与宗教事务厅编：《福建畲族档案资料选编（1937—1990）》，福州：海峡文艺出版社，2003年，第7页。

③ 俞郁田编纂，霞浦县民族事务委员会，《霞浦县畲族志》编写组编：《霞浦县畲族志》，福州：福建人民出版社，1993年，第101-105页。

④ 《福建省政府关于送边疆民族及内地生活习惯特殊国民状况调查表给内政部电》（1947年12月8日），载《福建畲族档案资料选编（1937—1990）》，第11页。

⑤ 《边疆民族及内地生活习惯特殊国民状况调查表》（1948年3月11日）、《福建省政府为续编边疆异族调查表送请查核给内政部的代电》，载《福建畲族档案资料选编（1937—1990）》，第12页。

> 详尽调查，了解该民族历史，以及民族特征，只因他们语言不同，妇女装饰奇异，居住高山，称之苗民……在国民党大汉族主义消灭同化政策压迫下，曾经强迫改变民族服装，于民国十二三年间改穿汉服，藉以躲避欺视，不易辨别他们是畲民。女的虽略有改变，但仍然保持民族装饰。①

1952—1953年，漳平县、闽侯县提交的报告也均把本地畲民称为“苗族”②。1953年12月9日，在一份由福安地委统战部提交的报告中，还显示了当地畲民对于要将本族命名为“畲族”存在不满的情绪。报告称当时畲民有“苗族”“瑶族”“山宅”“三民”等名称，但畲民本身不承认自己为“畲族”，原因主要是历代反动统治（国民政府采取的是同化政策）以及新中国成立以后历史残存的民族隔阂没有彻底消除，加上当时南下干部不了解情况称畲民为“苗族”，福安地委统战部根据1951年在福安仙岩乡从该族家谱调查后认为“畲族”名称是正确的，这引起了当时畲族百姓的反对。③ 直到1956年9月9日《中共福安县委统战部关于少数民族名称问题的报告》仍坚持不使用畲族这个民族称号。④ 随着1956年中央统战部下发《关于确定畲民民族成分问题》，关于畲民名称的争论才渐渐停息下来。⑤ 并在1956年12月8日经中共中央统战部最后确定畲族的民族成份和民族名称。⑥ 至此，畲族作为一个族称在国家的政策下推行，而关于畲族的民

---

① 《畲族福安县仙岭洋村调查情况》（1952年7月8日），载《福建畲族档案资料选编（1937—1990）》，第30-31页。

② 参见《漳平县少数民族情况》（1952年10月16日），《闽侯县人民政府关于少数民族情况报告》（1951—1953年），载《福建畲族档案资料选编（1937—1990）》，第50页、第22-23页。

③ 《中共福安地委统战部关于畲族人民对本民族名称意见的一些问题》（1953年12月9日），载《福建畲族档案资料选编（1937—1990）》，第177-178页。

④ 该报告称：“我据下逢乡调查，他们自称‘苗族’，但渊源无处查考……为了正确贯彻民族政策，慎重处理这一问题，我县特于今年8月底县三级扩干会议期中，召开一次少数民族干部座谈会，征求他们对本民族名称的意见，会上大家一致不同意称‘畲族’，认为他们祖传‘天下有山民’一语，应称为‘山民族’，也可称为‘瑶族’‘民族’或‘苗族’较为适当。根据以上情况，我县经过研究，初步意见认为以上几种名称都没有足够的根据，但其中以‘山民’族在我县流传较广、较深。因此拟改为‘山民’族较为适当。此外，根据该族人民意见，改为‘瑶’族、‘民’族或‘苗’族也可以。如何决定特报请核示。”参见《中共福安县委统战部关于少数民族名称问题的报告》（1956年9月9日），载《福建畲族档案资料选编（1937—1990）》，第179页。

⑤ 《福建省委统战部转发“关于确定畲民民族成分问题”的电报》（1956年8月21日），载《福建畲族档案资料选编（1937—1990）》，第180页。

⑥ 《中共中央统战部关于确定畲族的民族成分和民族名称问题的电报》（1956年12月8日），载《福建畲族档案资料选编（1937—1990）》，第181页。

族认同的过程是一个缓慢的过程。闽西南一些地区接受程度较快，① 而闽东一些地区则经历较长一段时间磨合，才最终接受，如在确定族称的两年多以后的1958年10月1日的《宁德县南山片畲族调查报告》仍在讨论畲族民族名称的几个来源与畲民态度。② 1958年10月5日的《罗源县苗民情况报告》仍将畲族称为苗民③。而一些地区，直到20世纪80年代，仍对畲民族称表示不满。④

可以说，新中国成立之初称畲民为"苗民"与国民党政府的民族政策有一定关系，另外一些因畲汉矛盾给畲民带来情感伤害的地区，也希望用"苗族"等泛称替代原来被标签化了的"畲"族。笔者大胆推论，假如没有后来学术界的努力和国家政策的推行，部分畲民将可能被官方划分为"苗族"，也有可能在提倡"五族共和"以及民族同化的政策下，更多的畲民走向汉化，从而导致族群意识不彰显。正如疍民融入汉人之中，而在此之前，畲、疍均作为福建地区比较特殊的族群一并被论述⑤。当然，历史无法推论。在新中国民族政策的推行

---

① 华安等地畲民表示认同。中共龙溪地委统战部对"华安县关于贯彻畲族名称情况补充报告"的意见（1957年5月28日）称："畲民居住于彭水、官畲二个自然村，混居在汉族二个乡自搬到华安彭水、官畲居住有十四代之久，计四百廿多年，系姓蓝、雷、钟三姓，没有其他性别混合，家居一贯业农为生活来源，其饮食起居很简，俗话说：'吃无油菜汤，睡无脚眠床'（意思说吃很简单，睡的是在地板上）。该族自历以来，并无文，所用文字都以汉文，只是在语言上的差别，以往其种族的称呼，自古以来本族群众也不知道是什么，只是知道本族人口稀少，曾有一段说是苗族。主要是在新中国成立后土改时，该乡工作组（苏六官），根据该族语言差别，就给予说你们是苗族。自此以来群众就有这种传说，认为自己是苗族。可是去年漳平少数民族确定为畲民，漳平系与华安少数民族同宗同姓，因此就产生矛盾。认为漳平是同宗同姓为什么没有同族，这样少数民族对苗族称呼是不大相信，通过这次确定为畲族，畲民非常满意。"参见《中共龙溪地委统战部对"华安县关于贯彻畲族名称情况补充报告"的意见》，载《福建畲族档案资料选编（1937—1990）》，第183页。

② 《宁德县南山片畲族调查报告》（1958年10月1日），载《福建畲族档案资料选编（1937—1990）》，第107-108页。

③ 《罗源县苗民情况报告》，载《福建畲族档案资料选编（1937—1990）》，第105-106页。

④ 如1983年6月《罗源县福湖大队畲族综合调查报告》记载："在（罗源）福湖等地的调查，本地畲族干部和群众对民族称呼问题反映非常强烈。因根据福建等地的方言，'畲'与'蛇'谐音，有的汉族也就借此污蔑少数民族，他们说，畲族称呼是强加的，在以前自己都没有听到过，这是难以接受的。新中国成立以来，在几次民族调查和《畲族简史》征求定稿中，不知反映过多少次，这是引起当地民族问题的症结之一。他们坚决要求改变族称，有的说改成凤凰族（因祖先源于广东凤凰山），或'山哈族'。并要求在全畲族同胞中进行民意测验，尊重本民族人民自己的意愿。"中央民族学院历史系79级社会调查实习队：《福建省罗源县畲族历史与现状调查报告选编》，载《福建畲族档案资料选编（1937—1990）》，第164页。

⑤ 20世纪50年代初，水上居民作为一个独特的群体也成为全国性的少数民族社会历史调查和民族识别的对象之一。根据文献和实地考察，调查组写成了《粤桂疍民情况调查报告》《疍民简史和概况》《疍民由来问题》等专题报告。尽管研究者反映了部分疍民要求作为一个单独民族的意见，但是，自到1956年底，关于疍民是否是一个少数民族的问题依然没有得出结论。以后，疍民被确定为汉族的一部分。参见王建民：《中国民族学史》（下卷），昆明：云南教育出版社，1997年，第120-121页。

下，地方政府、学术界、各地的畲民（或疑似畲民）精英参与了新的族群边界的制造。

就国家和学术界而言，他们希望通过一套行之有效的标准来开展民族识别、民族身份恢复工作。民族学者施联朱参加了畲族社会历史调查工作，他在《解放以来畲族研究综述》指出，“表现于共同文化上的共同心理素质为畲族识别工作重要因素。”① 并强调不能单以民族姓氏定民族成分，他说：“我们说畲族主要有盘、蓝、雷、钟四大姓，不等于说四大姓全是畲族，姓氏是以血缘为纽带的共同体，而民族则是以地缘为基础的人们共同体，把姓氏视为民族特征的主要标志之一，是错误的。”②

这种看似科学的民族识别标准却不能完全解决民族识别和民族恢复中的实际困难。如何判断一个地方族群的民族特点是否足以被认定为畲族，需要当地族人支持与材料证明、地方政府的调研与申报以及相应政府部门审批与认定。但如果在一些地方原畲民住区的居民对被认定为畲族热情不高，或者当地民族部门投入不足，或者国家认定族群身份根据上报材料与若干调研，其中也不能保证完全做到十分客观。因此，在实际操作中，一些在族谱记载中有较为亲近血缘关系的姓氏，存在着一个地方宗姓被认定为畲族，而另一个地方宗姓却未被认定为畲族的情况。③

但是，在族群认同工具主义的驱使下，越来越多的地区人群为能被确认为畲族而努力。1964 年 9 月 5 日《福安专署关于政和、松溪少数民族称谓问题的调查报告》说明了政和县雷姓族人要求恢复畲族族称的由来，该文写道：

> 政和县雷华泉于 1953 年参加建阳专区少数民族代表会，体会到党的民族政策的英明；1963 年他堂兄雷成寿从建阳籍到政和来谈起有关历年来闽北地区党对畲族人民的关怀以及闽东地区民族工作情况，他们得到很大启发，所以积极要求恢复族称。松溪县畲族曾向区里要求解决

① 施联朱：《解放以来畲族研究综述》，载施联朱主编：《畲族研究论文集》，北京：民族出版社，1987 年，第 9 页。

② 同①，第 9–10 页。

③ 如在 20 世纪 80 年代民族识别恢复阶段，福建云霄县下河乡坡兜、圳头、安后、安前村钟姓，永春县下洋镇长溪村雷姓，永春逢壶乡西昌村、八乡村等章姓，在申请恢复（畲族）民族身份时，尽管他们努力证明本族与已经被认定为畲族民族身份的同族姓有密切的血缘关系，政府仍以其“民族的明显特点消失”等原因，不予变更民族身份。参见：《云霄县民政局关于坡兜、圳头、安后、安前村钟姓要求恢复畲族问题的调查报告及漳州市民政局的答复》《永春县人民政府关于申请恢复少数民族成分的报告及泉州市民政局的批复》，载《福建畲族档案资料选编（1937—1990）》，第 192–194 页，第 201–202 页。

族称问题。①

从这份报告，可以看出政和县雷华泉通过了解国家的民族政策积极要求恢复族称，族群内部精英的运作使得该地区的畲民得以确认为畲族的政治身份。

近年来的一些研究也证明，一些畲民为了被确定畲族的政治身份，不断对本民族的历史进行重构。如周大鸣在赣南地区田野调查中发现，一些原属客家的蓝、雷、钟姓在20世纪80年代恢复成畲族后进行族群重构，他通过对20世纪80年代恢复成赣南畲族的族谱进行比较研究发现，"在1985年以前的族谱中，每一次族谱的序言有一个逐步'汉化''正统化'的过程，受'大传统'影响的烙印不断明显。而1985年后修的族谱则是'畲化'的过程，透过这些'精英文化'的变化历程，可以再现一个族群的变迁。"② 杨晋涛在研究闽西蓝姓居民的"畲族意识"时也提出："就武平的情况来看，没有国家民族平等的理念和政策，一个已经汉化，其身份已被周围汉人认可，并且一度以汉人自认的群体，不会无端重提祖先，并力求恢复先民身份；同时，未能掌握相当的历史文化资源，就要求国家对自己的特殊身份给予认可，势必也不可能。"③

如果说历史上畲民为了淡化畲汉边界不断建构族群历史向汉文化靠拢的话，那么，在新的民族政策下，更多的畲民为争取被确定为畲族的政治身份做出不懈努力，而由国家、地方、学术界以及民间多方合力推行的文化展演，无不都是在强化业已形成的族群边界，这种看似截然相反的族群现象，却是各个族群在不同历史情境下做出的相同反应。

① 《福安专署关于政和、松溪少数民族称谓问题的调查报告》，载《福建畲族档案资料选编（1937—1990）》，第184页。

② 周大鸣：《从"客家"到"畲族"——以赣南畲族为例看畲客关系》，《西南边疆民族研究》，2009年第6辑，第3页。

③ 杨晋涛：《闽西蓝姓居民的"畲族意识"——一个族群建构的例子》，《畲族文化研究》（上册），第168页。

# 参考文献

## 一、古代史籍、古人文集


1.［汉］司马迁:《史记》,北京:中华书局,1982 年。

2.［汉］班固撰,［唐］颜师古注:《汉书》,北京:中华书局,1962 年。

3.［汉］应劭撰,王利器校注:《风俗通义校注》,北京:中华书局,1981 年。

4.［晋］郭璞撰:《山海经传》,北京:中华书局,1985 年。

5.［晋］郭璞撰:《玄中记》,上海:上海古籍出版社,1996 年。

6.［晋］干宝撰,汪绍楹校注:《搜神记》,北京:中华书局,1979 年。

7.［晋］干宝撰:《晋纪》,载［清］汤球,黄乔治忠校注:《众家编年体晋史》,天津:天津古籍出版社,1989 年。

8.［南朝］范晔撰,［唐］李贤注:《后汉书》,北京:中华书局,1965 年。

9.［北魏］郦道元著,谭属春,陈爱平点校:《水经注》,长沙:岳麓书社,1995 年。

10.［北齐］魏收:《魏书》,北京:中华书局,1984。

11.［唐］姚思廉:《梁书》,北京:中华书局,1999 年。

12.［唐］房玄龄等:《晋书》,北京:中华书局,1974 年。

13.［唐］李延寿:《南史》,北京:中华书局,1975 年。

14.［唐］魏征等:《隋书》,北京:中华书局,1982 年。

15.［唐］林宝:《元和姓纂》,北京:中华书局,1994 年。

16.［唐］刘恂:《岭表录异》,扬州:广陵书社,2003 年。

17.［唐］韩愈著,钱仲联,马茂元校点:《韩愈全集》,上海:上海古籍出版社,1997 年。

18.［唐］贯休撰,［明］毛晋编:《禅月集》,台湾:明文书局,1981 年。

19.［唐］张鷟:《朝野佥载》,北京:中华书局,1991 年。

20.［唐］李吉甫撰,贺次君点校:《元和郡县图志》,北京:中华书局,1983 年。

21.［后晋］刘昫等:《旧唐书》,北京:中华书局,1975 年。

22.［宋］宋祁,欧阳修等:《新唐书》,北京:中华书局,1975 年。

23.［宋］司马光等编著,［元］胡三省音注:《资治通鉴》,北京:中华书局,1997 年。

24.［宋］释赞宁:《宋高僧传》,《中国佛教典籍选刊本》,北京:中华书局,1987 年。

25.［宋］普济:《五灯会元》,《中国佛教典籍选刊本》,北京:中华书局,1984 年。

26. [宋]罗泌:《路史》,清文渊阁四库全书影印本,史部 141 别史类,第 383 册。
27. [宋]宋敏求编:《唐大诏令集》,北京:商务印书馆,1959 年。
28. [宋]李昉:《太平广记》,清文渊阁四库全书,子部 351 小说家类,第 1045 册。
29. [宋]王禹偁:《王黄州小畜集》,上海:上海书店,1989 年。
30. [宋]周去非:《岭外代答》,扬州:广陵书社,2003 年。
31. [宋]刘克庄:《后村先生大全集》,上海:上海书店,1989 年。
32. [宋]朱辅:《溪蛮丛笑》,上海:上海古籍出版社,1987 年。
33. [宋]陆游:《老学庵笔记》(唐宋史料笔记),北京:中华书局,1979 年。
34. [宋]张淏:《云谷杂记》,北京:中华书局,1958 年。
35. [宋]范成大:《骖鸾录》(唐宋史料笔记丛刊),北京:中华书局,2002 年。
36. [宋]范成大:《桂海虞衡志》,北京:中华书局,1991 年。
37. [宋]方勺:《泊宅编》(唐宋史料笔记丛刊),北京:中华书局,2002 年。
38. [宋]彭乘:《墨客挥犀》(唐宋史料笔记丛刊),北京:中华书局,2002 年。
39. [宋]朱胜非:《绀珠集》,卷十一,影印清文渊阁四库全书本,子部 178 杂家类,第 872 册。
40. [宋]朱熹:《晦庵先生朱文公文集》(中华再造善本),北京:北京图书馆出版社,2006 年。
41. [元]脱脱等:《宋史》,北京:中华书局,1977 年。
42. [元]许有壬:《至正集》,北京:书目文献出版社,1998 年。
43. [元]刘埙:《隐居通议》,卷九《诗歌四·云舍赵公诗》,影印清文渊阁四库全书,子部 172 杂家类,第 866 册。
44. [元]苏天爵:《元文类》,上海:上海古籍出版社,1993 年。
45. [元]王祯撰,缪启愉译注:《东鲁王氏农书译注》,上海:上海古籍出版社,1994 年。
46. [明]宋濂等:《元史》,北京:中华书局,1976 年。
47. [明]王守仁:《王文成公全书》,上海:上海书店,1989 年。
48. [明]王世懋撰:《闽部疏》,明宝颜堂订正刊本影印本,台北:成文出版社,1975 年。
49. [明]章潢:《图书编》,上海:上海古籍出版社,1992 年。
50. [明]谢肇淛:《五杂俎》,上海:上海书店出版社,2001 年。
51. [明]王士性撰,吕景琳点校:《广志绎》(元明史料笔记丛刊),北京:中华书局,1981 年。
52. [明]李诩:《戒庵老人漫笔》(元明史料笔记丛刊),北京:中华书局,1982 年。
53. [明]陈燕翼:《思文大纪》,《台湾文献史料丛刊》第五辑,第 111 种,台北:台湾大通书局,1987 年。
54. [明]凌迪知:《万姓统谱》,载中国谱牒学研究会,山西社科院家谱资料研究中心,巴蜀书社联合汇纂:《中华族谱集成》(第一册),成都:巴蜀书社,1995 年。
55. [清]张廷玉等:《明史》,北京:中华书局,1974 年。
56. [清]李调元:《南越笔记》,扬州:广陵书社,2003 年。
57. [清]叶梦珠撰,来新夏点校:《阅世编》(明清笔记丛书),上海:上海古籍出版社,1981 年。

58. [清]杨捷:《平闽纪》,济南:齐鲁书社,1996 年。
59. [清]董浩辑:《全唐文》,北京:中华书局,1983 年。
60. [清]彭定求等编:《全唐诗》,郑州:中州古籍出版社,2008 年。
61. [清]冯登府编:《闽中金石志》(第 3 册),嘉业堂金石丛书,北京:文物出版社,1982 年。
62. [清]吴之振等选,管庭芬,蒋光煦补:《宋诗钞》(二),北京:中华书局,1986 年。
63. [清]施闰章等著,吴家驹等点校:《施愚山先生全集·诗集》,扬州:江苏广陵书社有限公司,2006 年。
64. [清]吴震方:《岭南杂记》(丛书集成初编),上海:上海商务印书馆,1936 年。
65. [清]孙承泽著,王剑英点校:《春明梦余录》(上、下册),北京:北京古籍出版社,1992 年。
66. [清]徐家干著,吴一文校注:《苗疆闻见录》,贵阳:贵州人民出版社,1997 年。
67. [清]梁章钜撰,王释非,许振轩点校:《称谓录(校注本)》,福州:福建人民出版社,2003 年。
68. [清]梁章钜:《归田琐记》(清代史料笔记丛刊),北京:中华书局,1981 年。
69. [清]王廷抡撰:《临汀考言》18 卷,北京:北京出版社,2000 年。
70. [清]贺长龄,魏源:《清经世文编》,北京:中华书局,1992 年。
71. [清]张集馨:《道咸宦海见闻录》,北京:中华书局,1981 年。
72. [清]陈梦雷编:《古今图书集成》,上海:上海中华书局缩印本,1934 年。
73. 柯劭忞等撰,余大钧标点:《新元史》,长春:吉林人民出版社,1995 年。
74. 赵尔巽,柯劭忞等撰:《清史稿》,北京:中华书局,1977 年标点本。
75. 徐世昌编纂:《清儒学案》(第四分册),北京:人民出版社,2010 年。

## 二、方志、族谱、档案、文史资料

1. [唐]李吉甫撰,贺次君点校:《元和郡县图志》,北京:中华书局,1983 年。
2. [宋]乐史撰,王文楚等点校,《太平寰宇记》,北京:中华书局,2007 年。
3. [宋]王象之:《舆地纪胜》(中国古代地理总志丛刊),北京:中华书局,2003 年。
4. [宋]欧阳忞撰,李勇先,王小红校注:《舆地广记》(宋元地理志丛刊),成都:四川大学出版社,2003 年。
5. [宋]祝穆撰,施和金校:《方舆胜览》,北京:中华书局,2003 年。
6. [宋]赵汝适著,杨博文校释:《诸蕃志》,北京:中华书局,1996 年。
7. [宋]梁克家修纂:《淳熙三山志》,福州:海风出版社,2000 年。
8. [宋]胡太初修,赵与沐纂:《临汀志》,福州:福建人民出版社,1990 年。
9. [明]黄仲昭:《八闽通志》,福州:福建人民出版社,1990 年。
10. [明]何乔远:《闽书》,福州:福建人民出版社,1994—1995 年。
11. [明]谈恺修纂:《虔台续志》,明嘉靖三十四年(1655 年)刊刻,台湾:台北图书馆韩雪研究中心影印本。

12. [明]邵有道纂修:《汀州府志》,上海:上海书店,1990年。
13. [明]莫尚简修,张岳纂:《惠安县志》,上海:上海古籍书店,1981年。
14. [明]曾汝植修,朱召校刊:《漳平县志》,明嘉靖二十八年(1549年)刻本,1985年漳平县影印本,厦门大学古籍室藏。
15. [明]姚良弼修,杨宗甫纂:《惠州府志》,上海:上海古籍书店,1982年。
16. [明]罗青霄总纂,谢彬编修:《漳州府志》,台北:学生书局,1965年。
17. [明]唐学仁修,谢肇淛纂:《永福县志》,台湾:学生书局,1987年。
18. [明]喻政主修:《福州府志》,福州:海风出版社,2001年。
19. [明]冯梦龙著,陈煜奎校点:《寿宁待志》,福州:福建人民出版社,1983年。
20. [清]顾炎武:《天下郡国利病书》,上海:上海古籍出版社,1995年。
21. [清]顾炎武:《肇域志》,上海:上海古籍出版社,1995年。
22. [清]顾祖禹:《读史方舆纪要》,上海:上海古籍出版社,1995年。
23. [清]李世熊纂:《宁化县志》,台北:成文出版社,1967年。
24. [清]蒋廷铨纂修:《上杭县志》,清康熙二十六(1687年)年刻本,清代孤本方志选,第一辑第三十册,国家图书馆分馆编。
25. [清]秦炯纂修:《诏安县志》,上海:上海书店出版社,2000年。
26. [清]邓其文纂:《瓯宁县志》,台北:成文出版社,1967年。
27. [清]陈汝咸修,林登虎纂:《漳浦县志》,台北:成文出版社,1968年。
28. [清]张尚瑗纂:《潋水志林》,清康熙五十年(1711年)修,兴国县地方志办公室2001年重印本。
29. [清]李鋐,王相等修,吕天锦等纂:《平和县志》,台北:成文出版社,1967年。
30. [清]郝玉麟纂修:《广东通志》,广州:岭南美术出版社,2007年。
31. [清] 陈焱等修,俞荔等纂:《永福县志》,台北:成文出版社,1967年。
32. [清]辛竟可修,林咸吉等纂:《古田县志》,台北:成文出版社,1967年。
33. [清]曾曰瑛等修,李绂等纂:《汀州府志》,台北:成文出版社,1967年。
34. [清]徐景熹主修:《福州府志》,福州:海风出版社,2001年。
35. [清]吴宜燮修,黄惠,李畴纂:《龙溪县志》,上海:上海书店出版社,2000年。
36. [清]朱珪修,李拔纂:《福宁府志》,台北:成文出版社,影印,1976年。
37. [清]胡启植:《仙游县志》,《中国地方志集成·福建府县志辑》第18册(据清同治十二年刊本影印),上海:上海书店出版社,2000年。
38. [清]卢建其修,张君宾纂:《宁德县志》,《中国地方志集成·福建府县志辑》第11册,上海:上海书店出版社,2000年。
39. [清]薛凝度修,吴文林纂:《云霄厅志》,台北:成文出版社,1967年。
40. [清]王楠修,林乔蕃,王世臣纂:《新修罗源县志》,《中国地方志集成·福建府县志专辑》,上海:上海书店出版社,2000年。

41. [清]蔡世钹等撰:《漳平县志》,上海:上海书店出版社,2000 年。
42. [清]方履钱修,巫宜福纂:《永定县志》,厦门:厦门大学出版社,2012 年。
43. [清]黄许桂修,曾泮水纂:《平和县志》,厦门:厦门大学出版社,2008 年。
44. [清]彭衍堂修,陈文衡纂:《龙岩州志》,台北:成文出版社,1967 年。
45. [清]梁绍献:《南海县志》,台北:成文出版社,1967 年。
46. [清]陈寿祺等撰:《重纂福建通志》,台北:华文书局股份有限公司,1968 年。
47. [清]魏瀛等修,钟音鸿等纂:《赣州府志》,清同治十二年(1873 年)刊本。
48. [清]周硕勋:《潮州府志》,台北:成文出版社,1967 年。
49. [清]伍承吉等修,王士鈖纂:《云和县志》,台北:成文出版社,1970 年。
50. [清]董钟骥修,陈天枢,吴正南等纂:《宁洋县志》,上海:上海书店出版社,2000 年。
51. [清]陈作霖:《上元江宁两县志》,《中国地方志集成》,南京:江苏古籍出版社,1991 年。
52. [清]李维钰原本,沈定均续修,吴联熏增纂:《漳州府志》,上海:上海书店出版社,2000 年。
53. [清]杨澜:《临汀汇考》,光绪四年(1878 年)刊本,福建师大古籍室藏。
54. [清]刘国光,谢昌霖等共修:《长汀县志》,台北:成文出版社,1967 年。
55. [清]张景祁等纂修:《福安县志》,台北:成文出版社,1967 年。
56. [清]胡寿海等修,褚成允纂:《遂昌县志》,台北:成文出版社,1970 年。
57. [清]吴宗焯等修,温仲和纂:《嘉应州志》,清光绪二十七年(1901 年)刻本。
58. 黎景曾,黄宗宪等修纂:《宁化县志》,上海:上海书店出版社,2000 年。
59. 赵模修,王宝仁纂:《建阳县志》,台北:成文出版社,1975 年。
60. 罗汝泽:《霞浦县志》,台北:成文出版社,1967 年。
61. 郑翘松纂:《永春县志》,台北:成文出版社,1975 年。
62. 丘复主纂,林绂庭,谢伯镕协纂:《武平县志》,民国三十年(1941 年)修,武平县志编委会整理出版,1986 年。
63. 陈荫祖修,吴名世纂:《诏安县志》上海:上海书店出版社,2000 年。
64. 赵万里辑:《元一统志》,北京:中华书局,1966 年。
65. 俞郁田:《霞浦县畲族志》,福州:福建人民出版社,1993 年。
66. 蓝运全,缪品枚:《闽东畲族志》,北京:民族出版社,2000 年。
67. 福州市地方志编纂委员会编:《福州市畲族志》,福州:海潮摄影艺术出版社,2004 年。
68. [清]雷国泮等修:光泽大禾山《石城雷氏重修族》,清乾隆二年(1737 年)刻本。
69. [清]陈雪观:《惠安丰山蓝氏族谱》,清乾隆二十八年(1763 年)手写本。
70. [清]上杭树槐堂:《颍川钟氏族谱》,清道光八年(1828 年)手抄本。
71. [清]林光灿:罗源松山上土港《 汝南蓝氏支谱》,清咸丰八年(1858 年)手写本。
72. [清]雷世彤等修:光泽司前村《积谷岭雷氏族谱》,清同治元年(1862 年)刻本。
73. [清]雷云:福鼎岭兜《冯翊郡雷氏族谱》,清同治五年(1866 年)刻本。
74. [清]宋绍源:福安春雷云村《冯翊雷氏宗谱》,清光绪元年(1875 年)手写本。

75. [清]钟大焜修纂:《颍川钟氏支谱》,清光绪二十七年(1901 年)刻本。
76. 雷熙春,雷国瑞纂修:《上杭雷氏梓福公家谱》,民国元年(1912 年)刻本。
77. 雷捷飞等修:宁化茜坑《冯翊郡雷氏家谱》,民国三年(1914 年)芳饮堂藏板。
78. 李绳祖:福鼎枇杷坑《钟氏族谱》,民国四年(1915 年)刻本,
79. 雷培卿等:福安坂中井口《汝南郡蓝氏宗谱》,民国二十六年(1937 年)手写本。
80. 蓝天奎修,蓝映奎撰:《闽杭庐丰蓝氏族谱》,民国三十三年(1944 年)上杭种玉堂镌刻。
81. 中国人民政治协商会议福建省松溪县委员会编:《松溪文史资料》,1981 年第 2 辑。
82. 第一历史档案馆编:《康熙朝汉文朱批奏折汇编》第 3 册,南京:江苏古籍出版社,1984 年。
83. 华安县政协委员会文史资料委员会,福建省华安县文化馆合编:《仙字潭古文字探索(一)》,《华安文史资料》(第六辑),1984 年 7 月。
84. 华安县政协委员会文史资料委员会,福建省华安县文化馆合编:《仙字潭古文字探索(二)》,《华安文史资料》(第十辑),1988 年 6 月。
85. 福建省档案馆,福建省民族与宗教事务厅编:《福建畲族档案资料选编》(1937—1990),福州:海峡文艺出版社,2003 年。
86. 漳浦县政协委员会文史资料委员会编:《漳浦文史资料》第二十五辑,2006 年 12 月。
87.《福建省少数民族古籍丛书》编委会编:《家族谱牒——畲族卷》(上),福州:海风出版社,2010 年。
88.《福建省少数民族古籍丛书》编委会编:《家族谱牒——畲族卷》(下),福州:海风出版社,2011 年。

## 三、今人著作

1. 百越民族史研究会编:《百越民族史论集》,北京:中国社会科学出版社,1982 年。
2. 曹大明:《重塑"畲人":赣南畲族的历史记忆与族群认同》,广州:中国出版集团,2014 年。
3. 陈登原:《国史旧闻》(第一册),北京:中华书局,2000 年。
4. 陈国强,蓝孝文:《崇儒乡畲族》,福州:福建人民出版社,1993 年。
5. 陈建才:《八闽掌故大全・艺文篇》,福州:福建教育出版社,1994 年。
6. 陈剩勇:《中国第一王朝的崛起——中华文明和国家起源之谜破译》,长沙:湖南出版社,1994 年。
7. 陈戍国:《礼记校注》,长沙:岳麓书社,2004 年。
8. 陈支平,周雪香:《华南客家族群追寻与文化印象》,合肥:黄山书社,2005 年。
9. 陈支平:《客家源流新论》,南宁:广西教育出版社,1997 年。
10. 陈支平:《台湾文献汇刊》(第五辑),北京:九州出版社,2004 年。
11. 范文澜:《中国通史简编》(第二册),北京:人民出版社,1987 年。
12. 房学嘉:《客家源流探奥》,广州:广东高等教育出版社,1994 年。

13. 费孝通等:《中华民族多元一体格局》,北京:中央民族学院出版社,1989 年。
14. 福建省考古博物馆学会:《福建华安仙字潭摩崖石刻研究》,北京:中央民族学院出版社,1990 年。
15. 福建省炎黄文化研究会:《畲族文化研究》(上、下册),北京:民族出版社,2007 年。
16. 福建省武平县地名办公室:《武平县地名录》(内部资料),1983 年。
17. 傅斯年:《民族与古代中国史》,石家庄:河北教育出版社,2002 年。
18. 傅衣凌:《傅衣凌治史五十年文编》,厦门:厦门大学出版社,1989 年。
19.《高山族简史》编写组:《高山族简史》(中国少数民族简史丛书),福州:福建人民出版社,1982 年。
20. 顾颉刚:《古史辨》(第一册),上海:上海古籍出版社,1982 年。
21. 郭沫若:《中国史稿》(第三册),北京:人民出版社,1979 年。
22. 郭志超:《闽台民族史辨》,合肥:黄山书社,2006 年。
23. 郭志超:《畲族文化述论》,北京:中国社会科学出版社,2009 年。
24. 侯甬坚:《区域历史地理的空间发展过程》,西安:陕西人民教育出版社,1995 年。
25. 黄光学,施联朱:《中国的民族识别》,北京:民族出版社,1995 年。
26. 黄挺,陈占山:《潮汕史》,广州:广东人民出版社,2001 年。
27. 黄钰钊:《客从何来》,广州:广东经济出版社,1998 年。
28. 黄志繁:《"贼""民"之间:12—18 世纪赣南地域社会》,北京:生活·读书·新知三联书店,2006 年。
29. 翦伯赞:《中国史纲要》(上册),北京:人民出版社,1983 年。
30. 蒋炳钊:《畲族史稿》,厦门:厦门大学出版社,1988 年。
31. 蒋炳钊,吴绵吉,辛土成:《中国东南民族关系史》,厦门:厦门大学出版社,2007 年。
32. 蓝炯熹:《畲民家族文化》,福州:福建人民出版社,2002 年。
33. 蓝雪霏:《畲族音乐文化》,福州:福建人民出版社,2002 年。
34. 李剑农:《宋元明经济史稿》,北京:生活·读书·新知三联书店,1957 年。
35. 李济:《中国民族的形成——一次人类学的探索》,上海:世纪出版集团、上海人民出版社,2005 年。
36. 李亦园:《李亦园自选集》,上海:上海教育出版社,2002 年。
37. 梁启超:《饮冰室合集》,北京:中华书局,1989 年版影印本。
38. 梁方仲:《中国历代户口、田地、田赋统计》,上海:上海人民出版社,1980 年。
39. 刘丽川:《深圳客家研究》,海口:南方出版社,2002 年。
40. 刘平:《被遗忘的战争——咸丰同治年间广东土客大械斗研究》,北京:商务印书馆,2003 年。
41. 陆勤毅,吴春明:《百越研究》(第二辑),合肥:安徽大学出版社,2010 年。
42. 罗香林:《客家研究导论》,上海:上海文艺出版社,1992 年。
43. 罗香林:《客家源流考》,北京:中国华侨出版公司,1989 年。

44. 宁德市政协文史委:《闽东畲族百年实录》,福州:海峡文艺出版社,2010 年。
45. 邱国珍等:《畲族民间文化》,上海:商务印书馆,2006 年。
46. 邱国珍:《浙江畲族史》,杭州:杭州出版社,2010 年。
47.《畲族简史》编写组:《畲族简史》,福州:福建人民出版社,1980 年。
48.《畲族社会历史调查》编辑组:《畲族社会历史调查》,福州:福建人民出版社,1986 年。
49. 施联朱:《畲族研究论文集》,北京:民族出版社,1987 年。
50. 施联朱:《畲族》,北京:民族出版社,1988 年。
51. 施联朱:《畲族风俗志》,北京:中央民族学院出版社,1989 年。
52. 施联朱,雷文先:《畲族历史和文化》,北京:中央民族大学出版社,1995 年。
53. 石奕龙,张实:《畲族:福建罗源县八井村调查》,昆明:云南大学出版社,2005 年。
54. 宋蜀华,满都尔图:《中国民族学五十年》,北京:人民出版社,2004 年。
55. 苏秉琦:《苏秉琦考古学论述选集》,北京:文物出版社,1984 年。
56. 唐立宗:《在"盗区"与"政区"之间——明代闽粤赣湘交界的秩序变动与地方行政演化》,"国立"台湾大学文史丛刊(118),台北:"国立"台湾大学出版委员会,2002 年。
57. 童恩正:《南方文明》,重庆:重庆出版社,1998 年。
58. 王东:《那山那水那方人:客家源流新说》,上海:华东师范大学出版社,2007 年。
59. 王建民:《中国民族学史》(上、下卷),昆明:云南教育出版社,1997 年。
60. 王妙发:《黄河流域聚落论稿——从史前聚落到早期都市》,北京:知识出版社,1999 年。
61. 王明珂:《华夏边缘——历史记忆与族群认同》,北京:社会科学文献出版社,2006 年。
62. 王明珂:《羌在汉藏之间:川西羌族的历史人类学研究》,北京:中华书局,2008 年。
63. 王明珂:《英雄祖先与弟兄民族——根基历史的文本与情境》,北京:中华书局,2009 年。
64. 王文光:《中国南方民族史》,北京:民族出版社,1999 年。
65. 王一川:《中国形象诗学》,上海:三联书店,1998 年。
66. 吴永章:《瑶族史》,成都:四川民族出版社,1993 年
67. 吴永章:《畲族与瑶苗比较研究》,福州:福建人民出版社,2002 年。
68. 谢重光:《陈元光与漳州早期开发史研究》,台北:文史哲出版社,1994 年。
69. 谢重光:《客家源流新探》,福州:福建教育出版社,1995 年。
70. 谢重光:《畲族与客家福佬关系史略》,福州:福建人民出版社,2002 年。
71. 谢重光:《客家文化述论》,北京:中国社会科学出版社,2008 年。
72. 谢重光:《客家、福佬源流与族群关系研究》,北京:人民出版社,2013 年。
73. 徐松石:《民族学术研究著作五种》,广州:广东人民出版社,1993 年。
74. 徐杰舜:《雪球——汉民族的人类学分析》,上海:上海人民出版社,1999 年。
75. 游文良:《畲族语言》,福州:福建人民出版社,2002 年。
76. 袁珂:《山海经校注》,上海:上海古籍出版社,1980 年。
77. 张碧波,庄鸿雁:《华夷变奏:关于中华多元一体运动规律的探索》,哈尔滨:黑龙江人民出版

社,2009 年。

78. 中国社科院民族研究所:《中国少数民族现状与发展调查研究丛书:福安畲族卷》,北京:民族出版社,1999 年。

79. 中国民间文学集成全国编辑委员会,《中国民间文学集成·福建卷》编辑委员会:《中国民间文学集成·福建卷》,北京:中国 ISBN 中心,1998 年。

80. 中山大学人类学系:《人类学论文选集》,广州:中山大学出版社,1986 年。

81. 钟雷兴:《闽东畲族文化全书》(1-12 册),北京:民族出版社,2009 年。

82. 周雪香:《明清闽粤边客家地区的社会经济变迁》,福州:福建人民出版社,2007 年。

83. 朱洪,姜永兴:《广东畲族研究》,广州:广东人民出版社,1991 年。

84. 朱洪,李筱文:《广东畲族古籍资料汇编——图腾文化及其它》,广州:中山大学出版社,2001 年。

85. 朱维干:《福建史稿》,福州:福建人民出版社,1984 年。

86. 庄孔韶:《人类学通论》,太原:山西教育出版社,2002 年。

87. [澳]梁肇庭:《中国历史上的移民与族群性:客家、棚民及其邻居》,冷剑波,周云水译,北京:社会科学文献出版社,2013 年。

88. [德]史图博,李化民:《浙江景宁县敕木山畲民调查记》,武汉:中南民族学院民族研究所,1984 年。

89. [德]施耐德:《真理与历史:傅斯年、陈寅恪的史学思想与民族认同》,关山,李貌华译,北京:社会科学文献出版社,2008 年。

90. [美]保罗·康纳顿(Paul Connerton):《社会如何记忆》,纳日碧力戈译,上海:上海人民出版社,2000 年。

91. [美]何炳棣:《1368—1953 年中国人口研究》,葛剑雄译,上海:上海古籍出版社,1989 年。

92. [美]本尼迪克特·安德森:《想象的共同体》,吴叡人译,上海:上海人民出版社,2003 年。

93. [美]马立博:《虎、米、丝、泥:帝制晚期华南的环境与经济》,王玉茹,关永强译,南京:江苏人民出版社,2010 年。

94. [美]J. 唐纳德·休斯:《什么是环境史》,梅雪芹译,北京:北京大学出版社,2008 年。

95. [挪威]费雷德里克·巴斯:《族群与边界》(汉译人类学名著丛书),李丽琴译,北京:商务印书馆,2014 年。

96. [日]濑川昌久:《族谱:华南汉族的宗族·风水·移居》,钱杭译,上海:上海书店出版社,1999 年。

97. [日]佐佐木高明:《照叶树林文化之路——从布丹、云南到日本》,刘愚山译,昆明:云南大学出版社,1998 年。

98. [日]竹村卓二:《瑶族的历史和文化——华南、东南亚山地民族的社会人类学研究》,金少萍,朱桂昌译,北京:民族出版社,2003 年。

99. [日]佐竹靖彦:《宋代福建地区的土豪型物资流通和庶民型物资流通》,载《佐竹靖彦史学论集》,北京:中华书局,2006年。

100. [苏联]斯大林:《斯大林全集》第二卷,北京:人民出版社,1953年。

## 四、论文

1. 曹树基:《明清时期的流民和赣北山区的开发》,《中国农史》,1986年第4期。
2. 曹树基:《赣、闽、粤三省毗邻地区的社会变动和客家形成》,《历史地理》,第14辑,1998年。
3. 曹大明:《畲族盘瓠传说与其生计模式关系研究》,《宗教学研究》,2010年第1期。
4. 陈国强:《福建的古民族——"木客"初探》,《厦门大学学报》,1963年第2期。
5. 陈国强,周立方,林加煌:《福建畲族图腾崇拜》,《中央民族学院学报》,1989年第2期。
6. 陈存洗:《汰溪摩崖石刻年代问题》,《福建文博》,1989年第1、2期合刊。
7. 陈龙:《福建"畲"字地名考略》,载福建省地名委员会、福建省地名学研究会:《地名》,1981年第2期。
8. 陈龙:《华安仙字潭摩崖的考古学考察》,《福建文博》,1989年第1、2期合刊。
9. 陈元煦:《元初福建畲汉两族人民的抗元斗争》,《福建师范大学学报》,1986年第4期。
10. 陈元煦:《浅谈"畲"字含义与畲族名称》,《福建师范大学学报》,1987年第3期。
11. 程民生:《宋代北方经济及其地位新探》,《中国经济史研究》,1987年第3期。
12. 邓晓华:《论客家话的来源——兼论客畲关系》,《云南民族大学学报(哲学社会科学版)》,2006年第4期。
13. 董作宾:《说畲》,《北京大学研究所国学门周刊》,第2卷第14期,1926年。
14. 董作宾:《福建畲民考略》,《中山大学语言历史研究集刊》,第一集第二期,1927年。
15. 董建辉:《畲、客"郎名"探源——兼与李默先生商榷》,《中南民族大学学报》(人文社会科学版),2006年第5期。
16. 樊志民:《试论中国中石器时代的原始农业萌芽》,《中国农史》,1993年第2期。
17. 方清云:《少数民族文化重构中的精英意识与民族认同——以当代畲族文化重构为例》,《广西民族大学学报》(哲学社会科学版),2013年第1期。
18. 费孝通:《中华民族多元一体格局》,《北京大学学报》,1989年第4期。
19. 傅衣凌:《福建畲姓考》,《福建文化》,第2卷第1期,1944年。
20. 傅衣凌:《从农民斗争到资本主义萌芽看中国封建社会的弹性》,《学术研究》,1983年第2期。
21. 干小莉:《九龙江流域商周时期古文化分期初探——兼谈浮滨类型的年代》,《考古学报》,2010年第1期。
22. 龚胜生:《2000年来中国瘴病分布变迁的初步研究》,《地理学报》,第48卷,1993年第4期。
23. 管长墉:《福建之畲民——社会学的研究与史料的整理》,《福建文化》,第1卷第4期,1941年。

24. 郭志超,董建辉:《畲姓变化考析》,《民族研究》,1998年第2期。
25. 郭志超:《闽粤赣交界地区的原住民族的再研究》,《厦门大学学报》,1996年第3期。
26. 郭志超:《畲族族称的"客"与客家名称的源流考察——罗香林"混化说"的一种探讨》,载《客家研究辑刊》,2007年第2期。
27. 郭志超:《陈政、陈元光在漳州平蛮的证伪——兼涉陈元光与潮州的关系》,潮州畲族文化学术研讨会论文,2007年12月。
28. 郭志超,董建辉:《畲族赋役史考辨——与蒋炳钊先生商榷》,《民族研究》,2000年第2期。
29. 郭志超:《〈平闽十八洞研究〉的再研究》,载《论闽南文化:闽南文化学术研讨会论文集》,2005年。
30. 憾庐:《客族、猺獞及闽南民族》,《逸经》,1937年第25期。
31. 何子星:《畲民问题》,《东方杂志》第30卷第13号,1933年。
32. 何联奎:《畲民地理分布》,《民族学研究集刊》第2集,1937年。
33. 赫治清:《蔡世远生卒年》,《中国史研究》,1996年第4期。
34. 弘礼:《福建古代闽族的摩崖文字》,《文物》,1960年第6期。
35. 胡明文,古新仁:《移民孤岛与族群边界存续——江西"两江"畲族移民村研究》,《广西民族大学学报》(哲学社会科学版),2008年第6期。
36. 胡先骕:《浙江温州、处州间土民畲客述略》,《科学》,1923年第7卷第3期。
37. 黄大林:《略论清初教育家蔡世远》,《漳州师范学院学报》(哲学社会科学版),2003第2期。
38. 黄志繁,胡琼:《宋代南方山区的峒寇:以江西赣南为例》,《南昌大学学报》,2002年第2期。
39. 黄向春:《从疍民研究看中国民族史与族群研究的百年探索》,《广西民族研究》,2008年第4期。
40. 黄向春:《"畲/汉"边界的流动与历史记忆的重构——以东南地方文献中的"蛮獠—畲"叙事为例》,《学术月刊》,2009年第6期。
41. 黄典诚:《闽南方音中的上古音残余》,《语言研究》,1982年第2期。
42. 黄国信:《王阳明巡抚南赣经费研究——以盐法为中心》,《盐业史研究》,2009年第3期。
43. 蒋炳钊:《古民族"山都木客"历史初探》,《厦门大学学报》,1983年第3期。
44. 蒋炳钊:《关于畲族来源问题》,《中央民族学院学报》,1984年第3期。
45. 姜永兴:《潮州凤凰山畲族"祖坟"考察》,《中央民族学院学报》,1988年第4期。
46. 姜义华:《论二十世纪中国的民族主义》,《复旦学报》,1993年第3期。
47. 蓝万清:《论畲族盘瓠传说的演变》,《民族文学研究》,1991年第3期。
48. 李海洋,田杰:《清初教育家蔡世远的性理教育思想浅析》,《兰台世界》,2014第4期。
49. 李根蟠:《中国古代耕作制度的若干问题》,《古今农业》,1989年第2期。
50. 李荣村:《溪峒溯源》,台湾:《国立编译馆馆刊》,第1卷,1971年第1期。
51. 李亦园:《章回小说〈平闽十八洞〉的民族学研究》,载《李亦园自选集》,上海:上海教育出版社,2002年。

52. 林校生：《"滨海畲族"：中国东南族群分布格局的一大变动》，《福州大学学报》（哲学社会科学版），2010年第5期。
53. 林校生：《闽东北"畲""倭"关系初识》，《福州大学学报》（哲学社会科学版），2012年第6期。
54. 林蔚文：《福建华安摩崖石刻试考》，《福建文博》，1984年第1期。
55. 林蔚文：《福建华安仙字潭摩崖石刻再探》，《美术史论》，1987年第2期。
56. 林钊，曾凡：《华安汰内仙字潭摩崖的调查》，《文物参考资料》，1958年第11期。
57. 林钊：《福建新石器时代和青铜文化时期的考古概况》，《先秦史研究动态》，1986年3期。
58. 刘大可：《客家与畲族关系再认识——闽西武平县村落的田野调查研究》，《中共福建省委党校学报》，2005年第12期。
59. 刘蕙荪：《福建华安汰溪图像文字初研》，《福建文博》，1982年第1期。
60. 刘志伟：《从乡豪历史到士人记忆——由黄佐〈自叙先世行状〉看明代地方势力的转变》，《历史研究》，2006年第6期。
61. 刘志伟：《地域空间中的国家秩序——珠江三角洲"沙田—民田"格局的形成》，《清史研究》，1999年第2期。
62. 刘亚荷：《中国古代经济重心南移的完成》，《广西民族大学学报》（哲学社会科学版），2007年第4期。
63. 吕荣芳：《中国东南区新石器文化特征之一：印纹陶》，《厦门大学学报》，1959年第1期。
64. 吕锡生：《畲族迁移考略》，《浙江师范学院学报》，1981年第2期。
65. 罗新：《王化与山险——中古早期南方诸蛮历史命运之概观》，《历史研究》，2009年第2期。
66. 麻健敏：《试析畲族人口发展的三个重要历史时期》，《福州大学学报》（哲学社会科学版），2013年第2期。
67. 欧阳飞云：《关于"福建云霄之猺獞"》，《逸经》，第24期，1937年2月20日。
68. 潘蛟：《勃罗姆列伊的民族分类及其关联的问题》，《民族研究》，1995年第4期。
69. 裴文中：《洞穴的知识》，《文物春秋》，2004年第3期。
70. 彭适凡：《试论华南地区新石器时代早期文化——兼论有关的几个问题》，《文物》，1976年第12期。
71. 屈文军：《元代的畲族》，《暨南学报》，2004年第1期。
72. 屈直敏：《近百年来中国少数民族史学理论研究》，《西北第二民族学院学报》，2008年第3期。
73. 阮莉：《蔡世远年表》，《闽台文化交流》，2010年第2期。
74. 饶伟新：《明代赣南的社会动乱与闽粤移民的族群背景》，《厦门大学学报》，2000年第4期。
75. 沈作乾：《畲民调查记》，《东方杂志》第21卷第7号，1924年。
76. 石钟健：《论广西岩壁画和福建岩石刻的关系》，《学术论坛》，1978年第1期。
77. 石奕龙：《明清时期畲族盘瓠传说的再发明及其原因》，潮州畲族文化学术研讨会论文集，2007年12月。

78. 史式:《五十年来中华民族史的研究》,《历史教学》,1999 年第 6 期。
79. 施联朱:《关于畲族来源与迁徙》,《中央民族学院学报》,1983 年第 2 期。
80. 司徒尚纪:《广东地名的历史地理研究》,《中国历史地理论丛》,1992 年第 1 期。
81. 苏永前:《想象、权力与民间叙事——人类学视野中的陈元光“开漳”传说》,《民族文学研究》,2011 年第 5 期。
82. 陶希圣:《元代长江流域以南的暴动》,《食货半月刊》,1935 年第 3 期。
83. 佟珊:《华南“洞蛮”聚落人文的民族考古考察》,《南方文物》,2010 年第 2 期。
84. 佟柱臣:《中国新石器时代文化的多中心发展论和发展不平衡论——论中国新石器时代文化发展的规律和中国文明的起源》,《文物》,1986 年第 2 期。
85. 万幼楠:《赣南“赣巨人”“木客”识考》,《中南民族学院学报》,1995 年第 3 期。
86. 万建中:《传说记忆与族群认同——以盘瓠传说为考察对象》,《广西民族学院学报》,2004 年第 1 期。
87. 王大建,刘德增:《中国经济重心南移原因再探讨》,《文史哲》,1999 年第 3 期。
88. 王斤役:《福建云霄之猺獞》,《逸经》,第 13 期,1936 年。
89. 王明珂:《由族群到民族:中国西南历史经验》,《西南民族大学学报》,2007 年第 11 期。
90. 王明珂:《历史事实、历史记忆与历史心性》,《历史研究》,2001 年第 5 期。
91. 王社江,沈辰:《洛南盆地旧石器早期遗址聚落形态解析》,《考古》,2006 年第 4 期。
92. 王铁藩:《台湾高山族和华安仙字潭图象文字》,《华侨日报》,1986 年 6 月 24 日。
93. 王学典:《意识形态与历史:近 50 年来农战史研究之检讨》,《史学月刊》,2005 年第 7 期。
94. 王逍:《文化透镜下的畲族历史》,《贵州民族研究》,2006 年第 3 期。
95. 汪毅夫:《福建协和大学与福建文化研究的学术传统》,《福建论坛·人文社会科学版》,2003 年第 4 期。
96. 魏爱棠:《畲族迁徙“外因说”质疑》,《中南民族学院学报》(哲学社会科学版),1999 年第 3 期。
97. 温春香:《“他者”的消失:文化表述中的畲汉融合》,《贵州民族研究》,2008 年第 4 期。
98. 温春香:《明清之际畲族民风的改变——以地方志为中心的考察》,《中国地方志》,2008 年第 11 期。
99. 翁春雪:《说猺》,《逸经》,1937 年第 36 期。
100. 翁国樑:《福建几种特异的民族》,《民俗》,1929 年第 80 期。
101. 翁国樑:《福建猺民误称“客家”考》,《福建文化》,1948 年第 3 期
102. 萧凤霞,刘志伟:《宗族、市场、盗寇与蛋民——明以后珠江三角洲的族群与社会》,《中国社会经济史研究》,2004 年第 3 期。
103. 谢重光:《客家普遍溯源于宁化石壁的文化意蕴》,《汕头大学学报》(人文科学版),1999 年第 1 期。
104. 谢重光:《南方少数民族汉化的典型模式——“石壁现象”和“固始现象”透视》,《中共福建

省委党校学报》,2000年第9期。
105. 谢重光:《畲族在宋代的形成及其分布地域》,《韩山师范学院学报》,2001年第1期。
106. 谢重光:《宋代畲族史的几个关键问题——刘克庄〈漳州谕畲〉新解》,《福建师范大学学报》,2006年第4期。
107. 谢重光:《新民向化——王阳明巡抚南赣对畲民汉化的推动》,《赣南师范学院学报》,2004年第1期。
108. 谢重光:《〈全唐文〉所收陈元光表文两篇系伪作考》,载《中华文化论坛》,第3辑,上海:上海古籍出版社,2008年。
109. 谢重光:《明代湘赣闽粤边的社会动乱与畲民文化》,《福建师范大学学报》,2009年第1期。
110. 谢重光,邹文清:《试论明清粤闽畲民文献源流——从〈猺民纪略〉"中兽立毙"之类描述谈起》,《赣南师范学院学报》,2009年第4期。
111. 谢重光:《唐代经济史的一桩公案:蓝文卿舍田宅建雪峰寺传说辨伪》,《经济史研究》,2011年第3期。
112. 谢重光:《宋代湘赣闽粤边区的社会变迁与民族新格局》,《宁德师范学院学报》,2012年第2期。
113. 徐规:《畲族名称、来源和迁徙》,《杭州大学学报》,1962年第1期。
114. 严文明:《中国史前文化的统一性与多样性》,《文物》,1987年第3期。
115. 阎韬:《王守仁巡抚南赣史实的几点辨误》,《文献》,1989年第5期。
116. 杨际平:《也谈〈龙湖集〉真伪》,《东南学术》,1992年第1期。
117. 杨正军:《从盘瓠形象变化看畲族文化的变迁》,《漳州师范学院学报》,2005年第2期。
118. 杨抑:《中国南方丘陵山区水土保持史考略》,《农业考古》,1995年第1期。
119. 杨志强:《从"苗"到"苗族"——论近代民族集团形成的"他者性"问题》,《西南民族大学学报(人文社会科学版)》,2010年第6期。
120. 叶舒宪:《山海经》与"文化他者"神话——形象学与人类学的分析,《海南大学学报》(社会科学版),1998年第2期。
121. 叶国庆:《平闽十八洞研究》,《厦门大学学报》,1935年,第3卷第1期。
122. 余达忠,曾念强:《一个文化符号的形成与演变——基于宁化石壁的个案研究》,《中共福建省委党校学报》,2010年第6期。
123. 于赓哲:《蓄蛊之地——一项文化歧视符号的迁转流移》,《中国社会科学》,2006年第2期。
124. 于赓哲:《疾病、卑湿与中古族群边界》,《民族研究》,2010年第1期。
125. 曾五岳:《福建仙字潭摩崖石刻初议》,《中国文物报》,1988年8月26日。
126. 张则桐:《蔡世远与清代文风》,《闽台文化交流》,2009年第4期。
127. 张海英:《明清江南地区与其他区域的经济交流及影响》,《社会科学》,2003年第10期。
128. 张耀堂:《陈元光籍贯身世考辨及其它》,《中州学刊》,1990年第5期。
129. 张文:《地域偏见和族群歧视:中国古代瘴气与瘴病的文化学解读》,《民族研究》,2005年第

3 期。

130. 张之恒:《生态环境对史前文化的影响和中国史前文化的三个过渡地带》,《考古与文物》,2008 年第 2 期。

131. 赵朝洪:《试论中石器时代》,《北京大学学报》(哲学社会科学版),1989 年第 4 期。

132. 郑学檬,陈衍德:《中国古代经济重心南移的若干问题探讨》,《农业考古》,1991 年第 3 期。

133. 郑学檬:《中国古代经济重心南移和唐宋江南经济研究》,《厦门大学学报》(哲社版),1991 年第 4 期。

134. 曾雄生:《唐宋时期的畲田与畲田民族的历史走向》,《古今农业》,2005 年第 4 期。

135. 周建华:《成雄与成圣——王阳明巡抚南赣汀漳业绩另说》,《江西社会科学》,2003 年第 6 期。

136. 周琍:《明清时期闽粤赣边区的"盐粮流通"》,《盐业史研究》,2006 年第 3 期。

137. 周星:《关于"中华民族多元一体格局"的学术评论》,《北京大学学报》,1990 年第 4 期。

138. 周大鸣:《从"客家"到"畲族"——以赣南畲族为例看畲客关系》,《西南边疆民族研究》,2009 年第 6 辑。

139. 周尚兵:《唐代南方畲田耕作技术的再考察》,《农业考古》,2006 年第 1 期。

140. 左鹏:《宋元时期的瘴疾与文化变迁》,《中国社会科学》,2004 年第 1 期。

141. [美]詹姆斯·李:《中国历史上的移民与边界扩展》,朱伦节译,《中国边疆史地研究》,1990 年第 3 期。

142. [挪威]费雷德里克·巴斯:《族群与边界》高崇译,周大鸣校,李远龙复校,《广西民族学院学报》(哲学社会科学版),1999 年第 1 期。

143. [日]山崎直方:《畲族》,《人类学杂志》,1911 年第 27 卷第 1 号。

144. [日]大泽正昭:《论唐宋时代的烧田(畲田)农业》,亿里译,《中国历史地理论丛》,2000 年第 2 期。

## 五、学位论文

1. 黄向春:《历史记忆与文化表述——明清以来闽江下游地区的族群关系与仪式传统》,厦门大学博士学位论文未刊稿,2005 年。

2. 陈文红:《当代赣南畲族与客家族群关系研究》,中央民族大学硕士论文未刊稿,2010 年。

3. 董波:《从东家人到畲族——贵州麻江县六堡村畲族的人类学考察东家》,厦门大学硕士学位论文未刊稿,2008 年。

4. 陈雍:《族群与族群边界:以畲族为中心的探讨》,湖北大学硕士学位论文未刊稿,2008 年。

5. 温春香:《文化表述与地域社会:宋元以来闽粤赣毗邻区的族群研究》,厦门大学博士学位论文未刊稿,2009 年。

6. 蓝美芬:《闽北畲族社会经济文化变迁考察——松溪民间契约文书研究》,厦门大学硕士学位论文未刊稿,2009 年。
7. 郑韬凯:《从洞穴到聚落——中国石器时代先民的居住模式和居住观念研究》,中央美术学院博士学位论文未刊稿,2009 年。
8. 牛玉西:《畲族与客家的文化互动研究——以平和县秀峰乡龙岭村为例》,中央民族大学硕士学位论文未刊稿,2010 年。
9. 祁刚:《八至十八世纪闽东北开发之研究》,复旦大学博士学位论文未刊稿,2010 年。
10. 靳阳春:《宋元汀州经济社会发展与变迁》,福建师范大学博士学位论文未刊稿,2011 年。

# 后 记

本书是在我的博士学位论文的基础上修订完成的。书稿能最终完成，首先最想感谢业师谢重光先生。2005 年，谢先生从福建省委党校调到福建师大工作，我幸得忝列门墙，成为先生在师大的第一位硕士研究生。我在研究生毕业后，留在本院工作，幸能一直追随在先生身边学习，接受教诲，乃至 2010 年，我幸运考上先生的博士生。先生曾戏称，我既是他在师大的开门弟子，又是关门弟子，我亦幸甚至哉！

早在博士论文开题之时，先生已经为我设计好三个选题，考虑到我在研究生阶段曾做过族群方面的研究，积累了一定的基础，恰逢温州大学邱国珍老师《浙江畲族史》一书付梓，请先生为之作序，先生认为畲族区域史研究仍有很大空间可以发掘，且福建作为较为典型的畲族聚居区，如果我多下功夫，应该能有所作为。然而，在论文写作过程中，我在驾驭史料的功夫上尚有欠缺，另外我博士阶段专注度也不够，最终不能按照“福建畲族史”写作计划进行。至今仍记忆犹新，当我有调离历史学院到学校某机关岗位的想法时，先生错愕不已。当晚先生在自己的社交平台上写道：“当年郑学檬老师被任命为厦大副校长，何先生（指何兹全先生）得知，说了一句可惜了！今天，我也有类似的心情！”关于这个学林典故，先生之前也同众弟子提起过，而发生在自己身上，彼时先生的惋惜、无奈之情，我想我是可以想见的。在兜兜转转一圈后，我才最终幡然醒悟，在不断熟悉史料并接触整理一些理论后，得到一些启发论文才有较大进展。与先生扎实的传统研究相比，我在做论文时，可能有着许多年轻研究者的通病：能够大胆假设，却无法做到小心求证。期间多次向先生讨教，先生鼓励多于责备，并不断帮我纠偏，我的论文才稍能自圆其说。本书在博士论文基础上虽是作了一番修订，但书中仍有诸多疏漏。尽管本书很不成熟，但先生仍欣然为我作序，其中言之谆谆，意之殷殷，学生将终生铭记。

感谢众恩师良友。我在本科与研究生阶段均在社会历史学院就读，毕业后亦留在社会历史学院工作，社会历史学院给我了太多的温暖记忆，那种家一般的和谐氛围让我至今仍心心念念。谢必震、林国平、王民、徐心希、林蔚文、卢建

一、戴显群、赖正维等恩师传道授业解惑，有如醍醐灌顶，甘露洒心。感谢同门众多师兄弟、姐妹，记得在 2009 年，邹春生师兄提议成立了谢门读书会，读书会定期举行，众弟子齐聚一堂，交流读书心得，切磋技艺。谢先生也每期必至，不仅与门人探讨学术，更是"与民同乐"，饭桌上做游戏、行酒令，师徒、同门之间感情与日俱增。本书能顺利完成，得益于王晓云、靳阳春、邹春生、祁开龙、郭艺萍、谢彪、薛彦乔、林瀚、陈文庆、周慧慧等师门弟子的帮助。

感谢厦门大学郭志超先生，郭先生在族群研究中造诣颇深，2004 年有幸认识郭先生，其为人幽默风趣，常常能将高深的理论讲得妙趣横生。早在研究生阶段，郭先生就对我的论文进行指导，有时候在深夜为我回复邮件，让我深受感动，十余年来，受先生的教诲良多。感谢福建民族研究所原所长蓝炯熹先生，早在 2004 年暑假，曾与蓝先生到霞浦白露坑畲族村等地方进行田野调查，从此与先生结下了不解之缘，也感谢福建民族研究所的刘冬老师和张森海师兄为我提供的畲族材料。

本书的出版得到福建师范大学闽台区域研究中心、海峡两岸文化发展协同创新中心的资助。特别需要感谢谢必震主任，2017 年，谢老师把我从其他单位"捞"回闽台研究中心，让我可以在这古香古色的老校部中，接受浓郁的学术氛围的熏陶和浸染。感谢吴巍巍、徐斌、陈硕炫、李湖江、隋欣卉、陈建芳、李致伟等同事的帮助。

最后要感谢家人。感谢父母亲和岳父母的辛劳，感谢内子张珺如的理解和支持，特别是在我撰写博士论文期间，她独自承担起家庭的重担。在我的博士论文撰稿期间，儿子李成蹊诞生于世，他的到来给家人带来了无限的欢乐。谨以此书献给他！

李积庆

2018. 12. 24 于福建师范大学胜利楼